Kauft bei Juden! Geschichte einer Wiener Geschäftskultur · Buy From Jews! Story of a Viennese store culture

Kauft bei Juden! Geschichte einer Wiener Geschäftskultur

Buy From Jews! Story of a Viennese store culture

Herausgegeben von Astrid Peterle im Auftrag des Jüdischen Museums Wien
Edited by Astrid Peterle on behalf of the Jewish Museum Vienna

Amalthea

Jüdisches Museum Wien
ein museum der wienholding

Inhalt / Contents

Danielle Spera

Die Illusion des Glücks
The Illusion of Happiness

„Weiße Wochen" im Kaufhaus Gerngross Wien, um 1910
Bildarchiv der Österreichischen Nationalbibliothek, Sign. 100.813E
Sale Weeks at Gerngross department store Vienna, c. 1910

Wenn man heutzutage, besonders am Wochenende, die renommierte *New York Times* aufschlägt, findet man halb- bzw. ganzseitige Annoncen der berühmten amerikanischen Department Stores: Saks, Neiman Marcus, Bergdorf Goodman oder Macy´s, um nur einige zu nennen. Diese traditionsreichen Kaufhäuser, allesamt von jüdischen Geschäftsleuten gegründet, befinden sich heute meist nicht mehr in Familienbesitz, sondern gehören Versicherungen, Banken oder Fonds. Jedenfalls sind sie aus dem Stadtbild New Yorks oder anderer Großstädte in den USA nicht mehr wegzudenken und bis heute gleichermaßen Anziehungspunkt für nationale und internationale Kundinnen und Kunden wie auch für Flaneure oder Window-Shoppers, die sich an den großartigen Inszenierungen der einladenden Schaufenster, die seit Jahrzehnten opulent von Künstlern gestaltet werden, delektieren.

Seine Geburtsstunde feierte das Kaufhaus allerdings in Paris, als Mitte des 19. Jahrhunderts der geschickte Verkäufer Aristide Boucicaut mit unternehmerischem Gespür seine Idee, alles unter einem Dach zu verkaufen, mit dem Le Bon Marché umsetzte. Dieses völlig neue Konzept, ohne Kaufzwang ein besonderes Erlebnis zu erfahren, wurde zu einer Sensation, vor allem für die Frauen. Sie konnten von

Today, if one opens the renowned *New York Times*, especially on the weekend, one finds half or fullpage ads of famous American department stores: Saks, Neiman Marcus, Bergdorf Goodman or Macy's, just to name a few. Rich in tradition, these stores, all founded by Jewish business people, are no longer family-owned, but belong to insurance companies, banks or funds. In any case, it is not possible to imagine the cityscapes of New York or other big cities without them. To this day they are a center of attraction for national and international customers as well as for strollers or window shoppers who regale in the grand staging of the inviting shop windows, which have been opulently designed by artists for decades.

In fact the birth of the department store took place in Paris in the mid-19th century when a talented salesman with entrepreneurial flair turned his idea of selling everything under one roof into a reality with the creation of Le Bon Marché. This completely new concept, to have a special experience without the obligation to buy, became a sensation,

Maison Zwieback
Wien, 1939
WStLA, Sign.
3.3.7.FC.2952
Maison Zwieback
Vienna, 1939

diesem Zeitpunkt an das Haus alleine verlassen, um ins Kaufhaus zu gehen. Zuvor durften Frauen – außer in der Kirche oder auf dem Friedhof – nur mit Anstandsdamen angetroffen werden. Mit dem Kaufhaus wurde auch ein neuer Berufsstand geschaffen: die Verkäuferin. So erhielten Frauen erstmals die Chance, ein unabhängiges Leben zu führen, womit für sie ein völlig neues Selbstverständnis entstand. Dem neu geschaffenen Kaufhaus als Ort für die Frauen widmete Émile Zola 1883 sogar einen Roman: *Das Paradies der Damen*.

Für alle Gesellschaftsschichten bot das Kaufhaus die Illusion des Glücks in einem Tempel des Konsums, in dem alles neu war. Eine unendliche Auswahl an Waren aller Art bei freiem Eintritt und ohne unter dem Druck zu stehen, etwas kaufen zu müssen. Von Paris aus tritt die Idee, Einkaufen zu einem Erlebnis werden zu lassen, einen Siegeszug an und findet auf der ganzen Welt Nachahmer.

In Wien bringt die sogenannte Gründerzeit Mitte des 19. Jahrhunderts der Stadt einen ungeheuren Boom. Der Bau der Ringstraße, des größten Infrastrukturprojekts der Stadt, der Aufschwung der Forschung, der Fortschritt in Kultur und Wissenschaften, all das wird zum Anziehungspunkt für Menschen aus allen Teilen der Monarchie. In diesem vibrierenden Spannungsfeld entsteht die Kaufhauskultur zwar mit Verzögerung, doch sie entwickelt sich auch in der Residenzstadt, und die Kaufhäuser werden zu einem Ort der Bezauberung. Diese innovative

particularly for women. It marked a turning point for women, who were allowed for the first time to leave the home unescorted, in order to go to the department store. Prior to this—except at church or at the cemetery— they had always been accompanied by female chaperones. A new profession was also created along with the department store: the sales clerk. Women thus received the chance for the first time to lead an independent life, prompting the emergence of an entirely new self-understanding. Émile Zola even devoted a novel in 1883 to the newly created department store as a place for women: *The Ladies' Paradise*.

For all classes of society the department store offered the illusion of happiness in a temple of consumption where everything was new: an endless selection of all types of goods with free admission and no obligation to buy. The idea of turning shopping into an experience had begun its triumphal march from Paris and was to find imitators all over the world.

In Vienna, the so-called Gründerzeit in the mid-19th century brought a tremendous boom to the city. The construction of the Ringstrasse, the city's largest infrastructure project, the upsurge in research, and the progress of culture and the sciences attracted people from all parts of the monarchy. Between these vibrating poles, the department store culture evolved slowly but surely in the imperial capital, where department stores became havens of enchantment. In Vienna this innovative trend was largely sustained by Jewish families, who applied themselves with verve to the new field of business and used their ingenuity to develop it further. In his magnificent department store on Stephansplatz, Jacob Rothberger, for instance, offered a "Kleiderschwemme," a bargain basement where customers could buy new clothes cheaper in exchange for old clothes. This made it possible for people with lower incomes to purchase the latest and high-quality wares.

Entrepreneurial spirit, a keen business sense, efficiency, daring, and shrewd foresight were the hallmarks of these merchants, whose own interests did not blind them to the common good or prevent them from generously donating to charitable institutions. The success stories of Jewish women and men who had immigrated to Vienna culminated in their rapid rise to become purveyors to the Imperial and Royal Court.

Elegance, splendor, luxury and international flair were also reflected in the design and architecture of the department stores. The most important and exciting architects were hired to design the palaces of consumption, equipping them with the latest technical finesses such as electric elevators or escalators. Of all these architectonic jewels, the former Goldman & Salatch department store, designed by Adolf Loos and located on Michaelerplatz, is the only one left in Vienna.

Einrichtung wird in Wien hauptsächlich von jüdischen Familien getragen, die sich mit großer Verve dem neuen Geschäftsfeld widmen und es einfallsreich weiterentwickeln. Jacob Rothberger etwa bot in seinem prachtvollen Kaufhaus am Stephansplatz eine „Kleiderschwemme" an. Die Kundinnen und Kunden konnte neue Ware billiger kaufen, wenn sie dafür alte Kleidung zurückbrachten. So war es auch weniger Begüterten möglich, neueste und qualitätsvolle Güter zu kaufen.

Unternehmergeist, wirtschaftliches Gespür, Tüchtigkeit, Wagemut und kluge Voraussicht waren die Ingredienzen der Kaufleute, die neben ihren eigenen Einkünften auch immer um das Wohl der Gesamtheit bemüht waren und großzügige Spender für karitative Einrichtungen darstellten. Die Erfolgsgeschichten der zugewanderten Jüdinnen und Juden gipfelten darin, dass sie rasch zu k.u.k. Hoflieferanten aufstiegen.

Eleganz, Glanz, Luxus, internationales Flair spiegelten sich auch in der Gestaltung und der Architektur der Kaufhäuser wider. Die wichtigsten und spannendsten Architekten wurden engagiert, um die Paläste des Konsums zu gestalten, auch mit den neuesten technischen Finessen wie elektrischen Aufzügen oder Rolltreppen. In Wien ist von diesen architektonischen Juwelen lediglich das von Adolf Loos gestaltete ehemalige Kaufhaus Goldman & Salatsch auf dem Michaelerplatz übrig.

Der Siegeszug des Kaufhauses heizte die antisemitische, antimodernistische und misogyne Stimmung in Wien um die Jahrhundertwende an. Man warf den Kaufhausbetreibern vor, die kleinen Händler zu ruinieren und Frauen zum Einkauf zu verführen. Der „Anschluss" Österreichs an Nazi-Deutschland bedeutete auch das Ende der jüdisch geprägten Geschäftskultur. Vertreibung, Flucht und Ermordung kennzeichnen das tragische Schicksal jener Menschen, die Wien durch ihre einzigartigen Betriebe auch zu einer Weltstadt werden ließen. Die Restitution fiel meist mager aus, in manchen Fällen, wie bei den Nachkommen der Familie Rothberger, zieht sie sich bis heute.

Nach 1945 entstand eine ganz andere, aber hauptsächlich auch durch Jüdinnen und Juden getragene Einkaufswelt. Das Textilviertel zwischen Schwedenplatz und Börse, das bereits in der Monarchie als solches bekannt war, wurde von Überlebenden der Schoa neu gegründet. Hier hatten die Zuwanderer aus unseren östlichen Nachbarländern ihre kleinen, unbeschreiblichen Geschäfte. Mit ihrer Präsenz trugen sie maßgeblich zum Wiederaufbau der Wiener jüdischen Gemeinde bei. Die Supermarktkultur führte ein ungarischer Überlebender der Schoa in Wien ein: Jenö Eisenberger. Er wies mit seinen *Löwa*- und *PamPam*-Märkten den Weg in die Einkaufswelt der Zukunft. Die unvergleichliche Margit Dobronyi, 1956 als Ungarnflüchtling mit ihren Kindern nach Wien gelangt, hat diese Geschäftskultur einzigartig fotografisch festgehalten. Es gab kaum eine Geschäftseröffnung oder ein Firmenjubiläum, bei dem sie nicht dabei war und mit der ihr eigenen Beharrlichkeit alles dokumentierte.

Mittlerweile hat sich auch das Lokalkolorit des Textilviertels überlebt. Die Nachkommen der früheren Textilhändler haben studiert und/oder sind oft ins Ausland übersiedelt. Nur noch ganz wenige Geschäfte zeugen heute von diesem Kapitel der österreichischen Nachkriegszeit. Die Ausstellung „Kauft bei Juden!" hat sich zum Ziel

The triumph of the department store stoked up the anti-Semitic, anti-modernist and misogynistic atmosphere in Vienna at the turn of the 20th century. Department store operators were accused of ruining the smaller merchants and seducing women to shop. The "annexation" of Austria to Nazi Germany also meant the end of the Jewish-influenced store culture. Expulsion, flight and murder marked the tragic fate of those who, through their unique companies, had made Vienna a world metropolis. Most of the time, any restitution turned out to be meager. In some cases, such as that of the descendants of the Rothberger family, the proceedings have dragged on until today.

After 1945, a quite different shopping world developed, largely sustained again by Jewish women and men. The garment district between Schwedenplatz and the Börse, which had already been known as such during the monarchy, was reestablished by survivors of the Shoah. It was here that immigrants from neighboring countries to the east had their small, indescribable shops. Through their presence they made a significant contribution to the rebuilding of the Vienna Jewish community. A Hungarian survivor of the Shoah, Jenö Eisenberger, introduced the supermarket culture to Vienna. He ushered in the new shopping world of the future with his *Löwa* and *PamPam* markets. The incomparable Margit Dobronyi, who had made her way with her children to Vienna as a Hungarian refugee in 1956, photographically recorded this store culture in an exceptional way. There was hardly a store opening or company anniversary she did not attend and where she did not document everything with her distinct tenacity.

In the meantime, the local color of the garment district has also survived. The offspring of the earlier textile dealers have studied and/or have often settled abroad. Only a handful of shops bear witness today to this chapter of the Austrian post-war era. The exhibition "Buy from Jews!" aims to com-

Verkaufsstand für Druckknöpfe „Kohinor" im Kaufhaus Gerngross Wien, um 1910
Bildarchiv der Österreichischen Nationalbibliothek, Sign. 100.818 – D
Sales stand for Kohinor press studs at Gerngross department store Vienna, c. 1910

Josef Klein in seinem Geschäft für Lederwaren und Pelze auf der Marc-Aurel-Straße
Wien, 1970
JMW, Fotoarchiv Dobronyi
Josef Klein in his store for leatherware and furs on Marc-Aurel-Straße
Vienna, 1970

Josef Kleins Geschäft für Lederwaren und Pelze auf der Marc-Aurel-Straße
Wien, 1970
JMW, Fotoarchiv Dobronyi
Josef Klein's store for leatherware and furs on Marc-Aurel-Straße
Vienna, 1970

Familie Salomon Edelstein vor ihrem Textilgeschäft
Wien, 1978
JMW, Fotoarchiv Dobronyi
Edelstein family in front of their store
Vienna, 1978

Jenö Eisenberger (links) in einer Filiale seiner Löwa-Selbstbedienungsmärkte
Wien, 1967
JMW, Fotoarchiv Dobronyi
Jenö Eisenberger (left) in a store of his supermarket chain Löwa
Vienna, 1967

gesetzt, an diesen wichtigen Beitrag zur Entwicklung der Wiener Geschäftskultur zu erinnern.

Im Fokus stehen nicht nur die Familien der Besitzergeneration, sondern vor allem auch wichtige Zeitzeugen, um die neue Arbeitswelt, deren soziale Aspekte, z.B. das Thema Frauen zwischen Emanzipation und Normierung, abzubilden. Wir stellen die gesamte Bandbreite der Geschäfte vor: für verschiedene Budgets, wie die bereits genannte Kleiderschwemme bei Rothberger oder das Warenhaus Dichter im Arbeiterbezirk Ottakring versus dem Luxus bei den Hoflieferanten und Zwieback.

Da das Thema der jüdischen Kaufhäuser in Wien bisher noch weitgehend unerforscht war, fiel der Kuratorin Astrid Peterle und ihrer Assistentin Janine Zettl die essenzielle Aufgabe zu, ausgedehnte Recherchen durchzuführen und vor allem Objekte aus den verschiedenen früheren Orten des Konsums aufzuspüren und zusammenzutragen. Dabei ist es ihnen gelungen, vieles auch bei Privatpersonen zu finden. Institutionen haben erst vor nicht allzu langer Zeit begonnen, auch mehr Alltagskultur wie Werbematerial, Plastiksackerln etc. zu sammeln. Die Ausstellung umfasst ein sehr weit gefächertes Sortiment, um im Kaufhausjargon zu bleiben, von Objekten – über Büsten und Gemälde, Kleidungsstücke Einrichtungsgegenstände aus den Geschäften, Artikel, die dort verkauft wurden, Werbegrafik, Fotografien von Geschäften und ihren Besitzerfamilien, deren private Gegenstände, bis hin zu Verpackungsmaterial aus den diversen Kaufhäusern.

Walter Arlen, dessen Familie das Warenhaus Dichter in Ottakring besaß, erzählt in einem sehr berührenden Interview in der Ausstellung ausführlich über den Alltag in dieser wichtigen Vorstadtinstitution; Gespräche mit Protagonisten des Textilviertels ergänzen die Ausstellung.

Besonders hervorzuheben sind die Objekte aus der Sammlung von Claus Jahnke, die erstmals in Wien gezeigt werden. So kommt Kleidung von Zwieback, Rothberger, Neumann und Hello wieder dorthin zurück, wo sie herstammt, und sie ist aller Wahrscheinlichkeit nach mit ihren Besitzerinnen und Besitzern, die in die USA oder nach Kanada emigrierten, „mitgereist". Herr Jahnke hat sie später in Thrift-Shops und Vintage-Läden in den USA und Kanada gekauft. Hier bedanken wir uns nicht nur bei ihm für seine Reise nach Wien, sondern auch bei der kanadischen Botschaft für die Unterstützung.

Mit diesem Katalog entstand erstmals eine umfassende Publikation über das Thema jüdischer Kaufhäuser in Wien. Der Beitrag „Kauft bei Juden! Geschichte einer Wiener Geschäftskultur" von Astrid Peterle und Dan Fischman bietet einen ersten großen Überblick über die Entwicklung der Wiener Kaufhäuser und des Textilviertels. Den Aufbruch in die Wiener Moderne beschreibt Dan Fischman in seinem Artikel „Wien wird chic!". Roman Sandgruber gibt Einblicke in das Zeitalter der Warenhäuser. Die heftige Warenhausdebatte, die um 1900 zwischen Antisemitismus und Modernekritik geführt wurde, betrachtet Thomas Lenz, der aufzeigt, wie vehement die moderne Konsumgesellschaft und die neue Betriebsform abgelehnt wurden, bis hin zu massenhaft getätigten misogynen Aussagen. Mit Wien im Kaufrausch und der Blütezeit der Wiener Kaufhäuser und k. u.k. Hoflieferanten beschäftigt sich Astrid Peterle. Georg Gaugusch stellt detailliert die 150-jährige Geschichte der Firma Wilhelm Jungmann & Neffe vor. Mit dem

memorate this important contribution to the development of a Viennese store culture.

It spotlights not only families of the owner generation but also important contemporary witnesses in order to paint a picture of the new world of work and its social aspects, such as the emancipation versus normalization of women. We present a full range of shops to suit all budgets, from Rothberger's bargain basement and Warenhaus Dichter in the blue-collar district of Ottakring to the luxurious world of Zwieback and the Imperial and Royal Court purveyors.

In the absence of existing research on the history of Jewish department stores in Vienna, the key task of the curator Astrid Peterle and her assistant Janine Zettl was to fill this gap and to trace and bring together objects from the former palaces of consumption. Much information was also gleaned from private individuals. It is only relatively recently that institutions have begun to collect items of everyday culture such as sales literature, plastic bags etc. The exhibition encompasses a wide selection of items, to borrow the sales jargon, from busts and paintings, clothes, shop furnishings and sales products, advertising graphics and photographs of the businesses, their owners and private objects, all the way to department store packaging.

In a very touching interview in the exhibition, Walter Arlen, whose family owned Warenhaus Dichter in Ottakring, talks at length about everyday life in this important suburban institution; conversations with protagonists of the garment district supplement the exhibition.

To be especially highlighted are the objects from the collection of Claus Jahnke, which will be shown for the first time in Vienna. Clothing from Zwieback, Rothberger, Neumann and Hello will thus once again return to where it originated. In all probability these clothes "travelled" with their owners who emigrated to the USA or to Canada. Mr. Jahnke later bought them in thrift shops and vintage stores in the USA and Canada. Here we not only thank him for his journey to Vienna, but also the Canadian Embassy for the support.

This catalog constitutes the first comprehensive publication on the topic of Jewish department stores in Vienna. The article "Buy from Jews! Story of a Viennese store culture" by Astrid Peterle and Dan Fischman offers an initial, broad overview of the development of Viennese department stores and the garment district. Dan Fischman describes the dawn of Viennese modernism in his article "Vienna Becomes Chic!" Roman Sandgruber provides insights into the department store age. The fierce debate on department stores conducted around 1900, which was riddled with anti-Semitism and modernist criticism, is examined by Thomas Lenz who shows how vehemently modern consumer society and the new style of business were rejected, to the point of widespread misogynist statements. Astrid Peterle concentrates on Vienna in a buying frenzy and the heyday of Viennese department stores

Textilviertel und der Mariahilfer Straße bis zum Ende der Ersten Republik setzt sich Harald Stühlinger in seinem Beitrag auseinander. Elana Shapira porträtiert die kongenialen Partner Michael und Leopold Goldman und Adolf Loos sowie deren Beitrag zur Wiener Moderne. Die Highlights der Wiener Warenhaus-Architektur – von Gerngross bis zum Loos-Haus – stellt Andreas Lehne vor. Die schmerzliche Zerstörung der Wiener (jüdischen) Geschäftskultur von 1938 bis 1945 skizziert Astrid Peterle unter dem Titel „Kauft (nicht) bei Juden!". Anhand des Schicksals der Brüder Rothberger zeichnet Leonhard Weidinger den Aufstieg, die Zerstörung und die sich dahinschleppende Restitution nach. Dem Wiederaufbau der zerstörten Geschäftskultur ab 1945 bis heute ist ein weiteres Kapitel gewidmet. Ben Segenreich zeichnet humorvoll ein anschauliches Bild des jüdischen Textilviertels als Milieu seiner Jugend und teilt mit uns seine ganz privaten Erinnerungen daran. Den Epilog bildet eine künstlerische Intervention von Kathi Hofer, den Astrid Peterle mit einer Frage an die Vergangenheit, Gegenwart und Zukunft verknüpft.

In diesem Sinn ist dem Kuratorenteam Astrid Peterle und Janine Zettl besonders herzlich für die beeindruckende Arbeit an dieser Ausstellung und der vorliegenden Publikation zu danken. Dan Fischman hat das Konzept gemeinsam mit Astrid Peterle erarbeitet, Thomas Szanto danken wir für den nicht unprovokanten Titel. Den Anstoß zu dieser Ausstellung gab uns Liane Seitz, mit der eine wunderbare Zusammenarbeit entstand. Dies alles wäre nicht möglich gewesen ohne

and the purveyors to the Imperial and Royal Court. Georg Gaugusch delineates the 150-year history of the company Wilhelm Jungmann & Neffe. In his article, Harald Stühlinger focuses on the garment district and Mariahilfer Strasse up until the end of the First Republic. Elana Shapira profiles the congenial partners Michael and Leopold Goldman and Adolf Loos, as well as their contribution to Viennese modernism. The highlights of Viennese department store architecture—from Gerngross to the Loos-Haus—are presented by Andreas Lehne. The painful destruction of Viennese (Jewish) store culture from 1938 to 1945 is sketched by Astrid Peterle in an article entitled "(Don't) Buy from Jews!" Leonhard Weidinger traces the rise and destruction of businesses and the protracted restitution process through an examination of the fate of the Rothberger brothers. A further chapter is devoted to the rebuilding of the devastated store culture from 1945 to the present day. Ben Segenreich humorously draws a vivid picture of the Jewish garment district as the milieu of his youth and shares his very private memories of it with us. An artistic intervention by Kathi Hofer forms the epilogue, which Astrid Peterle links with a question to the past, present and future.

The curator team of Astrid Peterle and Janine Zettl deserve our special thanks for their impressive work on the

Ein jüdischer Straßenhändler auf der Mariahilfer Straße vor der Maison Zwieback
Wien, um 1900
IMAGNO / Archiv Setzer-Tschiedel
A Jewish street vendor in front of Maison Zwieback on Mariahilfer Straße
Vienna, c. 1900

die finanzielle Unterstützung durch die Arbeiterkammer Wien und den Nationalfonds, für die wir uns herzlich bei Dr. Dwora Stein, Roman Berka und Hannah Lessing bedanken. Sotheby's unterstützte uns bei der künstlerischen Intervention durch Kathi Hofer. Mein Dank gilt auch Imagno für das Entgegenkommen. Viola Stifter zeichnet für die Architektur, Markus Mickl für die Ausstellungsgrafik, Stefan Fuhrer für den Katalog und das Plakatsujet verantwortlich, das Kaiser Franz Joseph bei der Fronleichnamsprozession vor dem Kaufhaus Rothberger zeigt. Werner Hanak danke ich für die kontinuierliche Unterstützung, Dominik Cobanoglu und Naomi Kalwil für das Ausstellungsmanagement sowie Markus Roboch und Claudia Lauppert für den strengen Blick auf das Budget. Dem Verein der Freunde des Jüdischen Museums Wien danke ich für die Unterstützung bei Objektrestaurierung und -ankauf.

Wie sehr der Einsatz der Jüdinnen und Juden nicht nur für die Wirtschaft, sondern auch für Soziales gewürdigt wurde, zeigt die Rede, die der Wiener Rabbiner Dr. Adolf Jellinek anlässlich der Eröffnung des Kaufhauses Rothberger am Stephansplatz hielt, hier ein Bericht darüber in der Wochenzeitung „Die Neuzeit" vom 5. März 1886:

„Die Eröffnung wurde nach Brauch und Sitte der Väter durch den Wiener Rabbiner Dr. Adolf Jellinek vorgenommen. Bevor Herr und Frau Rothberger die bekannte Benediction sprachen, in welcher sie Gott dankten, dass er sie diese Zeit habe erleben lassen, erinnerte der Prediger sie daran, wie die Zeiten zum Besten der Juden sich geändert haben, indem ein Bekenner des Judenthums auf einem der schönsten

exhibition and publication. The concept was created by Dan Fischman together with Astrid Peterle. We thank Thomas Szanto for the not unprovocative title. The impetus for this exhibition was provided by Liane Seitz, with whom a wonderful collaboration arose. All of this would not have been possible without the financial support of the Vienna Chamber of Labor and the National Fund, for which we extend a heartfelt thanks to Dr. Dwora Stein, Roman Berka and Hannah Lessing. Sotheby's supported us in the artistic intervention by Kathi Hofer. My thanks also go to Imagno for their cooperation. Viola Stifter was responsible for the architecture, Markus Mickl for the exhibition graphics, Stefan Fuhrer for the catalog and poster design showing Emperor Franz Joseph at the Corpus Christi procession in front of the Rothberger department store. I would like to thank Werner Hanak for his continuous support, Dominik Cobanoglu and Naomi Kalwil for the exhibition management, as well as Markus Roboch and Claudia Lauppert for keeping a strict eye on the budget. Special thanks go to the Friends of the Jewish Museum Vienna for their financial support in the acquisition and restoration of objects.

The speech held by the Vienna rabbi Dr. Adolf Jellinek to mark the opening of the Rothberger department store on St. Stephen's Square shows how much the contribution made

Autobus mit Werbetafel für das Kaufhaus Krupnik
Wien, um 1930
Bildarchiv der Österreichischen Nationalbibliothek, Sign. L 31.103 C
Bus with advertisement for Krupnik department store
Vienna, c. 1930

Plätze der Residenz, dem alten Stephansdome gegenüber ein so herrliches Haus sich erbaut habe, dessen Name Niemanden in Zweifel lässt, dass er ein Sohn Israels ist. Nach der Recitation des 128. Psalms sagte Herr Dr. Jellinek, dass nach der Anschauung des Judenthums, ein Mann der Arbeit, der für seine Familie arbeitet und Hunderte von Arbeitern immerfort beschäftigt und dadurch deren Frauen und Kindern Nahrung gewährt, ein gottesfürchtiger Mann, ein Jeré Adonai genannt wird und dass der Eigenthümer dieses Hauses durch seinen Unternehmungsgeist viel dazu beigetragen hat, dass man leichter als in den früheren Zeiten die Armen bekleiden kann, was nicht bloß in sozialer, sondern auch in religiöser Beziehung verdienstlich ist."

by Jewish women and men, not only to the economy, but also to social welfare, was valued. Here is a report about it in the weekly newspaper *Die Neuzeit* from March 5, 1886:

"The opening ceremony was conducted by the Vienna rabbi Dr. Adolf Jellinek according to the rites and customs of the fathers. Before Herr and Frau Rothberger spoke the familiar benediction, in which they thanked God for preserving them, the preacher reminded them that times had changed for the better for Jews if a confessor to the Jewish faith, whose name left no doubt as to his being a son of Israel, was able to build such a magnificent house on one of the most beautiful squares in the imperial capital, right across from old St. Stephen's Cathedral. After the recitation of Psalm 128, Herr Dr. Jellinek said that according to the view of Judaism, a man of labor who works for his family and continually employs hundreds of workers, and as a result grants their wives and children sustenance, is called a God-fearing man, a *Jeré Adonai*, and that the owner of this house, through his entrepreneurial spirit, has contributed much towards enabling the poor to be clothed more easily than in earlier times, which is not merely meritorious in a social respect, but in a religious one as well."

Anprobe in der
Maison Zwieback
Wien, 1910er-Jahre
Privatarchiv Beatrice
Eipeldauer
Fitting at Maison
Zwieback
Vienna, 1910s

Kleid aus der Maison Zwieback
Wien, 1907/08
Museum of Arts and Crafts, Zagreb Inv. Nr. MUO 18472/1,2
Foto: Srecko Budek
Dress from Maison Zwieback
Vienna, 1907/08

Astrid Peterle, Dan Fischman

Kauft bei Juden! Geschichte einer Wiener Geschäftskultur

Buy from Jews! Story of a Viennese store culture

Maison Zwieback
Wien, 1939
WStLA, Sign. 3.3.7.FC.2952
Maison Zwieback
Vienna, 1939

Die Gründung und Entstehung von Wiener Kauf- und Warenhäusern sowie des Textilviertels ist Ausdruck einer gesamteuropäischen Entwicklung der zweiten Hälfte des 19. Jahrhunderts. Dass die Gründer dieser Unternehmungen oftmals aus jüdischen Familien stammten, ist heute den meisten Wienerinnen und Wienern ebenso wenig bekannt wie die einstige Existenz des Textilviertels im ersten Wiener Gemeindebezirk.

Prominente Häuser wie Gerngross, Zwieback, Neumann, Jacob Rothberger, Braun & Co., Goldman & Salatsch, Jungmann & Neffe, Knize, aber auch die sogenannten Vorstadtkaufhäuser Wodicka und Dichter prägten einerseits die mondänen Einkaufsmeilen Wiens auf

The rise of Viennese retail and department stores was part of a pan-European development in the second half of the nineteenth century. It is not widely known that many of the founders came from Jewish families and that there was once a garment district in the inner city.

Familiar names like Gerngross, Zwieback, Neumann, Jacob Rothberger, Braun & Co., Goldman & Salatsch, Jungmann & Neffe, Knize, along with suburban department stores like Wodicka and Dichter, were prominent in cosmopolitan shopping streets like Kärntner Strasse and Mariahilfer Strasse. These families made an important contribution to

Herrenkleider-Magazin Jacob Rothberger
Wien, 1. Hälfte 20. Jhdt.
Wien Museum, Inv. Nr. HMW 241.125
Rothberger department store
Vienna, 1st half 20th cent.

der Kärntner und Mariahilfer Straße, mit ihren Unternehmungen leisteten diese Familien andererseits auch einen maßgeblichen Beitrag zur Wiener Stadtentwicklung und beeinflussten das wirtschaftliche, topografische, soziale und kulturelle Stadtbild bis in die Jetztzeit.

Die Zäsur der Schoa verursachte ein Beinaheverschwinden dieser durch Wiener Jüdinnen und Juden geprägten Geschäftskultur. Auf der einen Seite lassen sich zwar Erfolgsgeschichten von Vertriebenen im Ausland nachzeichnen, andererseits beschlossen die meisten, nach 1945 nicht mehr nach Wien zurückzukehren, oder sie konnten nicht mehr an die Erfolge der Zeit vor 1938 anknüpfen. An diese bedeutenden Kauf- und Warenhäuser sowie an die zahlreichen von Jüdinnen und Juden betriebenen Einzelhandelsbetriebe erinnern heute im Wiener Stadt- und Geschäftsbild nur mehr die Namen mancher der Nachfolgeunternehmen und in den seltensten Fällen Teile der Bausubstanz.

Diesem „Verschwinden" gegenübergestellt ist die Geschichte und Entwicklung des Textilviertels nach 1945. Bedingt durch Migration und Zuwanderung lassen sich hier individuelle Erfolgsgeschichten von Unternehmen wie Schöps, dem Tuchhaus Silesia, Wachtel & Co, Haritex, Zalcotex u.v.m. erzählen, die auch vom Wiederaufbau der Wiener jüdischen Gemeinde nach 1945 zeugen.

Die Ausstellung „Kauft bei Juden! Geschichte einer Wiener Geschäftskultur" widmet sich diesem beinahe verschwundenen und vergessenen Teil Wiener jüdischer Kulturgeschichte. Der Ausstellungstitel klingt hierbei wie eine Kampfansage, ein Appell gegen das Vergessen, ein Aufruf zur Erinnerung an diese bedeutenden Unternehmungen und ihre Akteurinnen und Akteure hinter den Geschäftsfassaden. Im Zentrum der Ausstellung stehen die Entwicklungs-, Erfolgs-,

Vienna's urban development and to the city's economic, topographical, social, and cultural image.

This Jewish-influenced Viennese retail and wholesale culture was almost completely destroyed by the Shoah. Some of those forced into exile were able to continue their careers successfully abroad, but most decided not to return to Vienna after 1945, or were unable to take up from where they had been forced to leave off in 1938. Only the names of some of there successors and in rare instances some of the building substance remain today to recall the retail and wholesale businesses that were once run by Jewesses and Jews in Vienna.

While much of the store culture disappeared in the war, the garment district was revived after 1945 by a post-war Jewish community marked by migration and immigration. Businesses like Schöps, Tuchhaus Silesia, Wachtel & Co, Haritex, and Zalcotex were able to establish themselves successfully there.

The exhibition *Buy from Jews! Story of a Viennese store culture* is devoted to this almost vanished part of Viennese Jewish cultural history. Its aim is to revive the forgotten memory of these businesses and the characters behind them.

It focuses on the businesses themselves, migration, the lives of the founders, and their contribution to the development of modern Vienna.

The exhibition objects help to tell these stories and to spotlight the architecture and image, designers, clientele, as

Migrations- und Familiengeschichten der Gründer und Besitzer dieser Betriebe sowie ihr maßgebliches Engagement für den Weg Wiens in die Moderne.

Eindrucksvolle Objekte erzählen diese Geschichten nicht nur aus der Perspektive der Betreiber, sondern berichten von Architektur und Inszenierung, den Designern, der Klientel sowie Verkäufern, Schneidern und Schaufensterdekorateuren, aber auch von Anfeindungen, Antisemitismus, Verlust, Flucht und Zerstörung.

Drei Erzählstränge begleiten die Besucherinnen und Besucher auf ihrer Reise durch die Geschichte dieser Wiener Geschäftskultur. Von klassischen Kauf- und Warenhäusern über Einzelhandelsbetriebe, beispielsweise den „jüdischen" k.u.k. Hoflieferanten, bis hin zu den kleinen Geschäftslokalen des Textilviertels spannt die Ausstellung einen breiten Bogen vom ausgehenden 18. Jahrhundert bis in die Gegenwart.

Fast alle Unternehmen, die vorgestellt werden, handelten primär mit Textilien. Diese Schwerpunktsetzung ergibt sich durch die Tatsache, dass die meisten der großen Wiener Kauf- und Warenhäuser als Textilhändler begonnen haben und erst im Laufe der Jahrzehnte ihr Sortiment erweiterten. Topografisch konzentriert sich die Ausstellung, mit Ausnahme der sogenannten „Vorstadtkaufhäuser", auf zwei Ballungsräume des Konsums, die zwar auch heute noch dieselbe Funktion innerhalb der Stadt einnehmen, jedoch mit völlig verändertem Antlitz: zum einen der erste Wiener Gemeindebezirk mit seinen einstigen großen Kauf- und Warenhäusern im Bereich der Kärntner Straße sowie unzähligen kleinen Geschäften rund um den Rudolfsplatz und den Salzgries; zum anderen die Mariahilfer Straße als imposanter Einkaufsboulevard zwischen Innerer Stadt und dem Westbahnhof.

„nie mehr beim zwieback kleider kaufen"

In ihrem Gedicht „Kleiderflug oder lost clothes" rückte die bekannte Wiener Dichterin Elfriede Gerstl mit pointierten Schnappschüssen ihre eigene Lebensgeschichte ins Zentrum ihres Schreibens. Die 1932 als Tochter eines jüdischen Zahnarztes in Wien geborene Elfriede Gerstl überlebte die Schoa in diversen Verstecken. Sie wurde somit nicht nur Zeugin der Gräueltaten des Nationalsozialismus, sondern erlebte auch einen Abschnitt Wiener jüdischer Geschichte, der von der Blüte jüdischen Lebens in Wien mit einer Gemeinde von bis zu 200.000 Mitgliedern berichtet, aber auch von Antisemitismus und zahlreichen Anfeindungen geprägt war.

Elfriede Gerstl zählt nicht nur zu einer der wichtigsten Lyrikerinnen Österreichs nach 1945, sondern war auch eine leidenschaftliche Kleidersammlerin. Für ihre Kleidersammlung mietete sie sogar eine eigene Wohnung an, in der sie ihre kostbaren Schätze aufbewahrte.

Mit dem Satz: „nie mehr beim zwieback kleider kaufen" erinnert Gerstl an eine für sie längst vergangene, fast vollkommen ausgelöschte und beinahe aus dem Gedächtnis dieser Stadt verschwundene Geschäftskultur.

Dem Gedicht von Elfriede Gerstl ist in der Ausstellung ein materielles Zeugnis, ein Erinnerungsstück, ein fragmentarischer Auszug dieser Geschäftskultur gegenübergestellt.

Bei diesem folkloristischen Kleid aus altrosa Seide mit goldgesticktem Muster und einem aus roter Seide gefertigten Innenfutter handelt

well as the sales staff, tailors and window dressers. But they are also testimonies of animosity, anti-Semitism, expropriation, flight and destruction.

Three threads accompany visitors on their tour of the history of this Viennese business culture. The exhibition covers the period from the late eighteenth century to the present day, taking in classic department stores, independent suppliers by appointment to the court, and the small retailers in the garment district.

Practically all the companies presented here dealt mainly in textiles. This focus is due to the fact that most of the large Viennese retail and department store owners began as textile merchants before gradually expanding their range of products. With the exception of a few suburban department stores, the exhibition concentrates on two main consumer districts, which, while still performing the same function in the city today, are very different. One is the city center with its former large retail and department stores around Kärntner Strasse and countless small shops around Rudolfsplatz and Salzgries; and the other is Mariahilfer Strasse, an imposing shopping street running from the city center to Westbahnhof railway station.

"no more dresses from zwieback"

In her poem *Kleiderflug oder lost clothes* the Viennese lyricist Elfriede Gerstl offers a poignant snapshot of her own life story. She was born in 1932 as the daughter of a Jewish dentist and survived the Shoah in hiding. As such, she not only witnessed the Nazi atrocities but also a chapter in Viennese Jewish history: the flourishing life of a Jewish community of 200,000 members, and also anti-Semitism and hostility.

Elfriede Gerstl was not only one of the most important post-war lyricists in Austria but also a passionate collector of clothing. She even rented an apartment to store her precious collection.

The phrase "no more dresses from zwieback" recalls a distant, forgotten shopping culture that is almost completely extinct. Gerstl's poem is a memory, a fragmentary extract, and a testimony to this business culture.

This folkloric dress belonging to the Zirner family is made of dusky pink silk with a gold embroidered pattern and red silk lining. It is a wedding dress, donated to the Jewish Museum Vienna in 2010 by Lisa Zirner, who was born in Vienna in 1927. After emigrating to the USA, she studied architecture and painting in Great Britain and lives today as an artist in Paris. Her father Felix Zirner, who took the dress with him when he left Austria, was part of the renowned textile traders and jeweler families Zwieback and Zirner.

Before 1938, the two families ran the retail store Ludwig Zwieback & Bruder, also known as Maison Zwieback. Established in 1877 by the brothers Ludwig and Emanuel Zwieback

1942 packte mutter den kleinen fluchtkoffer
schwarze tuchmäntel aus den 30ern zurücklassend
wir werden nicht mehr soviel brauchen
sagt sie für mich merkwürdig rätselhaft
nie mehr beim zwieback kleider kaufen
beim süssen mädel mäntel und hüte
anfangs kam die hausschneiderin ins versteck
die aus zwei kleidern eines nähte
eines rosa-hellblau ich war gewachsen
weg mit den ozelotmäntelchen nicht auffallen
nichts zum bügeln nichts mit schleifen
die strickjacken – das wollkleid – anstatt heizen
in der kälte im bett anzubehalten (...)[1]

in 1942 mother packed the small emergency suitcase
leaving behind the black cloth coats from the 30s
we won't need so much any more
she said strangely and puzzlingly
no more dresses from zwieback
or coats and hats from the "süsses mädel"
at first the dressmaker came to the hiding place
and made a new dress from two old ones
pink and light blue, i had grown
away with the ocelot coat so as not to attract attention
nothing to iron, nothing with ribbons
wearing the knitted jackets and woollen dress in bed
so as not to have to use the heating (...)[1]

Elfriede Gerstl, *Kleiderflug oder lost clothes*

Hochzeitskleid der Familie Zirner
Europa, 19. Jhdt.
Slg. JMW, Inv. Nr. 19193, Schenkung/bequest
Lisa Zirner
Foto: Sebastian Gansrigler
Zirner family wedding dress
Europe, 19th cent.

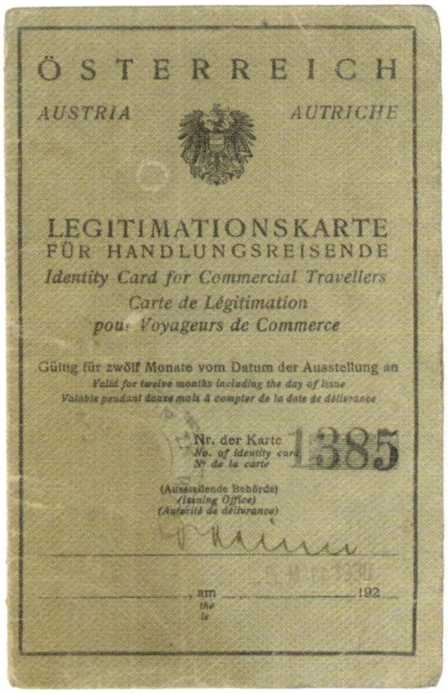

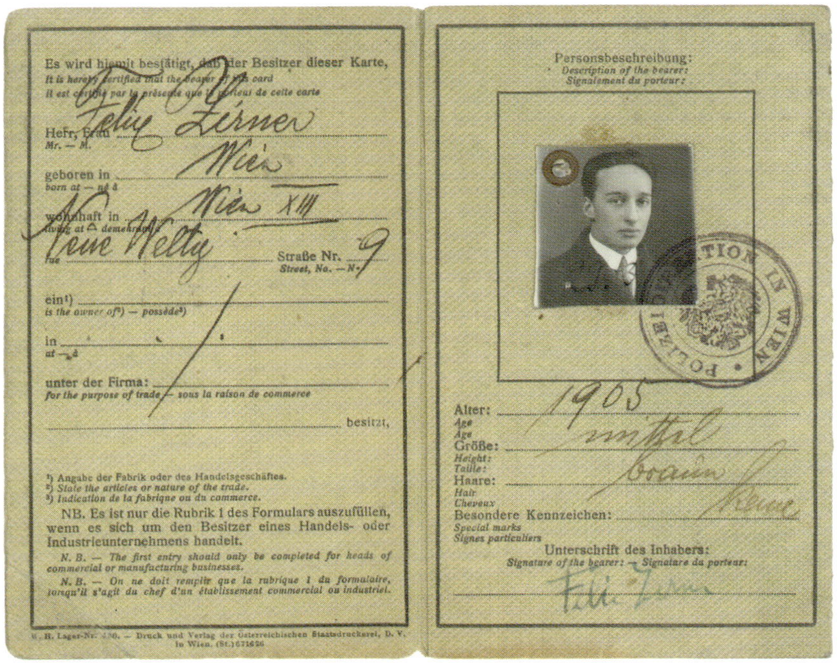

Legitimationskarte für Handlungsreisende von Felix Zirner
Wien, 1930
Slg. JMW, 21330
Identity card for commercial travelers belonging to Felix Zirner
Vienna, 1930

es sich um ein Hochzeitskleid. Dieses Erbstück der Familie Zirner wurde von den Damen bei Hochzeiten getragen. Geschenkt wurde es dem Jüdischen Museum Wien im Jahr 2010 von der 1927 in Wien geborenen Lisa Zirner. Nach ihrer Emigration in die USA studierte sie Architektur und Malerei in Großbritannien und lebt derzeit als Künstlerin in Paris. Ihr Vater Felix Zirner, der das Kleid in die Emigration mitnahm, stammte aus der bekannten Textil- und Juwelierhandelsfamilie Zwieback-Zirner.

Die beiden Familien betrieben vor 1938 das Kaufhaus „Ludwig Zwieback & Bruder", auch bekannt als „Maison Zwieback". Das 1877 von den aus Ungarn stammenden Brüdern Ludwig und Emanuel Zwieback zunächst in der Mariahilfer Straße und später mit der Hauptfiliale in der Kärntner Straße gegründete Kaufhaus zählte zu einem der bedeutendsten, elegantesten und modernsten Modehäuser Wiens.

Das 1895 nach Plänen des ungarischen Architekten Friedrich Schön erbaute Haupthaus in der Kärntner Straße 11, Ecke Weihburggasse, spezialisierte sich ursprünglich auf Damenkonfektion, umfasste aber auch ein Restaurant, eine American Bar, einen Tearoom und verfügte über Personenlifte und elektrische Beleuchtung.[2]

Nach dem Tod des Kaufhausgründers Ludwig Zwieback im Jahr 1906 erbte seine 1878 geborene Tochter Ella das Hauptgeschäft in der

Porträtplakette auf Ludwig Zwieback
Wien, 1906
JMW, Legat Berger, Inv. Nr. 23214
Foto: Sebastian Gansrigler
Ludwig Zwieback portrait plaque
Vienna, 1906

from Hungary, it was located initially in Mariahilfer Strasse. The main store outlet at Kärntner Strasse 11 on the corner of Weihburggasse was one of the most prominent, elegant, and modern fashion houses in Vienna, specializing initially in ladies' wear. It was built in 1895 by the Hungarian architect Friedrich Schön and had a restaurant, American bar, tea room, elevators, and electric lighting.[2]

After the death of the founder Ludwig Zwieback in 1906, it was taken over by his daughter Ella, born in 1878. The Chief Rabbi of Vienna, Dr. Israel Taglicht, said in his graveside oration:

"He himself liked to recall the old days. He was firmly rooted in the district where he first started out and remained faithful to our close-knit community, which he helped to found. He was an ambitious businessman whose entrepreneurial spirit and boldness were tempered by farsighted caution. He was aware of the social and ethical role of a businessman and balanced his own interests with the wellbeing of the community as a whole. These talents made him the focal point of his extended family, whose members looked up to him as an example. He involved them in his work and business undertakings so that they became loyal and trusted employees."[3]

Ella Zirner-Zwieback graduated with honors from the Vienna Conservatory. After her planned marriage to a co-student and later renowned composer Franz Schmidt was called off on account of social and family pressure, in 1899 she married the son, fifteen years her senior, of the court jeweler and commercial councilor Alexander Zirner.[4]

The business flourished under Ella Zirner-Zwieback, and the interior and entrance on Kärntner Strasse were redesigned in 1910 by the architect Friedrich Ohmann. An entry in the *Handbuch der Wiener Gesellschaft* from 1926 shows

Kärntner Straße. In den gesammelten Grabreden des Wiener Oberrabbiners Dr. Israel Taglicht liest sich Folgendes über den 1906 verstorbenen Kaufhausgründer Ludwig Zwieback:

„(...) Nur er selbst erinnerte sich gerne der früheren Zeit, darum wurzelte er auch in dem Gemeindebezirke, wo er seine erste Tätigkeit entfaltet hatte, und blieb auch unserer engern Gemeinde treu, deren Mitbegründer er gewesen. Er war ein Kaufmann von großer Konzeption, dessen Unternehmungsgeist und Wagemut durch kluge Voraussicht in sichere Bahnen geleitet war. Er war sich des sozialen und sittlichen Wirkens des Kaufmannes bewußt, der, indem er seine eigenen Interessen wahrnimmt, auch das Wohl der Gesamtheit fördert. Diese Gaben machten ihn naturgemäß zum Mittelpunkt seines ausgedehnten Familienkreises, so daß alle wie zu ihrem Vorbild zu ihm aufblickten. Er hat sie in den Kreis seiner Arbeit und seiner Unternehmungen mit hineingezogen und emporgetragen. Sie wurden ihm treue, verläßliche Mitarbeiter. (...)"[3]

Ella Zirner-Zwieback hatte zuvor das Wiener Konservatorium mit Auszeichnung abgeschlossen. Nachdem die geplante Ehe mit ihrem Mitstudenten und später bekannten Komponisten Franz Schmidt aus gesellschaftlichen Gründen und unter familiärem Druck scheiterte, heiratete sie 1899 den um 15 Jahre älteren Sohn des Hofjuweliers und Kommerzienrats Alexander Zirner.[4]

Nach der Übernahme durch Ella Zirner-Zwieback florierte das Geschäft, und so kam es 1910 zur Neugestaltung der Innenräume sowie des Geschäftsportals des Haupthauses in der Kärntner Straße durch den bekannten Architekten Friedrich Ohmann. In einer Eintragung im Handbuch der Wiener Gesellschaft aus dem Jahr 1926 liest sich zusätzlich Folgendes über den Erfolg des Kaufhauses in der Zeit, in der es von Ella Zirner-Zwieback geführt wurde:

„Das pariserischste aller Warenhäuser der Welt ist weder auf dem Boulevard Haussmann noch auf dem Boulevard des Italiens zu finden; es liegt in der Wiener Kärntnerstraße! Es ist eigentlich unnötig, hinzuzufügen, daß es sich um ‚Zwieback' handelt. Wenn das aber der Fall ist – und das wird gerade von vielgereisten Engländerinnen und Amerikanerinnen beifällig bekundet –, so gehört ein Großteil des Verdienstes an dieser Tatsache der Frau Ella Z.-Z. Einem solchen Unternehmen vorzustehen, verlangt mehr als gemeinhin die Leitung eines Geschäftes. Name und Tradition verpflichten zu einer Höhe der Auffassung, zu künstlerischer Haltung, zu Großzügigkeit und vorbildlichem Geschmack. Wenn es schon für einen Mann eine außerordentliche Leistung wäre, allen diesen Voraussetzungen zu entsprechen, so darf es einer Frau wohl als besonderer Ehrentitel angerechnet werden, insbesondere, als Frau Ella Z.-Z.´s Lebensgang, mit Rücksicht auf ihre musikalische Begabung, zunächst der künstlerischen Karriere zuzustreben schien."[5]

1938 endete diese Erfolgsgeschichte. Nach dem „Anschluss" wurde das Unternehmen unter kommissarische Verwaltung von Otto John gestellt.[6] Ella Zirner-Zwieback flüchtete mit ihrem Sohn Ludwig in die USA.[7] Nach der Schoa und langwierigen Gerichtsverhandlungen erhielt sie im Rahmen eines Restitutionsverfahrens 1951 einen Teil des Gebäudes zurück, verkaufte die Liegenschaft aber 1957 wieder. Das seit 1933 verpachtete Restaurant „Zu den drei Husaren" wurde niemals restituiert.[8]

Wilhelm Viktor Krausz
Gemälde von Ella Zirner-Zwieback
Wien, um 1900
Slg. August Zirner
Wilhelm Viktor Krausz
Painting of Ella Zirner-Zwieback
Vienna, c. 1900

the prominence of the store under Ella Zirner-Zwieback's management:

"The most Parisian department store in the world is not on boulevard Haussmann or boulevard des Italiens, but on Kärntner Strasse in Vienna. It is hardly necessary to add that its name is Zwieback. If this assertion is true—as much-traveled British and American tourists appreciatively claim—it is due in large part to the leadership of Ella Z.-Z. The direction of a store of this nature demands more than the abilities of a commercial manager. The name and tradition call for a discerning and artistic approach, generosity, and immaculate taste. This is already an exceptional achievement for a man, and for a woman to meet these requirements deserves special tribute, not least as Frau Ella Z.-Z.'s musical talent appeared initially to make her predestined for an artistic career."[5]

The company's prosperity came to an abrupt end in 1938. After the „annexation" of Austria to Nazi Germany, the company was placed under the provisional administration of Otto John.[6] Ella Zirner-Zwieback escaped with her son Ludwig to the USA.[7] After the Shoah and drawn-out legal proceedings, she was given back some of the building in 1951 as part of a restitution settlement, but sold the property in 1957. The restaurant "Zu den drei Husaren", leased from 1933, was never returned.[8]

Atelier d'Ora
Unterwäsche des
Modehauses Zwieback
Wien, 1920
Bildarchiv der Österreichischen
Nationalbibliothek,
Sign. 204282-D
Atelier d'Ora
Lingerie from
Maison Zwieback
Vienna, 1920

Atelier d'Ora
Ella Zirner-Zwieback
Wien, 1926
Bildarchiv der Österreichischen Nationalbibliothek, Sign. 204626-D
Atelier d'Ora
Ella Zirner-Zwieback
Vienna, 1926

Atelier d'Ora
Drei Frauen in der Maison Zwieback
Wien, 1913
Bildarchiv der Österreichischen
Nationalbibliothek, ÖNB/Wien
Sign. 203648 – D
Atelier d'Ora
Three women in Maison Zwieback
Vienna, 1913

Der Ausschnitt aus dem Gedicht von Elfriede Gerstl und das Hochzeitskleid der Familie Zirner bilden den Prolog zur Ausstellung „Kauft bei Juden! Geschichte einer Wiener Geschäftskultur". Sie stellen zusammen eine Klammer dar, die auf der einen Seite den Besucherinnen und Besuchern die zahlreichen atemberaubenden Geschichten der unterschiedlichsten Unternehmungen, von den großen Kauf- und Warenhäusern der Kärntner und Mariahilfer Straße bis hin zu den kleinen Geschäftslokalen des Textilviertels eröffnet, auf der anderen Seite mit einem Appell zum Mahnen, Gedenken und Erinnern schließt.

Die Träger dieser Geschichten sind die in der Ausstellung gezeigten Objekte, die in den Vitrinen wie kostbare und unbezahlbare Waren in einem Schaufenster arrangiert sind. Die Ausstellungsräume werden so zu den größeren und kleineren Einkaufsstraßen Wiens. Sie laden zum Flanieren, Staunen und auf eine Zeitreise in diese fast verschwundene Wiener Geschäftskultur ein.

1 Elfriede GERSTL: Kleiderflug. Texte – Textilien – Wohnen, Wien 1995, S. 9–10.
2 Andreas LEHNE (Hrsg.): Wiener Warenhäuser. 1865–1914, Wien 1990, S. 35, S. 161; August ZIRNER: „Meine Tochter hat mich zu den jüdischen Wurzeln zurückgeführt", in: Die Gemeinde. Offizielles Organ der Israelitischen Kultusgemeinde, Wien Juli 2008, S. 47.
3 Dr. I. TAGLICHT: Grab- und Gedenkreden, Frankfurt am Main 1907, S. 128–129.
4 Lisa SILVERMAN: Becoming Austrian. Jews and Culture between the World Wars, New York 2012, S. 66.
5 Franz PLANER: Handbuch der Wiener Gesellschaft, Wien 1926.
6 Catharina CHRIST: Jüdische k. und k. Hoflieferanten in der Textilbranche mit Niederlassung in Wien in der Zeit von 1870 bis 1938, Diplomarbeit, Universität Wien 2000, S. 99–103.
7 SILVERMAN, New York 2012, S. 66.
8 ZIRNER, Wien Juli 2008, S. 47.

The extract from the poem by Elfriede Gerstl and the wedding dress belonging to the Zirner family form the prologue to the exhibition *Buy from Jews! Story of a Viennese store culture*. They introduce visitors to the many fascinating stories connected with the large retail and department stores on Kärntner Strasse and Mariahilfer Strasse and the small outlets in the garment district while at the same time representing a reminder, a warning, and a tribute to their memory.

These stories are told by the objects in the exhibition, arranged in the showcases like the expensive and exquisite goods on display in a shop window. The exhibition rooms are thus transformed into Vienna's shopping streets, large and small, inviting visitors to stroll, window-shop, and take a journey back in time to an almost forgotten Viennese business culture.

1 Elfriede Gerstl, *Kleiderflug: Texte – Textilien – Wohnen* (Vienna, 1995), pp. 9–10.
2 Andreas Lehne, ed., *Wiener Warenhäuser: 1865–1914* (Vienna, 1990), pp. 35, 161; August Zirner, "Meine Tochter hat mich zu den jüdischen Wurzeln zurückgeführt," in: *Die Gemeinde – Offizielles Organ der Israelitischen Kultusgemeinde* (Vienna, July 2008), p. 47.
3 Dr. I. Taglicht, *Grab- und Gedenkreden* (Frankfurt am Main, 1907), pp. 128–29.
4 Lisa Silverman, *Becoming Austrian: Jews and Culture between the World Wars* (New York, 2012), p. 66.
5 Franz Planer, *Handbuch der Wiener Gesellschaft* (Vienna, 1926).
6 Catharina Christ, *Jüdische k. und k. Hoflieferanten in der Textilbranche mit Niederlassung in Wien in der Zeit von 1870 bis 1938*, diss., University of Vienna, 2000, pp. 99–103.
7 Silverman (New York, 2012), p. 66.
8 Zirner (Vienna, July 2008), p. 47.

Probiersalon in der Maison Zwieback
Wien, um 1910
IMAGNO/Öst. Volkshochschularchiv
Fitting salon at Maison Zwieback
Vienna, c. 1910

Dan Fischman

Wien wird chic!
Der Aufbruch in die Wiener Moderne

Vienna Becomes Chic!
The start of Viennese modernism

Der lange Weg vom Zunftwesen zum Aufbruch in die Wiener Moderne

Ende des 18. Jahrhunderts prägte das Bild des jüdischen Lumpensammlers oder Hausierers, der alte Stoffe oder gebrauchte Kleider verkauft, noch immer zahlreiche, teils antisemitische Stereotypen. Wurzeln dieses Bildes lassen sich bereits im Mittelalter finden. Strenge berufliche Einschränkungen und das weitverbreitete Verbot einer Mitgliedschaft in den Zünften und Gilden der Städte zwangen Jüdinnen und Juden in bestimmte Berufssparten. Zwar durften Waren für die eigene Gemeinde hergestellt und verkauft werden, der Vertrieb an den offenen Märkten der Städte war jedoch strengstens untersagt. Eine Nische ergab sich aber im Verkauf gebrauchter Waren, beispielsweise von Textilien und Kleidung, die in der vorindustriellen Zeit zu einer der wichtigsten Fertigwaren zählten. Zwar durften Jüdinnen und Juden weder Stoffe weben, noch Schuhe oder Bekleidung herstellen, es war ihnen aber erlaubt, mit gebrauchter Kleidung zu handeln oder Änderungen an den Stücken vorzunehmen.

Diese Betätigung stieß im 17. Jahrhundert, in der Zeit der zweiten Wiener jüdischen Gemeinde und des Ghettos im Unteren Werd, auf starken Widerstand. So finden sich 1644 zahlreiche Beschwerden christlicher Schneider darüber, dass ihre jüdischen Mitbewerber Konfektionskleidung herstellen und christliche Näher beschäftigen würden.[1]

Es sollte bis in die späte zweite Hälfte des 18. Jahrhunderts dauern, bis sich diese sozialen, kulturellen, allen voran aber wirtschaftlichen Einschränkungen langsam wandelten. Die Zeit zwischen dem Toleranzpatent Josephs II. von 1782, die gescheitere Revolution von 1848, die Aufhebung des Zunftzwanges 1859 und die bürgerliche Gleichstellung mit dem Staatsgrundgesetz von 1867 legten den politischen und wirtschaftlichen Grundstein für das Aufkommen, die Entwicklung und die spätere Blüte sowohl des Textilviertels, zahlreicher von Jüdinnen und Juden betriebenen Einzelhandelsunternehmen, aber auch der Kauf- und Warenhäuser.

Neben der bürgerlichen Gleichstellung ermöglichte das Staatsgrundgesetz von 1867 auch die vollständige Bewegungsfreiheit für alle Untertanen der Monarchie. Der wirtschaftlichen, sozialen und kulturellen Mobilität stand nun kein Gesetz mehr im Weg. Aus den unterschiedlichsten Teilen Europas, allen voran aus Ungarn, mit dem im Sinne einer geplanten ökonomischen Großraumkonzeption des damaligen Handelsministers Karl Ludwig von Bruck ein einheitliches Zollgebiet bestand, aber auch den östlicheren Teilen des Kaiserreichs, aus Deutschland, Böhmen und Mähren migrierten Jüdinnen und Juden in die Hauptstadt der Donaumonarchie.

Sie bildeten unter anderem die Schicht des jüdischen Großbürgertums und nahmen ab den 1860er-Jahren eine tragende Rolle in Bezug auf den europäischen Wirtschaftsliberalismus ein. Als sogenannte „zweite" Gesellschaft, dem alten Adel nachgereiht, wurden sie zu den Trägern der Kaufhausidee in Wien.[2]

Das Bild des jüdischen Hausierers und Lumpensammlers, das im späten 18. Jahrhundert noch bestand, hatte sich in weniger als 100 Jahren gewandelt. Ihr Dasein als fliegende Händler, die von Haus zu Haus zogen, hatten einige der zugewanderten Jüdinnen und Juden

The long road from guilds to the start of Viennese modernism

In the late eighteenth century, the Jewish rag collector or peddler selling used clothes or fabrics was still a feature of many, often anti-Semitic, stereotypes. The origins of this image date back to the Middle Ages. Restrictions on the professions that could be exercised and the widespread ban on membership of city guilds forced Jews into certain trades. Although they could make and sell goods for their own community, they were not allowed to sell them in town markets. A niche developed in the sale of used items like textiles and clothing, which were one of the most important ready-made products in the pre-industrial era. Jewesses and Jews were not allowed to weave fabrics or make shoes or clothing, but they were permitted to trade in used clothes or to make alterations.

In the seventeenth century, at the time of the second Viennese Jewish community and the ghetto in Unterer Werd, this activity met with strong resistance. In 1644, for example, there were numerous complaints from Christian tailors that their Jewish competitors were making ready-to-wear clothing and employing Christian tailors.[1]

It was not until the late eighteenth century that these social, cultural, and above all economic restrictions gradually began to disappear. The period of Joseph II's Edict of Tolerance in 1782, the failed revolution in 1848, the abolition of mandatory guild membership in 1859, and the introduction of equal civil rights through the Austrian Constitution of 1867 laid the political and economic foundations for the establishment, development, and later flowering of both the garment district and the many retail businesses and department stores run by Jews and Jewesses.

Apart from the establishment of equal civil rights, the 1867 Constitution also introduced complete freedom of movement for all subjects in the Monarchy. As such it lifted the legal obstacles to economic, social, and cultural mobility. Jews flocked to the capital from all over Europe, particularly Hungary, which had a customs union with Austria as part of Minister of Trade Karl Ludwig von Bruck's comprehensive economic concept, but also from more easterly parts of the Empire, and from Germany, Bohemia, and Moravia.

They formed a Jewish bourgeoisie and played a leading role from the 1860s in the development of economic liberalism in Europe. This "second" society, subsidiary to the old aristocracy, was one of the driving forces behind the department store idea in Vienna.[2]

In less than a century, the late eighteenth century image of the Jewish peddler and rag collector had undergone a transformation. Some of the arriving Jews managed to move beyond an existence as traveling salesmen. They worked their way up to become successful and innovative entrepreneurs with their own elegant department stores and retail outlets, fashion houses with magnificent premises and

Korrespondenzkarte
„Gruss aus Wien. Judengasse"
Wien, um 1900
Slg. Viktor Kabelka
"Greetings from Vienna, Judengasse" correspondence card
Vienna, c. 1900

abgelegt. Sie hatten sich zu erfolgreichen und innovativen Unternehmern mit eigenen eleganten Kauf- und Warenhäusern, Modegeschäften mit prachtvollen Geschäftslokalen und prunkvollen Eingangsportalen, die in der mondänen Innenstadt, auf der Mariahilfer Straße und in den späteren Außenbezirke Wiens zu finden waren, hochgearbeitet.

Abseits der mondänen Einkaufsmeilen. Die Anfänge des Textilviertels

Diametral zu den Kaufpalästen der Kärntner und Mariahilfer Straße und den noblen Geschäftslokalen der k.u.k. Hoflieferanten in der Wiener Innenstadt entstand Mitte des 19. Jahrhunderts das Zentrum des Wiener Textilhandels. Das Textilviertel, umgangssprachlich auch „Fetzenviertel" genannt, im Nordwesten der Wiener Innenstadt erstreckte sich von seinem Zentrum in der Marc-Aurel-Straße und dem Salzgries bis hin zu Ausläufern in der Judengasse.[3]

Seit der Aufhebung des Zunftzwanges in der zweiten Hälfte des 19. Jahrhunderts wurden hier zahlreiche von Jüdinnen und Juden gegründete Geschäftslokale zu Trägern des Wiener Textilzwischenhandels und zum Vermittler zwischen Produktion und Konsumation. So zählte das Textilviertel im Jahr 1914 insgesamt 125 Niederlassungen, größtenteils aus Böhmen, Mähren und Schlesien, welche als Zentren der Wäscheindustrie galten.[4]

Der wirtschaftliche Aufschwung des Viertels lässt sich beispielsweise anhand der beträchtlichen Bautätigkeit ablesen. So entwarf und baute der bekannte jüdische Architekt Wilhelm Stiassny mehrere repräsentative Mietshäuser, vorwiegend für jüdische Bauherren, am Salzgries und Rudolfsplatz. Diese umfassten neben Wohnungen in den Obergeschoßen auch Magazine im Souterrain und Geschäfte im Parterre und Mezzanin.[5]

„1846, als Wilhelm 4 Jahre alt war, erlangte sein Vater die Aufenthaltsbewilligung und die Familie übersiedelte nach Wien. Sie wohnten

ornate entrances in the cosmopolitan city center, on Mariahilfer Strasse, and in more outlying districts.

Beyond the chic shopping miles: the beginnings of the garment district

The Viennese garment district developed in the mid-nineteenth century in parallel to the retail palaces on Kärntner Strasse and Mariahilfer Strasse and the elegant premises of the court-appointed suppliers in the city center. The garment district in the northwest of the inner city, popularly known as "the rag district", extended from its center in Marc-Aurel-Strasse and Salzgries as far as Judengasse.[3]

Following the abolition of mandatory guild membership in the second half of the nineteenth century, many businesses founded by Jews became prominent in the Viennese garment trade, acting as intermediaries between manufacturers and consumers. In 1914 there were 125 businesses in the garment district, mostly from Bohemia, Moravia, and Silesia, which were the centers of the clothing industry.[4]

The economic development of the district was reflected in the considerable building activity taking place there. The Jewish architect Wilhelm Stiassny designed several imposing residences, primarily for Jewish clients, on Salzgries and Rudolfsplatz. They included apartments on the upper floors but also depots in the basement and stores and businesses on the ground floor and mezzanine.[5]

"In 1846, when Wilhelm was four years old, his father was granted a residence permit, and the family moved to Vienna. They lived in Sterngasse (no. 452) in the garment district and had a textile business two doors away (no. 450) called 'Brüder Stiassny und Bresslauer'."[6]

Blanka Lipschütz
Porträt von Wilhelm Stiassny
Wien, um 1900
JMW, Slg. IKG, Inv. Nr. 1842
Foto: David Peters
Blanka Lipschütz
Portrait of Wilhelm Stiassny
Vienna, c. 1900

in der Sterngasse (Nr. 452) im so genannten Wiener Textilviertel und hatten zwei Häuser weiter (Nr. 450) ein Textilgeschäft mit dem Firmennamen ‚Brüder Stiaßny und Breßlauer'."[6]

Zwar bleibt die Frage, ob seine rege Bautätigkeit im Textilviertel durch seine persönliche und familiäre Verbindung zu diesem Teil der Wiener Innenstadt in Zusammenhang stand, an dieser Stelle unbeantwortet, sie ist aber wahrscheinlich.

Ein weiteres Zeugnis für die Bedeutung des Textilviertels, nicht nur für die Wiener Stadtentwicklung und -geschichte, sondern auch für die im Rahmen der Ausstellung erzählte „Geschichte einer Wiener Geschäftskultur", sind die zahlreichen Erfolgsgeschichten unterschiedlichster Unternehmen, die ihre Anfänge im Textilviertel nahmen und in späterer Folge ihre hier angesiedelten Geschäftslokale gegen prachtvollere und mondänere im Zentrum der Innenstadt eintauschten.

So lassen sich die Anfänge des 1866 als Schneiderzugehörhandel angemeldeten und später zum k.u.k. Hoflieferanten aufgestiegenen Betriebs Wilhelm Jungmann & Neffe auf eine Adresse im Textilviertel (Salvatorgasse 3) zurückführen.[7]

Auch Josef Knize, der Gründer des k.u.k. Hoflieferanten Knize & Comp., mit seinem seit 1909 und bis heute bestehenden Geschäftslokal am Graben 13 in 1010 Wien, übersiedelte am 6. November 1858 von seinem Geschäftslokal im Textilviertel an eine neue Adresse am Hof 3.[8]

Jüdische k.u.k. Hoflieferanten in der Textilbranche

Das Toleranzpatent Josephs II. von 1782 stellte nicht nur einen wichtigen Grundstein im langen Kampf von Jüdinnen und Juden um bürgerliche Gleichstellung dar, es markiert auch einen historischen Anfangspunkt im Narrativ der Ausstellung „Kauft bei Juden!

It is unclear whether his building activity in the garment district had anything to do with his personal and family connections there, but the link is likely.

Further indications of the importance not only for Vienna's urban development and history but also for the exhibition's "story of a Viennese store culture" can be found in the numerous success stories of all kinds of businesses that started out in the garment district before moving to more opulent and cosmopolitan premises in the city center.

For example, Wilhelm Jungmann & Neffe, listed in 1866 as a supplier of dressmaking accessories and later a court-appointed supplier, started out at Salvatorgasse 3 in the garment district.[7]

Josef Knize, founder of the court-appointed supplier Knize & Comp., whose store at Graben 13 in 1010 Vienna opened in 1909 and still exists today, moved on November 6, 1858 from his site in the garment district to the new address Am Hof 3.[8]

Jewish court-appointed suppliers in the textile industry

Joseph II's Edict of Tolerance in 1782 was not only an important milestone in the long struggle by Jewesses and Jews for equality but also marks the historical starting point of the narrative of the exhibition *Buy from Jews! Story of a Viennese store culture*. The honorary title "court-appointed supplier" appears in the court calendar of 1782 for the first time.

The court-appointed supplier undertook to run his establishment in a manner worthy of the title. The application for award of the title was submitted to the Obersthofmeisteramt and had to provide justification for the award. Department store owners like Ludwig Zwieback or Jacob Rothberger, who also bore the title, cited the number of employees, the importance of their establishment, and the annual revenue, and pointed to their personal contribution to the city's image or their aristocratic clientele.[9]

In the last third of the nineteenth century and start of the twentieth century, there were many success stories among Jewish immigrants, who not only founded their own companies but also rose rapidly to become court-appointed suppliers. Among them were the women's fashion and millinery shop at Kärntnerring 12 founded in 1869 by Ernestine Spitzer and renamed two years later G. & E. Spitzer (Gustav & Ernestine Spitzer), or Ignaz Bittmann's children's fashion paradise at Kärntner Strasse 20, Goldman & Salatsch men's outfitter on Michaelerplatz (now Loos House), E. Braun & Co. fine linen store (now H&M) with its main outlet at Graben 8, or the department store M. Neumann at Kärntner Strasse 19 (now Steffl).

Auszug aus *Adolph Lehmann's allgemeiner Wohnungs-Anzeiger* mit Eintrag der Firma „Gebr. Stiaßny u. Breßlauer" in der Sterngasse 450
Wien, 1859
Wienbibliothek im Rathaus, Druckschriften, Sign. B-24202/1859
Extract from *Adolph Lehmann's allgemeiner Wohnungs-Anzeiger* with entry for Gebr. Stiassny u. Bresslauer, Sterngasse 450
Vienna, 1859

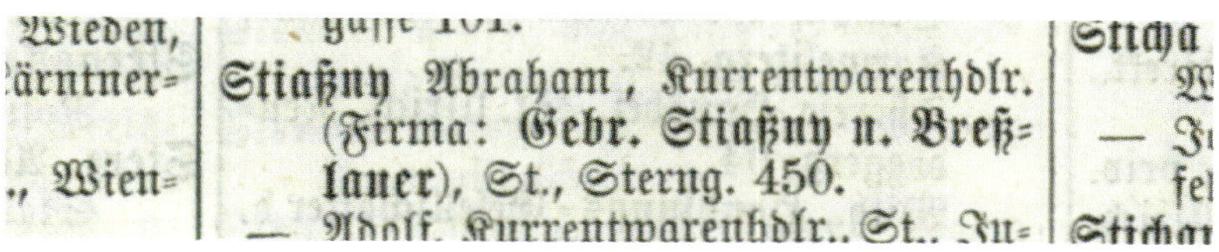

Stiaßny Abraham, Kurrentwarenhdlr. (Firma: Gebr. Stiaßny u. Breß=lauer), St., Sterng. 450.

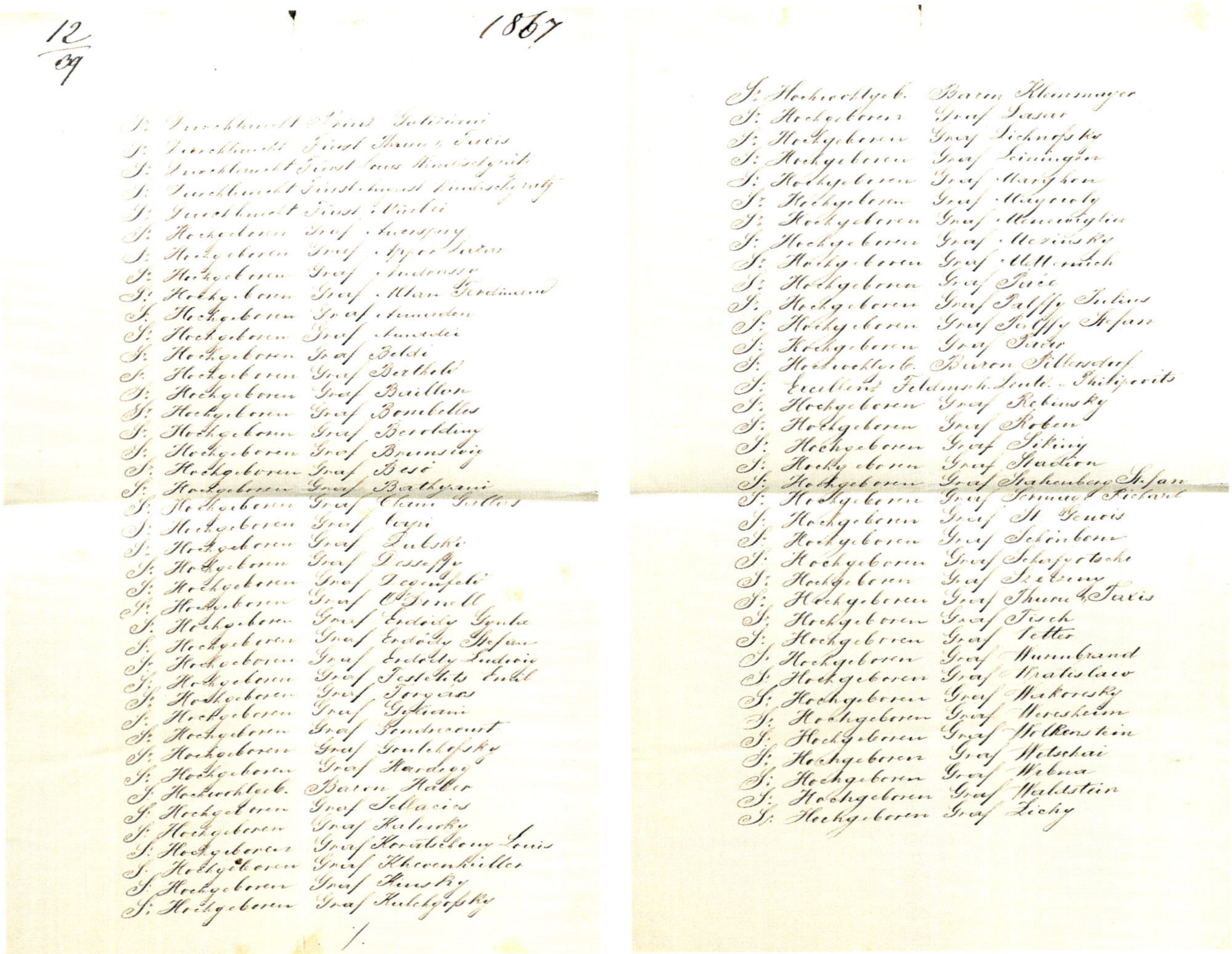

Auflistung der prominenten Kunden des Kaufhauses von Jacob Rothberger aus seinem Ansuchen um den k.u.k. Hoflieferantentitel
Wien, 1867
Staatsarchiv, Sign. AT-OeStA/HHStA HA OMeA 1867 RUB 12/39
List of prominent customers of Rothberger department store from the application for title of court-appointed supplier
Vienna, 1867

Geschichte einer Wiener Geschäftskultur". So taucht im Hofkalender von 1782 der Titel des Hoflieferanten erstmals als Ehrentitel auf.

Der Hoflieferant verpflichtete sich gegenüber dem Hof, sein Etablissement in einer für die Auszeichnung würdigen Weise zu führen. Die Bewerbung bzw. das Ansuchen um die Verleihung des Hoflieferantentitels erfolgte über das Obersthofmeisteramt und musste alle Umstände erläutern, die eine Verleihung rechtfertigten und erklärten. So gaben Kaufhausbesitzer wie Ludwig Zwieback, Jacob Rothberger und andere, die ebenfalls den k.u.k. Hoflieferantentitel führten, beispielsweise die Anzahl ihrer Beschäftigten an, verwiesen auf die Bedeutung des Geschäftsetablissements und auf die Höhe des Jahresumsatzes, berichteten von ihren persönlichen Verdiensten um das Stadtbild oder listeten ihre aristokratische Kundschaft auf.[9]

Vom letzten Drittel des 19. Jahrhunderts bis in die Anfänge des 20. Jahrhunderts lassen sich somit zahlreiche Erfolgsgeschichten von zugewanderten Jüdinnen und Juden zeichnen, die in dieser Zeitspanne nicht nur ihre Unternehmen gründeten, sondern auch in kürzester Zeit zu angesehenen k.u.k. Hoflieferanten aufstiegen.

Zu ihnen zählten unter anderem das 1869 durch Ernestine Spitzer gegründete und 1871 in „G. & E. Spitzer" (Gustav & Ernestine Spitzer) umbenannte Damenmoden- und Hutgeschäft am Kärntnerring 12 oder das bekannte Kindermoden-Palais von Ignaz Bittmann in der Kärntner Straße 20, der Herrenschneider „Goldman & Salatsch" am Michaeler-

Apart from the business acumen of their founders and managers, the success of these businesses was no doubt due as well to their prominent clientele consisting not only of the old aristocracy but also of a number of Ringstrasse families, some of whom were Jewish.

Eduard Budie's Maison de Blanc lingerie store at Graben 17 counted Archduchess Marie Therese, Princess Louise von Sachsen Coburg-Gotha, and Princess Pauline Metternich among its regular customers. Mathilde Bosser's millinery shop (Modesalon Bosser) at Kohlmarkt 5 supplied hats for practically all premieres at the Burgtheater, and also exported to Russia, Brazil, the Balkans, and Mexico.[10]

Besides their common economic and social success and their prominent clientele, the various Jewish court-appointed suppliers and many retail outlet and department store owners shared a background of migration.

Most of them came from different cities in Hungary, including Komorn (Komáron), Budapest, and Bonyhád, and a few from Bohemia and Moravia, Galicia, and Germany. The mobility afforded by the 1867 Constitution is reflected here. It encouraged migration from those countries and contributed to the establishment, development, and flowering of this business culture.

platz (heute Loos-Haus), das Wäschewarengeschäft „E. Braun & Co.“ (heute H&M) mit seiner Hauptfiliale am Graben 8 oder das Warenhaus „M. Neumann“ auf der Kärntner Straße 19 (heute Steffl) und viele mehr.

Der Erfolg dieser Unternehmen ist neben dem tüchtigen Geschäftssinn ihrer Gründer und Gründerinnen sowie Betreiber und Betreiberinnen sicherlich auch auf ihre bereits erwähnte prominente Kundschaft sowohl aus dem sogenannten alten Adel, aber auch beispielsweise aus den teils jüdischen „Ringstraßenfamilien“ zurückzuführen. So zählte das von Eduard Budie gegründete Wäscheausstattungsgeschäft „Maison de Blanc“ am Graben 17 unter anderem Erzherzogin Marie Therese, Prinzessin Louise von Sachsen Coburg-Gotha und Fürstin Pauline Metternich zu seinem Kundenstamm. Auch das Hutgeschäft von Mathilde Bosser (Modesalon Bosser) am Kohlmarkt 5 belieferte beinahe alle Premieren im Wiener Burgtheater, exportierte seine Hüte aber auch nach Russland, Brasilien, auf den Balkan und nach Mexiko.[10]

Neben ihren wirtschaftlichen und gesellschaftlichen Erfolgen und ihrer prominenten Kundschaft eint die zahlreichen „jüdischen“ k.u.k. Hoflieferanten, aber auch viele der Kauf- und Warenhausbetreiber interessanterweise ihr migrationsgeschichtlicher Hintergrund. So kamen die meisten von ihnen aus unterschiedlichsten Städten in Ungarn, beispielsweise aus Komorn, Budapest, Bonyhad u.v.a., vereinzelt aber auch aus Böhmen und Mähren, Galizien und Deutschland. Die durch das Staatsgrundgesetz gewonnene Mobilität und ihre Folgen spiegeln sich hier wider. Sie begünstigte die Zuwanderung aus den besagten Ländern und ermöglichte die Gründung, den Aufschwung und die Blüte dieser Geschäftskultur.

Vom kleinen Schneider zum k.u.k. Hoflieferanten und Kaufhausbesitzer. Eine kurze Geschichte des Herrenkleider-Magazins von Jacob Rothberger

Einen besonderen Stellenwert innerhalb der bereits angeführten wirtschaftlichen, migrationsgeschichtlichen und sozialen Entwicklungen, vor allem aber innerhalb der Ausstellung „Kauft bei Juden! Geschichte einer Wiener Geschäftskultur“ nimmt das Herrenkleider-Magazin von Jacob Rothberger ein. Wie manche andere Kauf- und Warenhausbetreiber, zum Beispiel Ludwig Zwieback (Maison Zwieback) oder Josef und Julius Neumann (M. Neumann), wurde auch das Unternehmen von Jacob Rothberger mit dem Hoflieferantentitel ausgestattet. Sie stellen somit innerhalb der Ausstellung eine „Hybridform“ zwischen klassischen Kauf- und Warenhäusern und den „jüdischen“ k.u.k. Hoflieferanten dar.

Die prominente Rolle, die das Herrenkleider-Magazin von Jacob Rothberger innerhalb der Ausstellung einnimmt, spiegelt sich klar in der Wahl des Plakatsujets sowie des Covers dieses Katalogs wieder. Die Aufnahme zeigt die Fronleichnamsprozession am Stephansplatz im Jahr 1898 im Beisein von Kaiser Franz Joseph I. Aufgenommen wurde diese Fotografie vor dem Kaufhaus von Jacob Rothberger an seiner prominenten Adresse am Stephansplatz, genau gegenüber des Stephansdoms. Von dem einstigen Kaufhaus ist heute bis auf Grundbestandteile der Grobarchitektur nichts mehr übrig.

Gegründet wurde das Kaufhaus von dem 1825 in Albertirsa (Ungarn) geborenen Jacob Rothberger. Bevor er 1853 nach Wien übersiedelte,

From tailor's shop to court-appointed supplier: a short history of Jacob Rothberger's men's outfitters

Jacob Rothberger's men's outfitters is a particularly interesting example of these economic, migrational, and social developments and is of special relevance to the exhibition *Buy from Jews! Story of a Viennese store culture*. Like other retailers and department stores, including Ludwig Zwieback (Maison Zwieback) and Josef and Julius Neumann (M. Neumann), Jacob Rothberger was also a court-appointed supplier. Within the framework of the exhibition, they represent a hybrid form, a combination of classic retailer and department store and "Jewish" court-appointed supplier.

The prominent role played by Rothberger's men's outfitters in the exhibition is reflected in the choice of poster subject and the cover of this catalogue. The photo shows the Corpus Christi procession on Stephansplatz in 1898 attended by Emperor Franz Joseph I (bottom right). It was taken in front of Rothberger's store at its prestigious location on Stephansplatz just opposite St. Stephan's Cathedral. A few remnants of the building structure are all that remain today of this former emporium.

The store was founded by Jacob Rothberger, born in 1825 in Albertirsa, Hungary. Before he moved to Vienna in 1853, he worked for some years as a tailor in Paris, where he also completed his journeyman's test piece. After attempting in vain to set himself up as a tailor in Vienna, he worked initially as partner and managing director of Bonifatius Blaurich at Kumpfgasse 831 and later of A. Gross & Rothberger at Hoher Markt 513.

In 1855 he applied once again for a trade license as a tailor in the inner city and was granted it on January 20, 1856. At this time his declared operating capital was 2,500 guilders.

Hans Bitterlich
Büste des Kaufhausgründers
Jacob Rothberger
Wien, o.J.
Slg. Künstlerhaus Wien
Bust of store founder
Vienna, n.d.

Postkarte mit Ansicht des Stephansplatzes, links im Bild das Kaufhaus Rothberger
Wien, 1929
Slg. Eduard Konrad
Postcard of Stephansplatz with Rothberger department store on the left of the picture
Vienna, 1929

arbeitete er einige Jahre als Schneider in Paris, wo er auch sein Gesellenstück fertigte. Nachdem er vergeblich versuchte, sich in Wien als Schneider selbstständig zu machen, arbeitete er vorerst als Gesellschafter und Geschäftsführer bei Bonifatius Blaurich in der Kumpfgasse 831 und später bei der Firma A. Groß & Rothberger am Hohen Markt 513.

1855 suchte er noch einmal um die Gewerbeberechtigung als Schneider in der Inneren Stadt an und erhielt diese am 20. Jänner 1856. Zu diesem Zeitpunkt gab er ein Betriebskapital von 2.500 Gulden an. Rothberger, der sich in kürzester Zeit einen Namen als geschickter und tüchtiger Schneider gemacht hatte, eröffnete 1861 am Stephansplatz 9 einen Laden im dritten Stock des Gebäudes.

Von seinen Zeitgenossen wurde Jacob Rothberger als einer der Begründer der großen Herrenkonfektion Österreich-Ungarns angesehen. Seine Tüchtigkeit und sein wirtschaftliches Gespür, beispielsweise durch die Einrichtung von „Kleiderschwemmen", die es der Kundschaft ermöglichten, neue Waren billiger zu kaufen, wenn sie dafür alte Kleidungsstücke zurückgaben, ließen das Geschäft florieren und schufen die Voraussetzung, dass Rothberger bereits 1867 um die Verleihung des Hoflieferantentitels ansuchen konnte.

Nachdem in den 1870er-Jahren das Kaufhaus am Stephansplatz aufgrund seines schlechten Zustandes beinahe abgerissen worden wäre, verpflichtete sich Rothberger, das Gebäude umfassend zu sanieren und neu gestalten zu lassen. Das im Rahmen dieses Streits als „Schneiderruine" bezeichnete Gebäude wurde 1886 nach Plänen der bekannten Theaterarchitekten Fellner und Helmer eröffnet. 1893 kaufte Rothberger das Haus Stephansplatz 11 dazu und ließ durch dieselben Architekten einen prunkvollen Neubau gestalten.

Das „Neue Wiener Tagblatt" berichtete damals: „(...) eine so luxuriöse Ausstattung, ein so feiner Geschmack (...), daß man durchaus

In 1861, Rothberger, who quickly made a name for himself as a skillful and hardworking tailor, opened a store on the third floor of Stephansplatz 9.

He was regarded by his contemporaries as one of the founders of large-scale menswear manufacture in Austria-Hungary. His hard work and business sense, for example through the establishment of bargain basements enabling customers to acquire new items at a reduced price in return for old clothes, helped business to flourish to such an extent that in 1867 Rothberger was able to apply for the title of court-appointed supplier.

When in the 1870s the store on Stephansplatz was listed for demolition because of its poor condition, Rothberger undertook to repair and redesign the building. It was re-opened in 1886 by the theater architects Fellner and Helmer. In 1893 Rothberger purchased Stephansplatz 11 in addition and had it elegantly redesigned by the same architects.

The *Neues Wiener Tagblatt* reported at the time: "(...) such luxurious fittings, such fine taste (...) that it is more reminiscent of an elegant palace than a retail store (...) beautiful stucco walls (...) galleries with gilded balustrades (...) armchairs covered with red satin, mirrors everywhere with the reflection of electric lights in them."[11]

Rothberger died a few years later, on March 30, 1899. After his death, the collapse of the Monarchy, the changed political situation after World War I, the stagnating exports, and the disastrous consequences of the year 1938 and the company's Aryanization on May 18, 1938, were stages in the slow but steady decline of this major retail store. The buildings at

nicht in einem Verkaufsmagazin, sondern in einem eleganten Palaste zu sein wähnt (...) Wände in schöner Stuckarbeit (...) Galerien mit vergoldeten Balustraden (...) Lehnen mit rotem Samt bekleidet, überall Spiegel, in denen elektrisches Licht widerstrahlt (...).“[11]

Nur wenige Jahre später, am 30. März 1899, verstarb Jacob Rothberger. Die Jahre nach dem Tod des Firmengründers, der Zusammenbruch der Monarchie, die Veränderungen der politischen Situation nach dem Ersten Weltkrieg, die daraus resultierende Stagnation im Bereich des Exports bis hin zu den katastrophalen Folgen des Jahres 1938 und die „Arisierung“ der Firma am 18. Mai 1938 markierten ein langsames, aber sicheres Ende dieses bedeutenden Kaufhauses. Am 12. März 1945 wurden die Häuser Stephansplatz 9–11 durch einen Luftangriff getroffen und brannten aus.[12]

Somit wurde auch der letzte Überrest dieses einstigen „Kleiderpalasts“ aus dem Wiener Stadtbild und Gedächtnis getilgt. Keine Erinnerungstafel erinnert an dieses wichtige Unternehmen der Wiener Geschäftskultur.

An dieser Stelle entfaltet sich das ganze Potenzial und eine der primären Zielsetzungen der Ausstellung „Kauft bei Juden! Geschichte einer Wiener Geschäftskultur“. Sie ist diesen verloren gegangenen Betrieben und Unternehmen gewidmet. Ihre Speerspitze bildet das Kaufhaus von Jacob Rothberger, welches sowohl der Ausstellung als auch dem Katalog ein Gesicht gibt und versucht, ihm seinen würdigen und wohlverdienten Platz in der Geschichte dieser Stadt wiederzugeben.

1 Roberta S. KREMER (Hrsg.): Zerrissene Fäden. Die Zerstörung der jüdischen Modeindustrie in Deutschland und Österreich, Göttingen 2013, S. 22–50.
2 Catharina CHRIST: Jüdische k. und k. Hoflieferanten in der Textilbranche mit Niederlassung in Wien in der Zeit von 1870 bis 1938, Diplomarbeit, Universität Wien 2000, S. 1–40.
3 Gerhard HATZ, Emilie KLEINSZIG, Joshua GRIGSBY: Vergangenheit und Zukunft des Textilviertels. Eine Ausstellung, Wien 2013, S. 4–14.
4 CHRIST, Wien 2000, S. 26.
5 Satoko TANAKA: Wilhelm Stiassny (1842–1910). Synagogenbau, Orientalismus und jüdische Identität, Dissertation Universität Wien 2009, S. 26.
6 Ebenda, S. 16.
7 Georg GAUGUSCH: Wer einmal war A–K. Das jüdische Großbürgertum Wiens 1800–1938, 1. Band, Wien 2011, S. 1296; siehe auch den Artikel von Georg GAUGUSCH in diesem Katalog.
8 CHRIST, Wien 2000, S. 75.
9 Ebenda, S. 10; 46–52.
10 Für eine genauere und detailliertere Auflistung der jüdischen k.u.k. Hoflieferanten vor 1938 siehe ebenda, S. 53–112.
11 Neues Wiener Tagblatt Nr. 82 vom 24.03.1895, S. 7 ff.
12 Andreas LEHNE (Hrsg.): Wiener Warenhäuser. 1865–1914, Wien 1990, S. 85–122.

Stephansplatz 9–11 were destroyed in an air raid on March 12, 1945.[12]

This removed the last trace of the former "clothing palace" from the urban landscape but also from public memory. There is no commemorative plaque to recall this prominent member of Vienna's business culture.

It was here that the full potential and one of the primary aims of the exhibition *Buy from Jews! Story of a Viennese store culture* can be seen. It is dedicated to the memory of these lost businesses and retail stores, whose success was spearheaded and exemplified by Rothberger's store. Both the exhibition and the catalogue are designed to give them back their rightful and well-merited place in the history of this city.

1 Roberta S. Kremer, ed., *Zerrissene Fäden: Die Zerstörung der jüdischen Modeindustrie in Deutschland und Österreich* (Göttingen, 2013), pp. 22–50.
2 Catharina Christ, *Jüdische k. und k. Hoflieferanten in der Textilbranche mit Niederlassung in Wien in der Zeit von 1870 bis 1938*, diss., University of Vienna, 2000, pp. 1–40.
3 Gerhard Hatz, Emilie Kleinszig, Joshua Grigsby, *Vergangenheit und Zukunft des Textilviertels: Eine Ausstellung* (Vienna, 2013), pp. 4–14.
4 Christ (2000), p. 26.
5 Satoko Tanaka, "Wilhelm Stiassny (1842–1910): Synagogenbau, Orientalismus und jüdische Identität," diss., University of Vienna, 2009, p. 26.
6 Ibid., p. 16.
7 Georg Gaugusch, *Wer einmal war A–K: Das jüdische Großbürgertum Wiens 1800–1938*, vol. 1 (Vienna, 2011), p. 1296; see also essay by Georg Gaugusch in this catalogue.
8 Christ (2000), p. 75.
9 Ibid., pp. 10, 46–52.
10 For a detailed list of Jewish court-appointed suppliers before 1938 see ibid., pp. 53–112.
11 *Neues Wiener Tagblatt*, No. 82, March 24, 1895, pp. 7ff.
12 Andreas Lehne, ed., *Wiener Warenhäuser: 1865–1914* (Vienna, 1990), pp. 85–122.

Medaille mit Ansicht des Kaufhauses Rothberger
Wien, um 1900
Slg. Eduard Konrad
Foto: Sebastian Gansrigler
Medal with view of Rothberger department store
Vienna, c. 1900

Roman Sandgruber

Das Zeitalter der Warenhäuser
The Age of the Department Store

Die Liste der großen Vermögen, die in Österreich durch Handel geschaffen wurden, ist lang und reicht von den Großhändlern des ausgehenden 18. und beginnenden 19. Jahrhunderts über die Getreide-, Wein-, Vieh- und Wollhändler und die Kohlen-, Eisen- und Materialienhändler des 19. Jahrhunderts, die Lebensmitteldetaillisten und Warenhauskönige des Fin de Siècle bis zu den Begründern der Handelsketten und Shopping Centers der jüngsten Vergangenheit. Ein beträchtlicher Teil davon ist jüdischer Herkunft.[1] Jüdinnen und Juden waren bei der Ausformung der modernen Konsum- und Warenhauskultur in Österreich und Deutschland entscheidend beteiligt.[2]

Juden als Minderheit

Die Habsburgermonarchie war ein durch und durch katholischer Staat, in dem sich die Protestanten in einer verschwindenden Minderheit und Außenseiterstellung befanden und die Juden als Minderheit mit subtilen Vorbehalten bis hin zu offener Feindschaft konfrontiert waren. Trotzdem sind die ökonomischen Verdienste und Erfolge der nicht katholischen Minderheiten auffällig, insbesondere jene der jüdischen Minderheit. Nachdem das 15. und frühe 16. Jahrhundert mit einer Verfolgungs- und Ausweisungswelle das Ende der jüdischen Gemeinden im Raum des heutigen Österreich gebracht hatte, war seit 1582 das Instrument der Hofbefreiung für Juden entwickelt worden. 1624 wurde durch einen Freiheitsbrief Ferdinands II. für 14 Familien jenseits des Wiener Donaukanals im Unteren Werd, der späteren Leopoldstadt, ein Ghetto begründet, das bis 1669 auf etwa 500 Familien anwuchs. Auch außerhalb Wiens hatten sich mit landesfürstlicher Genehmigung wieder Juden niedergelassen. 1669/70 kam es zur neuerlichen Vertreibung der etwa 3.000 Mitglieder zählenden Wiener jüdischen Gemeinde und auch der Landjuden. Nur im äußersten Westen und im äußersten Osten des heutigen Bundesgebiets, im vorarlbergischen Hohenems und im westungarischen Burgenland, entwickelte sich in der Frühneuzeit ein kontinuierliches jüdisches Leben. Bereits 1675 sah sich die Regierung wieder veranlasst, jüdischen Familien ihrer weitverzweigten Geschäftsverbindungen wegen gegen ein hohes Toleranzgeld auch die Ansiedlung in Wien erneut zu gestatten, wenn auch in geringem Ausmaß. Mit den Judenordnungen von 1753 und 1764 begann trotz Maria Theresias persönlich ablehnender Haltung die geistige Vorbereitung der Toleranzpolitik, die mit dem Patent Josephs II. von 1782 für Niederösterreich den Juden eine religiöse Duldung, wenn auch noch keineswegs eine bürgerliche Gleichberechtigung brachte. Eine Aufenthaltsberechtigung konnten nach der Einrichtung des Judenamtes im Jahr 1792 nur Juden der Oberschicht erhalten, wenn sie ein Vermögen von mindestens 60.000 Gulden und ein Großhandels- oder Fabriksprivileg vorweisen konnten. Haus- oder Grundbesitz durften sie nur bei entsprechender Privilegierung erwerben. Nur für die Gründung und den Besitz von Fabriken wurden Ausnahmen gewährt. Die Zahl der tolerierten Familien in Wien war von 102 im Jahr 1793 auf 197 vor der Märzrevolution 1848 angewachsen. Arme Juden verdingten sich formal bei einem privilegierten Glaubensgenossen als Dienstboten oder lebten illegal in Wien. 1781 gab es in Wien etwa 550 Juden, zu Beginn des 19. Jahrhunderts 1.500. Bis 1848 stieg ihre Zahl offiziell auf rund 4.000 oder 0,9 Prozent der Wiener

The list of major fortunes made in Austria through trade is long, extending from the wholesalers of the late eighteenth and early nineteenth centuries and the grain, wine, cattle, and wool merchants, to the coal, iron, and material traders of the nineteenth century, the fin-de-siècle retail grocers and department store kings, and more recent founders of chain stores and shopping centers. A considerable number had Jewish origins,[1] and Jews and Jewesses played an important role in the development of modern consumer and department store culture in Austria and Germany.[2]

Jews as a minority

The Habsburg monarchy was a Catholic state through and through, in which Protestants were in a small and marginal minority and Jews were subject to anything from subtle prejudice to open hostility. And yet the economic achievements of the non-Catholic minorities, particularly the Jews, are striking. Following the persecution and expulsion of Jewish communities in the area of modern Austria in the fifteenth and early sixteenth centuries, the position of Court Jew was created in 1582. Ferdinand II issued a decree in 1624 establishing a ghetto for fourteen families in Unterer Werd on the other side of the Danube Canal, now Leopoldstadt, which by 1669 had grown to around five hundred families. Other Jews settled outside Vienna by permission of the local rulers. In 1669/70 the 3,000 or so members of the Vienna Jewish community and the rural Jews were once again expelled. Jewish life continued to exist in the early modern era only in Hohenems in Vorarlberg and in west Hungarian Burgenland in the extreme west and east respectively of present-day Austria. By 1675, the government already had cause to allow a few Jewish families to settle again in Vienna on payment of a high levy so as to be able to exploit their wide-ranging business connections. In spite of Maria Theresa's personal antipathy, the Jewish decrees of 1753 and 1764 marked the start of a policy of tolerance, culminating in the Joseph II's Edict of Tolerance in 1782 for Lower Austria, ensuring religious tolerance for Jews, although by no means equal civil rights. Following the establishment of the "Judenamt" (Jewish Office) in 1792, wealthy Jews could obtain a residence permit provided they could show assets of at least 60,000 guilders and a wholesale or manufacturing license. They were only permitted to acquire real estate or land with special authorization. Exceptions were granted solely for the founding and ownership of factories. There were 102 tolerated families in Vienna in 1793, rising to 197 before the March Revolution in 1848. Poor Jews earned their living formally as servants to a privileged co-religionist or lived illegally in Vienna. There were around 550 Jews in Vienna in 1781 and 1,500 at the beginning of the nineteenth century. By 1848 the number had increased officially to around 4,000 or 0.9 percent of the population of Vienna. The actual number of Jews

Gesamtbevölkerung. Die tatsächliche Zahl dürfte allerdings zwischen 6.000 und 12.000 gelegen sein. In Inner- und Westösterreich, ausgenommen Vorarlberg, blieb die Ansiedlung von Juden auch nach der Toleranzgesetzgebung bis 1848 verboten, auch wenn das schon seit Beginn der Neuzeit bestehende Verbot nicht völlig durchgehalten werden konnte.[3] Die in der sogenannten „Oktroyierten Verfassung" von März 1849 erreichte vollkommene rechtliche Gleichstellung wurde bereits 1851 wieder zurückgenommen und 1853 die vormärzliche Regelung für den jüdischen Grundbesitz wieder in Kraft gesetzt. Erst 1860 wurden Juden definitiv und unbeschränkt „zum Besitz unbeweglicher Kapitalgüter" zugelassen, wohl auch, weil man die inzwischen erreichte Kapitalkraft der Juden für den Bau der Ringstraße nutzen wollte.[4] Für Oberösterreich, Salzburg, Tirol, Vorarlberg (mit Ausnahme von Hohenems), Kärnten und Krain allerdings blieben die Beschränkungen weiter bestehen. Erst das Staatsgrundgesetz von 1867 brachte die vollkommene und unbeschränkte Gleichstellung.

Bei der Volkszählung 1857 gab es in Wien 15.116 Juden, die sich in der Leopoldstadt und im Viertel zwischen Hohem Markt und Salzgries konzentrierten. Bis 1913 stieg die Zahl auf 190.000, damit von etwa 1,6 Prozent der Bevölkerung im Jahr 1848 auf 8,9 Prozent 1910. Dass den Juden ein zentraler Anteil an der Kultur und Wirtschaft der späten Habsburgermonarchie zukam, wird mit vielen Studien belegt. Zuletzt hat Georg Gaugusch ein beeindruckendes genealogisches Panorama der 500 bedeutendsten jüdischen Familien Wiens im 19. und frühen 20. Jahrhundert zusammengestellt. Innerhalb der nicht ganz 1.000 höchsten Einkommensbezieher in Wien und Niederösterreich vor Ausbruch des Ersten Weltkriegs erreichten Personen jüdischer Herkunft einen Anteil von fast 60 Prozent.[5]

Die jüdische Erfolgsgeschichte hat viele Gründe. Aus Nachteilen wurden Vorteile: Die jahrhundertelange Erfahrung mit Migrationen und Vertreibungen erhöhte ihre Mobilitätsbereitschaft; die Sondersteuern, die zu mehr Gewinn zwangen, förderten ihr Gewinnstreben, der Ausschluss aus den traditionellen Produktionsfeldern der Landwirtschaft und des zünftischen Gewerbes lenkte sie frühzeitig in den Handel, in das Geldwesen und in die außerzünftische Industrieproduktion, die Erfolgsfelder des 19. Jahrhunderts. Welche Rolle die Minderheitensituation spielte, ist eine vieldiskutierte Frage der Wirtschaftsgeschichte. Die Feindschaft von außen zwang zu einem verstärkten inneren Zusammenhalt. Die Minderheitensituation gab es zwar zum Beispiel auch bei den Roma. Und die starken familiären, überregional und international geknüpften Netzwerke gab es auch beim Adel. Allerdings verstanden sie die jüdischen Familien viel stärker für das Geschäft zu nutzen. Die Endogamie, die eine Zersplitterung der Vermögen hintanhielt, verstärkte nicht nur das Anwachsen ererbter Vermögen, sondern auch den Zusammenhalt und die Solidarität. Das Argument des kapitalistischen Denkens, das Stefan Zweig etwa an seinem Vater Moritz Zweig so besonders hervorstreicht, ist sicher am schwierigsten zu belegen.

Die jüdischen Berufstraditionen waren die kapitalistischen bzw. modernen Erfolgsbereiche: Banken, Börse, Handel, Wissenschaft, Forschung. Damit vermochten sie rasch eine starke Präsenz in der Bildungswelt, in Finanz, Kommerz und den freien Berufen zu erreichen,

living in the city was probably between 6,000 and 12,000. Even after the Edict of Tolerance, Jews were not allowed to settle in central and western Austria, with the exception of Vorarlberg, until 1848, although the prohibition had always been difficult to enforce completely.[3] The complete equality before the law established in the March Constitution, imposed in 1849, was revoked in 1851, and two years later the pre-Revolution regulations for Jewish property ownership were reinstated. It was not until 1860 that Jews were allowed definitively and without restriction "to own immovable capital goods," not least because Jewish capital assets were needed to build the Ringstrasse.[4] The restrictions remained in place for Upper Austria, Salzburg, Tyrol, Vorarlberg (except for Hohenems), Carinthia, and Carniola, and full and unrestricted equality was not achieved until the December Constitution of 1867.

The 1857 census registered 15,116 Jews in Vienna, concentrated in Leopoldstadt and in the area between Hoher Markt and Salzgries. By 1913 this figure had risen to 190,000. As a percentage of the population, the number of Jews increased from around 1.6 percent in 1848 to 8.9 percent in 1910. Many studies have demonstrated the important contribution by Jews to culture and science in the later years of the Habsburg monarchy. Georg Gaugusch recently compiled an impressive genealogical survey of the 500 most prominent Jewish families in Vienna in the nineteenth and early twentieth centuries. Among the 1,000 highest earners in Vienna and Lower Austria before the outbreak of World War I, almost 60 percent had Jewish origins.[5]

There are numerous reasons for this success. Disadvantages became advantages: the centuries of experience of migration and expulsion increased the mobility of Jews; the special levies that forced them to earn more encouraged them to work harder, and the exclusion from traditional production sources like agriculture and handicrafts and trades led to an early concentration on commerce, finance, and industrial production, which came to the fore in the nineteenth century. The role that their situation as a minority played in the economic history of the time is a much-discussed question. The hostility they experienced from the outside world reinforced their inner cohesion. This minority situation was also experienced by Roma, and strong supra-regional and international family networks also existed among the aristocracy, but the Jews appear to have exploited them far more effectively for business. The intermarriage within the community, which prevented capital from being dispersed, not only helped to increase inherited assets but also strengthened cohesion and solidarity. The claim that Jews had a capitalist frame of mind, which Stefan Zweig, for example, says of his father Moritz, is certainly the most difficult to prove.

Jewish professional traditions coincided with modern capitalist spheres: banks, stock markets, science, research.

jenen modernen Äquivalenten derjenigen wirtschaftlichen Funktionen, die Juden bereits in vormoderner Zeit erlaubt gewesen waren und die der katholische Adel und das katholische Bürger- und Bauerntum eher mieden. Damit wurden Juden zum Kern des „liberalen Wirtschafts- und Bildungsbürgertums" der späten Habsburgermonarchie.

Paläste des Konsums

Die Idee des Warenhauses stammt aus Paris. Die Vorläufer waren die überdachten Einkaufspassagen, die die Spaziergänger in die verschiedensten Geschäfte mit einem breiten Warenangebot locken sollten. Sie luden zum Schauen und Angreifen ein. Die „Verführung" der Konsumenten stand im Vordergrund. Den Schwerpunkt des Angebots bildeten Textilien und Bekleidung. Die ersten Warenhäuser waren eigentlich Kleiderhäuser. Typisch für sie war die Kombination von Erzeugung und Vertrieb. Das Sortiment wurde immer breiter, bis hier die ganze Warenfülle der neuen Industrie- und Konsumgesellschaft an einem Ort vereint war.

„Kathedralen des Massenkonsums" und „Museen des kleinen Mannes" lauteten die Schlagwörter. Émile Zola hatte mit seinem Kaufhausroman die Vorstellung vom „Paradies der Damen" geprägt, auch wenn es vor allem die Herren waren, für die die dort angebotenen Waren gedacht waren: Reise-, Jagd- und Stadtkleidung, Herrenpelze, Fräcke und Gehröcke, Livreen, Schlafröcke, Turnanzüge, Knabenkleidung, Priesterröcke umfasste das Sortiment im Wiener Warenhaus Rothberger am Stephansplatz.[6] Nach 1900 kam auch Automobilkleidung dazu. Das Angebot wurde immer breiter, bis zuletzt die ganze Warenfülle der beginnenden Massenkonsumgesellschaft in pompösem Ambiente für jedermann zu bestaunen war. Denn die Unterschich-

Jews were thus able to establish themselves quickly and prominently in education, finance, commerce, and independent professions, the modern equivalents of the economic functions that Jews had been allowed to fill in the pre-modern era and which the Catholic aristocracy, burghers, and farmers tended to avoid. This made Jews the core of the liberal business and educated bourgeoisie of the late Habsburg monarchy.

Consumer palaces

The idea of the department store came from Paris. The predecessors were the covered arcades with a wide variety of wares in different shops designed to attract passers-by to window-shop and buy. The idea of "seducing" the consumer was paramount. The main concentration was on textiles and clothing. The first department stores were in fact clothes stores, typically combining manufacture and sale. The range gradually became larger until all the full panoply of goods in the new industrial and mass consumer society were on show in the same place.

They were dubbed "cathedrals of mass consumption" or "museums for the man in the street." In his novel about department stores, Émile Zola introduced the idea of a "paradise for women," even if the goods on offer were more suitable for men. The Rothenberger department store on Stephansplatz offered travel, hunting, and city apparel, furs for men, frock coats and tails, liveries, dressing gowns, gymnastic attire, boys' clothing, and priests' garments.[6] After

Postkarte mit Außenansicht des Kaufhauses Gerngross
Wien, 1889
Slg. Martin Perl
Postcard of Gerngross department store
Vienna, 1889

Postkarte mit Ansicht des Stephansplatzes, rechts im Bild das Kaufhaus Rothberger
Wien, 1929
Slg. Eduard Konrad
Postcard of Stephansplatz with Rothberger department store on the right of the picture
Vienna, 1929

ten konnten bestenfalls staunen. Zum Kaufen fehlte das Geld. Aber man musste ja nicht kaufen. Und der Zutritt war gratis.[7]

Wer sollte dort einkaufen? Es sollten Orte für alle sein. Natürlich musste man Geld haben. Aber auch ein bloßes Anschauen war möglich. Es waren Orte des Träumens und der unerfüllten Wünsche. Zentral war das architektonische Erlebnis. Es sollten Tempel des Konsums sein. Das berühmte Wiener Architekturbüro Fellner & Helmer baute nicht nur Theater und Opernhäuser in allen Teilen der k.u.k. Monarchie, es zeichnete auch für die Wiener Warenhäuser Gerngross und Rothberger und für das Grazer Warenhaus Kastner & Öhler verantwortlich. August Siccard von Siccardsburg und Eduard van der Nüll, die Architekten der Wiener Staatsoper, erbauten das Warenhaus von Philipp Haas. Otto Wagner errichtete das Wiener Warenhaus Neumann (nach dem Zweiten Weltkrieg in „Steffl" umbenannt).[8]

Die Warenhäuser boten den letzten Stand der Technik: so wurde die erste Rolltreppe Wiens in das Warenhaus Gerngross eingebaut, in Linz der erste elektrische Lift in das Warenhaus Kraus & Schober. Die Warenhäuser waren die Leuchttürme der neuen Zeit. In religiöser Feierlichkeit wurden sie inszeniert. Die Palastarchitektur schuf Gefühle des höchsten Luxus. Verkauft wurden die Massenwaren des Fabrikzeitalters. Im Erdgeschoß gab es die Schwemme, in den oberen Stockwerken waren die Verkaufssalons und ganz oben die Werkstätten. Orientalische Basare waren sie in den Augen ihrer antisemitischen Kritiker, die Vorhut des Massenkonsums für die Stadtflaneure. Rothberger platzierte sein Warenhaus direkt gegenüber dem Haupttor des Stephansdoms, Neumanns hochtrabender „Metropolitan Clothing Palace" in der Kärntner Straße mutierte im Mund der Wiener bald zum „Steffl". Die Mariahilfer Straße, der tägliche Weg des Kaisers von Schönbrunn in die Hofburg, war der rechte Ort für die Zurschau-

1900, automobile outfits were added. The range became larger until the full panoply of early mass consumer society goods could be admired in an opulent setting. Even if the lower classes didn't have the money to buy, they could still look, because admission was free.[7]

Who were the customers? The department stores were meant to be for everyone. Of course, it helped to have money, but it was also possible just to look: they were places of dreams and unfulfilled wishes. The architectural experience was central. The stores were designed as temples of consumerism. The prestigious Viennese architects' office Fellner & Helmer built not only theaters and opera houses in all parts of Austria-Hungary but also the Viennese department stores Gerngross and Rothberger as well as Kastner & Öhler in Graz. August Siccard von Siccardsburg and Eduard van der Nüll, who designed the Vienna State Opera, also built the Philipp Haas department store. Otto Wagner built the Neumann store in Vienna (renamed Steffl after World War II).[3]

The department stores offered the latest technology: Gerngross in Vienna had an escalator, and the first electric elevator in Linz was installed in Kraus & Schober. They were beacons of modernity, designed with a religious passion. The palace architecture created a feeling of ultimate luxury, even if the items sold were mostly mass-produced goods from the industrial era. On the ground floor were the bargains, on the upper stores the sales departments, and at the top the workshops. Anti-Semitic critics likened them to Oriental bazaars, at the vanguard of mass consumerism for city strollers. Rothberger situated his department store opposite the main-

stellung dieser neuen Stadtwahrzeichen. So konnte der Kaiser tagtäglich die Paläste der neuen Zeit vor Augen haben. Von den 24 im Jahr 1907 als Warenhäuser erfassten Wiener Unternehmen befanden sich zwölf im 1. Bezirk und zehn in der Mariahilfer Straße. Hier waren auch die drei weitaus größten nahezu benachbart: Gerngross, Herzmansky und Esders' „Große Fabrik". Während bei den meisten die Umsatzhöhe zwei Millionen Kronen nicht überschritt, gaben Esders 7,5 Millionen, Herzmansky acht bis zwölf Millionen und Gerngross über zehn Millionen an. Die Beschäftigtenzahl bei Gerngross überstieg die 1.000er-Grenze. Gerngross war auch bereits in den Möbel-, Haushalts- und Lebensmittelbereich eingestiegen. Rechnet man die Einkommen aller fünf Gerngross-Brüder zusammen, so kamen sie gemeinsam auf mehr als 700.000 Kronen Einkommen im Jahr, Vater und Sohn Esders zusammen auf fast 800.000 Kronen. Herzmansky lag da schon weit abgeschlagen zurück.[9] Die 29 Millionäre unter den Warenhausbesitzern des Jahres 1910 brachten es auf ein Durchschnittseinkommen von etwa 200.000 Kronen.[10]

Juden als Pioniere und Innovatoren

Als Pionier der österreichischen Kleiderhäuser gilt Mayer Mandl. 1843 hatte der Sohn des Prossnitzer Altkleiderhändlers Moses Mandl um die Kleinhandelsbefugnis für alte Kleider eingereicht. 1849 kam jene für neue Kleider dazu. Bald beschäftigte er mehrere 100 Schneider, die aus billigen Stoffen Konfektionsstücke für den Vertrieb in Ungarn und am Balkan fertigten. Im Krimkrieg war er als Lieferant der osmanischen Armee zu derartigem Ansehen gelangt, dass ihm die osmanische Regierung für einige Zeit die Ausstattung ihrer gesamten Armee übertrug. 1858 suchte er um die Fabriksbefugnis für Erzeugung von Männerkleidung an. Es war die erste Kleiderfabrik Österreichs. In den 1860er-Jahren etablierte sich Mandl direkt in Wien. 1910 stellte die Mandl-Familie eine Reihe von Millionären: Julie Mandl, die Witwe des 1888 verstorbenen Mayer Mandl, ihr Sohn Arnold Mandl, Inhaber des Bank- und Großhandlungshauses J. & M. Mandl und M. Mandls Söhne und 1881 zusammen mit Salomon Kohnberger Gründer der Österreichisch-Amerikanischen Gummiwarenfabrik in Breitensee bei Wien, ferner Max Mandl, Ritter von Maldenau, Gesellschafter der Fa. M. & J. Mandl und der Fa. M. Mandls Söhne, und Sigmund Mandl, Direktor dieser beiden Unternehmen.[11]

In den 50 Jahren vor dem Ersten Weltkrieg etablierten sich in Wien etwa 40 Betriebe in der Art von Mandl. Der aus dem ungarischen Albertirsa stammende Schneidergeselle Jacob Rothberger eröffnete 1855 sein „Kleidermagazin" nach einem System, das er in Paris kennengelernt hatte. Seine Idee war die „Kleiderschwemme". Gebrauchte Kleider wurden gegen neue getauscht. Die alten Kleider reparierte er und verkaufte sie weiter. Die Schneiderarbeiten wurden nicht von Angestellten, sondern von selbstständigen Stückmeistern erledigt. Mit zwei Standbeinen, der Kleiderschwemme und der gehobenen Herrenkleidung, verfügte er über eine so breite Basis, dass er 1861 sein Geschäft auf den zentralsten Platz Wiens, den Stephansplatz, übersiedeln konnte. 1868 wurde er zum Hoflieferanten ernannt und 1886 ein spektakulärer, von den Theaterarchitekten Fellner & Helmer geplanter Neubau eröffnet. Die zwei Stockwerke hohe Verkaufshalle wurde

entrance to St. Stephan's Cathedral, while Neumann's pompous Metropolitan Clothing Palace in Kärntner Strasse quickly became known as "Steffl." Mariahilfer Strasse on the Emperor's daily route from Schönbrunn to the Hofburg, was an ideal place for showing off these new urban landmarks. In this way, the Emperor could admire these modern palaces every day. Of the twenty-four department stores in 1907, twelve were in the 1st district and ten in Mariahilfer Strasse. The three largest, Gerngross, Herzmansky, und Esders' "Great Factory," were all in close proximity to one another. While the revenue of most department stores did not exceed 2 million crowns, Esders earned 7.5 million, Herzmansky 8 to 12 million, and Gerngross more than 10 million. The latter had a staff of over 1,000 employees. It also sold furniture, household goods, and food. The five Gerngross brothers together earned in excess of 700,000 crowns per year, Esders father and son team almost 800,000. Herzmansky trailed considerably.[9] The twenty-nine millionaires among the department store proprietors in 1910 had an average income of around 200,000 crowns.[10]

Jews as pioneers and innovators

The pioneer of Austrian clothing stores was Mayer Mandl, son of Moses Mandl, a second-hand clothes seller from Prossnitz (Prostějov). In 1843, he applied for authorization to sell old clothes. In 1849 he added new ones. He was soon employing several hundred tailors and dressmakers, who made cheap ready-to-wear clothing for sale in Hungary and the Balkans. During the Crimean War, he became so prominent as a supplier to the Ottoman military that the Ottoman government for a while commissioned him to make the uniforms for its entire army. In 1858 he applied for authorization to open a factory for men's clothing, the first such factory in Austria. In the 1860s, he established an outlet in Vienna. In 1910 the Mandl family had a number of millionaires among its members: Julie Mandl, widow of Mayer Mandl, who had died in 1888, her son Arnold Mandl, owner of the bank and wholesale businesses J. & M. Mandl and M. Mandls Söhne and founder in 1881 with Salomon Kohnberger of the Österreichisch-Amerikanische Gummiwarenfabrik in Breitensee near Vienna, Max Mandl, Ritter von Maldenau, partner in J. & M. Mandl and M. Mandls Söhne, and Sigmund Mandl, director of these two companies.[11]

Around forty businesses like Mandl's established themselves in Vienna in the fifty years before World War I. In 1855, the journeyman tailor Jacob Rothberger from Albertirsa in Hungary opened his "clothes depot" based on a system he had learned in Paris. His idea was to offer bargain clothing, exchanging used clothes for new ones. The old clothes were then repaired and resold. The tailoring was done not by employees but by independent master craftsmen. With these two mainstays, the bargain basement and elegant men's

von 380 elektrischen Glühbirnen taghell erleuchtet. Es gab eine Dampf-Zentralheizung und einen hydraulischen, ab 1897 elektrischen Aufzug. Im Souterrain fand man die Schwemme, darüber in zwei Etagen die Verkaufsräume. Es wurde auch eine Kleiderleihanstalt geführt. Das Geschäft wurde angeblich mehr wegen seiner billigen als seiner eleganten Ware bekannt. Eingemietet waren auch das Wäschegeschäft Riedl und das Süßwarengeschäft Victor Schmidt & Söhne. Geöffnet war von 7 Uhr morgens bis Mitternacht. Als Jacob Rothberger 1899 verstarb, wurde sein Nachlass auf 2.149.244,07 Gulden geschätzt, davon ein Viertel Firmenvermögen. Die restlichen drei Viertel bestanden in Wertpapieren und Realitäten. Neben den Hälfteanteilen an den beiden Häusern Stephansplatz 9 und 11, einem Haus am Salzgries und einem in Budapest gehörte Rothberger ein Sommerhaus in Neuwaldegg. Drei der vier Söhne übernahmen die Geschäftsleitung. Es waren über 300 Personen angestellt, weitere 600 arbeiteten als selbstständige Stückmeister. In Budapest hatte man eine Filiale. 1908 wurden auch Filialen in Paris und London eröffnet. Die Erfolgssträhne brach in der Zwischenkriegszeit ab. Die Filialen im Ausland waren verloren, der Kontakt zu den Zulieferern riss ab. Die Geschäftsfläche im Stammhaus wurde reduziert und verpachtet. 1938 wurde das Warenhaus „arisiert" und 1945 im Zuge der letzten Kriegshandlungen zerstört.[12]

Zum größten und bekanntesten Warenhaus der Mariahilfer Straße wurde Gerngross. Abraham Hirsch (Alfred) Gerngross (1844–1908), aus

clothing, he had such a broad clientele that he was able to move in 1861 to Stephansplatz in the very center of Vienna. In 1868 he became a supplier by appointment to the court, and in 1886 a spectacular new building designed by theater architects Fellner & Helmer was opened. The two-story sales department was brightly lit by 380 electric bulbs. There was steam central heating and a hydraulic elevator, replaced in 1897 by an electric one. There was a bargain basement and above it two floors of sales departments and also a clothing rental department. The store was apparently known more for the price than the elegance of its goods. Affiliated to it was the Riedl laundry and Victor Schmidt & Söhne confectioners. It was open from 7 a.m. to midnight. When Jacob Rothberger died in 1899, his estate was estimated at 2,149,244.07 guilders, a quarter in the form of business assets and three quarters in securities and real estate. Apart from a half-share in the buildings at Stephansplatz 9 and 11, a building on Salzgries, and one in Budapest, Rothberger also owned a summer house in Neuwaldegg. The management was taken over by three of the four sons. There were over 300 employees, and a further 600 freelance master craftsmen. There was a branch in Budapest, and further branches were opened in Paris and London in 1908. The prosperity of the business dwindled between the wars. The branches abroad

Büste des Kaufhausgründers Alfred Gerngross
Wien, 20. Jhdt.
Foto: Andi Bruckner
Bust of store founder Alfred Gerngross
Vienna, 20th cent.

Werbematerial für Damen-Konfektion des Kaufhauses Gerngross Wien, Anfang 20. Jhdt.
Slg. Kaufhaus Gerngross
Foto: Sebastian Gansrigler
Advertisement for ready-to-wear women's fashions from Gerngross

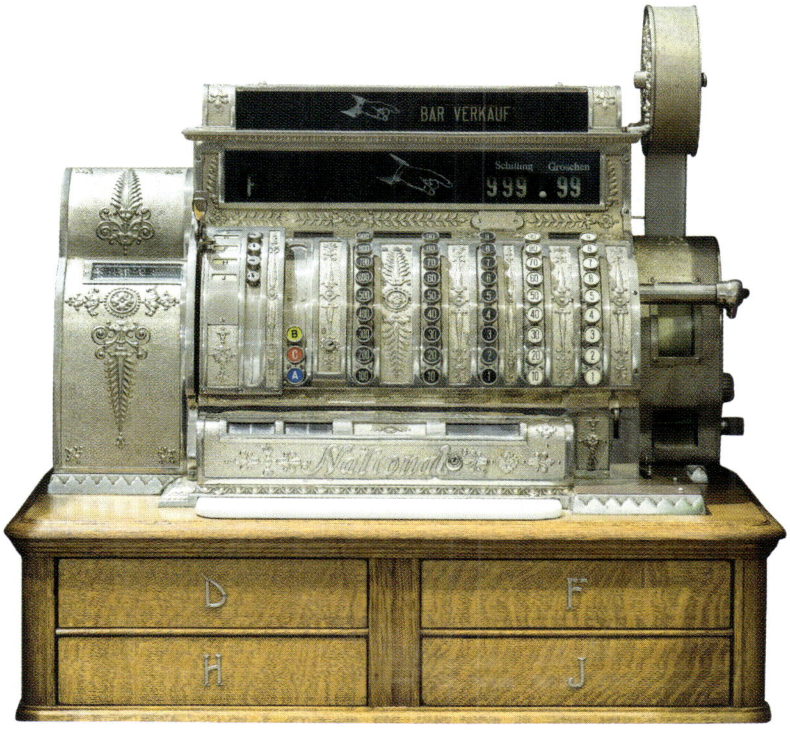

Registrierkassa des Kaufhauses Gerngross Wien, vor 1938
Slg. Kaufhaus Gerngross
Foto: Sebastian Gansrigler
Cash register from Gerngross department store Vienna, before 1938

Forth bei Erlangen gebürtig, hatte bei August Herzmansky den Kaufmannsberuf gelernt. Er eröffnete 1879 mit seinem Bruder Hugo (1857–1929) sein eigenes Stoffgeschäft, das rasch zum größten Warenhaus Wiens und in der Folge zum größten Kaufhaus der Monarchie anwuchs. Gerngross kaufte nacheinander 13 Häuser in Wien VII. Von 1902 bis 1904 erbauten Ferdinand Fellner und Hermann Helmer (Büro Fellner & Helmer) eine neue fünfstöckige Betonständerkonstruktion an der Mariahilfer Straße. Alfred Gerngross hinterließ ein Vermögen von etwa vier Millionen Goldkronen. Der Ehe entstammten vier Söhne und vier Töchter. Nach Alfreds Tod wurde die Firma von seinen Söhnen Albert (1874–1972), Robert (1876–1942 in der Schoa) und Paul (1880–1954) übernommen und mit 22.12.1911 in eine Aktiengesellschaft, firmierend unter A. Gerngross A.G., umgewandelt. Die Gerngross A.G. befand sich im März 1938 zu einem großen Teil in Familienbesitz: 124.909 Aktien oder 62,5 Prozent gehörten Mitgliedern der Gründerfamilie; Paul Gerngross hatte 17 Prozent, Margarethe 16 Prozent, Albert 17 Prozent und Robert 12 Prozent. Prof. Otto Gerngross, der in Ankara lebte, hatte 1,2 Prozent. Nach dem Krieg wurde das Unternehmen den früheren 62,5-Prozent-Eigentümern zwar zur Gänze zurückgestellt, sie mussten aber die eingetretene Wertminderung akzeptieren. Gerngross war auf den Handel mit Seiden-, Woll- und Waschstoffen, Samt- und Mode-waren spezialisiert. Es gab eigene Abteilungen für Wäsche, Damen-, Herren- und Kinderkonfektion, Wirk- und Strickwaren, Schuhe, Handschuhe, Teppiche, Vorhänge, Haus- und Küchengeräte sowie Galanteriewaren. Die Textilprodukte wurden nicht nur verkauft, sondern zum Teil in den drei Industrieabteilungen für Herren- und Damenbekleidung und Wäsche auch selbst produziert. Gerngross operierte erfolgreich mit dem in Europas Großstädten im Vordringen begriffenen Konzept: Fixpreis und großer Umsatz durch mäßigen Aufschlag.

In der Kärntner Straße eröffnete die Firma M. Neumann ein Herrenkonfektionshaus. Der von Otto Wagner 1895/1896 errichtete Neubau trug am Parapet des vierten Obergeschoßes die schlicht gehaltene, aber unmissverständliche Aufschrift „Metropolitan Clothing Palace". Im Erdgeschoß und in zwei Obergeschoßen befanden sich die Verkaufssäle, im dritten und vierten Stock Wohnungen; 1.000 Glühlampen sorgten für die Beleuchtung.

Das 1895 nach Plänen von Friedrich Schön an der Ecke Kärntner Straße/Weihburggasse errichtete Damenmodenhaus Zwieback galt als das „pariserischste" aller Wiener Warenhäuser. Um 1900 beschäftigte es 187 Beamte und 150 Arbeiter und rühmte sich vor allem für seinen aristokratischen Kundenkreis; Souterrain, Erdgeschoß und die ersten beiden Obergeschoße des achtgeschoßigen Gebäudes waren für den Kundenverkehr bestimmt, darüber lagen die Büros und Werkstätten, im Keller die Depots und das Maschinenhaus; Personenlifte und elektrische Beleuchtung waren selbstverständlich. Das Unternehmen war 1877 in der Mariahilfer Straße/Ecke Webgasse von den drei aus Bonyhad gebürtigen Brüdern Ludwig, Emanuel und Samuel Zwieback gegründet worden. Nach dem frühen Tod der beiden Brüder Emanuel und Ludwig erbte Ella Zirner-Zwieback die wesentlichen Teile des Unternehmens, vor allem das Warenhaus in der Kärntner Straße.[13] 1933 mieteten drei ehemalige Husaren-Offiziere unter Federführung von Paul Graf Pálffy den Teil an der Weihburggasse und

were lost and contact to suppliers interrupted. The shop space in the main store was reduced and leased out. The department store was Aryanized in 1938 and destroyed in 1945 during the last days of the war.[12]

Among the largest and most well-known department stores in Mariahilfer Strasse was Gerngross. Abraham Hirsch (Alfred) Gerngross (1844–1908), from Fürth learned the retail business with August Herzmansky. In 1879 he opened his own textile business with his brother Hugo (1857–1929), which quickly grew to become the largest department store in Vienna and in the monarchy. Gerngross bought thirteen buildings in succession in the 7th district. From 1902 to 1904 Ferdinand Fellner and Hermann Helmer constructed a new five-story concrete-post building on Mariahilfer Strasse. Alfred Gerngross left a fortune of around 4 million crowns. He had four sons and four daughters. After his death, the business was taken over by his sons Albert (1874–1972), Robert (1876–1942 in the Shoah) und Paul (1880–1954) and transformed on December 22, 1911, into an incorporated company by the name of A. Gerngross A.G. In March 1938, 124,909 shares or 62.5 percent belonged to members of the founding family; Paul Gerngross had 17 percent, Margarethe 16 percent, Albert 17 percent, and Robert 12 percent. Otto Gerngross, who lived in Ankara, had 1.2 percent. After the war, it was returned to the 62.5 percent owners, who had, however, to accept the reduced value of the shares. Gerngross specialized in silk, wool, and washables, velvet and fashion wear. There were separate departments for undergarments, women's, men's, and children's ready-to-wear clothing, knitwear and textile fabrics, shoes, gloves, carpets, drapes, household and kitchen appliances, and fashion accessories. The textile products were not only sold but also manufactured in part in the three tailor's shops for men's and women's clothing and undergarments. Gerngross operated successfully with the concept that was taking hold in all of Europe's major cities: fixed price and large turnover through moderate mark-up.

M. Neumann opened a menswear store in Kärntner Strasse in a building constructed by Otto Wagner in 1895/1896 with a prominent and plain inscription "Metropolitan Clothing Palace" on the fourth-floor parapet. There were sales departments on the ground floor and first two floors and apartments on the third and fourth floors. The building was lit by 1,000 light bulbs.

The women's fashion store on the corner of Kärntner Strasse and Weihburggasse designed by Friedrich Schön and opened in 1895 was regarded as the most Parisian of the Viennese department stores. In 1900 it employed 187 salaried staff and 150 workers and boasted of its aristocratic clientele. The basement, ground floor, and first two floors of the eight-story building were for customers. Above it were offices and workshops, and in the second basement were the warehouse and building engineering. It had elevators and electric light-

Tasche für Fotoplatten aus der Amateurfotoabteilung des Kaufhauses Gerngross Wien, 1900–1915
Slg. JMW, Inv. Nr. 23678
Foto: Sebastian Gansrigler
Bag for photo plates from the amateur photography section of Gerngross department store Vienna, 1900–1915

Ullr-Anhänger (Talisman für Wintersportler) des Kaufhauses Gerngross Wien, 1900–1915
Slg. JMW, Inv. Nr. 23679
Foto: Sebastian Gansrigler
Ullr pendant (good luck charm for winter athletes) from Gerngross

Plakat der Maison Zwieback Wien, 1926
Wienbibliothek im Rathaus, Plakatsammlung, Sign. P-22459
Maison Zwieback poster Vienna, 1926

Fotoalbum der Firma Braun & Co. anlässlich des 60. Geburtstags von Emanuel Braun
Wien, 1922
Wienbibliothek im Rathaus, Handschriftensammlung, Sign. H.I.N.-225486
Braun & Co. photo album celebrating the 60th birthday of Emanuel Braun
Vienna, 1922

Innenansichten des Geschäftslokals von Braun & Co.
Wien, 1922
Wienbibliothek im Rathaus, Handschriftensammlung, Sign. H.I.N.-225486
Interior of Braun & Co.
Vienna, 1922

eröffneten ein Restaurant namens „Zu den drei Husaren". Das Zwieback-Modegeschäft im vorderen Teil wurde 1938 „arisiert". 1951 wurde es rückgestellt, 1957 verkauft.

Auf Wäsche und Kinderbekleidung spezialisierte sich Ignaz Bittmann, der seine Geschäftstätigkeit im Jahr 1879 in einem bescheidenen Laden in der Weihburggasse 2 mit der Erzeugung und dem Verkauf von Wäsche begonnen hatte. Bald eröffnete er ein zweites Lokal in der Singerstraße 8, wo Schlafröcke, Negligés und Ähnliches dazukamen. Sein Geschäftserfolg baute auf Jersey und Trikotstoffen auf. 1910 unterhielt er zwei Geschäfte, das eine in der Kärntner Straße 20 als Salon für Damenwäsche und Blusen, das zweite in der Kärntner Straße 12 als Kindermodenpalais. Um 1900 waren Blusen, sogenannte „Trikottaillen" und Anzüge der Firma Bittmann bereits beliebte und gerne gekaufte Artikel. Große Sorgfalt verwandte die Firma auf die Konfektion der Kindergarderobe. Ihr „Kindermodenpalais" in der Kärntner Straße war in der ganzen Monarchie berühmt.

Das 1892/93 von Emanuel Braun und seinem Bruder Josef als stillem Teilhaber gegründete Kleiderhaus E. Braun & Co. wurde ursprünglich als Brautausstattungsunternehmen geführt. 1911 wurden die Brüder Braun von Kaiser Franz Joseph I. zu k.u.k. Hoflieferanten ernannt.

ing. The company had been founded in 1877 on the corner of Mariahilfer Strasse and Webgasse by three brothers from Bonyhád, Ludwig, Emanuel, and Samuel Zwieback. After the premature death of Emanuel and Ludwig, Ella Zirner-Zwieback inherited a large part of the business, particularly the department store in Kärntner Strasse.[13] In 1933 three former Hussar officers led by Count Paul Pálffy rented the section on Weihburggasse and opened a restaurant by the name of "Zu den drei Husaren". The front part of the Zwieback women's fashion store was Aryanized in 1938 and restituted in 1951, before being finally sold in 1957.

Ignaz Bittmann, who started out in 1879 with a modest store at Weihburggasse 2 making and selling undergarments, specialized in lingerie and children's clothing. He soon opened a second store at Singerstrasse 8, where he also sold dressing gowns, negligées, and the like. His success was based on jersey and knitwear. In 1910 he had two stores, a salon for women's lingerie and blouses at Kärntner Strasse 20, and a children's fashion paradise at Kärntner Strasse 12. Around 1900, Bittmann's blouses, "tricotailles," and suits

Das mondäne Hauptgeschäft am Graben 8 im 1. Bezirk wurde 1904 bezogen. Auf Straßenebene befand sich das Verkaufslokal, im ersten und zweiten Stock gab es die Wohnungen der beiden Brüder, im obersten Geschoß die Schneiderwerkstätte. 1912 wurde eine Filiale in Karlsbad eröffnet, eine weitere in Prag und 1914 die größte in Berlin. Vertreten war das Unternehmen auch in Baden-Baden, Southampton und Palm Beach. Die berühmte Jugendstileinrichtung der Zentrale am Wiener Graben dient heute einem H&M-Store als stilvolle Kulisse für Massenware.

Auch der Uniformerzeuger Wilhelm Beck & Söhne, der 1849 in der Lange Gasse mit dem Verkauf von Herren- und Knabenkleidung aus eigener Erzeugung begonnen hatte, machte den Schritt zum Warenhaus. Wilhelm Beck (1818–1909), der Vater der Brüder Adolf und Hermann Beck, entwickelte das Unternehmen von einem handwerksmäßigen Betrieb zum Handelsgeschäft und zur Großindustrie. 1871 traten die beiden Söhne Hermann und Adolf als Gesellschafter in die Firma ein. Die entscheidende Weichenstellung war die Spezialisierung auf die Erzeugung von Uniformartikeln, nachdem mit der Einführung der Uniformpflicht für österreichische Staatsbeamte plötzlich ein wesentlich erhöhter Bedarf an den verschiedensten Artikeln dieser Art entstanden war. 1890 eröffnete das Unternehmen im damals neu erbauten Palais Equitable am Stephansplatz eine für seine repräsentative Eleganz und Ausstattung bekannte Niederlassung, die bald zu einer der Sehenswürdigkeiten Wiens zählte. Die Firma war eine der bedeutendsten ihrer Branche in ganz Österreich-Ungarn. Um 1900 beschäftigte sie zirka 60 Beamte und 500–600 Mitarbeiter. Vertretungen gab es in Belgrad, Sofia und Konstantinopel, eigene Filialen in Lemberg, Czernowitz, Preßburg und Innsbruck. Die Abschaffung der Uniformpflicht für einen großen Teil der Beamten in der neuen Republik Österreich beendete die Erfolgsgeschichte des Unternehmens.

Nicht jüdische Warenhäuser

Besitzer von Warenhäusern, Handelsketten oder auch einfachen Ladengeschäften hatten gegen sehr große gesellschaftliche Widerstände anzukämpfen und genossen bei Weitem nicht jenes Ansehen, das sich andere Wirtschaftstreibende, Bankiers, Industrielle, geschweige denn Beamte oder Künstler schaffen konnten. „Shopkeepers" waren nicht salonfähig, schreibt Heinrich Treichl über die Gesellschaft des Fin de Siècle.[14] Ein Kennzeichen, das diese Warenhäuser einte, war, dass sie als jüdisch galten, auch wenn das keineswegs durchgehend so der Fall war, und dass sie einer entsprechend hasserfüllten antisemitischen Agitation ausgesetzt waren. Nicht jüdische Warenhäuser versuchten, daraus entsprechende Vorteile zu ziehen.

Der aus einer schlesischen Weberfamilie gebürtige August Herzmansky kam 1848 nach Wien und eröffnete in der Kirchengasse, 7. Bezirk, ein Geschäft für Textilien. Die Produktpalette wurde ständig vergrößert. Das „Spezialkaufhaus für Textilien" hatte sich bis 1896/97 in einem Neubau zum Warenhaus gewandelt. August Herzmansky erlebte die Eröffnung jedoch nicht mehr. Nach dem Tod des Firmengründers übernahmen seine Neffen Johann und Eduard die Unternehmensführung, waren darin aber nicht besonders erfolgreich. 1906 schieden

were highly popular. The store had a large range of ready-to-wear children's clothes, and the "children's paradise" in Kärntner Strasse was famous throughout the monarchy.

Kleiderhaus E. Braun & Co. founded in 1892/93 by Emanuel Braun and his brother Josef as silent partner was originally a wedding store. In 1911 the Braun brothers were appointed as suppliers to Emperor Franz Joseph I. The company moved into the cosmopolitan main store at Graben 8 in the 1st district in 1904. The sales department was at street level; the two brothers had their apartments on the first and second floors, and there was a dressmaker's workshop on the top floor. Branches were opened in Carlsbad and Prague in 1912 and a large one in Berlin in 1914. The company also had outlets in Baden-Baden, Southampton, and Palm Beach. The famous Jugendstil interior of the main store on the Graben now offers a stylish setting for H&M and its mass-produced clothing.

The uniform supplier Wilhelm Beck & Söhne, who began in 1849 in Lange Gasse with the sale of men's and boys' clothing made in-house, also developed into a department store. Wilhelm Beck (1818–1909), father of the brothers Adolf and Hermann Beck, turned the company from a workshop into a commercial enterprise and industrial concern. The two sons became partners in the company in 1871. The decisive step was the specialization in uniform articles in response to the sudden increased demand following the introduction of uniforms for Austrian civil servants. In 1890 the company opened a branch in the recently built Palais Equitable on Stephansplatz, which was renowned for its elegance and interior design and was soon to become one of the sights of the city. The firm was one of the most important in its sector in the whole of Austria-Hungary. At the turn of the century it had around 60 general staff and 500 to 600 skilled employees. It had agencies in Belgrade, Sofia, and Constantinople, and branches in Lemberg (Lviv), Czernowitz (Chernivsti), Pressburg (Bratislava), and Innsbruck.The abolition of the uniform requirement for most civil servants in the new Republic of Austria put an end to the company's prosperity.

Non-Jewish department stores

Owners of department stores, chains, or simple stores faced great opposition from society and did not enjoy anything like the prestige of other businessmen, bankers, industrialists, let alone civil servants or artists. Shopkeepers were simply not socially acceptable, wrote Heinrich Treichl of fin-de-siècle society.[14] Department stores were all regarded as Jewish, even if it wasn't the case, and were thus the target of hate-filled anti-Semitism. Non-Jewish department stores attempted to exploit this prejudice.

August Herzmansky was from a Silesian weaving family. He arrived in Vienna in 1848 and opened a textile store at Kirchengasse 7 in the 7th district. He steadily expanded his

die Herzmansky-Neffen aus der Führung des Kaufhauses Herzmansky aus; der eingeheiratete Johann Falnbigl übernahm die Leitung und wurde Gesellschafter. Unter ihm kam es 1908 und 1928 zu größeren Erweiterungsbauten. Nach seinem Ableben übernahm kurzfristig sein Sohn Wilfried die Leitung, er schied aber bereits 1933 als persönlich haftender Gesellschafter aus, und 1934 war das Kaufhaus zum Großteil in den Besitz von Max Delfiner gekommen. 1938, zum 75-Jahr-Jubiläum des Warenhauses, konnten die Nationalsozialisten trommeln: Herzmansky wieder rein arisch! Die beiden Vorarlberger Großunternehmen Franz M. Rhomberg und F. M. Hämmerle erwarben je zur Hälfte die gesamte Firma A. Herzmansky KG.[15]

Als das erste Warenhaus Wiens wird meist das Haus angeführt, das der Teppich- und Möbelstofffabrikant Eduard Haas 1865 am Stock-im-Eisen-Platz gegenüber dem Stephansdom eröffnet hatte. Eigentlich war es „nur" ein exklusiv ausgestattetes Verkaufshaus für Teppiche und Möbelstoffe. Die bedeutende Teppich- und Möbelstoffweberei hatte Fabriken in Österreich, England, Italien und Niederlagen an allen Hauptorten des Welthandels. 1886 kaufte sein Sohn Philipp Haas Freiherr von Teichen (geb. 18.11.1859 Wien, gest. 26.2.1926 ebd.) auch den 1883/84 nach Plänen von Karl König errichteten Philipp-Hof (ursprünglich Ziererhof). Später erwarb er als leidenschaftlicher Jäger auch große Waldherrschaften, u.a. das „Herrschaftsgut Teichen" in Kalwang und wurde 1898 mit dem Adelsprädikat „von Teichen" in den Freiherrnstand erhoben. Philipp Haas war auch als Schriftsteller tätig und trat als Schauspieler auf. Er verfasste Gedichte und Theaterstücke, schrieb auch über Autos und die Jagd, seine beiden großen Leidenschaften. Für Karl Kraus war er eines der Lieblingsziele. Er ätzte: „Baron Haas, für dessen dramatisches Schaffen die Wiener Journalistik seit jeher eine Vorliebe hatte, weil man in den Zwischenakten seiner Stücke auch gratis essen kann"; oder: „Jäger und Automobilist, Chemiker und Schauspieler, Dichter und Held, also ein bisschen Aufgeschnittenes [...]."[16] Nach dem Ende des Ersten Weltkriegs verarmte Haas. Er hatte einen beträchtlichen Teil

range of products and by 1896/97 this "special store for textiles" had transformed itself into a department store. August Herzmansky did not live to see the opening. After his death his nephews Johann and Eduard took over the business, albeit not particularly successfully. In 1906 the Herzmansky nephews resigned as directors. Johann Falnbigl, who had married into the family, took over and became a partner. He initiated major enlargements in 1908 and 1928. After his death, his son Wilfried took over the management for a short while but resigned in 1933 as general partner. In 1934 the majority owner of the store was Max Delfiner. To mark the seventy-fifth anniversary of the store in 1938, the Nazis were able to brag that Herzmansky was once again Aryan. The industrialists Franz M. Rhomberg and F. M. Hämmerle from Vorarlberg each acquired a half share in A. Herzmansky KG.[15]

The store opened by carpet and furniture fabric manufacturer Eduard Haas in 1865 on Stock-im-Eisen-Platz opposite St. Stephan's Cathedral is generally cited as the first department store in Vienna. In fact it was "only" an exclusive store selling carpets and furniture fabrics. Haas had mills in Austria, Britain, and Italy, and agencies in all of the major trading cities in the world. In 1886 Haas's son Baron Philipp von Teichen (1859–1926) purchased Philipp-Hof (originally Ziererhof), built in 1883/84 by Karl König. He was a passionate hunter and later acquired large tracts of forest land, including Teichen Manor in Kalwang, and was ennobled in 1898 with the title "von Teichen". He was also a writer and actor, penning poems and plays but also articles about automobiles and hunting, his two great passions. He was one of Karl Kraus' favorite targets. He wrote bitingly: "Viennese journalists have long had a predilection for Baron Haas's dramatic outpourings because they can get free food in the intermission," or "Hunter and automobilist, chemist and actor, poet and hero,

Plakat des Kaufhauses Herzmansky
Wien, 1933
Wienbibliothek im Rathaus, Plakatsammlung, Sign. P-24610
Herzmansky department store poster
Vienna, 1933

des Vermögens in von der Hyperinflation entwerteten Wertpapieren angelegt. Von den Realitäten musste ein Objekt nach dem anderen verkauft werden: das Gut Teichen, die Villa in Abbazia, das Schlösschen in Vöslau. 1926 erschoss er sich nach schwerer Krankheit mit einem Mannlicher-Stutzen.[17]

Die zentrale Rolle, die Warenhäuser in der antisemitischen Propaganda spielten, nutzten Stefan Esders und sein Bruder Henri, die sich, ausgehend vom deutschen Emsland, mit Filialen in Brüssel, Berlin, Paris, St. Petersburg, Rotterdam und 1895 auch in Wien ganz bewusst als katholische Unternehmer zu positionieren versuchten. Von Haren an der Ems, nahe Hannover, ging Esders 1870 nach Brüssel, wo er 1877 zusammen mit Heinrich Weltmann ein Kleiderwarenhaus gründete. Bald wurden Zweigniederlassungen in Berlin, Paris, St. Petersburg und Rotterdam eröffnet. 1895 übersiedelte Esders gemeinsam mit seiner Frau und den vier Kindern nach Wien, wo er im selben Jahr an der Ecke Mariahilfer Straße/Karl-Schweighofer-Gasse das fünfstöckige Warenhaus „Zur großen Fabrik" (Mariahilfer Straße 18) eröffnete, das zu einem der drei größten Warenhäuser der Stadt wurde. In ihrem nach den modernsten Pariser Vorbildern errichteten fünfgeschoßigen Etablissement „Zur großen Fabrik" in der Mariahilfer Straße mit 39 großen, bereits elektrisch beleuchteten Auslagen im Parterre und Mezzanin, mit einem glasüberdachten Innenhof und Verkaufsräumen auf zwei Etagen im Ausmaß von 12.000 m² standen 120 Verkäufer bereit. Mit den von Esders neu eingesetzten Schaufensterpuppen konnte die Konfektion entsprechend attraktiv präsentiert werden. Neben Herren- und Knabenbekleidung sowie Herrenwäsche wurden auch Herrenhüte, Schuhe, Handschuhe und Schirme angeboten. Erst später kam auch Damenmode dazu. Im dritten und vierten Stockwerk war die Kleiderfabrik untergebracht, im fünften die Wohnung von Stefan Esders. Nach dem Tod des Gründers 1920 wurde es bis 1933 von seinem Sohn Bernhard, danach von seinem Enkel Stefan weitergeführt. 1964 wurde das Warenhaus an die Textil-, Teppich- und Möbelfirma Rudolf Leiner GmbH verkauft, die 1990/91 umfangreiche Änderungen und Erweiterungen vornahm.[18]

Stefan Esders präsentierte sich bewusst katholisch: Er stiftete die Wiener Kaasgrabenkirche, in deren Gruft er auch beigesetzt wurde. Seine Villa (Stefan-Esders-Platz 1) wurde nach seinem Tod dem Orden der Schwestern vom Armen Kinde Jesu übergeben. Auch in ihrem Geburtsort, in Haren im Emsland, hatten die beiden Brüder für die Errichtung der neuromanischen Pfarrkirche St. Martinus, auch Emsland-Dom genannt, insgesamt 110.000 Mark, knapp die Hälfte der gesamten Baukosten, beigetragen. Religiös bewusste bzw. antisemitisch geprägte Kunden gingen selbstverständlich zu Esders, etwa die oberösterreichischen Landadeligen Coreth: Am Tag seiner Einschreibung ins Jesuitenkolleg Kalksburg erhielt der junge Coreth eine komplette Ausstattung von der berühmten Firma Esders.[19] Weil im Falle Esders die antisemitisch-antikapitalistische Propaganda kleingewerblicher Gruppierungen, nur bei „Christen" einzukaufen, ins Leere ging, kehrte man die Argumentation um und kritisierte das internationale Kapital, das diesmal im christlichen Gewand eine „besonders schlaue Form gewählt" habe. Die christlichsoziale *Reichspost* vom 6. April 1895 meinte, es sei zu bedauern, dass man „in einem Geschäftszweige, der in Österreich bisher ausschließlich ein Ausbeuteobject in Judenhänden war,

in other words a dilettante [...]."[16] Haas lost his fortune after World War I, having invested a good deal of his assets in securities, which inflation made worthless. One real estate property after the other had to be sold: Teichen, the villa in Abbazia, the palace in Vöslau. Following a severe illness, he shot himself in 1926 with a hunting rifle.[17]

The central role that department stores played as a target for anti-Semitic propaganda was exploited by Stefan Esders and his brother Henri from Emsland in Germany, who advertised themselves and their branches in Brussels, Berlin, Paris, St. Petersburg, Rotterdam, and from 1895 also in Vienna as having Catholic roots. Esders left Haren an der Ems near Hanover in 1870 for Brussels, where he founded a clothing store in 1877 with Heinrich Weltmann, followed soon afterwards by branches in Berlin, Paris, St. Petersburg, and Rotterdam. In 1895 Esders and his wife and four children moved to Vienna, where he opened a five-story department store called "Zur grossen Fabrik" the same year on the corner of Mariahilfer Strasse and Karl-Schweighofer-Gasse (Mariahilfer Strasse 18), which became one of the largest department stores in the city. It was inspired by the latest Parisian department stores, with thirty-nine large illuminated displays on the ground floor and mezzanine, a glass-roofed atrium, and departments on two floors covering 12,000 square meters and manned by 120 sales staff. Esders was able to present his wares attractively with the aid of novel store window mannequins. Apart from men's and boys' wear and men's undergarments, the store also sold men's hats, shoes, gloves, and umbrellas. Women's clothing came later. There was a tailor's shop on the third and fourth floors, and Esders's apartment was located on the fifth. After the founder's death in 1920, it was managed until 1933 by his son Bernhard and then his grandson Stefan. In 1964 it was sold to the textile, carpet and furniture company Rudolf Leiner GmbH, which undertook extensive alterations and enlargements in 1990/91.[18]

Stefan Esders deliberately emphasized his Catholicism. He left an endowment to the Kaasgrabenkirche in Vienna and is buried in its crypt. His villa (Stefan-Esders-Platz 1) was donated after his death to the Order of the Sisters of the Poor Child Jesus. The two brothers also donated 110,000 marks, half of the total building costs, for the construction of the neo-Romanesque St. Martin parish church in their birthplace, Haren im Emsland. Esders attracted a religious and anti-Semitic clientele, like the Upper Austrian provincial aristocrat Count Coreth. On the day of his enrollment for Kalksburg Jesuit college, the young Coreth was completely fitted out by the famous Esders company.[19] Because the small retailers' anti-Semitic and anti-capitalistic propaganda and insistence on buying only from Christians did not have the desired effect, the argument was turned around and criticism was leveled at international capital, which now appeared in a "particularly cunning form" in Christian guise. The Christian

nunmehr auch einem Christen begegnen müsse". Das neue Etablissement werde Hunderte kleingewerbliche selbstständige Existenzen vernichten.[20]

Auch Stafa, ebenfalls auf der Wiener Mariahilfer Straße angesiedelt, wurde 1911 als Kollektivwarenhaus von einer Gruppe Wiener Einzelhändler als kommerzielle Antwort auf „jüdische Warenhäuser" gegründet. Es ging jedoch zwei Jahre später bereits in Konkurs und wurde von der Staatsangestellten-Fürsorgeanstalt erworben, auf die auch der Name „Stafa" zurückgeht. 1924 wurde Stafa von den Konsumgenossenschaften übernommen. Nach deren Insolvenz 1995 und einem durchgreifenden Umbau ist es – wie Gerngross – heute ein Shop-in-Shop, dessen Liegenschaft im Eigentum eines deutschen Sparkassenfonds steht.

Höhepunkt und Niedergang

Die Erfolgssträhne der Wiener Warenhäuser war schon in der Zwischenkriegszeit gebrochen. Die österreichischen Textilketten und Warenhäuser, die nicht nur in Wien und den Bundesländern agierten, sondern auch im Osmanischen Reich stark vertreten waren, erlitten den ersten schweren Schlag durch den Weltkrieg und den Zusammenbruch des Habsburgerstaates. Im Krieg bzw. im Friedensvertrag von St. Germain gingen die österreichischen Warenhaus-Beteiligungen im Ausland verloren.

Auch in Österreich gab es kaum Dynamik. Die Weltwirtschaftskrise, die im Herbst 1929 mit dem Zusammenbruch der Wiener Bodencreditanstalt und dem Kurssturz an der New Yorker Börse spektakulär begonnen hatte, traf Österreich schwer und erwies sich als ausgesprochen hartnäckig. Der Umsatzindex für Verbrauchsgüter auf der Basis 1929 = 100 erreichte noch 1937 nur den Wert 65. Am niedrigsten lag er mit 49 bei Damenkonfektion, am höchsten noch bei Lebensmitteln mit 78. Die Krise drängte mangels anderer Erwerbsmöglichkeiten viele Unselbstständige in die Selbstständigkeit und in den Handel, als Hausierer, Marktfahrer und Kleinsthändler.

Der dritte schwere Schlag für die Warenhäuser und den österreichischen Textilhandel war die „Arisierung" durch die Nationalsozialisten. Die Zahl der jüdischen Textilhändler war sehr hoch. Die antisemitische Aggression richtete sich sowohl gegen die großen Häuser (die „jüdischen Basare") als auch gegen die Randexistenzen am unteren Ende (die „jüdischen Krämerexistenzen"). 1938 gab es in Wien 3.642 Textilhandelsgeschäfte, davon 2.630, die als „jüdisch" qualifiziert wurden. 2.163 davon wurden liquidiert, 467 wurden „arisiert" und weitergeführt. Durch häufig unsachgemäße Führung, aber auch durch den Krieg und den Warenmangel waren sie schwer beeinträchtigt. Die in jüdischem Besitz befindlichen Wiener Warenhäuser wurden „arisiert". Das teilweise enteignete Warenhaus Kastner & Öhler in Graz wurde zum „Kaufhaus Alpenland". Auch die Warenhäuser in Linz, Salzburg und Innsbruck, an denen die Familie Schwarz beteiligt war, wurden geschlossen (Salzburg), enteignet (Innsbruck) oder in Eigenregie der NSDAP fortgeführt (Linz).

Die Restitution der Warenhäuser dauerte lange. Die Rohstoffknappheit zwang weiter zu Bezugsbeschränkungen und Bewirtschaftungsmaßnahmen. Nach der Mangelwirtschaft der unmittelbaren

Social *Reichspost* of April 6, 1895, regretted "encountering a Christian in a branch of business that in Austria had hitherto been used solely as a means of exploitation by Jews." The new establishment, it said, would destroy hundreds of independent small retailers.[20]

Stafa on Mariahilfer Strasse was also founded in 1911 by a group of retailers as a commercial answer to "Jewish department stores." It went bankrupt two years later and was acquired by the Staatsangestellten-Fürsorgeanstalt (civil servants' pension fund), hence the name Stafa. It was taken over in 1924 by a consumer cooperative. After it became insolvent in 1995 it was completely rebuilt and is now, like Gerngross, a shop-in-shop and is owned by a German savings bank.

Highpoint and decline

The success of Viennese department stores was already beginning to wane between the wars. The Austrian textile chains and department stores with branches not only in Vienna and the provinces but also in the Ottoman Empire experienced their first serious setback through the world war and the collapse of the Habsburg state. The Austrian department store interests in other countries were lost with the Treaty of St. Germain.

There was hardly any movement in Austria either. The world economic crisis beginning spectacularly with the collapse of the Vienna Bodencreditanstalt and the Wall Street Crash in autumn 1929 was strongly felt in Austria and proved to be particularly resistant there. The consumer price index dropped from the base value of 100 in 1929 to just 65 in 1937. It was at its lowest level of 49 for women's ready-to-wear fashions, pegging at 78 for food. The crisis forced many unemployed workers to become independent peddlers, market stallholders, and small retailers.

The third heavy blow for the department stores and the Austrian textile business was the Aryanization by the Nazis. There was a large number of Jewish textile businesses. The anti-Semitism was aimed not only at the large stores ("Jewish bazaars") but also at the marginal existences at the other end of the scale ("Jewish grocers"). In 1938 there were 3,642 retail clothes stores in Vienna, of which 2,630 qualified as "Jewish." Of these, 2,163 were liquidated, and 467 Aryanized and continued. Incompetent management and the shortage of supplies because of the war caused considerable harm. Jewish-owned department stores in Vienna were Aryanized. Kastner & Öhler in Graz, which had been partially appropriated, became Kaufhaus Alpenland. The department stores in Linz, Salzburg, and Innsbruck, in which the Schwarz family had a share, were closed (Salzburg), confiscated (Innsbruck), or continued under Nazi management (Linz).

It took a long time for the department stores to be returned to their rightful owners. The shortage of raw materials made it necessary to limit purchases and to introduce

Nachkriegszeit konnte man im Wirtschaftswunder der 1950er-Jahre nochmals ein Gründungsfieber verspüren, einerseits mit Billigketten wie Texhages oder der Chance, andererseits mit Handelshäusern, die den Massenbedarf abdeckten, wie Kleider Bauer oder Schöps. Auch Palmers startete durch. Bald folgten Boutiquen für den Designergeschmack und die großen internationalen Ketten. Die Warenhäuser erlebten nochmals eine bescheidene Blüte. Ihr Niedergang kündigte sich Ende der 60er-Jahre mit der Einführung der Selbstbedienung, zunächst im Lebensmitteleinzelhandel, dann in zahlreichen Fachmärkten, an, zuletzt durch das Entstehen von „Outlets" im Kernbereich Bekleidung. Die Motorisierung verlagerte die Nachfrage zu den Einkaufszentren an den Stadtrand, wo nicht nur die Grundstückskosten niedrig waren, sondern auch die Kombination mit Freizeiteinrichtungen, Großkinos, Sportstätten zusätzliche Attraktivität verlieh. Kundschaft vom Land, für die Warenhäuser eine wichtige Klientel, vermied damit den Stadtverkehr.

Spät eingeleitete Gegenstrategien, wie der Bau von Parkhäusern, die Errichtung von Filialen in den Außenbezirken der Städte und die Umwandlung in Diskont-Warenhäuser, konnten den Niedergang der Warenhäuser nur verzögern, aber nicht verhindern. Die ehemaligen Warenhäuser wurden zu Shops-in-Shops umgebaut, in denen verschiedene Betreiber von Fachgeschäften des Einzelhandels, die nicht unter zentraler Leitung stehen, ihre Waren feilbieten. Ein einziges Unternehmen Österreichs bezeichnet sich heute noch als Warenhaus: Kastner & Öhler. Das Stammhaus in Graz und die Filialen haben sich jedoch auf Bekleidung und Sportausrüstung spezialisiert.[21]

1 Günther CHALOUPEK, Johannes JETSCHGO, Dionys LEHNER, Michael PAMMER, Andreas RESCH, Roman SANDGRUBER, Peter SCHNEDLITZ (Hrsg.): Österreichische Handelsgeschichte. Von den Anfängen bis zur Gegenwart, Wien 2012, S. 59 ff., 137 ff., 147 ff.; Roman SANDGRUBER: Traumzeit für Millionäre. Die 929 reichsten Wienerinnen und Wiener im Jahr 1910, Wien 2013, S. 48 ff.

2 Paul LERNER: The Consuming Temple. Jews, Department Stores, and the Consumer Revolution in Germany, 1880–1940, Ithaca und London 2015.

3 Roman SANDGRUBER: Ökonomie und Politik. Österreichische Wirtschaftsgeschichte vom Mittelalter bis zur Gegenwart, Wien 1995 (Österreichische Geschichte, hrsg. v. Herwig Wolfram, Band 10), S. 135 f., 148 f.

4 Gabriele KOHLBAUER-FRITZ (Hrsg.): Ringstraße. Ein jüdischer Boulevard, Wien 2015, darin insbesondere: Georg GAUGUSCH: Der jüdische Hausbesitz in der Wiener Innenstadt und der Ringstraßenzone bis 1885, S. 89 ff.

5 Georg GAUGUSCH: Wer einmal war. Das jüdische Großbürgertum Wiens 1800–1938, Band 1, Wien 2011, Bd. 2, Wien 2016; SANDGRUBER, Wien 2013, S. 151 ff.

6 Helmut FREI: Tempel der Kauflust. Eine Geschichte der Warenhauskultur, Leipzig 1997; Gertrud LEHNERT: Paradies der Sinne. Das Warenhaus als sinnliches Ereignis, in: Burcu DOGRAMACI (Hrsg.): Großstadt. Motor der Künste in der Moderne, Berlin 2010, S. 77 ff.; Bill LANCASTER: The department store: a social history, London 2000; Louisa IAROCCI: The urban department store in America, 1850–1930, Farnham 2014; Uwe LINDEMANN: Das Warenhaus. Schauplatz der Moderne, Köln und Wien 2015; Uwe SPIEKERMANN: Das Warenhaus, in: Alexa GEISTHÖVEL (Hrsg.): Orte der Moderne: Erfahrungswelten des 19. und 20. Jahrhunderts, Frankfurt am Main [u.a.], 2005, S. 207 ff.

7 CHALOUPEK u.a., Wien 2012, S. 170 ff.; Christina GSCHIEL, Ulrike NIMETH, Leonhard WEIDINGER (Hrsg.): schneidern und sammeln. Die Wiener Familie Rothberger, Wien 2010, S. 31 ff.

8 Birgit SCHOLLER: Geschäfts- und Warenhäuser von Fellner und Helmer, Diplomarbeit, Universität Graz, 2011; Verena KASSAR: Das Warenhaus Kastner & Öhler in Graz – die Kunstgeschichte, Diplomarbeit, Universität Graz, 2013.

9 Andreas LEHNE (Hrsg.): Wiener Warenhäuser 1865–1914, Wien 1990, S. 61 ff.; 75 ff.; 85 ff.; 150 ff.

10 SANDGRUBER, Wien 2013, 55 ff.

11 Bernhard HEILIG: Die Vorläufer der mährischen Konfektionsindustrie in ihrem Kampf mit den Zünften, Jahrbuch der Gesellschaft für Geschichte der Juden in der Cechoslowaki-

other economy measures. Following the post-war scarcity, the economic miracle of the 1950s led to a rush of new businesses in the form of cheap chains like Texhages or Chance and trading firms covering mass demand like Kleider Bauer or Schöps. Palmers also started up at this time. They were followed by designer boutiques and large international chains. Department stores experienced a modest upsurge. Their decline was heralded in the late 1960s by the introduction of self-service, first in food retail stores and then in numerous specialist markets, and finally with the factory outlets in the garment industry. As more people became motorized, demand shifted to shopping centers on the outskirts of cities where property prices were lower and other attractions like leisure centers, multiplex movie theaters, and sports arenas were also on offer. Customers from rural areas, an important clientele for department stores, could thus shop without coming into the city.

Belated counterstrategies, like the construction of multistory parking lots, the establishment of branches in outer suburbs, and the transformation into discount stores merely delayed the decline but could not prevent it. The former department stores were turned into shop-in-shop stores in which different specialist retailers sold their products without being centrally managed. Kastner & Öhler is the only remaining company in Austria today that describes itself as a department store, but both the main store in Graz and the branch outlets now specialize in clothing and sporting equipment.[21]

1 Günther Chaloupek, Johannes Jetschgo et al., eds., *Österreichische Handelsgeschichte: Von den Anfängen bis zur Gegenwart* (Vienna, 2012), pp. 59 ff., 137 ff., 147 ff.; Roman Sandgruber, *Traumzeit für Millionäre: Die 929 reichsten Wienerinnen und Wiener im Jahr 1910* (Vienna, 2013), pp. 48 ff.

2 Paul Lerner, *The Consuming Temple: Jews, Department Stores, and the Consumer Revolution in Germany 1880–1940* (Ithaca, London, 2015).

3 Roman Sandgruber, *Ökonomie und Politik: Österreichische Wirtschaftsgeschichte vom Mittelalter bis zur Gegenwart* (Vienna, 1995) (*Österreichische Geschichte*, ed. Herwig Wolfram, vol. 10), pp. 135–36, 148–49.

4 Gabriele Kohlbauer-Fritz, ed., *Ringstrasse: Ein jüdischer Boulevard* (Vienna, 2015), esp. Georg Gaugusch, "Der jüdische Hausbesitz in der Wiener Innenstadt und der Ringstrassenzone bis 1885," pp. 89 ff.

5 Georg Gaugusch, *Wer einmal war: Das jüdische Grossbürgertum Wiens 1800–1938*, vol. 1 (Vienna, 2011; Sandgruber (Vienna, 2013), pp. 151 ff.

6 Helmut Frei, *Tempel der Kauflust: Eine Geschichte der Warenhauskultur* (Leipzig, 1997); Gertrud Lehnert, "Paradies der Sinne: Das Warenhaus als sinnliches Ereignis," in: Burcu Dogramaci, ed., *Grossstadt: Motor der Künste in der Moderne* (Berlin, 2010), pp. 77 ff.; Bill Lancaster, *The Department Store: A Social History* (London, 2000); Louisa Iarocci, *The Urban Department Store in America, 1850–1930* (Farnham, UK, 2014); Uwe Lindemann, *Das Warenhaus: Schauplatz der Moderne* (Cologne/Vienna, 2015); Uwe Spiekermann, "Das Warenhaus," in: Alexa Geisthövel, ed., *Orte der Moderne: Erfahrungswelten des 19. und 20. Jahrhunderts* (Frankfurt, et al., 2005), pp. 207 ff.

7 Chaloupek et al. (Vienna, 2012), pp. 170 ff.; Christina Gschiel, Ulrike Nimeth, Leonhard Weidinger, eds., *schneidern und sammeln: Die Wiener Familie Rothberger* (Vienna, 2010), pp. 31 ff.

8 Birgit Scholler, "Geschäfts- und Warenhäuser von Fellner und Helmer," diss., University of Graz, 2011; Verena Kassar, "Das Warenhaus Kastner & Öhler in Graz—die Kunstgeschichte," diss., University of Graz, 2013.

9 Andreas Lehne, ed., *Wiener Warenhäuser 1865–1914* (Vienna, 1990), pp. 61 ff., 75 ff., 85 ff., 150 ff.

10 Sandgruber (Vienna, 2013), pp. 55 ff.

schen Republik, 3, 1931, S. 307 ff.; Sigmund MAYER: Ein jüdischer Kaufmann 1831–1911. Lebenserinnerungen, Leipzig 1911; Sigmund MAYER: Die Wiener Juden. Kommerz, Kultur, Politik 1700–1900, Wien 1918.

12 GSCHIEL, NIMETH, WEIDINGER, Wien 2010, S. 17 ff., 49 ff., 167 ff.

13 http://ezwieback.com/ZFN-p/p1.htm, aufgerufen 11.10.2016.

14 Heinrich TREICHL: Fast ein Jahrhundert. Erinnerungen, Wien 2003, S. 33.

15 Harald WALSER: Bombengeschäfte. Vorarlbergs Wirtschaft in der NS-Zeit, Bregenz 1989, S. 33 f.

16 Karl KRAUS: Die Fackel, F28/11, 1903 (http://corpus1.aac.ac.at/fackel/, aufgerufen 24.10.2016).

17 SANDGRUBER, Wien 2013, S. 60, 200, 237, 355.

18 Christof HAVERKAMP: Von Haren über Brüssel nach Wien – Die Geschichte des Textilkaufmanns Stefan Esders, in: Jahrbuch des Emsländischen Heimatbundes, 53, 2007, S. 9–44; SANDGRUBER, Wien 2013, S. 48, 57 ff., 335 f.

19 Botho CORETH: Vom Aufwachsen im Spätherbst. Eine Jugend im alten Österreich, Wien 1994, S. 123.

20 Gerhard MEISSL: Altväterisches oder modernes Wien? Zur Diskussion um die Warenhäuser und die Warenhaussteuer in Wien zwischen 1890 und 1914, in: LEHNE, Wien 1990, S. 61 ff.

21 CHALOUPEK u.a., Wien 2012, S. 62 ff.; 178 ff.

11 Bernhard Heilig, *Die Vorläufer der mährischen Konfektionsindustrie in ihrem Kampf mit den Zünften, Jahrbuch der Gesellschaft für Geschichte der Juden in der Cechoslowakischen Republik*, vol. 3 (1931), p. 307 ff.; Sigmund Mayer, *Ein jüdischer Kaufmann 1831–1911: Lebenserinnerungen* (Leipzig, 1911); Sigmund Mayer, *Die Wiener Juden: Kommerz, Kultur, Politik 1700–1900* (Vienna, 1918.

12 Gschiel et al. (Vienna, 2010), pp. 17 ff., 49 ff., 167 ff.

13 http://ezwieback.com/ZFN-p/p1.htm (October 11, 2016).

14 Heinrich Treichl, *Fast ein Jahrhundert: Erinnerungen* (Vienna, 2003), p. 33.

15 Harald Walser, *Bombengeschäfte. Vorarlbergs Wirtschaft in der NS-Zeit* (Bregenz, 1989), pp. 33–34.

16 Karl Kraus, *Die Fackel*, F28/11 (1903), http://corpus1.aac.ac.at/fackel/ (October 24, 2016).

17 Sandgruber (Vienna, 2013), pp. 60, 200, 237, 355.

18 Christof Haverkamp, "Von Haren über Brüssel nach Wien—Die Geschichte des Textilkaufmanns Stefan Esders," in: *Jahrbuch des Emsländischen Heimatbundes* 53 (2007), pp. 9–44; Sandgruber (Vienna, 2013), pp. 48, 57 ff., 335–36.

19 Botho Coreth, *Vom Aufwachsen im Spätherbst: Eine Jugend im alten Österreich* (Vienna, 1994), p. 123.

20 Gerhard Meissl, "Altväterisches oder modernes Wien? Zur Diskussion um die Warenhäuser und die Warenhaussteuer in Wien zwischen 1890 und 1914," in: Lehne (Vienna, 1990), pp. 61 ff.

21 Chaloupek et al. (Vienna, 2012), pp. 62 ff.; 178 ff.

Thomas Lenz

Zwischen Antisemitismus und Modernekritik: Die Warenhausdebatte um 1900

From Anti-Semitism to Modernist Critique. The department store debate around 1900

„Die Kunst im Dienst des Kaufmanns steht. Es war einmal, doch jetzt ist's aus, Walhalla ist ein Warenhaus." (Karl Kraus)[1]

Die Entstehung und Verbreitung der Warenhäuser war ein international zu beobachtendes Phänomen, dessen Anfänge sich im 18. Jahrhundert in Frankreich und den USA finden lassen. Wirklich erfolgreich wurde die Frühform des Warenhauses in Frankreich allerdings erst ab Mitte des 19. Jahrhunderts. In Deutschland fand ihre Verbreitung gegen Ende des 19. Jahrhunderts statt, wobei sich Berlin zum Mekka des Warenhauses entwickelte: Wertheim am Leipziger- und Alexanderplatz, Tietz am Alexander- und am Dönhoffplatz, Israel an der Königsstraße, Karstadt am Hermannplatz. Wenig später setzte auch die Entwicklung moderner Warenhäuser in Wien ein: Herzmansky, Gerngross und das Warenhaus Stefan Esders an der Mariahilfer Straße sowie das Kaufhaus Zentralpalast wären hier beispielhaft zu nennen.

Die Kaufhäuser kündeten vom Beginn einer neuen Epoche und waren gleichzeitig Motoren des wirtschaftlichen Wandels. Warenhäuser als paradigmatische Orte städtischer Konsumkultur waren dabei keine rein kommerziellen Orte. Sie waren auch – durch Reise- und Lichtbildvorträge, Klubs, Schreibräume, Restaurants und vieles mehr – Orte kulturellen Austauschs. Und sie waren Orte, an denen sich Frauen in der Öffentlichkeit treffen konnten. Keine Selbstverständlichkeit in einer Zeit, die rigide Ausgehverbote für Frauen der Mittel- und Oberschicht propagierte.

Durch Reklame veränderten die Warenhäuser die Visualität der Stadt, architektonisch setzten sie Akzente für ganze Straßenzüge. Warenhäuser förderten die Ansiedlung bestimmter Geschäfte in ihrer Nähe (während sie andere verdrängten), und mit ihrem System des Fixpreises und der Vergleichsmöglichkeiten trugen sie maßgeblich zur Entwicklung von Rationalität im Alltagsleben der Großstädter bei. Sharon Zukin spricht von den durch Konsum geprägten Städten als den „spaces of modernity", deren Strahlkraft weit über die Grenzen der Stadt hinaus wirkte.[2] Auch für den Soziologen Georg Simmel war die Kultur der Stadt letztlich die Kultur der Ware und des Geldes: Erst die Akte des Kaufens und Verkaufens lösen die durch Tradition geregelten Beziehungen und bergen die für die Moderne typischen Entscheidungsfreiheiten und Entscheidungszwänge.[3]

Warenhäuser um 1900 waren damit auch symbolische Räume der Moderne, die einerseits wegen ihrer technischen und architektonischen Raffinesse bewundert, deren gesellschaftliche Auswirkungen andererseits aber kritisch beäugt wurden. Sie waren Kristallisationspunkte einer moralisch aufgeladenen Debatte um den beginnenden Massenkonsum und die einsetzende Modernisierung in Westeuropa. Insbesondere in Frankreich und im Deutschen Kaiserreich, aber durchaus auch in Österreich wurde in der medialen Öffentlichkeit über das Warenhaus diskutiert: Während man in Frankreich vor allem die Verlockungen der neuen Konsumtempel pries, sah man im Deutschen Kaiserreich und in Österreich hauptsächlich deren vermeintliche Gefahren. Vor allem der „Mittelstand" – der sich durch die entstehenden Warenhäuser in seiner Existenz bedroht sah – warnte kulturpessimistisch vor den „Konsumfallen" der Warenhausmoderne und kritisierte mithilfe antisemitischer Vorurteile die neue Betriebsform.

"Art is in the service of business. That's how it was, but no longer. Valhalla is a department store." (Karl Kraus)[1]

The development and spread of department stores was an international phenomenon with roots in France and the USA in the eighteenth century. The early form of department store did not really become successful, however, until the mid-nineteenth century in France. They began to become widespread in Germany towards the end of the nineteenth century, particularly in Berlin, with Wertheim on Leipzigerplatz and Alexanderplatz, Tietz on Alexanderplatz and Dönhoffplatz, Israel in Königsstrasse, and Karstadt on Hermanplatz. The trend was seen shortly afterwards in Vienna as well, with Herzmansky, Gerngross, Warenhaus Stefan Esders in Mariahilfer Strasse, and Kaufhaus Zentralpalast.

These emporiums announced the start of a new era and were a driving force behind the economic development of the time. They were symbols of urban consumer culture and not merely commercial enterprises, but also—through their travel and photo talks, clubs, writing rooms, restaurants, and

Fassade des Warenhauses Tietz in der Leipziger Straße
Berlin, um 1900
bpk / Kunstbibliothek, SMB, Bild Nr. 70139534
Façade of Tietz department store
Leipziger Strasse, Berlin, c. 1900

Modern war das Warenhaus nicht nur wegen seiner neuartigen Geschäftspraktiken, sondern auch und vor allem aufgrund seiner neuartigen Ästhetik und Architektur. Das „Window-Shopping", das erst mit den Warenhäusern möglich wurde, weckte Wünsche, die die Klein- und Einzelhändler nicht mehr befriedigen konnten. Der französische Autor Émile Zola beschreibt in seinem Roman *Im Paradies der Damen* – dem „Urtext" der literarischen Beschäftigung mit der neuen Betriebsform Warenhaus – die Wirkung der Warenhausarchitektur auf seine Protagonistin Denise: „Dieses Geschäft, das so plötzlich vor ihr aufgetaucht war, dieses für sie ungeheuer große Haus, ließ ihr das Herz aufgehen, hielt sie im Bann; aufgewühlt, voller Interesse, vergaß sie alles übrige."[4] Die Schaufenster, Glasvitrinen und Präsentationstische des Warenhauses arrangierten und dramatisierten die zu verkaufenden Gegenstände und luden so gewöhnliche Handelswaren mit einem symbolischen Mehrwert auf. Die Warenhäuser verkauften also nicht nur Dinge, sondern auch Images; die Kunden der Warenhäuser wurden nicht mehr nur vom Gebrauchswert einer Ware überzeugt, sondern auch von ihrem ästhetischen Reiz und vom Versprechen auf die soziale Anerkennung, die ein Kauf in der Vorstellungswelt der Warenhauskunden zeitigen musste. Die Schaufenster der Warenhäuser machten die Bürger der Städte mit neuen Waren vertraut, luden Produkte mit erweitertem Sinngehalt auf und schufen eine Konsumwelt, die über die kulturellen und ökonomischen Begrenzungen der Jetztzeit verwies. Das Warenhaus selbst wurde so zu einer Vitrine der Moderne.

Nicht nur die Architektur, sondern auch die Technik der Warenhäuser faszinierte die Zeitgenossen. Der deutsche Publizist Leo Colze beispielsweise beschrieb in einer Broschüre zum modernen Kaufhaus von 1908 insbesondere die Versorgungstechnik des „Kaufhaus des Westens, Berlin". Er schrieb detailliert über die Belüftung, Heizung, Elektrik, über den Feuerschutz, die Kühlung und die Wasserversorgung des neu eröffneten Kaufhauses. Colze beschrieb die Technik des Warenhauses in seiner Monografie, die sich vor allem an interessierte Laien richtete, insgesamt in einer Detailfülle, die auf den heutigen Leser ermüdend wirkt, die aber einen guten Eindruck von der ungeheuren Wirkung des technischen Komplexes Warenhaus auf den damaligen Beobachter vermittelt.

Während viele Zeitgenossen sich durchaus von der architektonischen und technischen Güte des Warenhauses beeindruckt zeigten, war vor allem der deutschsprachige Diskurs zu den gesellschaftlichen und ökonomischen Auswirkungen der Warenhäuser sehr viel negativer.

Die ökonomisch argumentierenden Gegner rekrutierten sich dabei häufig aus den Reihen der Kleinhändler. Dort war die Angst, von der wirtschaftlichen Kraft der Großkaufhäuser an den Rand gedrängt zu werden, besonders virulent. Entsprechend skeptisch sah man den rasanten Aufstieg des Warenhaussystems.

Das Warenhaus wurde von vielen Klein- und Einzelhändlern als existenzielle Bedrohung verstanden, und so entwickelte sich unter dem Eindruck dieser Konkurrenz die Idee vom „Mittelstand", dessen Träger auch der Einzelhandel sei, und der im Gegensatz zu den „Warenhauskapitalisten" einen sozial und politisch verantwortungsvollen Handel betreibe. Der auch heute noch gebräuchliche Mittelstands-

the like—places for cultural exchange. They were also places where women could be seen in public, which was not so self-evident at a time when middle- and upper-class women were not normally allowed to go out unaccompanied.

Department store advertisements changed the look of the city and the buildings themselves were prominent features of the streets in which they were located. They attracted some businesses and drove away others, and their system of fixed prices and comparability made a significant contribution to rationalizing life in the city. Sharon Zukin describes the consumption-influenced cities as "spaces of modernity," whose attractiveness radiated far beyond the city limits.[2] The sociologist Georg Simmel also equated urban culture with the culture of goods and money. The act of buying and selling challenged traditional relationships and embodied the choices and constraints typical of the modern era.[3]

Department stores around 1900 where thus also symbols of the modern era, admired for their technological and architectural sophistication but criticized for their effect on society. They were the focal points of an ethical debate on the rise of mass consumption and the modernization of western Europe. They were discussed in the media, especially in France and the German Empire, but also in Austria. While the French lauded the temptations of the new consumer temples, it was their supposed dangers that were talked about in the German Empire and Austria. Small businesses, who felt their existence threatened, in particular warned pessimistically of the modern department stores as "consumer traps" and also used anti-Semitic arguments to criticize the new retail form.

The department store was modern not only on account of its new business practices, but also and above all for its new aesthetic and architecture. Window-shopping, which was a concomitant of the rise of the department store, created new demands that small retailers could no longer satisfy. In his novel *Au Bonheur des Dames* (*The Ladies' Paradise*), the first literary text to deal with the new department store phenomenon, the French author Émile Zola describes the effect of the store architecture on the protagonist Denise: "This shop, which had suddenly appeared before her, this building which seemed so enormous, made her heart soar and held her rooted to the spot, excited, fascinated, oblivious to everything else."[4] The shop windows, glass showcases, and presentation tables set out and dramatized the objects for sale and seemingly enhanced the value of what were normal commodities. Thus department stores sold not only things but also images. Customers were influenced not only by the utility of a product but also by its aesthetic charm and the promise of social acceptance that customers imagined it would confer. The window displays introduced inhabitants to new items, products with new signification, creating

begriff diente demnach zunächst als Konstrukt zur Abgrenzung gegen das moderne „Großkapital", das sich als Warenhaussystem zeigte. Tatsächlich verschlechterten sich um 1890 die Bedingungen für den Einzelhandel teils dramatisch, da mit dem langsamen Niedergang des Handwerks immer mehr Menschen in den Klein- und Einzelhandel drängten. Viele Einzelhändler machten für die Verschlechterung ihrer Situation allerdings nicht die zunehmende Konkurrenz durch andere Einzelhändler, sondern vornehmlich die Warenhäuser verantwortlich – obwohl deren Anteil am Gesamtumsatz des Handels um 1900 in Frankreich, Deutschland und Österreich noch sehr gering war. Die „Mittelstandsideologie" speiste sich jedenfalls aus dem Wunsch der Händler, die Mitte der Gesellschaft zunächst zu konstituieren und dann auch dort zu bleiben. Der Kleinhandel forderte deshalb ebenso vehement wie erfolglos eine gravierende Besteuerung der Warenhäuser. Der deutsche „Mittelstandsvertreter" Paul Dehn beispielsweise ging in seinem Aufsatz *Die Großbazare und Massenzweiggeschäfte* (1899) davon aus, dass nur eine hohe Warenhaussteuer den kleinen und mittleren Handel vor dem Untergang bewahren könne. Er vermutete, dass die Warenhäuser zu einer Gesellschaft der Extreme führten, in der sich eine Minderheit von Warenhauskapitalisten einer Masse von „Kleinhandel-Proletariern" gegenüber sähe. Der deutsche Publizist Henningsen spricht gar von einer „kulturfeindlichen und staatszersetzenden Wirkung der Warenhäuser", da sie den Mittelstand bedrohten.[5]

Die Idee vom Mittelstand als wichtigstem Träger von Wirtschaft und Gesellschaft ist dabei eine sehr deutsche: Das Konzept „Mittelstand" existiert in anderen europäischen Ländern nicht, obwohl überall dort, wo das Warenhaus zwischen 1850 und 1900 seinen Siegeszug antrat, eine von Kleinhändlern mitgetragene Abwehrbewegung gegen die Warenhäuser beobachtet werden konnte. Der französische Begriff *classe moyenne* bezeichnet beispielsweise lediglich eine sozioökonomische (und damit verbundene kulturelle) Kategorie – der deutsche Begriff „Mittelstand" hingegen verknüpft die sozio-ökonomische Lage des Einzelnen mit einem Verweis auf eine romantische Vergangenheit, in der jeder um seinen unverrückbaren Platz in der „Gemeinschaft" weiß. Der Begriff entspringt damit der Vorstellung von einer ständisch geprägten Gesellschaft mit einer festen sozialen und kulturellen Hierarchie, er beschreibt eine adynamische Gesellschaftsstruktur, die nicht auf Wandel, sondern primär auf Stabilität ausgerichtet ist. Die Kleinhändler, deren sozialer Status unsicher geworden war, suchten staatlichen und gesellschaftlichen Schutz unter dem Begriff und der Idee „Mittelstand" – und sie nutzten diesen Begriff gleichzeitig, um sich von dem modernen, als bedrohlich wahrgenommenen Warenhaussystem abzugrenzen. Der Begriff „Mittelstand" war demnach auch ein Kampfbegriff, mit dem die Warenhäuser als „undeutsche Erfindung" attackiert werden konnten; eine Erfindung, die zudem in den Augen vieler ihrer Kritiker „jüdisch" war.

Viele Familien, die bei der Einführung des Systems „Warenhaus" im deutschen Kaiserreich eine wichtige Rolle spielten, waren tatsächlich jüdisch und hatten ihre Wurzeln insbesondere in Osteuropa. Viele kamen sogar aus einer einzigen Stadt in der Provinz Posen – aus Birnbaum. Die Warenhausunternehmer Hermann, Oskar und Leonhard

a consumer world that extended beyond the cultural and economic limitations of the real world. The department store itself became a window to the modern world.

Contemporaries were fascinated not only by the architecture but also by the technology in the new department stores. The German journalist Leo Colze, for example, wrote in a leaflet on the modern department store in 1908 particularly about the building engineering in the Kaufhaus des Westens, Berlin. He provided a detailed description of the ventilation, heating, electrics, fire protection, cooling, and water supply in the newly opened store. His monograph about department store technology, aimed particularly at interested non-experts, contained a fatiguing amount of detail by today's standards, but it offers a good idea of the impact of the complex technology on people living at the time.

Despite this fascination with the architecture and technology, the discussion, particularly in the German-speaking world, about the social and economic effects of department stores was much less positive. Small retailers, whose fear of being ousted by the economic power of the large stores was intense, raised economic objections. These opponents were particularly skeptical about the rapid rise of the department store system. Small retailers saw them as a threat to their existence. It was in this competitive atmosphere that the concept of "Mittelstand," or "small and medium-sized businesses" arose. Small retailers were a typical example of this group, which, it was claimed, conducted their business in a socially and politically responsible manner, unlike the "department store capitalists".

The term, which is still current today, was used at the time to distinguish its operators from "big business," as exemplified by the department store system. It is true that the fortunes of small retailers deteriorated dramatically around 1890, as the decline of the traditional crafts forced more and more people into commerce. Many retailers blamed not the increasing competition from other retailers but the new emporiums, although their share in total trade revenue around 1900 in France, Germany, and Austria was still very small. The "Mittelstand" ideology was nourished by the desire of retailers to continue to constitute the backbone of society. They clamored vehemently but unsuccessfully for punitive taxation of department stores. The German small business representative Paul Dehn, for example, opined in his essay *Die Grossbazare und Massenzweiggeschäfte* (1899) that only a high department store tax would save small and medium-sized retailers from ruin. He hypothesized that the new stores would polarize society, with a minority of department store capitalists on one side and a massive small retail proletariat on the other. The German journalist Henningsen even described the impact of department stores as endangering culture and undermining the state because of the threat they posed to small businesses.[5]

Innenraum des Warenhauses
Wertheim in der Leipziger Straße
Berlin, 1906
bpk, Bild Nr. 40003806
Wertheim department store
Leipziger Strasse, Berlin, 1906

Tietz sowie die Geschwister Knopf und Schocken stammten von dort. Verwandtschaftliche Beziehungen nach Frankreich und in die USA machten die Birnbaumer Juden zum einen mit den Abläufen des Warenhausvertriebs bekannt, und diese verwandtschaftlichen Beziehungen waren zum anderen eine wichtige Voraussetzung für die Errichtung von Filial- und Kettenbetrieben.[6] Die Familien Tietz, Wertheim, Knopf und Schocken wurden damit aber auch schnell zur Projektionsfläche für antisemitische Klischees.[7]

Der berüchtigte deutsche Antisemit Theodor Fritsch gab dabei in seiner Hetzschrift *Handbuch der Judenfrage* den Ton und die Argumentationsstränge für die Diskussion vor, und er spielte für die politische und ideologische Ausrichtung des einflussreichen „Reichsdeutschen Mittelstandsverbandes" eine wichtige Rolle. Fritsch kontrastiert in seinem Handbuch den „ehrlichen deutschen Kaufmann" mit dem „Warenhausjuden", der durch „tausend Schliche und Kniffe" den Käufer zu täuschen versuche. Mittel der Täuschung seien dabei insbesondere die vermeintlich günstigen Preise der Warenhäuser, die nur durch mindere Qualität der Waren zu erreichen seien. Ein Trick, auf den vor allem Frauen hereinfielen:

„Bekannt ist, daß die Warenhäuser minderwertige Ramschwaren auf Bestellung anfertigen ließen. Dies konnte man besonders bei den Textilien beobachten. Es bedarf gar keines fachmännischen Blickes, um aus einer Gruppe von Frauen und Mädchen sofort diejenigen herauszufinden, die Warenhauskleider tragen. Solange diese Flitter wohlgebügelt im Schaufenster hängen, mag es angehen, sobald aber eine Frau sie sich auf den Leib gezwängt hat, ist die Tragödie oder Tragikomödie da. Besonders wenn so bekleidete Damen nach einem warmen Sommerregen von einem Ausflug zurückkehren und sich krampfhaft bemühen, das an sich schon kurze, nun aber ‚eingegangene' Kleid

The idea of small businesses as the backbone of society and the economy is a very German one. The concept "Mittelstand" does not exist in other European countries, despite the fact that wherever department stores became established between 1850 and 1900 there was opposition led by small retailers. The French term *classe moyenne*, for example, has only a socioeconomic (and hence also cultural) connotation, while the German "Mittelstand" connotes not only the socioeconomic situation but also alludes to a romantic past in which everyone knew his fixed place in the "community." The term thus derives from the idea of a class-bound society with a fixed social and cultural hierarchy, a non-dynamic social structure based not on change but primarily on stability. The small retailers, whose social status had become uncertain, sought protection from society and the state through the term and notion of "Mittelstand," using the concept at the same time to distinguish themselves from the modern and threatening department store system. It was thus also a battle cry for attacking the department stores as an "un-German invention", one that in the eyes of many of its critics was also "Jewish".

Many of the families involved in the introduction of the department store system in the German Empire were indeed Jewish, with roots in particular in Eastern Europe. A number of them even came from the same town, Birnbaum (Międzychód) in the province of Posen (Poznań): Hermann, Oskar, and Leonhard Tietz, and the Knopf and Schocken families. Through relatives in France and the USA, the Jews of Birnbaum were familiar with the workings of department stores, and the con-

Antisemitische Figurengruppe
„Ein Börsengeheimnis"
Europa, um 1900
JMW, Slg. Schlaff, Inv. Nr. 11515
Foto: Sebastian Gansrigler
"A Stock Exchange Secret,"
anti-Semitic group of figures
Europe, c. 1900

Werner Sombart

Die Juden

und

das Wirtschaftsleben

Achtes Tausend

Verlag von Duncker & Humblot
München und Leipzig 1913

Werner Sombart
Die Juden und das Wirtschaftsleben
Exemplar aus dem Altbestand der Bibliothek der Israelitischen Kultusgemeinde Wien
Wien, 1913
JMW, Slg. IKG, Sign. MA2984
Werner Sombart
Die Juden und das Wirtschaftsleben, copy from the library of the Jewish Community of Vienna
Vienna, 1913

über die Knie zu ziehen, ist es schwer, sich der Anwandlungen der Schadenfreude zu entziehen. Doch die der Warenhaushypnose unterlegenen Frauen liefen immer wieder hin. Sie ließen sich von Lockartikeln und ‚Ausnahmetagen', von ‚Ausverkäufen' und schreiender Schaufensterreklame erneut in die großen Judenläden ziehen, in denen sie sich zudem noch verführen ließen, manches Wertlose und Überflüssige zu kaufen."[8]

Widerhall findet Fritschs Argumentation in der deutschnationalen und teilweise auch in der bürgerlichen Presse. Hier wurden zur Verteidigung des „Mittelstandes" antisemitische Klischees bemüht:

„Und wenn man diejenigen Spekulanten mustert, die diese Geschäfte ins Leben rufen, so muß man sagen, daß hier auf orientalische Art ein Raubzug unternommen wird, wie er so dreist und umfangreich kaum jemals versucht worden ist. Deutschfremde Emporkömmlinge, unersättliche Spekulanten, nach Angabe Sachverständiger nur etwa 20 bis 30 Gründer, fast ausschließlich Juden sind es, die dahinter stehen, und unterstützt von der Kapitalskraft sog. erster Banken mit erstaunlicher Skrupellosigkeit planmäßig und gewerbsmäßig das deutsche Geschäftsleben revolutionieren."[9]

Getäuscht werden, so Dehn, nicht nur die Kunden der Warenhäuser (beziehungsweise vor allem die Kundinnen), sondern auch das Handwerk und der Kleinhandel, gegen die sich das Großkapital und die jüdischen Warenhauseigentümer verbündeten.

Diese antisemitischen Vorurteile, die um 1900 benutzt wurden, um gegen die Warenhäuser zu kämpfen, tauchen auch in der französischen Debatte um die Großkaufhäuser auf – allerdings nicht so prominent und gehäuft wie im Deutschen Kaiserreich. Auch in Berichten der österreichischen Presse zu den Warenhäusern um 1900 schimmert Antisemitismus durch. So berichtete beispielsweise die

nections were also important for setting up branches and chains.[6] This also made the Tietz, Wertheim, Knopf, and Schocken families a perfect target for the anti-Semitic cliché.[7]

In his inflammatory pamphlet *Handbuch der Judenfrage*, the notorious German anti-Semite Theodor Fritsch set the tone and provided the arguments for discussion, and he was instrumental in defining the politics and ideology of the influential Reichsdeutscher Mittelstandsverband. Fritsch contrasted the "honest German businessman" with the "department store Jew," who sought to deceive customers with "thousands of tricks and artifices." One of the tricks was to use low-quality materials to achieve the seemingly cheap prices. He described another trick, to which women in particular were susceptible:

"It is well known that the department stores had low-quality junk made to order. This was particularly the case with textiles. It does not need an expert's eye to identify women and girls wearing department store clothing. As long as these rags are hanging neatly pressed in the shop windows, they look fine, but as soon as the women have forced themselves into them, the tragedy or tragicomedy begins. Watching them desperately trying to pull the already short and now even shorter dress down over their knees after being caught in a warm summer shower, it is difficult to repress a feeling of schadenfreude. But hypnotized by the department store, they go back for more. Attracted again and again by the tempting articles, "bargain days," "sales," and garish publicity, they flock to the large "Jew stores" and are

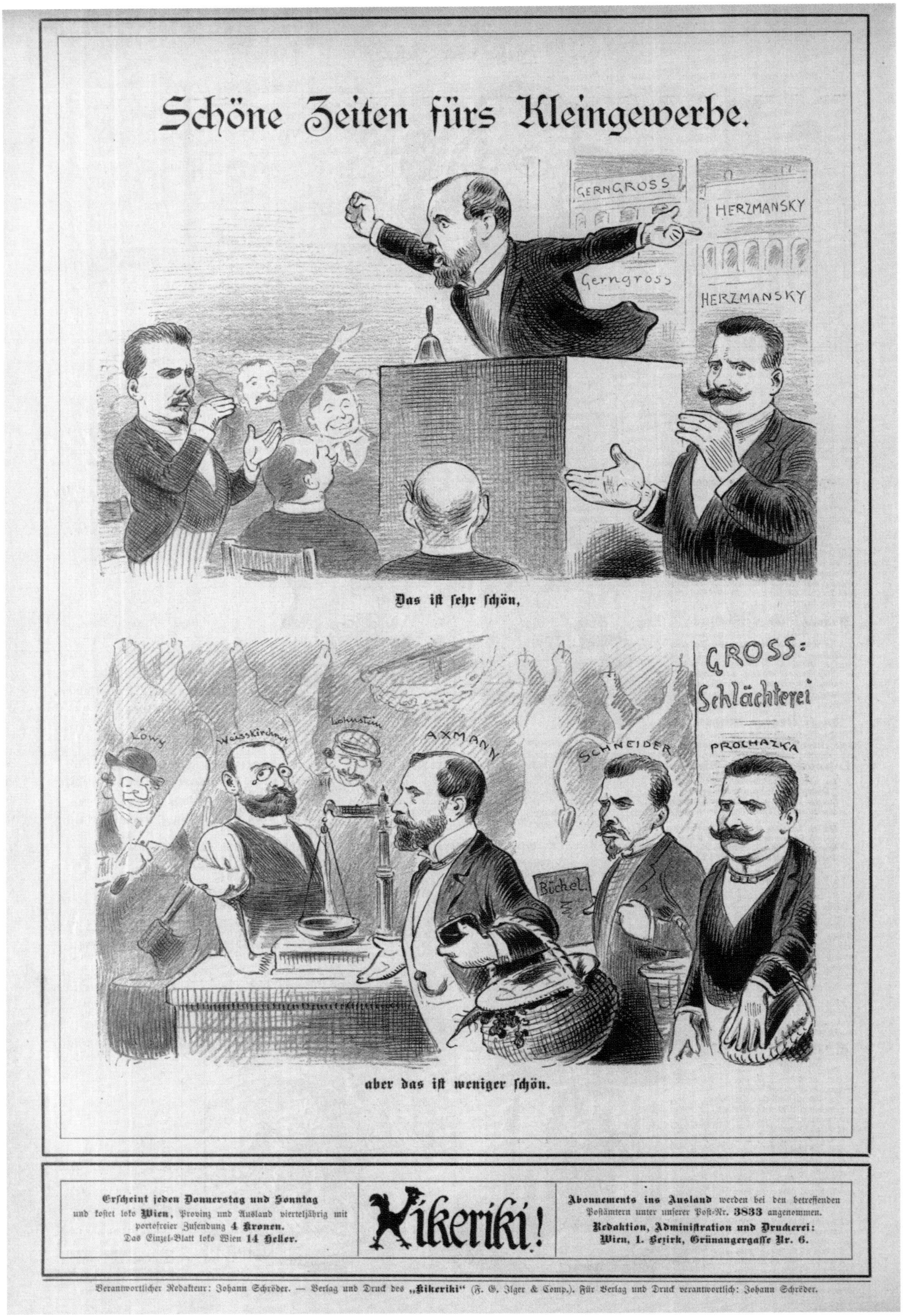

Antisemitische Karikatur aus der Zeitschrift *Kikeriki*
Wien, 1905
Wienbibliothek im Rathaus, Druckschriftensammlung, Sign. A-30222

Anti-Semitic caricature from the magazine *Kikeriki*
Vienna, 1905

der christlichsozialen Partei nahestehende Tageszeitung *Reichspost* von der Eröffnung eines Warenhauses unter „christlicher Führung“:

„Das neu eröffnete Etablissement wird hunderte kleingewerbliche Existenzen vernichten und sie als Lohnsklaven den Fangarmen der Großindustrie ausliefern.“ Bedauerlich sei, daß, „[...] in einem Geschäftszweige, der in Österreich bisher ausschließlich ein Ausbeuteobject in Judenhänden war, nunmehr einem Christen [Stefan Esders] begegnen zu müssen [...] der christliche Geschäftsgeist soll sich andere Pfade suchen, als die von Juden ausgetretenen Pfade, welche zur Vernichtung zahlloser, christlicher, hart arbeitender Existenzen führen.“[1]

Die jüdischen Warenhäuser unterminieren in der Vorstellungswelt ihrer Gegner die gesellschaftliche Moral und die bürgerlichen Geschlechterverhältnisse. Sie stellen zudem den Fortbestand des „Volkes“ infrage, das den Kampf gegen die „Großkapitalisten“ zu verlieren droht.

Die „Folgewirkungen“ der antisemitischen Stereotype um 1900 konnten nach 1933 beobachtet werden: Die sogenannten „Arisierungen“ von Kaufhäusern und Geschäften und die Demütigung, Verschleppung und schließlich Ermordung ihrer jüdischen Besitzer wurden unter anderem mit den um 1900 populär gemachten antisemitischen Stereotypen über den „Warenhausjuden“ begründet.

Antisemitismus kam auch in einem zweiten Diskursstrang, der sich gegen die Warenhäuser als Ausdruck der Modernisierung richtete, zum Tragen: in der Debatte um die Frauen und deren vermeintliche Gefährdungen durch das Warenhaus. Das Glücksversprechen des Warenhauses lautete, alles jederzeit zum Kauf anbieten zu können. Und so machte diese Ausweitung der Kaufzone in den populären Fantasien der Kaiserzeit auch vor den Verkäuferinnen nicht halt. Zola erzählt, dass jede Verkäuferin im „Paradies der Damen“ auf einen Geliebten angewiesen war, um trotz des geringen Angestelltengehalts leben zu können. Die Verkäuferinnen tauschen ihre Sexualität gegen finanzielle Sicherheit: „Sie alle sind elende Geschöpfe, genauso käuflich wie ihre Waren.“[11]

So behauptet auch der deutschnationale Mittelstandspolitiker Henningsen in seiner Schrift „Beiträge zur Warenhausfrage!“, der geringe Lohn, der von den Warenhausbesitzern gezahlt werde, zwinge die Warenhausverkäuferinnen in die Prostitution:

„Die geringe Entlohnung in den Warenhäusern führt bei den weiblichen Angestellten zur Unsittlichkeit. Wenn wir heute in den Großstädten die Scharen von gefallenen Mädchen sehen, die sich der Schande in die Arme geworfen haben, dann sollen wir nicht allzu hart und lieblos darüber urteilen. Hunger tut weh. Wenn dann so ein armes, junges, unerfahrenes Mädchen, das mit 15-20 Mk. monatlich auskommen soll, sieht, wie ihre Kolleginnen, die all diese Erfahrungen schon hinter sich haben, im Geschäft sich satt essen und sich gut kleiden können, da darf es uns nicht Wunder nehmen, wenn viele Mädchen, die vielfach als Töchter von Beamten, Handwerkern und Kaufleuten oder Arbeitern, eine gute Erziehung genossen haben, Wege einschlagen, von denen es zur anständigen Gesellschaft kein zurück mehr gibt. Vielfach wurden diese armen Geschöpfe, wenn sie sich nicht gutwillig fügen, unter Androhung der Entlassung von ihren eigenen Arbeitgebern verführt.“[12]

once again deceived into buying worthless and unnecessary items."[8]

Frisch's arguments found an echo in the German nationalist and to some extent in the regular press, where anti-Semitic clichés were used to defend the "Mittelstand":

"Looking at the speculators who establish these stores, we can see an Oriental-style invasion on a hitherto unseen scale. Behind it are non-German upstarts, greedy speculators, according to experts only around twenty or thirty founders, practically all Jewish, supported by the capitalists in the so-called major banks, who are deliberately revolutionizing German business life with a staggering unscrupulousness for their own gain."[9]

According to Dehn, it was not only the department store customers, particularly women, who were being deceived, but also craftsmen and small retailers, whom big business and Jewish department store owners were ganging up against.

These anti-Semitic prejudices used around 1900 to combat the department stores also appeared in discussions in France about major department stores, albeit less prominently and frequently than in the German Empire. Anti-Semitism also raises its head in articles on department stores in the Austrian press of the time. The Christian Social newspaper *Reichspost*, for example, reported on the opening of a department store under "Christian management":

"The newly opened establishment will destroy hundreds of small businesses and leave them at the mercy of wage slaves and the tentacles of industry." It was regrettable "to encounter a Christian [Stefan Esders] [...] in a business segment that in Austria has hitherto been in exploitative Jewish hands. The Christian business spirit should seek other outlets than those used by Jews, which lead to the destruction of countless hardworking Christian existences."[10]

In the minds of its opponents, the Jewish department store undermined social ethics and bourgeois gender roles. It also threatened the continued existence of the "common people," who were in danger of losing their battle against "big business."

The consequences of the turn-of-the-century anti-Semitic stereotype could be seen after 1933. The Aryanization of department stores and businesses, and the humiliation, abduction, and murder of their Jewish owners found its justification, among other things, in the anti-Semitic stereotype of the "department store Jew" popularized around 1900.

Anti-Semitism also played a role in a second line of criticism aimed at department stores as a symbol of modernization, and in the ensuing debate about the supposed threat posed by them to women. The happiness promised by the department store was contained in its offering all kinds of items for sale all of the time. Even saleswomen fell prey to the new shopping experience that captured popular fantasy in the days of the Empire. In *The Ladies' Paradise*, Zola stated that every saleswoman was reliant on a lover in order to be able

Henningsen geht so weit, konkrete Anwürfe an Leonhard Tietz zu formulieren, in dessen Geschäft Verkäuferinnen angeblich auf die Möglichkeit eines „unsittlichen Nebenerwerbs" hingewiesen würden:

„Manchmal werden die Verkäuferinnen auf einen unsittlichen Nebenerwerb hingewiesen. So wurde durch den Schuhmachermeister Kunze aus Elberfeld bekannt gegeben, daß ein Mädchen zu einer dortigen Warenhausfirma gegangen sei, um wegen Arbeit nachzufragen. Von dem Vertreter der Firma sei dem Mädchen ein Lohn von 30 Mk. monatlich (ohne Verpflegung oder sonstige Unterstützung) geboten worden. Als das betreffende Mädchen nun zu dem Herrn Geschäftsführer gesagt habe, der Lohn sei doch viel zu gering, da könne sie ja nicht von leben und ihren Unterhalt bestreiten, da habe ihr der betr. Herr geantwortet: ‚Sie können sich ja abends nach neun Uhr noch etwas verdienen'. (Herr Rosenthal, der Kompagnon Singer´s, war allerdings noch deutlicher; er sagte zu seinem Meister: ‚Lassen Sie die Mädchen doch auf den Strich gehen.') [...] und Herr Kunze [wurde] aufgefordert, den Namen der betr. Firma zu nennen, worauf Herr Kunze rief: ‚es ist die Firma Leonhard Tietz'."[13]

Der Publizist Henningsen vermutete, dass vor allem „wirtschaftlich rückständige" Frauen auf die „Tricks" der jüdischen Warenhausbesitzer hereinfielen.[14] Auch die „Kleptomanie", die „Sucht" zum Diebstahl im Warenhaus, wurde auf eine besondere jüdische Kraft zur Verführung und Sinnestäuschung zurückgeführt, die vor allem Frauen betreffe. In einem Artikel aus dem Jahr 1906 berichtet Theodor Fritsch – unter dem Pseudonym F. Roderich-Stoltheim – von einer „unheimlichen Macht des Hebräers über das weibliche Naturell".[15] Die Juden verdankten, so Fritsch, ihre Vormachtstellung vor allem ihrer unglaublichen Begabung zu Schwindel und Täuschung und vermögen mithilfe hypnotisch anmutender Fähigkeiten Frauen zum Kaufen und zum Stehlen in ihren Warenhäusern zu bewegen.

Waren für Fritsch stehlende Frauen vor allem Opfer „jüdischer Verführungskünste", definierte die Rechtsprechung des Kaiserreichs Diebinnen häufig als psychisch und physisch verwirrt: Die „Klausucht" wurde als Krankheit verstanden, die ähnlich wie die „Nervosität" ein typisches Produkt der Moderne sei; Diebstahl wurde damit als anomisches Verhalten pathologisiert. Anknüpfend an die Überlegungen von Katrin Schmersahl zur „Psychiatrie als Disziplinierungsinstrument"[16] kann man am Beispiel der Diskussion um weibliche Kleptomanie zeigen, wie unter dem Baldachin wissenschaftlicher Autorität Frauen auf bestimmte anthropologische Eigenschaften festgelegt wurden. 1893 behaupteten Lombroso und Ferrero in ihrer Studie *Das Weib als Verbrecherin und Prostituierte* beispielsweise: „Der Ladendiebstahl ist seit der Entstehung der modernen Riesenbazare eine specifische Form der weiblichen Kriminalität geworden; die Gelegenheit zum Verbrechen liegt darin, dass hier zahllose Dinge vor weiblichen Augen ausgestellt sind und die Begehrlichkeit reizen, während die vorhandenen Mittel nur spärliche Einkäufe gestatten."[17]

Franziska Schössler weist darauf hin, dass der Kaufhausdetektiv in Émile Zolas Roman *Das Paradies der Damen* vor allem schwangere Frauen verfolgt:

„Mit dieser Passion für Schwangere illustriert Zola einen gängigen Argumentationszusammenhang seiner Zeit, nämlich die Überzeu-

to survive in spite of the low wages. They exchanged their sexuality for financial security: "They are all wretched creatures, just as available for sale as their goods."[11]

In his pamphlet *Beiträge zur Warenhausfrage!*, the German nationalist "Mittelstand" politician Henningsen also claimed that the low wages paid by department store owners forced the salesgirls into prostitution:

"The low wages in department stores force women employees into immorality. We should not be too harsh and pitiless in our judgment of the many fallen women in the cities, who have embraced shame in this way. Hunger hurts. When a poor, young, inexperienced girl who has to survive on 15–20 marks a month sees how her seasoned colleagues eat their fill in the store and can afford nice clothes, we should not be surprised that many girls, often well brought-up daughters of public servants, craftsmen, clerks, or laborers, embark on a path that precludes them from returning to respectable society. If they didn't cooperate voluntarily, many of these poor creatures were seduced under threat of dismissal by their own employers."[12]

Henningsen goes as far as to accuse Leonhard Tietz directly of having hinted to salesgirls in his store at the possibility of an "immoral second job":

"Sometimes the salesgirls are told of an immoral second job. The master shoemaker Kunze from Elberfeld was informed that a girl applied for a job at the local department store. She was offered 30 marks a month by the company representative (with no food or other support). When the girl told the managing director that the wages were much too low and that she couldn't survive on them, he replied: 'You can earn some more in the evenings after 9 o'clock.' (Singer's companion Herr Rosenthal was even clearer. He told the manager: 'Let the girl turn tricks') [...] and Herr Kunze [was] asked to name the company in question, to which he replied: 'It's Leonard Tietz's company.'"[13]

Henningsen surmised that women "inexperienced in business" were particularly susceptible to the "tricks" of the Jewish department store owners.[14] Kleptomania or shoplifting, to which women were also particularly susceptible, was attributed to the particular Jewish skill at deception and delusion. In an article in 1906, Theodor Fritsch, under the pseudonym F. Roderich-Stoltheim, also spoke of the "uncanny power of the Hebrews over the female disposition."[15] The dominant position of the Jews was a result, he claimed, above all of their incredible gift for fraud and deception, and their ability with the aid of quasi-hypnotic skills to persuade women to buy and steal in their department stores.

While Fritsch attributed the shoplifting by women to "Jewish seductive arts," the courts often judged them to be mentally and physically confused. Kleptomania was seen as a disease, like "neurosis" a typical product of the modern age. Theft became an anomic pathology. Following up Katrin

gung, dass schwangere Frauen in besonderem Maße anfällig für die Verlockungen der Waren seien, dass Schwangere zum Diebstahl neigen."[18] In diesem Zusammenhang kann auch auf den Kriminologen Hans Gross verwiesen werden, der in die deutsche Kriminalpsychologie den französischen Diskurs über den Zusammenhang von „weiblichen Zuständen" und Diebstahl einführt: „Wenn wir zugeben, dass sich die Frau zur Zeit der Menses in einem erregteren und minder widerstandsfähigem Zustande befindet, so wird uns auch klar, dass sie dann von den Verlockungen schöner Gewandstücke und sonstigen Tandes leichter überwältigt wird.'[19]

Paul Möbius spricht in seinem Traktat *Über den physiologischen Schwachsinn des Weibes* (1905) gar von rauschhaften Zuständen, in die Frauen in Zeiten der Menstruation und Schwangerschaft geraten könnten und die den Warenhausdiebstahl physiologisch erklären würden.[20] Auch der Trivialroman *Arbeit* (1912) von Oscar T. Schweriner beschreibt bildhaft den „Kaufrausch", in den das weibliche Warenhauspublikum gerät:

„Langsam füllten sich die Räume mit Menschen. Meistens Damen, die gekommen waren, um ‚etwas' zu kaufen; – ganz gleich was. Als handele es sich um die Befriedigung irgendeiner sinnlichen Begierde. [...] Wie ein Heuschreckenschwarm überfluteten sie die Gänge. [...] Gesehen von der oberen Galerie [...] machte es den Eindruck, als ob riesige Bienenschwärme sich den Blütenstaub einer einzigen Blume streitig machten; drängelnd, hastend, lüstern."[21]

Die Käuferinnen erfüllen sich eine „sinnliche Begierde", sind „lüstern", der Akt des Kaufens wird von Schweriner sexuell aufgeladen dargestellt, der männliche Blick der Rayonchefs taxiert von oben herab die „Bienenschwärme" der einkaufenden Frauen. Schweriner bedient sich zur Beschreibung der Vorgänge im Warenhaus des Bildes von einer Flut, die die Gänge überschwemmt, und von einem Bienenschwarm, der sich um die Ware drängelt. Er benutzt damit Metaphern, die um 1900 populär waren; Metaphern, die soziales Verhalten biologisieren und die sich so auch bei Zola finden lassen. Die Sogwirkung der Warenhäuser auf die Frauen wird von Margarete Böhme in ihrem Warenhausroman *W.A.G.M.U.S.* drastisch beschrieben, sie benutzt Metaphern des Rausches und der Sucht: „Wer scharf beobachtete, bemerkte, dass die Mienen der Frauen sich bei dem Eintritt in das Haus eigenartig veränderten: In die schlaffen, versorgten Züge trat ein gespannter angeregter Zug, die vorher matten Augen leuchteten auf in heimlichem Verlangen und in der Lust des Schauens; irgendein Fluidum schien in der Luft zu liegen, das berauschte, das wie eine Morphium-Injektion wirkte."[22] Menschenfluten und Warenmassen: das Warenhaus zwingt sie zusammen und es wird zu einem sozialen Körper, der die Individualität und vor allem die Moralität der Käuferinnen erdrückt. Die Flut der Menschenleiber droht jeden mit sich zu reißen und ertränkt dabei die kühle Rationalität des berechnenden Kunden.

Die Warenhäuser verführen also geradezu zum Stehlen, die Käuferinnen können gar nicht anders als zuzugreifen und mitzunehmen. Doch die Kleptomanie der Kundinnen war nicht das einzige Problem, das die Warenhausgegner zu entdecken glaubten.

Auch die Verkäuferinnen sahen sich, so der Diskurs um die vermeintlichen Wirkungen des Kaufhauses, moralisch verwerflichen Ver-

Schmersahl's thoughts on psychiatry as a disciplinary instrument,[16] the discussion of kleptomania can be seen as an example of the way in which women, under the canopy of scientific authority, were attributed certain anthropological characteristics. The 1893 study by Lombroso and Ferrero on women as criminals and prostitutes states: "Since the creation of the huge modern bazaars, shoplifting has become a specific form of female criminality; the opportunity for committing a crime arises as a result of the covetous temptation provoked by the thousands of objects displayed in front of women who have only limited spending power."[17]

Franziska Schössler points out that the store detective in Zola's *Ladies' Paradise* was often on the heels of pregnant women: "With this passion for pregnant women Zola illustrated a common argument of the time that women were particularly susceptible to temptation when they were pregnant and that in this condition they were more likely to steal."[18] It is interesting in this context as well to cite the criminologist Hans Gross, who introduced the French notion of the link between "female conditions" and theft into German criminal psychology: "If we admit that women are in a more excited and less resistant state during the menses, it is also understandable that they will be more easily overwhelmed by the temptations of beautiful clothing and other trinkets."[19]

In his pamphlet *Über den physiologischen Schwachsinn des Weibes* (1905), Paul Möbius even speaks of ecstatic states that might be evoked in women by menstruation and pregnancy, which would offer a physiological explanation for shoplifting.[20] The light novel *Arbeit* (1912) by Oscar T. Schweriner also provides a vivid description of the "shopping frenzy" experienced by women department store customers:

"The rooms gradually filled with people, mostly women, who had come to buy "something" - no matter what. It was about the desire to satisfy some sensory desire. [...] They crowded in the aisles like a swarm of locusts. [...] Seen from the upper gallery [...] it looked as if huge swarms of bees were fighting over the pollen from a single flower, pushing, bustling, craving."[21]

The women shoppers are fulfilling a "sensory desire," they are "craving," the act of buying is described by Schwerin with sexual overtones, and the male floor manager looking down at them sees a "swarm of bees." In describing the scene in the department store, Schweriner conjures up an image of flooded aisles, a swarm of bees bustling around the goods. He uses metaphors popular around 1900, which biologize social behavior and can also be found in Zola. The stores' attraction for women is also described vividly by Margarete Böhme in her department store novel *W.A.G.M.U.S.* with metaphors of ecstasy and addiction:

"Those who looked closely could see how the expressions on the women's faces changed curiously when they entered the store. The relaxed and contented features took on a tense

lockungen ausgesetzt. Das Warenhaus war in der Fantasie seiner Gegner eine Anstalt zur Verderbung der Frauen, die in ihm zu Diebinnen und sogar zu Prostituierten wurden.

Die Aufgeregtheiten der damaligen medizinischen, juristischen und moralischen Diskussion um den Warenhausdiebstahl und die „Prostitution“ der Verkäuferinnen sind nicht allein aus den durchaus steigenden Diebstahlzahlen oder der schwierigen sozialen Lage einiger Warenhausangestellter erklärbar. Vielmehr ist die Diskussion um „krankhaftes Stehlen“ und um die Käuflichkeit der Frauen nur verständlich, wenn man den konsum- und kulturkritischen Impetus der an dem Diskurs beteiligten Mediziner, Juristen und Literaten mit einbezieht. Die Diskussion um die sogenannte Kleptomanie diente einerseits der Pathologisierung weiblicher Delinquenz, andererseits wurde die entstehende Konsumgesellschaft als krankhaft und krank machend „entlarvt“, die Debatte um die Prostitution thematisierte nur vordergründig die sozialen Verhältnisse im Kaiserreich, es ging vornehmlich darum, die „unerwünschte Betriebsform“ moralisch zu diskreditieren und mit ihr die neue Zeit als krank machend zu brandmarken.

Der „Mittelstand“ wurde zu einem wichtigen Träger der Warenhausgegnerschaft und damit auch, in Verbindung mit Teilen der gesellschaftlichen Eliten, zur Schicht, in der antimoderne Positionen auf besonders fruchtbaren Boden fielen. Mit dem Mittelstand hatte die Bewegung gegen das Warenhaus einen machtvollen Repräsentanten gefunden, der tief in die gesellschaftlichen und politischen Strukturen des Kaiserreichs wirken konnte. Da, wie gezeigt, viele Warenhausbesitzer jüdischen Glaubens waren, fiel es den Gegnern dieser Betriebsform entsprechend leicht, auf bestehende antisemitische Klischees und Vorurteile aufzubauen, um gegen die vermeintlichen Geschäftspraktiken der Warenhausbesitzer zu polemisieren. Juden werden (oftmals im Verbund mit Börse und Banken) zum Fremden gemacht, das den „ehrlichen“ Kaufmann bedrohe und die gesellschaftliche Ordnung insgesamt ins Wanken bringe. Während die Frauen vor allem als Opfer des Konsumkapitalismus gezeichnet werden, werden die Juden zu Tätern stilisiert.

Für viele zeigte das Warenhaus zwar auch den Fortschritt im positiven Sinne, aber die veröffentlichte Meinung diskutierte die Betriebsform Warenhaus überwiegend negativ und kulturpessimistisch. Der Diskurs um das Warenhaus zeigt, dass die Entstehung der modernen Konsumgesellschaft für viele Konservative und Sozialisten, für Mittelständler und Deutschnationale, für Juristen und Mediziner, für Sozialwissenschaftler und Trivialautoren kein Glücksversprechen, sondern ein sichtbares und bekämpftes Zeichen eines technisch-organisatorisch zwar begrüßenswerten, aber gesellschaftlich-moralisch ungewollten Epochenumbruchs war.

and excited cast; the dull eyes lit up with secret desire and pleasure. There appeared to be a fluid in the air that intoxicated the women like a morphine injection."[22]

The department stores brought together crowds of people and masses of goods, forming a social entity that stifled the individuality and above all the morality of the women shoppers. They were forced to go along with the flow, which eroded the cool rationality of the calculating customer.

According to these accounts, the department stores enticed their female customers to steal by making them unable to resist the temptation to take items with them. But kleptomania was not the only problem that opponents believed to be a corollary of the new stores. The sales girls were also said to be exposed to immoral temptations. In the minds of its opponents, the department store was the ruin of women, turning them into shoplifters and even prostitutes.

The animated medical, legal, and moral discussion of shoplifting and prostitution by salesgirls cannot be explained solely by the increased incidence of theft or the hardship of the department store employees. The notion of "pathological stealing" and the availability of women can be understood only in the context of the criticism of consumption and culture by the doctors, jurists, and writers involved. Their discussion of kleptomania was used to pathologize female delinquency. At the same time, the emerging consumer society was seen as pathological and morbid. The discussion of prostitution was only superficially about the social conditions in the Empire. It was chiefly about morally discrediting the "undesirable retail model" and branding the new era along with it as pathogenic.

The "Mittelstand" was a major opponent of the department stores and, together with some of the social élite, formed a particularly fertile soil for reactionary sentiments. It was a powerful representative of the opposition to department stores, with a profound impact on the social and political structures of the Empire. As many department store owners were Jewish, it was easy for opponents to exploit existing anti-Semitic clichés and prejudices and to pillory the alleged business practices of the owners. Jews, often alongside the stock exchange and banks, were turned into outsiders, who threatened the "honest" businessman and social order as a whole. While women were seen above all as victims of consumer capitalism, Jews were stylized as the perpetrators.

Some people saw department stores as a positive sign of progress, but public opinion was generally negative and pessimistic. For many conservatives and socialists, representatives of the "Mittelstand" and German nationalists, jurists, doctors, social scientists, and writers of light novels, the development of the modern consumer society did not promise greater happiness. Instead, it was a visible sign of the dawn of a new epoch that, while offering welcome technical and

1 Karl KRAUS: Lied des Alldeutschen, in: Die Fackel 499–500 vom 20.11.1918, S. 12.
2 Sharon ZUKIN: The Culture of Cities, Oxford 1995, S. 190 f.
3 Vgl. Georg SIMMEL: Soziologie. Untersuchungen über die Formen der Vergesellschaftung, Berlin 1908.
4 Émile ZOLA: Das Paradies der Damen, Berlin 1883/2002, S. 6.
5 J. HENNINGSEN: Beiträge zur Warenhausfrage! Hamburg 1906, S. 12.
6 Vgl. Peter WALDBAUER: Lexikon der antisemitischen Klischees. Antijüdische Vorurteile und ihre historische Entstehung, Murnau 2007, S. 114.
7 Vgl. Siegfried GERLACH: Das Warenhaus in Deutschland. Seine Entwicklung bis zum Ersten

Weltkrieg in historisch geographischer Sicht, Stuttgart 1988, S. 39 f.; Helmut FREI: Tempel der Kauflust: eine Geschichte der Warenhauskultur, Leipzig 1997, S. 66 f.

8 Theodor FRITSCH: Handbuch der Judenfrage. Die wichtigsten Tatsachen zur Beurteilung des jüdischen Volkes, 49. Auflage, Leipzig 1887/1944, S. 189.

9 Paul DEHN: Die Großbazare und Massenzweiggeschäfte, Berlin 1899, S. 5.

10 Zitiert nach Gerhard MEISSL: Altväterisches oder modernes Wien? Zur Diskussion um die Warenhäuser und die Warenhaussteuer in Wien zwischen 1890 und 1914, in: Andreas LEHNE (Hrsg.): Wiener Warenhäuser 1865–1914, Wien 1990, S. 70.

1 Zitiert nach: Franziska SCHÖSSLER: Die Konsumentin im Kaufhaus. Weiblichkeit und Tausch in Émile Zolas Roman Au Bonheur des Dames, in: Georg MEIN, Franziska SCHÖSSLER (Hrsg.): Tauschprozesse. Kulturwissenschaftliche Verhandlungen des Ökonomischen, Bielefeld 2005, S. 258.

12 HENNINGSEN, Hamburg 1906, S. 18.

13 Ebenda, S. 14.

14 Ebenda, S. 75.

15 Theodor FRITSCH (F. RODERICH-STOLTHEIM): Unter dem Schleier der Maja, in: Der Hammer 5, 1906, S. 84.

16 Katrin SCHMERSAHL: Medizin und Geschlecht. Zur Konstruktion der Kategorie Geschlecht im medizinischen Diskurs des 19. Jahrhunderts, Opladen 1998, S. 39.

17 Cesare LOMBROSO, Guglielmo FERRERO: Das Weib als Verbrecherin und Prostituierte. Anthropologische Studien, gegründet auf eine Darstellung der Biologie und Psychologie des normalen Weibes, Hamburg 1894, S. 459.

18 SCHÖSSLER, Bielefeld 2005, S. 262.

19 Hans GROSS: Kriminalpsychologie, Leipzig 1905, S. 407.

20 Vgl. Paul MÖBIUS: Über den physiologischen Schwachsinn des Weibes, Halle 1905.

21 Oscar T. SCHWERINER: Arbeit. Ein Warenhaus-Roman, Berlin 1912, S. 7.

22 Margarete BÖHME: W.A.G.M.U.S., Berlin 1911, S. 80.

organizational improvements, also contained socially and morally undesirable elements that had to be opposed at all costs.

1 Karl Kraus, "Lied des Alldeutschen," in: *Die Fackel* 499–500, November 20, 1918, p. 12.

2 Sharon Zukin, *The Culture of Cities* (Oxford, 1995), pp. 190–91.

3 See Georg Simmel, *Soziologie: Untersuchungen über die Formen der Vergesellschaftung* (Berlin, 1908).

4 Émile Zola, *Au Bonheur des Dames*, English version *The Ladies' Paradise*, trans. Brian Nelson (Oxford, 1995), pp. 3–4.

5 J. Henningsen, *Beiträge zur Warenhausfrage!* (Hamburg, 1906), p. 12.

6 Peter Waldbauer, *Lexikon der antisemitischen Klischees: Antijüdische Vorurteile und ihre historische Entstehung* (Murnau, 2007), p. 114.

7 See Siegfried Gerlach, *Das Warenhaus in Deutschland: Seine Entwicklung bis zum Ersten Weltkrieg in historisch geographischer Sicht* (Stuttgart, 1988), pp. 39–40; Helmut Frei, *Tempel der Kauflust: eine Geschichte der Warenhauskultur* (Leipzig, 1997), pp. 66–67.

8 Theodor Fritsch, *Handbuch der Judenfrage: Die wichtigsten Tatsachen zur Beurteilung des jüdischen Volkes*, 49th reprint (Leipzig, 1887/1944), p. 189.

9 Paul Dehn, *Die Grossbazare und Massenzweiggeschäfte* (Berlin, 1899), p. 5.

10 Quoted in Gerhard Meissl, "Altväterisches oder modernes Wien? Zur Diskussion um die Warenhäuser und die Warenhaussteuer in Wien zwischen 1890 und 1914," in: Andreas Lehne, ed., *Wiener Warenhäuser 1865–1914* (Vienna, 1990), p. 70.

1 Quoted in Franziska Schössler, "Die Konsumentin im Kaufhaus. Weiblichkeit und Tausch in Émile Zolas Roman *Au Bonheur des Dames*," in: Georg Mein, Franziska Schössler, eds., *Tauschprozesse: Kulturwissenschaftliche Verhandlungen des Ökonomischen* (Bielefeld, 2005), p. 258.

12 Henningsen (Hamburg, 1906), p. 18.

13 Ibid., p. 14.

14 Ibid., p. 75.

15 Theodor Fritsch (F. Roderich-Stoltheim), "Unter dem Schleier der Maja," in: *Der Hammer* no. 5 (1906), p. 84.

16 Katrin Schmersahl, *Medizin und Geschlecht: Zur Konstruktion der Kategorie Geschlecht im medizinischen Diskurs des 19. Jahrhunderts* (Opladen, 1998), p. 39.

17 Cesare Lombroso, Guglielmo Ferrero, *Das Weib als Verbrecherin und Prostituierte: Anthropologische Studien, gegründet auf eine Darstellung der Biologie und Psychologie des normalen Weibes* (Hamburg, 1894), p. 459.

18 Schössler (Bielefeld, 2005), p. 262.

19 Hans Gross, *Kriminalpsychologie* (Leipzig, 1905), p. 407.

20 See Paul Möbius, *Über den physiologischen Schwachsinn des Weibes* (Halle, 1905).

21 Oscar T. Schweriner, *Arbeit: Ein Warenhaus-Roman* (Berlin, 1912), p. 7.

22 Margarete Böhme, *W.A.G.M.U.S.* (Berlin), 1911, p. 80.

Astrid Peterle

Wien im Kaufrausch! Die Blüte der Wiener Kaufhäuser und k.u.k. Hoflieferanten

Vienna Goes Shopping! The heyday of the Viennese retail stores and court-appointed suppliers

Ihre Blüte erlebten die Wiener Kauf- und Warenhäuser später als in anderen europäischen Städten wie etwa Paris und London erst Ende des 19. bzw. Anfang des 20. Jahrhunderts. Kleinbetriebe dominierten bis in die frühen 1890er-Jahre das Wiener Geschäftsleben. Der Aufstieg von Einzelhandelsbetrieben zu großen Kaufhäusern, wie etwa Jacob Rothberger, Ludwig Zwieback und M. Neumann, basierte vor allem auf dem Ausbau der in den 1850er-Jahren in Wien eingeführten Produktion von Konfektionswaren.[1] Durch Faktoren wie die Erweiterung ihrer Geschäftsgebäude, Massenproduktion, Ausverkäufe und Aktionsangebote, Werbestrategien, wechselnde Innen- und Schaufensterdekoration, Veranstaltungen, Ausstellungen und durch die Errichtung von Filialen konnten die Kaufhäuser immer größere Kundenkreise anziehen. Der Bedarf an Waren der unterschiedlichen Preissegmente stieg mit der stetig wachsenden Einwohnerzahl von Wien – allein zwischen 1890 und 1910 wuchs die Bevölkerung des damaligen Stadtgebiets um mehr als 300.000 Personen auf fast 2,1 Millionen Einwohner an. Den verschiedenen Gesellschaftsschichten Rechnung tragend, orientierten sich die Kaufhäuser in ihrer Warenausrichtung nach der Kaufkraft ihrer Kundinnen und Kunden. Während sich im ersten Bezirk noble Einzelhandelsgeschäfte und Kaufhäuser an Adel und Großbürgertum wandten, versuchten Filialen und Warenhäuser im florierenden Handelsballungszentrum Mariahilfer Straße sowie sogenannte Vorstadtwarenhäuser wie Dichter und Diamant in Ottakring, Krupnik in Neubau und Wodicka in Floridsdorf, eine breitere Kundenschicht anzusprechen.

Ein Luxuskaufhaus für jedermann

Eine Ausnahme innerhalb der gehobenen bis luxuriösen Geschäftskultur der Inneren Stadt stellte Jacob Rothbergers äußerst populäre Kleiderschwemme dar. Rothberger führte von Beginn seines Unternehmens an neben der Schneiderei auch ein Lager mit fertiger Kleidung. „Übertragene" Kleidung konnte im Geschäft abgegeben und gegen eine geringe Aufzahlung gegen neue Waren eingetauscht werden bzw. wie es eine Werbeannonce des Geschäftes aus dem Jahr 1896 formulierte: „Zurückgesetzte und eingetauschte Herrenkleider werden in einer separaten Abtheilung (Schwemme) spottbillig verkauft."[2] In der Kleiderschwemme konnten so auch Kunden mit kleinem Budget passable Kleidung erwerben, womit „durch die geniale Vereinigung von Tausch und Kauf [...] vielen Leuten die schwerste Sorge, die Sorge für die Repräsentationsfähigkeit, vom Herzen genommen" wurde.[3] Die Kleiderschwemme trug maßgeblich zum großen Erfolg Jacob Rothbergers bei: „Es gibt keine Schichte der Bevölkerung, welche nicht unter seinen Kunden vertreten wäre. [...] Die Solidarität des Hauses ist eine so anerkannte, dass sich Groß und Klein, Hoch und Nieder vertrauensvoll dem Hause Rothberger zuwendet."[4] Ludwig Hirschfeld betonte in seinem Wien-Reiseführer aus dem Jahr 1927 die über Jahrzehnte anhaltende Popularität des Rothberger'schen Kaufhauses folgendermaßen: „Der Rothberger ist doch überhaupt ein Wiener Begriff, nach dem sich der Fremde direkt orientieren kann. Denn wo liegt die Stefanskirche? Gegenüber dem Rothberger."[5] Die großen Kaufhäuser wie Rothberger brachen die Grenzen zwischen den sozialen Schichten auf. Durch die vereinfachte Zugänglichkeit von Waren aus Massenfertigung wurde die

The heyday of Viennese retail and department stores did not occur until the end of the nineteenth and beginning of the twentieth century, later than in other European cities like Paris or London. Until the early 1890s, small businesses dominated in Vienna. The development of retail business into major department stores like Jacob Rothberger, Ludwig Zwieback, or M. Neumann sprang above all from the growth in the manufacture of ready-to-wear clothing in Vienna from the 1850s.[1] These new department stores attracted an ever-increasing number of customers thanks to their larger retail space, mass production, sales and special offers, publicity strategies, changing interior and exterior window displays, events, exhibitions, and the setting up of branch outlets. The demand for goods in different price categories rose with the growth in the population of Vienna. Between 1890 and 1910 alone, the population of the city increased by over 600,000 to almost 1.2 million inhabitants. Bearing in mind the different social strata, the stores adjusted their products to the customers' purchasing power. While elegant retail stores in the 1st district focused more on the aristocracy and grande bourgeoisie, branches and department stores in the flourishing Mariahilfer Strasse shopping area and in the outlying areas like Dichter and Diamant in Ottakring, Krupnik in Neubau, and Wodicka in Floridsdorf addressed a wider clientele.

A luxury store for everyone

An exception within the upmarket and luxury retail culture in the inner city was Jacob Rothberger's extremely popular bargain basement. From the outset Rothberger had not only a tailor's shop but also a warehouse with ready-made clothes. Customers could part-exchange their old clothes for new ones or, as a publicity announcement in 1896 put it: "Returned and exchanged menswear is sold at sensationally low prices in a separate department (bargain basement)."[2]

This meant that customers with more modest means could purchase acceptable clothing so that "through the creative combination of exchange and purchase [...] many people could be relieved of the most difficult worry, that of having the right clothing."[3] The bargain basement made a decisive contribution to Rothberger's success: "There is no class of the population that does not shop there. [...] The dependability of the store is so well recognized that large and small, high and low, all shop confidently at Rothberger."[4] In his 1927 Vienna travel guide, Ludwig Hirschfeld described the decades-long popularity of Rothberger's store as follows: "Rothberger is a name that visitors can take their bearings by. Where is St. Stephan's? Opposite Rothberger."[5] The large stores like Rothberger broke down class barriers. Because of the simplified access to mass-produced goods, distinctions in terms of possessions became more subtle. And through their direct cash payment and fixed pricing and labeling, the stores contributed to the democratization of consumption.[6]

Männer-Ski-Anzug des Kaufhauses Rothberger
Wien, 1930er-Jahre
Slg. Claus Jahnke
Foto: Roz McNulty
Men's ski suit from Rothberger department store
Vienna, 1930s

Designed as hedonistic, publicly accessible experiences, the stores sold their customers goods as adventures and objects of desire: "People buy not only what they want, but also what they want to be."[7] Luxuriously designed interiors in which the goods were artistically arranged on tables, in display cases and on dummies, and sales staff who provided not only advice but also encouraged customers to buy with compliments and samples made the stores into an experience in which the consumers' attention was directed not so much to the act of purchasing as to the idea of luxury and freedom. A visit to a retail store was meant to be a total sensory experience, visual, tactile, and olfactory.[8] Coffeehouses in stores like Gerngross and Zwieback also encouraged customers to spend more time in them.

Consumer temple for the common people

It was not only the large stores in the inner city that projected an image with their luxurious fittings and interior designs. Stores in outlying districts like Dichter also used this strategy. The "largest retail store in the outer districts of Vienna," as it advertised itself, was founded in 1890 by Leopold Dichter at Brunnengasse 40 in Ottakring. Walter Arlen, born in 1920, the composer and music critic of the *LA Times*, was the founder's grandson and spent his childhood in the store, which his grandfather had set up deliberately with the working-class clientele of Ottakring in mind. It sold clothes, shoes, ski equipment, fabrics, perfume, kitchenware, school articles, leather goods, and toys—in other words everything for daily requirements—and with several dozen shop windows and a gallery it attracted both regular and occasional customers from the nearby Brunnenmarkt. Leopold Dichter was always looking for ways of presenting his store differently. In 1923 he had loudspeakers installed and played popular music—the forerunner, as it were, of the ubiquitous modern-day muzak.[9] Long before the term was known, "Fräulein Marie" played the DJ, sitting at a gramophone in a niche by the window on the first floor and flipping or changing the records every four and a half minutes.

"For the first time in history consumers began to feel like a group. [...] As a result, the circensian and theatrical element of trade became much more important."[10] The descriptions in Walter Benjamin's *Arcade Project* from 1927 and 1940 could be confirmed by his contemporaries in the major stores, particularly during the Christmas season. Walter Arlen also described the Christmas season as a time in which his family's store was overflowing with people and therefore also remained open on two Sundays, the 'silver and gold shopping Sundays.'"[11] For Jewish businessmen and traders in Vienna in general, Christmas was not only a profitable period but also one in which anti-Semitic animosities became more pronounced—a phenomenon that could be observed throughout the German-speaking world. Anti-Semitic propaganda against stores and their Jewish owners was particularly virulent in the

Außenansicht des Warenhauses Dichter nach dem Umbau durch Phillip Diamandstein
Wien, 1937
Wienbibliothek im Rathaus, Handschriftensammlung, Vorlass Walter Arlen, Inv. Nr. ZPH 1559, Archivbox 5, Nr. 3.11.2.4.2
Dichter department store after remodeling by Phillip Diamandstein
Vienna, 1937

Walter und Edith Aptowitzer mit ihrem Großvater Leopold Dichter vor dem Parlament
Wien, 1930
Wienbibliothek im Rathaus, Handschriftensammlung, Vorlass Walter Arlen, Inv. Nr. ZPH 1559, Archivbox 4, Nr. 3.11.1.1
Walter and Edith Aptowitzer with their grandfather Leopold Dichter in front of the parliament building
Vienna, 1930

Postkarte mit „Herzlichen Krampusgrüßen" des Kaufhauses Diamant Wien, 1930er-Jahre
Slg. JMW, Inv. Nr. 17862
Greeting card from Diamant department store
Vienna, 1930s

Distinktion durch Warenbesitz immer subtiler; die Kaufhäuser trugen durch Barzahlung und fixe Preisgestaltung bzw. -auszeichnung zur Demokratisierung des Konsums bei.[6] Als hedonistische, öffentlich zugängliche Erlebnisräume inszeniert, verkauften Kaufhäuser ihren Kunden Waren auch als Erfahrung, als Sehnsuchtsobjekte: „Man kauft sich nicht nur das, was man *haben* will, sondern auch das, was man *sein* will."[7] Opulent gestaltete Innenräume, in denen die Waren auf Tischen, in Vitrinen und auf Puppen kunstvoll arrangiert waren, sowie Verkäufer und Verkäuferinnen, die nicht nur beratend, sondern auch durch Kostproben und Komplimente zum Kauf anregend agierten, machten die Kaufhäuser zu einem Erlebnisraum, in dem die Konsumentinnen und Konsumenten weniger an die Notwendigkeit des Einkaufs als vielmehr an ein Stück Luxus und Freizeit denken sollten. Der Aufenthalt im Warenhaus sollte als intensive sinnliche Totalerfahrung wahrgenommen werden, die visuell, haptisch, olfaktorisch zum Kauf anregte.[8] Kaffeehäuser in den Geschäften, wie etwa bei Gerngross und Zwieback, trugen zur längeren Verweildauer bei.

Der Konsumtempel der kleinen Leute

Nicht nur die großen Kaufhäuser der Inneren Stadt mit ihrer luxuriösen Ausrichtung setzten allerlei Inszenierungsmittel ein, sondern auch die sogenannten Vorstadtkaufhäuser, wie etwa das Warenhaus Dichter. Das „größte Warenhaus der äußeren Bezirke Wiens", so der hauseigene Werbeslogan, wurde 1890 von Leopold Dichter in der Brunnengasse 40 in Ottakring gegründet. Der bekannte Komponist und Musikkritiker der *LA Times*, Walter Arlen, geboren 1920, verbrachte als Enkel des Firmengründers seine Kindheit im Warenhaus, das von seinem Großvater ganz bewusst auf die Kundschaft im Arbeiterbezirk Ottakring ausgerichtet wurde. Das Warenhaus, das von Kleidern, Schuhen, Ski-Ausrüstung, Stoffen, Parfums, Geschirr, Schulartikeln, Lederwaren und Spielwaren alles für den täglichen Bedarf führte, zog Stamm- und Laufkundschaft vom nahen Brunnenmarkt durch mehrere Dutzend Schaufenster und eine Passage an. Leopold Dichter überlegte sich immer wieder innovative Methoden der Inszenierung. 1923 ließ er im Warenhaus auf verschiedenen Geschoßen Lautsprecher installieren, über die das ganze Haus mit Schlagermusik beschallt wurde – er war damit einer der Wiener Pioniere der bis heute gängigen Musikberieselung in Kaufhäusern.[9] Als DJane avant la lettre fungierte eine Angestellte des Warenhauses, das „Fräulein Marie", die in einer Nische am Fenster im ersten Stock mit einem Grammophonplattenspieler saß und alle viereinhalb Minuten die Platte umdrehte bzw. wechselte.

„Zum ersten Mal in der Geschichte beginnen, mit der Gründung der Warenhäuser, die Konsumenten sich als Masse zu fühlen. [...] Damit steigert sich das circensische und schaustückhafte Element des Handels ganz außerordentlich."[10] Was Walter Benjamin in seinem zwischen 1927 und 1940 entstandenen *Passagen-Werk* beschreibt, ließ sich von seinen Zeitgenossen vor allem rund um die Weihnachtszeit in den großen Warenhäusern besonders deutlich beobachten. Auch Walter Arlen beschreibt die Vorweihnachtszeit als jene Zeit des Jahres, in dem das Warenhaus seiner Familie von Menschen förmlich überzuquellen schien und daher auch an zwei Sonntagen, den soge-

pre-Christmas season. Opponents published articles in newspapers and magazines criticizing the Jews who in their opinion were exploiting the festive mood of their Christian customers for profit with their cheap goods.[12]

Hostility towards Jews

As in Germany, Jewish businessmen in Vienna were the target of anti-Semitic propaganda and hostility decades before the Nazis came to power.[13] German Nationalist newspapers and magazines fulminated against the large Viennese stores like Jacob Rothberger and Ludwig Zwieback. The German Nationalist magazine *Kikeriki* published a poem in 1871 entitled *A Strange Week*: "This week there were only ninety-two suicides. [...] This week only one new minister was appointed. [...] This week Herr Rothberger placed advertisements in only 500 newspapers."[14] In a Vienna council meeting on May 8, 1894, at which building permission for an enlargement of Rothberger's store was on the agenda, councilor Gregorig remarked offensively: "No one is granted a junk license in Vienna any more, but Rothberger is still permitted to sell old clothes."[15] It was sad enough "that at an old German site a Jewish mausoleum of old trousers had been erected."[16] In 1891 in his magazine *Unverfälschte deutsche Worte*, the radical anti-Semite and German Nationalist Georg Heinrich Ritter von Schönerer attacked Ludwig Zwieback, who before opening the large Zwieback lady's wear store at Kärntner Strasse 11, had rented premises in the magnificent new Palais Equitable on Stock-im-Eisen-

Papiersäckchen mit Außenansicht des Warenhauses Dichter Wien, Anfang 20. Jhdt. Wienbibliothek im Rathaus, Handschriftensammlung, Vorlass Walter Arlen, Inv. Nr. ZPH 1559, Archivbox 5, Nr. 3.11.2.4.2 /3
Paper bags with picture of Dichter department store Vienna, early 20th cent.

nannten silbernen und goldenen Einkaufssonntagen, geöffnet wurde.[11] Die Weihnachtszeit war für die jüdischen Unternehmer wie allgemein für den Handel in Wien nicht nur eine profitable Zeit, sondern auch eine Periode, in der sie sich häufig mit vermehrten antisemitischen Anfeindungen konfrontiert sahen – ein Phänomen, das sich im gesamten deutschsprachigen Raum beobachten ließ. Vertreter der antisemitischen Propaganda gegen Warenhäuser und ihre jüdischen Besitzer waren vor Weihnachten besonders aktiv mit ihrer Hetze. In einschlägigen Zeitungen und Zeitschriften agitierten sie gegen Juden, die ihrer Meinung nach mit billigen Waren nur Profit aus der festlichen Stimmung ihrer christlichen Kunden schlagen wollen würden.[12]

Antisemitische Anfeindungen

Wie auch in Deutschland waren die Wiener jüdischen Unternehmer bereits Jahrzehnte vor der Machtübernahme der Nationalsozialisten Zielscheibe antisemitischer Propaganda und Anfeindungen.[13] Deutschnationale Zeitungen und Zeitschriften wetterten gegen die jüdischen Betreiber der großen Wiener Kaufhäuser wie etwa Jacob Rothberger und Ludwig Zwieback. So schrieb das deutschnationale „humoristische Volksblatt" *Kikeriki* im Jahr 1871 in einem Gedicht namens *Eine merkwürdige Woche*: „In dieser Woche sind nur 92 Selbstmorde begangen worden. [...] In dieser Woche ist nur ein neuer Minister ernannt worden. [...] In dieser Woche hat Herr Rothberger nur in 500 Zeitungen Inserate gehabt."[14] In der Wiener Gemeinderatssitzung vom 8. Mai 1894, in der eine Baugrundangelegenheit für den Erweiterungsbau Rothbergers auf der Agenda stand, wurde das Gemeinderatsmitglied Gregorig ausfällig: „Niemand mehr in Wien bekäme eine Trödler-Konzession, Rothberger verkaufe aber noch immer alte Kleider."[15] Es sei traurig genug, „dass an alter deutscher Stätte gegenüber dem Stephansdom sich heute eine Judenburg erheben wird, ein Mausoleum von alten Hosen."[16] Der radikale Antisemit und Deutschnationale Georg Heinrich Ritter von Schönerer schoss sich im Jahr 1891 in seiner Zeitschrift *Unverfälschte deutsche Worte* auf Ludwig Zwieback ein, der sich vor der Eröffnung des großen Damenkonfektionshauses Zwieback auf der Kärntner Straße 11 im prachtvollen, neu errichteten Palais Equitable am Stock-im-Eisen-Platz einmietete. Schönerer warf Zwieback vor, sich um die Miete zu drücken und Handwerker ungerechtfertigterweise zu verklagen. Das jüdische Periodikum *Österreichische Wochenschrift* griff Schönerers publizistische Attacke gegen Zwieback auf und versuchte Gegenargumente anzuführen.[17] Schönerer attestiere, einem gängigen antisemitischen Motiv folgend, dass Zwieback „kleine" Damenschneider durch sein Geschäft zugrunde richte. Die *Wochenschrift* sah Zwieback aber eher als Konkurrenz für das Ausland, denn „es ist doch jedenfalls besser, dass die Leute in Wien kaufen als in Paris".[18] Am Ende des Artikels wird nochmals die Pracht des Geschäftes beschworen und Schönerer karikiert: „Das elektrische Licht in den Prachtgewölben der Firma Zwieback erleuchtet die Straße und die Plätze, aus welcher Vergangenheit und Gegenwart so lebendig zu uns sprechen; ein neidischer Geselle aber schleicht ingrimmig von dannen, um in einer antisemitischen Kneipe seinen Hass zu löschen und – seinen Durst."[19]

Ein weitverbreitetes Motiv der antisemitischen Tiraden gegen jüdische Unternehmer war der Vorwurf, dass sie durch ihre großen

Platz. Schönerer accused Zwieback of having tried to push down the rent and of unjustifiably attacking workers. The Jewish periodical *Österreichische Wochenschrift* responded to Schönerer's attacks.[17] Schönerer claimed, following a typical anti-Semitic argument, that Zwieback's store was ruining "small" dressmaking businesses. The magazine saw Zwieback rather as a competitor for foreign businesses, because "in any case it's better that people shop in Vienna than in Paris."[18] The article ends with acclaim for the magnificence of the building and a caricature of Schönerer: "The electric light in the magnificent dome of Zwieback lights up the street and squares whose past and present speak so powerfully to us; an envious journeyman slips away wrathfully to satisfy his hate—and his thirst—in an anti-Semitic bar."[19]

One common anti-Semitic accusation was the claim that the large stores were destroying the "small" retailers. The statistics for the 1890s in Vienna disprove these anti-Semitic fears. In spite of the rise of the large stores, there was an increase in the total number of retailers.[20] The Social Democrat trade union magazine *Der Handlungsgehilfe* took a more realistic view of the situation in Vienna than the German Nationalist and anti-Semitic agitators: "What we call 'large store' would be considered a small business in Berlin, Paris, or London."[21]

How "Jewish" were the department stores?

In many ways there were no differences whatsoever between "Jewish" and "non-Jewish" stores or "Jewish" and "non-Jewish" entrepreneurs. They all supported the new business idea and had the same problems with the authorities and staff as a result of the new labor situation that these stores produced. As already mentioned, however, Jewish entrepreneurs were a prime target for "anti-store propaganda." It was through these anti-Semitic attacks that the stores became "Jewish" in the first place, as there was nothing specifically Jewish about the goods sold or the outward appearance. Most of the families led an assimilated Jewish life with little contact with religious traditions and the official Jewish Community outside the High Holidays, births, marriages, and funerals. This was also a point of criticism within the Jewish community. The *Wiener jüdische Presse*, the "central organ of law-abiding Judaism," reported on the death of Jacob Rothberger that he had observed neither Shabbat nor the holidays and had fired male Jewish employees who wished to have time off for the Jewish festivals.[22]

It is not known whether the commitment to the Jewish community of other well-known entrepreneurs extended as far as granting Jewish employees time off for Shabbat or Jewish festivals. Julius Krupnik, owner of Modepalais Krupnik at Kaiserstrasse 111–115, was president of the Gemilath Chesed synagogue at Thelemanngasse 6 in Hernals.[23] Jacques and his son Leo Geiringer, who founded and managed the traditional and court-appointed supplier Tuchhaus

Warenhäuser den „kleinen" Einzelhandel zerstören würden. Die statistischen Aufzeichnungen für die 1890er-Jahre in Wien widersprechen diesen antisemitischen Befürchtungen, die Gesamtzahl der Gewerbeinhaber im Detailhandel nahm trotz des Aufstiegs der großen Warenhäuser zu.[20] Das sozialdemokratische Gewerkschaftsblatt *Der Handlungsgehilfe* sah die Wiener Situation im Gegensatz zu den deutschnationalen und antisemitischen Antiwarenhaus-Agitatoren nüchtern: „Was bei uns als ‚Warenhaus' schon angestaunt wird, zählt in gleicher Größe in Berlin und gar in Paris oder London zu den kleinen Betrieben."[21]

Das „Jüdische" an den Kaufhäusern

In vielerlei Hinsicht unterschieden sich „jüdische" und „nicht jüdische" Kaufhäuser sowie „jüdische" und „nicht jüdische" Unternehmer in keiner Weise voneinander. Sie alle waren Verfechter einer neuartigen Geschäftsidee und hatten sich in Hinblick auf die durch die Geschäftsform „Kaufhaus" veränderte Arbeitswelt mit denselben Problematiken mit Behörden und Angestellten auseinanderzusetzen. Wie aber vorangehend geschildert, fungierten jüdische Unternehmer als eine Hauptangriffsfläche für die sogenannte „Anti-Warenhaus-Propaganda". Erst die antisemitischen Anfeindungen machten die Kaufhäuser zu „jüdischen", denn in Hinblick auf das Angebot der Waren und den Auftritt nach außen war nichts spezifisch Jüdisches an den Kaufhäusern. Die meisten der genannten Unternehmerfamilien führten ein assimiliertes jüdisches Leben, das jenseits der hohen Feiertage, Geburten, Hochzeiten und Beerdigungen von wenig Kontakt mit religiösen Traditionen sowie der Israelitischen Kultusgemeinde geprägt war. Dies führte innerhalb der jüdischen Gemeinde durchaus zu Kritik. So wurde in der *Wiener jüdischen Presse*, dem „Zentral-Organ für das gesetzestreue Judenthum", anlässlich des Todes von Jacob Rothberger behauptet, dass er weder den Schabbat noch die Feiertage eingehalten habe und jüdische männliche Angestellte, die Familienväter waren, entlassen habe, weil sie zu den Feiertagen Befreiung vom Dienst verlangten.[22]

Inwieweit sich im Falle eines weiteren bekannten Unternehmers sein Engagement in der jüdischen Gemeinde auch auf den Umgang mit seinen jüdischen Angestellten und Dienstbefreiungen am Schabbat oder an Feiertagen auswirkte, ist leider nicht erhalten: Julius Krupnik, Inhaber des Modepalais Krupnik in der Kaiserstraße 111-115, war Obmann des Vereinsbethauses Gemilath Chesed in der Thelemanngasse 6 in Hernals.[23] Jacques Geiringer und sein Sohn Leo, Gründer und Geschäftsführer des alteingesessenen k.u.k. Hoflieferanten Tuchhaus Silesia im Wiener Textilviertel, engagierten sich in den 1920er- und 1930er-Jahren in der jüdischen Gemeinde ihrer Heimatstadt Jägerndorf (Österreichisch-Schlesien, heute Krnov/Tschechien).[24]

Viele der in dieser Ausstellung präsentierten Unternehmerinnen und Unternehmer räumten ihrer jüdischen Identität im Beruf und im gesellschaftlichen Leben nur wenig Raum ein; nur wenige engagierten sich ganz konkret in der Gemeinde. Über einen Kamm wurden diese vielen unterschiedlicher Lebensentwürfe erst im antisemitischen Diskurs geschoren – in absoluter Zuspitzung mit den Akten der Verfolgung, Enteignung und „Arisierung" durch die Nationalsozialisten im Jahr 1938.

Silesia in the Vienna garment district, were active members of the Jewish community in their hometown Jägerndorf (Austria-Silesia, now Krnov, Czech Republic).[24]

Many of the entrepreneurs presented in this exhibition paid scant attention to their Jewish identity in their professions and social lives. Very few were actively engaged in the community. It was only in the anti-Semitic rants that these different concepts were brought together—culminating in the persecution, expropriation, and Aryanization by the Nazis in 1938.

The garment district—a parallel world with no lasting traces

There is little to recall life in the garment district from the late nineteenth century until 1938. The many small retailers there have been forgotten even more than the flourishing store culture in Vienna at the turn of the century. Over the decades, the Vienna directory *Adolph Lehmann's allgemeiner Wohnungsanzeiger* lists countless businesses in the garment district specializing in textiles, dressmaking accessories, leather goods, shoes, and haberdashery, but in most cases it is impossible to determine whether the owners were Jewish. Only the entries in the administrative files and directory remain as a record of the hundreds of businesses existing in the garment district over the decades.

One exception is Tuchhaus Silesia, both with respect to the surviving traces of the company and the fact that it was

Frühling/Sommer-Katalog des Kaufhauses Krupnik
Wien, 1934
Slg. Claus Jahnke
Krupnik department store spring/summer catalogue
Vienna, 1934

Das Textilviertel – eine Parallelwelt ohne nachhaltige Spuren. Geschichte einer Ausnahme

Wenig erinnert heute noch an das Leben im Textilviertel zwischen dem Ende des 19. Jahrhunderts und 1938. Was für viele Geschäfte der einst blühenden Warenhauskultur in Wien um 1900 gilt – wer kennt in Wien heute noch die Unternehmen von Jacob Rothberger und Ludwig Zwieback oder den Vorgänger des Kaufhauses Steffl, M. Neumann? –, ist umso mehr für die vielen Detailhandelsgeschäfte im Textilviertel der Fall. Das Wiener Adressbuch *Adolph Lehmann's Allgemeiner Wohnungsanzeiger* listet über die Jahrzehnte zwar unzählige Betriebe im Textilviertel auf, die sich auf den Textil-, Schneiderzubehör-, Lederwaren-, Schuhwaren- und Pfaidlereihandel spezialisierten, welche der Händler aber jüdischer Herkunft waren, lässt sich größtenteils nur

the only one of the court-appointed suppliers in the garment district to continue again after the Shoah. It was founded as a wholesale business for fabrics, dressmaking accessories, and finishing in 1889 by Jacques Geiringer and Gustav Reitler in Jägerndorf. A branch was opened in 1903 at Fleischmarkt 20 in Vienna, and it was soon awarded the title of court-appointed supplier. It published an anniversary brochure to mark the sixtieth anniversary of Franz Joseph's accession to the throne. Before World War I the highly successful business, whose representatives and product catalogues were known throughout the Monarchy, moved to its own premises at Vorlaufstrasse 3 in the garment district.

Olly Pordes
Werbeentwurf für den „Dirndl-Rummel" im Kaufhaus Krupnik
Wien, 1930er-Jahre
Slg. JMW, Inv. Nr. 17842
Olly Pordes
Advertisement for dirndl sale in Krupnik department store
Vienna, 1930s

mehr mutmaßen. Von den Hunderten Geschäften, die über die Jahrzehnte im Textilviertel existierten, ist heute nicht mehr als ein Eintrag in Verwaltungsakten und dem Adressbuch übriggeblieben.

Eine Ausnahme stellt das Tuchhaus Silesia dar, sowohl in Hinblick auf erhaltene Zeugnisse über das Unternehmen als auch auf die Tatsache, dass es als einziges Unternehmen der ehemaligen k.u.k. Hoflieferantengeschäfte des Textilviertels auch nach der Schoa wieder seine Geschäfte aufnehmen konnte. Gegründet wurde der Großhandel für Stoffe, Schneiderzubehör und Appretur 1889 von Jacques Geiringer und Gustav Reitler in Jägerndorf. 1903 wurde eine Niederlassung in Wien am Fleischmarkt 20 eröffnet, und bald darauf erlangte das Unternehmen den k.u.k. Hoflieferantentitel. Anlässlich des 60-jährigen Thronjubiläums des Kaisers Franz Joseph gab das Tuchhaus Silesia eine „Jubiläums-Widmungs-Broschüre" heraus. Noch vor dem Ersten Weltkrieg übersiedelte das erfolgreiche Geschäft, das seine Vertreter und Produktkataloge in das gesamte Gebiet der Monarchie versendete, in ein eigenes Haus in der Vorlaufstraße 3 im Textilviertel.

Die k.u.k. Hoflieferanten zwischen Kaiserhaus, Aufbruch in die Moderne und Sommerfrische

Graben 13 lautet seit 1909 die Adresse eines Geschäftes, das wie kaum ein anderes für die Kontinuität der k.u.k. Hoflieferanten vom 19. Jahrhundert bis in die Gegenwart steht: Die Geschichte des Herrenausstatters Knize beginnt 1858 mit der Übersiedlung der Schneiderei von Josef Knize aus dem Textilviertel in ein Geschäft Am Hof 3.[25] 1885 übernahm Albert Wolff vom nicht jüdischen Firmengründer Knize das Geschäft; 1888 erlangte die Firma den k.u.k. Hoftitel. Albert Wolffs Ehefrau Gisela war es schließlich, die das Geschäft unter ihrer Leitung ab 1898 erfolgreich in die Moderne überführte, indem sie die Zusammenarbeit mit den fortschrittlichsten und bedeutendsten kreativen Kräften ihrer Zeit forcierte, wie Adolf Loos, der die Neugestaltung des Portals und Geschäftes zwischen 1910 und 1913 verantwortete, sowie Ernst Deutsch-Dryden, der das Logo der Firma sowie Herrenmodeentwürfe und die Werbelinie des hauseigenen Eau de Toilette gestaltete.[26] Im Geschäftslokal am Graben steht noch heute eine Figur eines Polospielers, die zu einem Markenzeichen der Firma wurde und ursprünglich die Verpackung des Haus-Parfums „Polo Ten" zierte. Das Logo des Polospielers wurde später vom berühmten US-amerikanischen Modedesigner Ralph Lauren als Logo seiner eigenen Marke übernommen.[27] Der Erfolg des Wiener Geschäftes veranlasste die Familie Wolff, die sich 1935 offiziell in Wolff-Knize umbenannte, zur Expansion ins In- und Ausland. Neben Geschäften in den Metropolen Berlin (1927) und Paris (1928) sowie in Prag (1934) wurden auch Filialen in den beliebten Sommerfrischeorten der Wiener Gesellschaft Karlsbad (1921) und Bad Gastein (1937) eröffnet.

Ein paar Häuser weiter, am Graben 8, lag die Adresse des Wäschewarengeschäftes und k.u.k. Hoflieferanten E. Braun & Co., das ebenfalls eine Filiale in Karlsbad führte. Wie viele der erfolgreichen Hoflieferanten verstand das Unternehmen Braun & Co. in seiner Kundschaft Vertreterinnen und Vertreter der Hocharistokratie und Kundinnen und Kunden aus dem gehobenen Bürgertum sowie bekannte Persönlich-

Jubiläums-Widmungs-Broschüre des Tuchhauses Silesia zum 60-jährigen Thronjubiläum des Kaisers Franz Joseph I.
Wien, 1908
Slg. Robert Granger
Tuchhaus Silesia brochure to mark 60th anniversary of the coronation of Emperor Franz Joseph I
Vienna, 1908

Court-appointed suppliers: the emperor, modernism, and summer vacations

The business at Graben 13 has been a court-appointed supplier since 1909 and is an example of the continuity of the system of court-appointed suppliers from the nineteenth century to the present day. The history of Knize men's outfitters began in 1858 when Joseph Knize moved his tailor's shop from the garment district to Am Hof 3.[25] In 1885 Albert Wolff took over the business from the non-Jewish founder Knize. In 1888 it became a court-appointed supplier. Under the management of Albert Wolff's wife Gisela from 1898 it updated its image by working with the most progressive and creative artists of the time, like Adolf Loos, who redesigned the entrance and store between 1910 and 1913, and Ernst Deutsch-Dryden, who designed the company logo as well as men's fashions and the proprietary eau de cologne.[26] In the store on the Graben today there is still the figure of a polo player, which became the company's trademark, originally adorning

Tableau mit Auszeichnungen für den k.u.k. Hofschneider Knize & Comp., u.a. des türkischen Sultans und des persischen Schahs
Wien, 1885
Sammlung Firma Knize
Foto: Sebastian Gansrigler
Panel with awards for court-appointed tailors Knize & Comp., including from the Turkish sultan and the Shah of Persia
Vienna, 1885

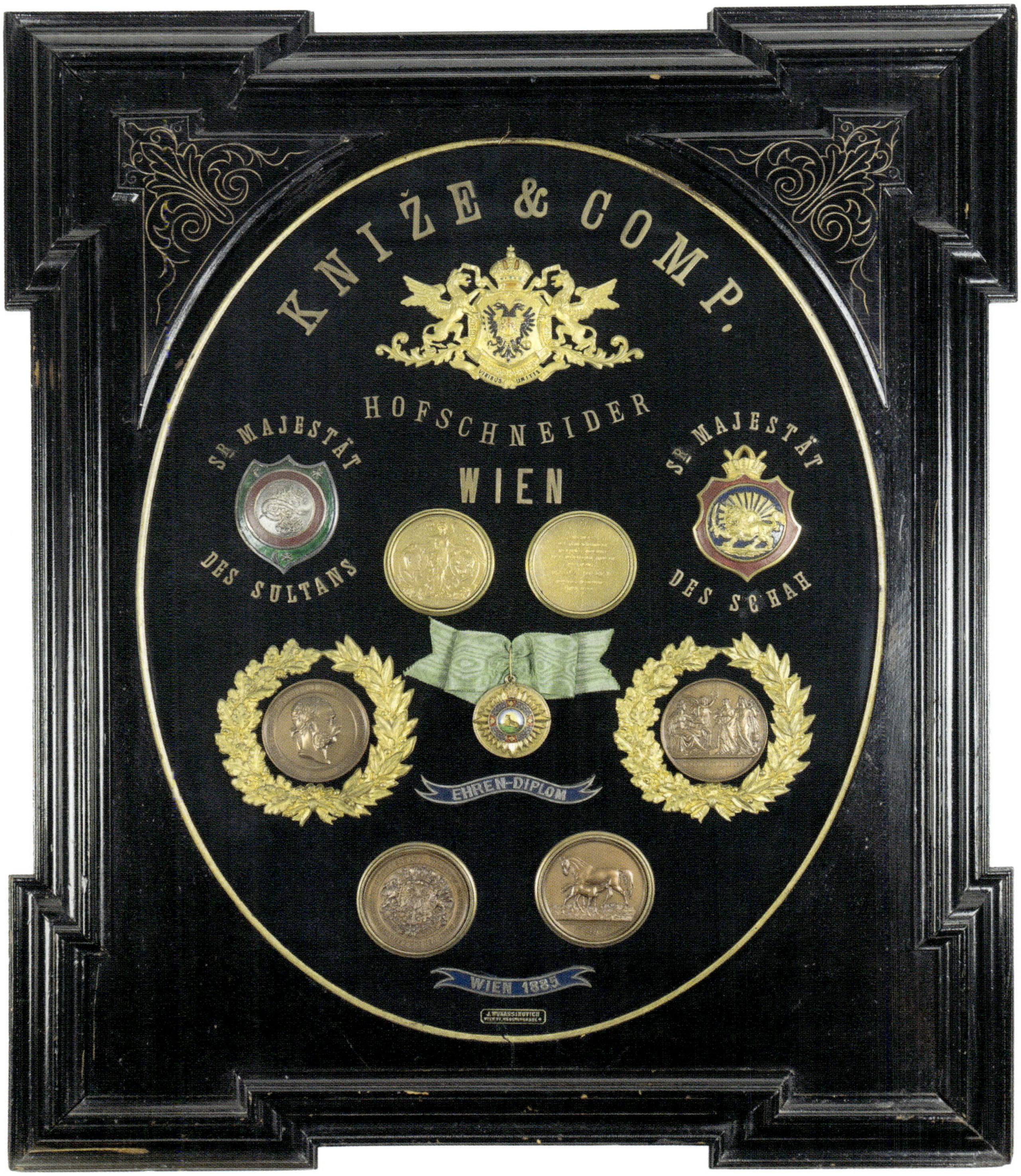

keiten der Gesellschaft zu vereinen. In seinem Hoflieferantengesuch 1899 führte der ursprünglich aus Ungarn stammende Firmengründer Emanuel Braun Kronprinzessin Witwe Erzherzogin Stefanie, Erzherzogin Elisabeth und Fürstin Fürstenberg als Kundinnen an.[28] Das Goldene Gästebuch der Firma, die ab 1926 ihr Sortiment auf Bekleidung, Reiseartikel, Damenhandtaschen, Schmuck, Toiletteartikel, Regenschirme, Golfsportartikel und einiges mehr erweiterte, verzeichnet in seinen Einträgen ab 1928 auch Alma Mahler sowie Richard Strauss, Hansi Niese

the packaging of Polo Ten perfume. The polo player logo was later adopted by the American fashion designer Ralph Lauren.[27] The company's success prompted the Wolff family, officially renamed Wolff-Knize in 1935, to expand in Austria and abroad. Apart from outlets in Berlin (1927), Paris (1928), and Prague (1934), subsidiaries were also opened in popular Viennese society summer vacation resorts like Carlsbad (1921) and Bad Gastein (1937).

Figur eines Poloreiters
aus dem Knize-Geschäft
am Graben in Wien
Wien, Anfang 20. Jhdt.
Sammlung Firma Knize
Foto: Sebastian Gansrigler
Polo player from the
Knize store on Graben
in Vienna
Vienna, early 20th cent.

und andere berühmte Kundinnen und Kunden aus dem In- und Ausland. Bereits 1899 beschäftigte E. Braun über 200 Personen außer Haus. In einem Fotoalbum, das Emanuel Braun zum 60. Geburtstag erhielt, finden sich neben Fotos der privaten Villa und des Geschäftes am Graben auch Aufnahmen der Fabrik mit den Räumlichkeiten der Schneiderei.

Während bei Braun & Co. heute zumindest die Architektur noch an die erfolgreichen Jahrzehnte des Unternehmens erinnert und Knize nach wie vor hochwertige Herrenausstattung liefert, sind zahlreiche der ehemals berühmten jüdischen k.u.k. Hoflieferanten aus dem Textilgewerbe nahezu aus dem Bewusstsein der Stadt verschwunden. G. & E. Spitzer am Kärntner Ring 12, 1869 von Ernestine Spitzer gegründet, galt als erste Adresse für feine Damen- und Hutmode.[29] Ignaz Bittmann begann 1883 vor allem mit Trikotwaren, erlangte aber schließlich hauptsächlich als Kindermoden-Palais Bekanntheit.[30] Bittmann warb mit dem Slogan „Vom Baby bis zur Dame" und konnte mit seinem breiten Angebot nicht nur Kundinnen aus dem Kaiserhaus wie Kronprinzessin Witwe Erzherzogin Stefanie anlocken, sondern sich auch als Ausstatter für das Bürgertum etablieren.

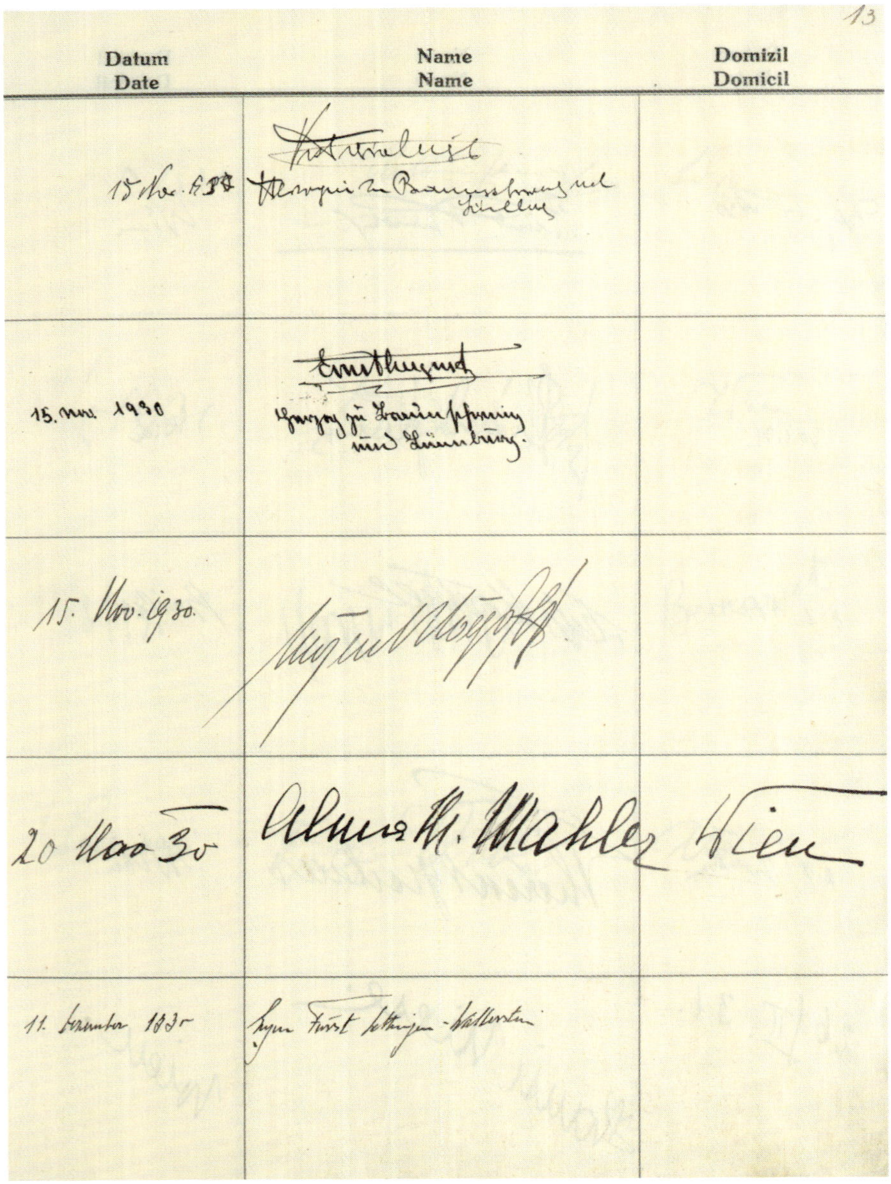

Eintrag von Alma Mahler im Goldenen Gästebuch der Firma Braun & Co.
Wien, 1930
Wienbibliothek im Rathaus, Handschriftensammlung, Sign. H.I.N.-225594
Entry by Alma Mahler in Braun & Co.'s Golden Guest Book
Vienna, 1930

A little further up the street, at Graben 8, was the fine linen store of the court-appointed supplier E. Braun & Co., which also had a branch in Carlsbad. Like many of the successful court-appointed suppliers, Braun & Co. served the aristocracy and upper classes as well as famous celebrities. In its application to the court in 1899, the Hungarian founder Emanuel Braun cited Archduchess Stefanie, Archduchess Elisabeth, and Princess Fürstenberg as customers.[28] The Golden Guestbook of the company, which from 1926 added clothing, travel items, ladies' handbags, jewelry, toiletries, umbrellas, golf articles and more to its range, lists names like Alma Mahler, Richard Strauss, Hansi Niese, and other Austrian and foreign celebrities. In 1899, it already had over two hundred freelance cutters and tailors working for it. A photo album given to Emanuel Braun for his sixtieth birthday contains pictures not only of his private villa and the store on the Graben but also of the factory and tailor's shop.

While the architecture of Braun & Co. still recalls the company's successful history, and Knize is still a high-class men's outfitter, many of the formerly renowned Jewish court-appointed suppliers in the textile sector have disappeared. G. & E. Spitzer at Kärntner Ring 12, founded in 1869 by Ernestine Spitzer, was a top address for fine women's wear and hats.[29] Ignaz Bittmann began in 1883 with knitwear but ultimately became celebrated for its children's fashions.[30] Bittmann's slogan was "From baby to lady," and the store's clientele included not only members of the imperial household like Archduchess Stefanie, but also many middle-class customers.

Change of perspective—department stores as the origins of a new working world

Department stores not only broke down the barriers between social classes but also opened up a variety of new job opportunities, especially for women. The stores required specialists for their interior and exterior design and for the daily running. Their contributions combined to ensure the success of the business. The large, flamboyant display windows were designed to attract customers to enter the store. Window dressing was considered an art, and the job of a window dresser was therefore particularly important. Looking back, it is no coincidence that the Bund der Österreichischen Schaufensterdekorateure (Society of Austrian Window Dressers) published the monthly magazine *Schaufenster und Dekoration* from 1928 to 1932 in the midst of the economic crisis. Especially during times of financial difficulty, particular attention was paid to the presentation of the goods in department stores using innovative design accessories like electric lighting, graphic art, dummies, and theatrical interiors. A 1929 festschrift presents the management of the Bund der Österreichischen Schaufensterdekorateure, all men, including the chief decorator of Teppichhaus Schein, Zwieback

Plakat des Modehauses Ignaz Bittmann
Wien, 1927
Wienbibliothek im Rathaus, Plakatsammlung, Sign. P-22374
Modehaus Ignaz Bittmann poster
Vienna, 1927

Perspektivenwechsel – Kaufhäuser als Geburtsstätte einer neuen Arbeitswelt

Kaufhäuser hoben nicht nur aufseiten der Kundinnen und Kunden Grenzen zwischen gesellschaftlichen Schichten auf, sie eröffneten auch eine Vielzahl neuer Beschäftigungsfelder für Angestellte und Zuarbeiter, neue Berufe entstanden, und Frauen strömten vermehrt in die Erwerbstätigkeit außer Haus. Vom Außenauftritt eines Kaufhauses bis zum alltäglichen Geschäft im Innersten bedurfte es zahlreicher Spezialisten, die alle gemeinsam für den Erfolg des Kaufhauses verantwortlich waren.

Die großen, aufwendig gestalteten Schaufenster der Kaufhäuser hatten die Aufgabe zu erfüllen, die Kunden in das Innere zu locken. Die Dekoration der Schaufenster wurde als Kunst betrachtet, demnach galt der Beruf des Schaufensterdekorateurs als besonders wichtig. Retrospektiv betrachtet erscheint es kaum als Zufall, dass der Bund der Österreichischen Schaufensterdekorateure die monatlich erscheinende Zeitschrift *Schaufenster und Dekoration* in den Jahren 1928–1932, also inmitten der Weltwirtschaftskrise, herausbrachte. Gerade in Krisenzeiten wurde in den Kaufhäusern der Inszenierung von Waren mit innovativen Mitteln der Gestaltung wie etwa durch Einsatz von elektrischen Beleuchtungskörpern, Grafik, Schaufensterpuppen und bühnenähnlichen Kulissenaufbauten spezielles Augenmerk geschenkt. Eine Festschrift aus dem Jahr 1929 stellt die Hauptleitung des Bundes der Österreichischen Schaufensterdekorateure vor, ausschließlich Männer, unter ihnen die Chefdekorateure der Firmen

(7th district), and the Schiffmann brothers.[31] Within this male-dominated world, the career of the Vienna-born designer Ruth Rogers-Altmann at Herzmansky was an exception.[32] Born in 1917 as the daughter of the architect Arnold Karplus, she grew up in a wealthy middle-class Jewish family, who lived until they were forced to emigrate in a villa in Hietzing designed by Adolf Loos. After attending Eugenie Schwarzwald's private school, she enrolled in the Wiener Frauenakademie and ultimately the School of Applied Arts, before obtaining a position, thanks to the intervention of a professor, as window dresser and stylist at Herzmansky. This department store on Mariahilfer Strasse was one of the largest retail textile stores in Vienna and Central Europe at the time. Even today, many Viennese believe that it was a "Jewish" store, like its neighbor Gerngross. Herzmansky was indeed Aryanized in 1938, which would suggest it was Jewish-owned, but it was founded in 1863 by the non-Jewish entrepreneur August Herzmansky. In 1933, when no one from Herzmansky's family wanted or was able to take over the store, it was purchased by the Jewish textile industrialist Max Delfiner. He was much taken with Ruth Karplus's flair for form and color and he hired her as a drawing tutor for his daughter. All this had to be done in secret without the knowledge of Karplus's father, who had forbidden "the daughter of an Oberbaurat [senior building councilor]" from working.[33] After emigrating

Korrespondenzkarte mit Schaufensteransichten des Warenhauses Dichter
Wien, Anfang 20. Jhdt.
Wienbibliothek im Rathaus, Handschriftensammlung, Vorlass Walter Arlen, Inv. Nr. ZPH 1559, Archivbox 5, Nr. 3.11.2.4.2
Correspondence card with view of Dichter department store window
Vienna, early 20th cent.

Teppichhaus Schein, Zwieback (7. Bezirk) und der Brüder Schiffmann.[31] Innerhalb dieses männlich dominierten Berufszweiges stellte die Karriere der gebürtigen Wienerin Ruth Rogers-Altmann als Dekorateurin und Stylistin bei Herzmansky eine Ausnahme dar.[32] 1917 als Tochter des bekannten Architekten Arnold Karplus geboren, wuchs Ruth Rogers-Altmann in einer gutbürgerlichen, wohlhabenden jüdischen Familie auf, die in den Jahren vor ihrer Emigration in einer von Adolf Loos entworfenen Villa in Hietzing lebte. Nach der Schulausbildung in Eugenie Schwarzwalds privater Schule besuchte sie die Wiener Frauenakademie und schließlich die Kunstgewerbeschule, wo sie durch Vermittlung eines Professors Arbeit als Schaufensterdekorateurin und Stylistin bei Herzmansky erhielt. Das Warenhaus Herzmansky auf der Mariahilfer Straße galt zu dieser Zeit als eines der größten Textilkaufhäuser Wiens und Mitteleuropas. Noch heute glauben viele Wienerinnen und Wiener, dass es sich, wie das benachbarte Warenhaus Gerngross, um ein „jüdisches" Kaufhaus handelte. Tatsächlich wurde Herzmansky 1938 arisiert, was auf einen jüdischen Besitz hindeutet. Gegründet wurde das Kaufhaus aber 1863 vom nicht jüdischen Textilkaufmann August Herzmansky. Im Jahr 1933, als niemand aus Herzmanskys Familie das Kaufhaus übernehmen konnte oder wollte, kam es in Besitz des jüdischen Textilindustriellen Max Delfiner. Dieser wiederum war begeistert von Ruth Karplus' Gespür für Formen und Farben und ließ sie seine Tochter im Zeichnen unterrichten. All dies musste heimlich ohne Wissen der Eltern von Ruth Karplus geschehen, da ihr Vater nicht erlaubt hätte, „dass die Tochter des Oberbaurats Karplus" einer Werktätigkeit nachgeht.[33] Nach ihrer Emigration in die USA begann Ruth Rogers-Altmann, selbst begeisterte Skifahrerin, eine erfolgreiche Karriere als Designerin und Konsulentin von Sportbekleidung. 1964 heiratete sie Hans Altmann, Sohn des ebenfalls emigrierten Wiener Textilindustriellen Bernhard Altmann.

Ruth Rogers-Altmanns Karriere ist nur ein Beispiel für die großen Veränderungen innerhalb der Arbeitswelt, die durch die Entstehung der großen Kaufhäuser sowohl in Hinblick auf neue Berufszweige als auch auf Arbeitszeit und Sozialleistungen für Angestellte hervorgerufen wurden. Im Vergleich zu anderen Branchen waren die Arbeitszeitregelung und der Verdienst der Angestellten in großen Kaufhäusern relativ gut. 1910 wurde gesetzlich der Ladenschluss im Handelsgewerbe zwischen 20 und 5 Uhr und eine Mindestruhezeit der Beschäftigten von elf Stunden vorgeschrieben.[34] In den großen Kaufhäusern wie Zwieback, Rothberger und Gerngross war die sozialdemokratische Gewerkschaft stark vertreten.[35] Auch wenn es immer wieder zu Konflikten zwischen Geschäftsführern und Angestellten kam, wurde vonseiten der sozialdemokratischen Organe über die Jahre hinweg auch immer wieder die gute Verhandlungsbasis mit den Vorgesetzten gelobt. Anlässlich des Todes von Alfred Gerngross 1908 findet sich etwa in der *Arbeiter Zeitung* ein Nachruf, in dem positiv hervorgehoben wird, dass er erkannt habe, wie wichtig die Zufriedenheit der Angestellten – an die 800 zu dieser Zeit – für den Erfolg des Geschäftes sei: „So hat er als einer der ersten schon vor der gesetzlichen Anordnung die volle Sonntagsruhe eingeführt und die durchgreifende Reform der Siebenuhrsperre gefördert."[36] 24 Jahre später stieß bei Gerngross eine Kundgebung von kommunistischen Angestellten als Protest gegen die Kün-

to the USA, Ruth Rogers-Altmann, an enthusiastic skier, pursued a successful career as a designer and sports apparel consultant. In 1964 she married Hans Altmann, son of the émigré Viennese textile industrialist Bernhard Altmann.

Ruth Rogers-Altmann's career is just one example of the new professions and the changes in working hours and welfare benefits that the development of the large department stores brought with it. Employees earned relatively well with better hours than in other sectors. In 1910 a law was introduced stipulating that stores must remain closed between 8 p.m. and 5 a.m. and that employees must have at least eleven hours rest between shifts.[34] The Social Democrat union was strongly represented in the large stores like Zwieback, Rothberger, and Gerngross.[35] Despite conflicts between managers and workers, the Social Democrats consistently praised the good relations with management. On the death of Alfred Gerngross in 1908, for example, an obituary was published in the *Arbeiter Zeitung* pointing to his recognition of the need for his staff—there were 800 of them at the time—to be happy: "Even before the new legislation was enacted, he was one of the first to give staff a day off on Sundays and to promote the radical seven o'clock shop-closing reform."[36] Twenty-four years later, a demonstration by Communist employees protesting against the termination of the collective agreement was met with little enthusiasm by the management of the time.[37]

The large fashion stores were reliant for their mass-produced clothes on piece workers, who often teamed up with seamstresses and tailors working from home. In 1866, Rothberger employed sixty outside piece workers; in the store itself there was just one bookkeeper, two cutters, and three sales staff.[38] In the staff photo on the opening of the enlarged building in 1895, there were already 165 employees working in-house.[39] For a long time, the situation of piece workers in Vienna was extremely difficult. They lived and worked in a confined space and had long working hours for little remuneration because of the high fixed costs for material and skilled workers.[40] During the heyday of the Viennese department stores there were often strikes among tailors and textile workers, such as the strike by seamstresses in 1907[41] and the "strike of the 700" in 1893, the first major demonstration by female workers in Austria, when the workers in the finishing factories in Gumpendorf stopped working for three weeks.[42]

The management of some large companies also offered their staff special reductions and leisure activities. Gerngross had a sports club with a highly successful soccer team[43] and a retired employee club.[44] Ella Zirner-Zwieback and her husband Alexander Zirner bought a large wood in Croatia where they intended to build holiday apartments for their staff, although the plan was never implemented.[45] Balls and coffee parties were also very popular. The pleasant working atmosphere, promotion opportunities within the company, good

Ruth Rogers-Altmann
beim Skifahren
o.O., 1946
Courtesy of the Leo Baeck
Institute, New York
Ruth Rogers-Altmann
skiing
n.p., 1946

Ruth Rogers-Altmann vor der Kunstgewerbeschule
Wien, o.J.
Courtesy of the Leo Baeck Institute, New York
Ruth Rogers-Altmann in front of the School
of Applied Arts
Vienna, n.d.

Ruth Rogers-Altmann am Strand
o.O., o.J.
Courtesy of the Leo Baeck Institute, New York
Ruth Rogers-Altmann on the beach
n.p., n.d.

digung des Kollektivvertrags auf wenig Begeisterung bei der damaligen Geschäftsführung.[37]

Die großen Modekaufhäuser waren in der Fertigung ihrer Konfektion auf sogenannte Zwischen- und Stückmeister angewiesen, die die Produktion, häufig mit einigen weiteren Arbeitern, gemeinsam in Heimarbeit erledigten. Rothberger beschäftigte 1866 60 Stückmeister außer Haus; im Geschäft selbst gab es nur einen Buchhalter, zwei Zuschneider und drei Verkäufer.[38] Als Jacob Rothberger anlässlich der Eröffnung des erweiterten Geschäftsgebäudes 1895 ein Tableau mit Fotografien aller Angestellten übergeben wurde, zählten diese bereits 165, wobei wahrscheinlich nur die im Haus tätigen zu sehen sind.[39] Die Lebenssituation der Stückmeister war in Wien lange Zeit äußert schlecht, sie lebten und arbeiteten auf kleinstem Raum, die Arbeitszeiten waren lang und der finanzielle Ertrag aufgrund hoher Fixkosten für Material und Gesellen gering.[40] So kam es in den Jahrzehnten der Blüte der Wiener Kaufhäuser immer wieder zu Streiks innerhalb der zuarbeitenden Schneider- und Textilindustrie-Branche, wie etwa der Streik der Damenschneider im Jahr 1907[41] und der in die Geschichte der Frauenbewegung als erster großer Arbeiterinnenstreik Österreichs eingegangene „Streik der 700" im Jahr 1893, bei der Arbeiterinnen der Appreturfabriken in Gumpendorf für drei Wochen ihre Arbeit niederlegten.[42]

Für ihre Angestellten boten die Geschäftsleitungen mancher großer Häuser aber auch Vergünstigungen und Angebote für die Freizeitgestaltung. Gerngross unterhielt zum Beispiel einen Sportklub, dessen Fußballmannschaft Erfolge feierte,[43] sowie eine „Alt-Rentner Kameradschaft der ehemaligen Angestellten".[44] Ella Zirner-Zwieback und ihr Mann Alexander Zirner kauften eine große Waldfläche in Kroatien, auf der sie Ferienwohnanlagen für ihre Angestellten erbauen wollten; dieser Plan wurde aber nie umgesetzt.[45] Auch Ballveranstaltungen und Kränzchen erfreuten sich bei den Belegschaften der Kaufhäuser großer Beliebtheit. Das gute Arbeitsklima, Aufstiegschancen innerhalb des Betriebs, Zufriedenheit mit der Entlohnung und Sozialleistungen vonseiten der Geschäftsführung schlugen sich bei Jacob Rothberger in langen Beschäftigungsverhältnissen nieder.[46] Einige Angestellte legten zum Zweck der besseren Verzinsung sogar Kapital in Höhe von insgesamt 26.200 Gulden ein, was auf ein hohes Vertrauen in den Arbeitgeber hindeutet.[47]

Verkäuferin – Kundin – Unternehmerin: Das Kaufhaus als Ort der Normierung und Emanzipation von Frauen

Auch in Wien boten die Kaufhäuser für Frauen im Verkauf ein völlig neues Beschäftigungsfeld. Die damit verbundene Emanzipation wurde aber von antisemitischen Autoren und Politikern ins Gegenteil verdreht. So wurde in antisemitischen Pamphleten häufig die Tätigkeit der Verkäuferin mit der einer Prostituierten gleichgesetzt. Besonders beliebt bei antisemitischen Autoren war die Figur des jüdischen Besitzers, der dafür verantwortlich sei, dass Verkäuferinnen ausgebeutet und zu einem Konsumobjekt degradiert werden.[48] Besitzern wurde vorgeworfen, Beziehungen zu Verkäuferinnen zu unterhalten oder sie zur Prostitution anzustiften. Derartige Vorwürfe finden sich auch aufseiten der Arbeitervertreter, wie ein Artikel in der *Arbeiter Zeitung* über eine

pay and welfare benefits by the management at Rothberger also fostered staff loyalty.[46] Some employees invested capital amounting to a total of 26,200 guilders so as to achieve a higher interest rate and as an indication of their faith in their employers.[47]

Women as sales staff, customers, and managers: the department store and female emancipation

The department stores in Vienna offered saleswomen completely new job opportunities, but the emancipation they achieved in this way was criticized by anti-Semitic authors and politicians. Anti-Semitic pamphlets frequently likened the work of saleswomen to prostitution. Anti-Semitic authors were particularly fond of using the image of the Jewish owner exploiting his female staff and turning them into consumer

Damenspende des Kränzchens der Angestellten des Kaufhauses Gerngross
Wien, 1910
Slg. Ariel Muzicant, Inv. Nr. AM 3971
Foto: David Peters
Ball gift given to women guests attending an event organized by Gerngross staff
Vienna, 1910

Kleid für eine Zofe aus der Maison Zwieback
Wien, 1920er-Jahre
Slg. JMW, Inv. Nr. 25730
Foto: Sebastian Gansrigler
Servant's dress from Maison Zwieback
Vienna, 1920s

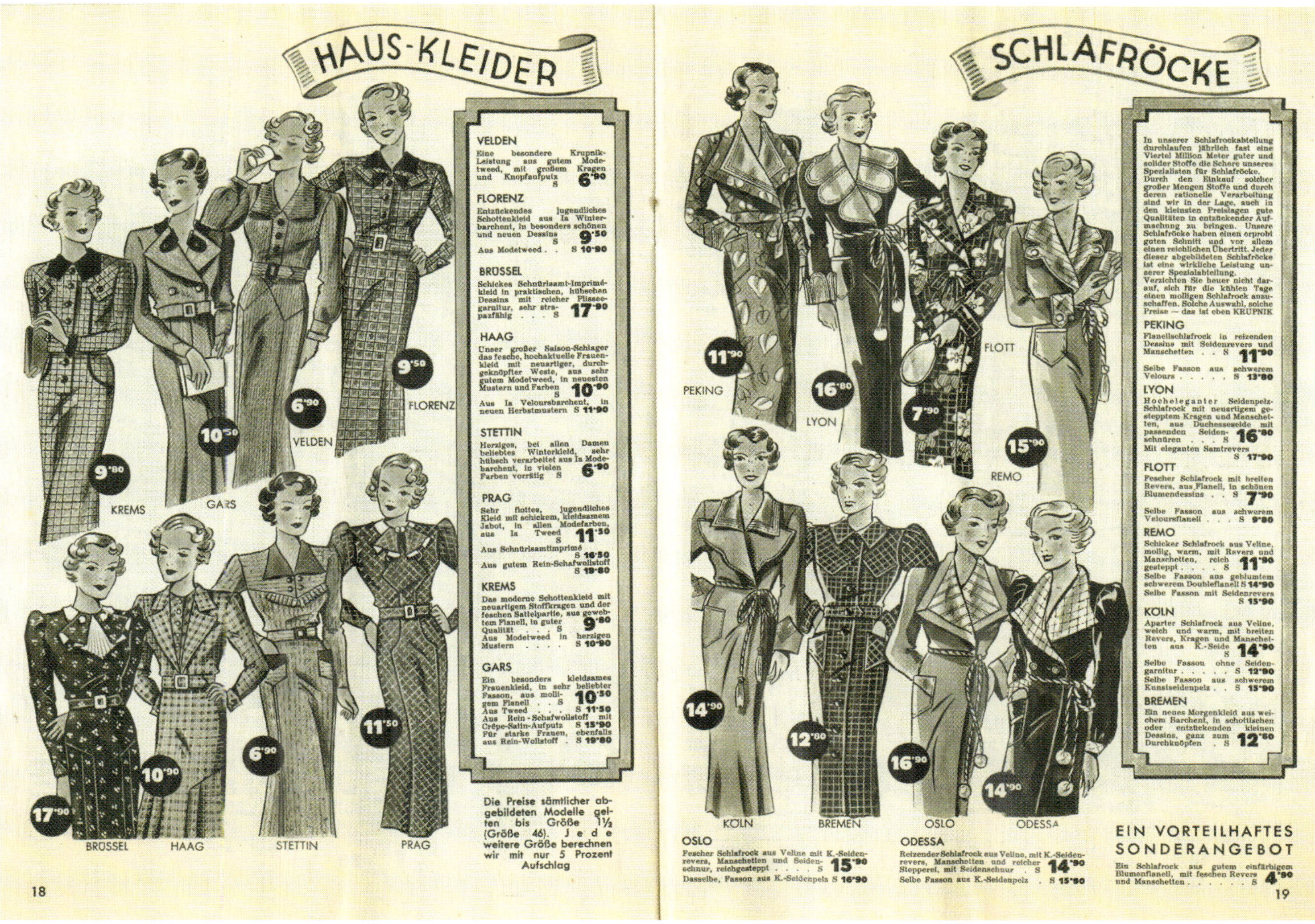

HAUS-KLEIDER

VELDEN
Eine besondere Krupnik-Leistung aus gutem Modetweed, mit großem Kragen und Knopfaufputz S 6'90

FLORENZ
Entzückendes jugendliches Schottenkleid aus Ia Winterbarchent, in besonders schönen und neuen Dessins S 9'50
Aus Modetweed . . S 10'90

BRÜSSEL
Schickes Schnürlsamt-Imprimékleid in praktischen, hübschen Dessins mit reicher Plisseegarnitur, sehr strapazfähig . . . S 17'90

HAAG
Unser großer Saison-Schlager das fesche, hochaktuelle Frauenkleid mit neuartiger, durchgeknöpfter Weste, aus sehr gutem Modetweed, in neuesten Mustern und Farben S 10'90
Aus Ia Veloursbarchent, in neuen Herbstmustern S 11'90

STETTIN
Herziges, bei allen Damen beliebtes Winterkleid, sehr hübsch verarbeitet aus Ia Modebarchent, in vielen Farben vorrätig S 6'90

PRAG
Sehr flottes, jugendliches Kleid mit schickem, kleidsamem Jabot, in allen Modefarben, aus Ia Tweed S 11'30
Aus Schnürlsamtimprimé S 16'50
Aus gutem Rein-Schafwollstoff S 19'80

KREMS
Das moderne Schottenkleid mit neuartigem Stoffkragen und der feschen Sattelpartie, aus gewebtem Flanell, in guter Qualität . . . S 9'80
Aus Modetweed in herzigen Mustern . . . . S 10'90

GARS
Ein besonders kleidsames Frauenkleid, in sehr beliebter Fasson, aus molligem Flanell . . S 10'50
Aus Tweed . . . S 11'50
Aus Rein-Schafwollstoff mit Crêpe-Satin-Aufputz S 15'90
Für starke Frauen, ebenfalls aus Rein-Wollstoff . S 19'80

Die Preise sämtlicher abgebildeten Modelle gelten bis Größe 1½ (Größe 46). Jede weitere Größe berechnen wir mit nur 5 Prozent Aufschlag

KREMS GARS VELDEN FLORENZ BRÜSSEL HAAG STETTIN PRAG

18

SCHLAFRÖCKE

In unserer Schlafrockabteilung durchlaufen jährlich fast eine Viertel Million Meter guter und solider Stoffe die Schere unseres Spezialisten für Schlafröcke.
Durch den Einkauf solcher großer Mengen Stoffe und durch deren rationelle Verarbeitung sind wir in der Lage, auch in den kleinsten Preislagen gute Qualitäten in entzückender Aufmachung zu bringen. Unsere Schlafröcke haben einen erprobt guten Schnitt und vor allem einen reichlichen Übertritt. Jeder dieser abgebildeten Schlafröcke ist eine wirkliche Leistung unserer Spezialabteilung.
Verzichten Sie heuer nicht darauf, sich für die kühlen Tage einen molligen Schlafrock anzuschaffen. Solche Auswahl, solche Preise — das ist eben KRUPNIK

PEKING
Flanellschlafrock in reizenden Dessins mit Seidenrevers und Manschetten . . S 11'90
Selbe Fasson aus schwerem Velours . . . . . . S 13'80

LYON
Hocheleganter Seidenpelz-Schlafrock mit neuartigem gesteppten Kragen und Manschetten, aus Duchesseseide mit passenden Seidenschnüren . . . S 16'80
Mit eleganten Samtrevers S 17'90

FLOTT
Fescher Schlafrock mit breiten Revers, aus Flanell, in schönen Blumendessins . . S 7'90
Selbe Fasson aus schwerem Veloursflanell . . . S 9'80

REMO
Schicker Schlafrock aus Veline, mollig, warm, mit Revers und Manschetten, reich gesteppt . . . . S 11'90
Selbe Fasson aus geblumtem schwerem Doubleflanell S 14'90
Selbe Fasson mit Seidenrevers S 15'90

KÖLN
Aparter Schlafrock aus Veline, weich und warm, mit breiten Revers, Kragen und Manschetten aus K.-Seide S 14'90
Selbe Fasson ohne Seidengarnitur . . . . . S 12'90
Selbe Fasson aus schwerem Kunstseidenpelz . . S 15'90

BREMEN
Ein neues Morgenkleid aus weichem Barchent, in schottischen oder entzückenden kleinen Dessins, ganz zum Durchknöpfen . S 12'60

PEKING LYON FLOTT REMO KÖLN BREMEN OSLO ODESSA

OSLO
Fescher Schlafrock aus Veline mit K.-Seidenrevers, Manschetten und Seidenschnur, reichgesteppt . . . . S 15'90
Dasselbe, Fasson aus K.-Seidenpelz S 16'90

ODESSA
Reizender Schlafrock aus Veline, mit K.-Seidenrevers, Manschetten und reicher Stepperei, mit Seidenschnur . S 14'90
Selbe Fasson aus K.-Seidenpelz . S 15'90

EIN VORTEILHAFTES SONDERANGEBOT
Ein Schlafrock aus gutem einfärbigem Blumenflanell, mit feschen Revers und Manschetten . . . . . . S 4'90

19

Hauskleider und Schlafröcke
aus dem Herbst/Winter-
Katalog des Kaufhauses Krupnik
Wien, 1936/37
Slg. Claus Jahnke
Morning dresses and dressing gowns
from the Krupnik department store
fall/winter catalogue
Vienna, 1936/37

Olly Pordes
Werbeentwurf für Bademode des
Kaufhauses Krupnik
Wien, 1930er-Jahre
Slg. JMW, Inv. Nr. 17840
Olly Pordes
Advertisement for bathing fashions in
Krupnik department store
Vienna, 1930s

Ella Zirner-Zwieback an ihrem Schreibtisch
Wien, um 1927
Bildarchiv der Österreichischen Nationalbibliothek, Sign. A 244
Ella Zirner-Zwieback at her desk
Vienna, c. 1927

Angestelltenversammlung 1907 in Bezug auf die Geschäftsleitung von Gerngross zeigt, der vorgeworfen wird, „dass man weiblichen Angestellten unter Augenzwinkern zu verstehe gegeben hat, dass man ja nach 8 Uhr ‚nebenbei' etwas ‚verdienen' könne (...)".[49] Die Figur der Schaufensterpuppe verdeutlicht die schmale Grenze zwischen Emanzipation der Frau und ihrer Sexualisierung und Objektivierung. Im Roman des schwedischen Autors Sigfrid Siwertz *Das große Warenhaus* aus dem Jahr 1926 verliebt sich ein Schaufensterdekorateur in eine Wienerin, die er heiratet. Nach einiger Zeit bemerkt er, dass seine Frau Modell für seine liebsten Schaufensterpuppen, die in Wien produziert wurden, gestanden ist; die Trennung zwischen Puppe und Frau als Objekt der Begierde verschwimmt.[50] Frauen waren in Kaufhäusern aber nicht nur Objekte der Betrachtung, sondern konnten sich durch Teilhabe am öffentlichen Leben auch einen Raum erobern, in dem sie ganz bewusst hinschauen durften.[51] Vor allem auch Frauen des Kleinbürgertums konnten in den Kaufhäusern als Flaneurinnen dem Alltagsleben ein Stück weit entkommen. Trotz dieses emanzipatorischen Elements waren die Kaufhäuser aber auch ein Ort der Normierung, in dem bestimmte Schönheitsideale geformt und gewisse „Räume" und „Tätigkeiten" als weiblich konnotiert wurden, sowohl für Verkäuferinnen und Kundinnen als auch für die Frauen innerhalb der Unternehmerfamilien.

Aufseiten der Unternehmerfamilien wurden die großen Kaufhäuser von Männern dominiert. Während es bei den k.u.k. Hoflieferanten, zwar in der Minderheit, aber doch einige erfolgreiche Geschäftsführerinnen wie Mathilde Bosser und Ernestine Spitzer gab, fanden sich die Kaufhäuser für lange Zeit in der Hand der männlichen Vertreter

objects.[48] Owners were accused of having relationships with sales girls or encouraging them to prostitute themselves. Workers' representatives also made similar accusations, as in a report in the *Arbeiter Zeitung* of a staff meeting in 1907 about the management of Gerngross, which states "that female staff were given to understand with a wink that they could earn something 'on the side' after 8 p.m.'[49] The window dummy exemplified the thin line between the emancipation of women and their sexualization and objectification. In the 1926 novel *Det stora varuhuset* (The Department Store) by the Swedish writer Sigfrid Siwertz, a window dresser falls in love with a Viennese woman, whom he marries. After a time he notes that his wife was the model for his favorite dummies made in Vienna. The distinction between the dummy and the woman as an object of desire becomes blurred.[50] Department stores not only turned some women into show objects, however, but also gave them an opportunity to participate in public life.[51] Women from the lower classes in particular could escape from the drudgery of their daily lives by visiting these stores. In spite of this emancipatory element, department stores were also a place where standard ideas of beauty were formed and certain "spaces" and "activities" connoted as feminine both for saleswomen and customers as well as female members of the proprietor families.

It was men who dominated the management of the department stores. Although there had been a small number

Handgewebter Mantel
der Maison Zwieback
Wien, 1920er-Jahre
Slg. Claus Jahnke
Foto: Roz McNulty
Handwoven coat from
Maison Zwieback
Vienna, 1920s

der Unternehmerfamilien. Jacob Rothberg hatte zwölf Kinder, davon sechs Töchter, in das Geschäft traten aber nur die Söhne Moritz, Heinrich und Alfred ein. Eine äußerst erfolgreiche Ausnahme in dieser Männerdomäne stellte Ella Zirner-Zwieback (1878–1970) dar. Nach dem Tod ihres Vaters Ludwig übernahm Ella 1906 das Geschäft auf der Kärntner Straße. Unter ihrer Führung wurde die Maison Zwieback zum Inbegriff für noble, mondäne Kleidung und Accessoires nach dem neuesten Stand der Mode à la parisienne. So schrieb etwa Ludwig Hirschfeld über Ella Zirner-Zwieback in seinem Wien-Reiseführer aus dem Jahr 1927: „Die Linien und Farben, die ein großer Teil der Wiener Frauen trägt, sind eigentlich von ihr angegeben."[52] An selber Stelle nennt Hirschfeld sie eine „eigenartige Wiener Frauengestalt, international orientiert, vollendete Dame der Gesellschaft und tüchtige Geschäftsfrau mit Ehrgeiz und Geschmack". Ella Zirner-Zwieback, seit dem Jahr 1899 mit Alexander Zirner aus der bekannten Juweliersfamilie verheiratet, war nicht nur eine berühmte Dame der Wiener Gesellschaft, sondern auch von einem Hauch des Skandals umweht, was jedoch ihrer Karriere als Geschäftsfrau keinen Abbruch tat. Ella lernte als Klavierstudentin am Wiener Konservatorium den Pianisten und Komponisten Franz Schmidt kennen und lieben, der ihr seine erste Oper, *Notre Dame,* widmete. Trotz ihrer Heirat mit Alexander Zirner führte sie mehr oder weniger heimlich eine musikalische und romantische Beziehung mit dem Musiker weiter. Dass Franz Schmidt, der nach dem „Anschluss" 1938 von den Nationalsozialisten gefördert wurde, sein leiblicher Vater ist, fand Ludwig Zirner, Ellas zweiter, 1906 geborener Sohn, erst Jahrzehnte später in der Emigration in den USA heraus. Ella Zirner-Zwieback agierte durch und durch als emanzipierte Frau, sowohl privat und beruflich als auch in ihrem gesellschaftlichen Engagement. Neben zahlreichen Wohltätigkeitsorganisationen, die sie unterstützte, stand sie ab 1936 der Damenfußballunion in Wien als Präsidentin vor.[53] Ihr emanzipiertes Auftreten stieß, kaum erstaunlich, bei Männern nicht nur auf Wohlwollen. Das Ensemble der handelnden Figuren in Hugo Bettauers berühmtem Roman *Die Stadt ohne Juden. Ein Roman von Übermorgen* aus dem Jahr 1922 basiert auf realen Wiener Vorbildern, keine einzige Person tritt jedoch mit ihrem echten Namen auf – mit Ausnahme von Ella Zirner-Zwieback. Sie tritt als eine Art diskursive Figur auf, die sinnbildlich als Autorität für Eleganz und großstädtischen Habitus steht.[54] Im Roman schreitet Wilhelm Habietnik, einst erster Verkäufer in der Damenabteilung von Zwieback und nunmehr, nach der Ausweisung aller Juden aus Wien, Besitzer des Geschäftes, durch die Verkaufsräume. Auf den Ratschlag des Prokuristen, dass der eingebrochene Verkauf durch Flanell und Loden angekurbelt werden könnte, bekommt Habietnik einen Lachkrampf: „Flanell und Loden – die große Pariser Mode!! Sie, wenn das die Frau Ella Zwieback, die jetzt in Brüssel lebt, erfährt, so glaubt sie, dass wir in Wien alle zusammen verrückt geworden sind!"[55]

Ella Zirner-Zwieback ließ sich von männlicher Kritik nicht einschüchtern und führte das Geschäft zielstrebig und mit Strenge, die auch vor der eigenen Familie nicht Halt machte – der Sohn Ludwig musste seine Mutter wie jeder andere Angestellte während der Dienstzeit mit „Sie" anreden.[56] Die *Rote Fahne*, das Zentralorgan der Kommunistischen Partei Österreichs, wusste 1927 von einer Klage zu be-

of women managers, like Mathilde Bosser or Ernestine Spitzer among the court-appointed retailers, for a long time the department stores were in the hands of the male members of the owners' families. Jacob Rothberg had twelve children including six daughters but only the sons Moritz, Heinrich, and Alfred were involved in the business. One extremely successful exception to this male-dominated domain was Ella Zirner-Zwieback (1878–1970). After the death of her father Ludwig in 1906, she took over the store on Kärntner Strasse. Under her management, Maison Zwieback became synonymous with elegant, cosmopolitan clothing and accessories reflecting the latest Paris fashions. In his 1927 Vienna travel guide, for example, Ludwig Hirschfeld wrote of her: "The lines and colors that many Viennese women wear are in fact dictated by her."[52] He describes her as a "distinctive female figure, with international orientation, a complete society lady and hardworking businesswoman with ambition and taste." In 1899 she had married Alexander Zirner from a well-known jeweler's family. She was not only prominent in Viennese society but also touched by scandal, which did not, however, affect her career as a businesswoman. While studying piano at the Vienna Conservatory, she met and fell in love with the pianist and composer Franz Schmidt, who dedicated his first opera, *Notre Dame*, to her. In spite of her marriage to Alexander Zirner, she continued a more or less clandestine musical and amorous relationship with Schmidt. Ludwig Zirner, Ella's second son, born in 1906 discovered only decades later after his emigration to the USA that Franz Schmidt, who found favor with the Nazis after the "annexation" of Austria in 1938, was his biological father. Ella Zirner-Zwieback was an emancipated woman, not only in her private and professional life, but also with regard to her social commitment. Apart from supporting numerous welfare organizations, she was president of the Women's Football Union in Vienna from 1936 onwards.[53] It is hardly surprising that her confident emancipated appearance was sometimes frowned upon by men. The characters in Hugo Bettauer's 1922 novel *Die Stadt ohne Juden* (The City Without Jews) are based on real persons but with changed names—except for Ella Zirner-Zwieback. She is a kind of discursive figure and symbol of elegance and urbanity.[54] In the novel, Wilhelm Habietnik, formerly head of the women's department of Zwieback and now, after the expulsion of the Jews from Vienna, owner of the store, strides through the salesrooms. When the company secretary suggests that he could try to boost sales with flannel and loden, he bursts out laughing: "Flannel and loden—I'm sure they are all the rage in Paris! If Ella Zwieback in Brussels hears of this, she'll think we've all gone mad!"[55]

Ella Zirner-Zwieback was not intimidated by male criticism and managed the business ambitiously and with a discipline that applied even to her own family. Like every other

Ella Zirner-Zwieback
mit ihrem Sohn Ludwig
und Freunden
o.O., o.J.
Slg. August Zirner
Ella Zirner-Zwieback
with her son Ludwig and
friends
n.p., n.d.

richten, die der Sohn (es wird kein Vorname angegeben) gegen seine Mutter Ella Zirner-Zwieback einreichte, in der er tausend Schilling Unterhalt monatlich verlangte, da er nach dem Tod seines Vaters nicht als Gesellschafter in die Firma eintreten durfte und keinen Beruf gelernt habe.[57] Ella Zirner-Zwieback wendete dagegen ein, „dass ihr Sohn von der Firma täglich zwanzig Schilling bekomme und ihm auch die freie Verköstigung zur Verfügung stehe".[58]

Trotz der Popularität des Geschäftes begannen im Hintergrund bereits Mitte der 1920er-Jahre finanzielle Probleme dem Unternehmen zuzusetzen.

Die Weltwirtschaftskrise schlägt in der Wiener Geschäftskultur ein

Die Plakate der Maison Zwieback aus der Zeit der Weltwirtschaftskrise rund um 1930 lassen erahnen, dass sich die Zeiten geändert hatten. Sie zielen nicht mehr auf Luxus und Exklusivität, sondern werben für günstige Preise und versuchen so, eine breitere Klientel anzusprechen. „Wer mit jedem Groschen rechnen muss, kauft jetzt am billigsten beim Saison-Schlussverkauf bei Zwieback", wirbt ein Plakat aus dem Jahr 1930. Im Frühling und Sommer 1930 berichteten die Zeitungen in Wien vom Insolvenzverfahren der Firma Zwieback, ein Ereignis, das für viele kaum vorstellbar war. Die *Wiener Sonn- und Montags-Zeitung* vom 5. Mai 1930 widmete dem drohenden Konkurs der Firma fast eine ganze Seite. Dabei wurde auf einen aufgekündigten Kredit und finanzielle Probleme seit Mitte der 1920er-Jahre hingewiesen. Besondere Empathie bringt der Artikel dem Schicksal Ella Zirner-Zwiebacks entgegen, die krank in ihrer Villa in Mauer darniederliege: „Es ist erschütternd, zu sehen, wie diese bewundernswerte Frau das Geschick ihres Geschäftes zu dem ihren gemacht hat, wie sie unter dem Zusammenbruch seelisch und körperlich leidet."[59] Ella Zirner-Zwieback betont in ihrer Stellungnahme der Zeitung gegenüber, dass sie stets gute Qualität für günstige Preise in ihrem Kaufhaus verkaufen wollte – und drückt damit eine Unternehmerstrategie aus, die in Krisenzeiten angemessener erschien als jene, die auf eine Luxusklientel setzte: „Ich habe mich immer bemüht, aus dem Haus eine einzigartige Stätte der Mode und der praktischen Kleidung zu machen. Es sollte ein Haus der Frau sein, in dem sie alles finden konnte, elegant und doch billig. Mir hat niemals ein teures Modell imponiert, ich habe Wert darauf gelegt, billige Kleider so herzustellen, dass jede Dame es tragen kann."[60] Der Konkurs des Kaufhauses Zwieback konnte schließlich abgewendet werden, das Geschäft blieb bis zur „Arisierung" 1938 in Familienbesitz.

Das Kaufhaus Gerngross verwendete in den 1930er-Jahren als Werbeslogan „Trotz Billigkeit Qualitätswaren". Im Gegensatz zu den großen Kaufhäusern der Inneren Stadt setzten die Vorstadtkaufhäuser wie Dichter immer schon auf günstige Waren. Walter Arlen erinnert sich an die Geschäftsstrategie seines Großvaters Leopold Dichter: „Mein Großvater hat immer gesagt: ‚Wenn man billig ist, verkauft man mehr. Wenn man teuer ist, verkauft man nix!'"[61] Leopold Dichter führte daher für sein Geschäft die „3%-Regel" ein, wonach mit den Artikeln nur 3% Profit gemacht werden durfte, damit die Preise günstig blieben.

In der Inneren Stadt überlebten viele Geschäfte die Zeit der Wirtschaftskrise nicht: Zahlreiche der jüdischen k.u.k. Hoflieferanten im

employee, her son Ludwig had to address her by the courteous "Sie" form during working hours.[56] *Die Rote Fahne*, the mouthpiece of the Communist Party of Austria, reported on an action brought by one of Zirner-Zwieback's sons (no first name is given) in 1927 in which he claimed 1,000 schilling monthly allowance as he had not been made a partner in the company after his father's death and had not learned a profession.[57] His mother countered by saying "that her son received 20 schillings a day from the company and also free food."[58]

In spite of the store's popularity, by the mid-1920s it was already beginning to run into financial difficulties.

The world economic crisis and its impact on Vienna's store culture

The Maison Zwieback posters from the time of the world economic crisis in the early 1930s give an indication of the changed times. They no longer advertise luxury and exclusivity but instead low prices in an attempt to reach a wider clientele. "If you have to count every penny, come to the seasonal sales at Zwieback," says one poster from 1930. In spring and summer 1930 the newspapers in Vienna reported on insolvency proceedings against Zwieback, a state of affairs that few people would have thought possible. The *Wiener Sonn- und Montags-Zeitung* of May 5, 1930, devoted almost an entire page to the threatened bankruptcy of the company, referring to a loan that had been called in and the financial problems that had existed since the mid-1920s. The article is particularly sympathetic towards Ella Zirner-Zwieback, who was lying sick in her villa in Mauer: "It is terrible to see the emotional and physical suffering of this admirable woman, at the decline of the business she has managed so skillfully."[59] In her comments to the newspaper, she reaffirmed that she had always sought to sell good quality at low prices, reflecting a business strategy that appeared more suited for crisis periods than one that banked on luxury: "I have always striven to make the store into a unique location for fashion and practical clothing, a store for women in which they can find everything, elegant but reasonably priced. I have never been impressed by an expensive model but have focused on making affordable clothing that all women can wear."[60] Zwieback was able to avoid bankruptcy and remained in family ownership until it was Aryanized in 1938.

In the 1930s, Gerngross advertised with the slogan "Quality at an affordable price." Unlike the large department stores in the inner city, outlying stores like Dichter had always had cheaper goods. Walter Arlen recalls the business strategy of his grandfather Leopold Dichter: "My grandfather always used to say: 'If you are cheap, you sell more. If you are expensive, you sell nothing!'"[61] Dichter introduced a "3% rule" by which goods should have only a 3 percent mark-up to ensure that prices remained low.

Plakat der Maison Zwieback
Wien, 1930
Wienbibliothek im Rathaus, Plakatsammlung, Sign. P-229295
Maison Zwieback poster
Vienna, 1930

Textilgewerbe mussten ihre Läden Ende der 1920er- bzw. Anfang der 1930er-Jahre schließen: Mathilde Bosser, Brachfeld & Cie, Armin Dröhlich, Goldman & Salatsch, Heilmann Kohn & Söhne, Koppel & Pollak, G. & E. Spitzer und Ignaz & Amalia Stern. Ihnen fehlten entweder die Nachfolger oder diese konnten das Geschäft nicht mehr profitabel führen.

1 Gerhard MEISSL: Altväterisches oder modernes Wien? Zur Diskussion um die Warenhäuser und die Warenhaussteuer in Wien zwischen 1890 und 1914, in: Andreas LEHNE (Hrsg.): Wiener Warenhäuser 1865–1914, Wien 1990, S. 62.
2 Arbeiter-Zeitung vom 24.04.1896, S. 113.
3 Wiener Luft, Beiblatt zum Figaro vom 31.03.1888.
4 Wiener Zeitung vom 21.11.1888, S. 5.
5 Ludwig HIRSCHFELD: Das Buch von Wien, München 1927, S. 191.
6 Vgl. Uwe LINDEMANN: Das Warenhaus. Schauplatz der Moderne, Köln u.a. 2015, S. 32.
7 Ebenda, S. 82.
8 Ebenda, S. 133.
9 Interviews mit Walter Arlen im Jüdischen Museum Wien am 25.10. und am 03.11.2016.
10 Walter BENJAMIN: Das Passagen-Werk, Frankfurt am Main 1983, S. 93.
11 Interviews mit Walter Arlen im Jüdischen Museum Wien am 25.10. und am 03.11.2016.
12 Paul LERNER: The Consuming Temple. Jews, Department Stores, and the Consumer Revolution in Germany, 1880–1940, Ithaca und London 2015, S. 53.
13 Siehe dazu den Artikel von Thomas LENZ in diesem Katalog.
14 Kikeriki Nr. 19 vom 08.05.1871, S. 3.
15 Zitiert nach MEISSL, Wien 1990, S. 93.
16 Ebenda.
17 Österreichische Wochenschrift Nr. 45 vom 13.11.1891, S. 829–830.
18 Ebenda, S. 829.
19 Ebenda, S. 830.
20 MEISSL, Wien 1990, S. 67.
21 Der Handlungsgehilfe vom 01.01.1900, S. 1.
22 Wiener jüdische Presse. Zentral-Organ für das gesetzestreue Judenthum 15 vom 14.04.1899, S. 163.
23 http://david.juden.at/kulturzeitschrift/57-60/59-Andacht.htm (Aufruf am 28.11.2016).
24 Gespräch mit Robert Granger am 30.11.2016.
25 Hier und im Folgenden Catharina CHRIST: Jüdische k. und k. Hoflieferanten in der Textilbranche mit Niederlassungen in Wien in der Zeit von 1870 bis 1938, Diplomarbeit Universität Wien 2000, S. 73 ff.
26 Siehe den Artikel von Elana SHAPIRA in diesem Katalog.
27 Gespräch mit Rudolf Niedersüß, dem heutigen Besitzer von Knize, am 10.11.2016. Siehe auch Peter EIGNER, Herbert MATIS, Andreas RESCH (Hrsg.): Entrepreneurship in schwierigen Zeiten: Unternehmertum, Karrieren und Umbrüche während der ersten Hälfte des 20. Jahrhunderts, Wien 2013, S. 41.
28 CHRIST, Wien 2000, S. 91.
29 Ebenda, S. 63 f.
30 Ebenda, S. 79 ff.
31 Festschrift der Zeitschrift Schaufenster und Dekoration 1929, S. 3.
32 Im Folgenden vgl. Interview mit Ruth Rogers-Altmann vom 15.11.1999, New York City. Leo Baeck Institute Archives New York, AHC 276.
33 Ebenda.
34 Edith HANN: Herrenkleider-Magazin Jacob Rothberger. Eine Fallstudie zur Entwicklung der Wiener Herrenkonfektion, in: LEHNE, Wien 1990, S. 92.
35 MEISSL, Wien 1990, S. 77.
36 Arbeiter Zeitung vom 08.01.1908, S. 6.
37 Die Rote Fahne vom 19.07.1932, S. 7.
38 HANN, Wien 1990, S. 111.
39 Ebenda.
40 Vgl. HANN, Wien 1990, S. 118.
41 Arbeiter Zeitung vom 19.03.1907, S. 6.
42 Neue Freie Presse vom 17.05.1893, S. 6 f.
43 Siehe z.B. Bericht über das Spiel des Sportklubs A. Gerngross gegen den Bildungshort IX. Bezirk am Hakoahplatz in Illustriertes Österreichisches Sportblatt vom 03.08.1912, S. 5.
44 Wiener Stadt- und Landesarchiv, Inv. Nr. 1.3.2.119.A32.4056/1934.
45 Gespräch mit August Zirner am 13.07.2016.
46 HANN, Wien 1990, S. 112.
47 Verlassenschaftsakt Jacob Rothberger, Wiener Stadt- und Landesarchiv, Handelsgericht Wien, Abt. Nr. VII/A 35/99.

Many stores in the inner city failed to survive the economic crisis. Several of the court-appointed Jewish textile stores had to close in the late 1920s and early 1930s: Mathilde Bosser, Brachfeld & Cie, Armin Dröhlich, Goldman & Salatsch, Heilmann Kohn & Söhne, Koppel & Pollak, G. & E. Spitzer, and Ignaz & Amalia Stern. They had no successors or were no longer able to run their businesses profitably.

1 Gerhard Meissl, "Altväterisches oder modernes Wien? Zur Diskussion um die Warenhäuser und die Warenhaussteuer in Wien zwischen 1890 und 1914," in Andreas Lehne, *Wiener Warenhäuser 1865–1914* (Vienna, 1990), p. 62.
2 *Arbeiter-Zeitung*, April 24, 1896, p. 113.
3 "Wiener Luft," supplement to *Figaro*, March 31, 1888.
4 *Wiener Zeitung*, November 21, 1888, p. 5.
5 Ludwig Hirschfeld, *Das Buch von Wien* (Munich, 1927), p. 191.
6 See Uwe Lindemann, *Das Warenhaus: Schauplatz der Moderne* (Vienna, 2015), p. 32.
7 Ibid., p. 82.
8 Ibid., p. 133.
9 Interviews with Walter Arlen at the Jewish Museum Vienna, October 25 and November 3, 2016.
10 Walter Benjamin, *Das Passagen-Werk* (Frankfurt, 1983), p. 93.
11 See note 9.
12 Paul Lerner, *The Consuming Temple: Jews, Department Stores, and the Consumer Revolution in Germany, 1880–1940* (Ithaca, NY/London, 2015), p. 53.
13 See essay by Thomas Lenz in this catalogue.
14 *Kikeriki* No. 19, May 8, 1871, p. 3.
15 Quoted in Meissl (1990), p. 93.
16 Ibid.
17 *Österreichische Wochenschrift* No. 45, November 13,1891, pp. 829–30.
18 Ibid., p. 829.
19 Ibid., p. 830.
20 Meissl (1990), p. 67.
21 *Der Handlungsgehilfe*, January 1, 1900, p. 1.
22 *Wiener jüdische Presse: Zentral-Organ für das gesetzestreue Judenthum*, No. 15, April 14,1899, p. 163.
23 http://david.juden.at/kulturzeitschrift/57-60/59-Andacht.htm (November 28, 2016).
24 Conversation with Robert Granger on November 30, 2016.
25 See Catharina Christ, "Jüdische k. und k. Hoflieferanten in der Textilbranche mit Niederlassungen in Wien in der Zeit von 1870 bis 1938," diss., University of Vienna 2000, pp. 73 ff.
26 See essay by Elana Shapira in this catalogue.
27 Interview with Rudolf Niedersüss, present owner of Knize, on November 10, 2016; see also Peter Eigner, Herbert Matis, Andreas Resch, eds., *Entrepreneurship in schwierigen Zeiten: Unternehmertum, Karrieren und Umbrüche während der ersten Hälfte des 20. Jahrhunderts* (Vienna, 2013), p. 41.
28 Christ (2000), p. 91.
29 Ibid., pp. 63–64.
30 Ibid., pp. 79 ff.
31 Festschrift of the magazine *Schaufenster und Dekoration* (1929), p. 3.
32 Interview with Ruth Rogers-Altmann, November 15, 1999, New York City, Leo Baeck Institute Archives New York, AHC 276.
33 Ibid.
34 Hann (1990), p. 92.
35 Meissl (1990), p. 77.
36 *Arbeiter Zeitung*, January 8, 1908, p. 6.
37 *Die Rote Fahne*, July 19, 1932, p. 7.
38 Hann (1990), p. 111.
39 Ibid.
40 Hann (1990), p. 118.
41 *Arbeiter Zeitung*, March 19, 1907, p. 6.
42 *Neue Freie Presse*, May 17, 1893, pp. 6–7.
43 See report on the game between Sportklub A. Gerngross and Bildungshort IX. Bezirk at Hakoahplatz in *Illustriertes Österreichisches Sportblatt*, August 3, 1912, p. 5.

48 LERNER, Ithaca und London 2015, S. 122 f.
49 Arbeiter Zeitung vom 19.06.1907, S. 10.
50 Sigfrid SIWERTZ: Das große Warenhaus, Berlin u.a. 1928, S. 129.
51 Thomas LENZ: Konsum und Modernisierung. Die Debatte um das Warenhaus als Diskurs um die Moderne, Bielefeld 2011, S. 142.
52 HIRSCHFELD, München 1927, S. 181 f.
53 Das kleine Blatt vom 12.09.1936, S. 14.
54 Vgl. dazu Lisa SILVERMAN: Stadt ohne Jüdinnen. Absent Jews and invisible women in *The City without* Jews; in: dieselbe: Becoming Austrian. Jews and culture between the world wars, Oxford 2012, S. 66–102.
55 Hugo BETTAUER: Die Stadt ohne Juden. Ein Roman von Übermorgen. Wien 2012, S. 68.
56 Gespräch mit August Zirner am 13.07.2016.
57 Die Rote Fahne vom 20.05.1927, S. 4.
58 Ebenda.
59 Wiener Sonn- und Montags-Zeitung vom 05.05.1930, S. 5.
60 Ebenda.
61 Interviews mit Walter Arlen im Jüdischen Museum Wien am 25.10. und am 03.11.2016.

44 Wiener Stadt- und Landesarchiv, Inv. Nr. 1.3.2.119.A32.4056/1934.
45 Interview with August Zirner, July 13, 2016.
46 Hann (1990), p. 112.
47 Verlassenschaftsakt Jacob Rothberger, Wiener Stadt- und Landesarchiv, Handelsgericht Wien, Abt. Nr. VII/A 35/99.
48 Lerner (2015), pp. 122–23.
49 *Arbeiter Zeitung*, June 19, 1907, p. 10.
50 Sigfrid Siwertz's novel was not translated into English, for the German version see Sigfrid SIWERTZ, *Das große Warenhaus* (Berlin, 1928), p. 129.
51 Thomas Lenz, *Konsum und Modernisierung: Die Debatte um das Warenhaus als Diskurs um die Moderne* (Bielefeld, 2011), p. 142.
52 Hirschfeld (1927), pp. 181–82.
53 *Das kleine Blatt*, September 12, 1936, p. 14.
54 See Lisa Silverman, "Stadt ohne Jüdinnen: Absent Jews and invisible women in *The City without* Jews," in ibid., *Becoming Austrian: Jews and Culture Between the World Wars* (Oxford, 2012), pp. 66–102.
55 Hugo Bettauer, *Die Stadt ohne Juden: Ein Roman von Übermorgen* (Vienna, 2012), p. 68.
56 Interview with August Zirner, July 13, 2016.
57 *Die Rote Fahne*, May 20, 1927, p. 4.
58 Ibid.
59 *Wiener Sonn- und Montags-Zeitung*, May 5, 1930, p. 5.
60 Ibid.
61 Interviews with Walter Arlen at the Jewish Museum Vienna on October 25 and November 3, 2016.

Georg Gaugusch

Wilhelm Jungmann & Neffe – 150 Jahre einer Wiener Firma
Wilhelm Jungmann & Neffe—150 Years of a Viennese Company

Unter den zahllosen, in der zweiten Hälfte des 19. Jahrhunderts in Wien gegründeten Unternehmen der Textilbranche ist Wilhelm Jungmann & Neffe eines der wenigen, das nicht nur die Brüche des 20. Jahrhunderts überstanden, sondern vermutlich das einzige, das seinen Betriebsgegenstand, den Tuchhandel, bis heute im Wesentlichen beibehalten hat. Diese über 150-jährige Unternehmensgeschichte ist nicht nur durch das firmeneigene Archiv außergewöhnlich gut dokumentiert, sondern kann auch durch eine Vielzahl archivalischer Quellen in fast einzigartiger Weise ausgeleuchtet werden.[1]

Die Anfänge

Wilhelm Jungmann wurde am 30. Dezember 1838 im kleinen Ort St. Georgen bei Preßburg als Sohn des dortigen Handelsmanns Leopold Jungmann und dessen erster Frau Katharina Sruh geboren. Sein Vater, der um das Jahr 1800 in St. Georgen geboren worden war, übte bereits den Beruf des Schnittwarenhändlers in seiner Heimatstadt aus und dürfte, wie die meisten jüdischen Kaufleute Westungarns, enge wirtschaftliche Verbindungen nach Wien unterhalten haben.[2] Als es nach der Revolution 1848 auch für Juden leichter möglich wurde, dauerhaft in Wien zu leben, verließ Leopold Jungmann mit seiner Familie St. Georgen und zog umgehend in die kaiserliche Hauptstadt, wo er im Haus Leopoldstadt No. 1, an der Ecke Taborstraße/Obere Donaustraße, Quartier nahm. Bereits im Oktober 1854 starb Katharina Jungmann an dieser Adresse an den Folgen der damals grassierenden Cholera und wurde auf dem jüdischen Friedhof in Währing beigesetzt. Ihr erhaltener Grabstein vermittelt der Größe und Art nach den Eindruck einer wenn nicht reichen, so doch in einem gewissen Wohlstand lebenden Familie. Der Grabstein in moderner Form verfügt über eine kurze deutsche und ebenso kurze hebräische Inschrift, wodurch man auf eine säkular-aufgeschlossene Geisteshaltung der Familie Jungmann schließen kann. Leopold Jungmann heiratete ein Jahr nach dem Tod Katharinas erneut, wobei seine ebenfalls verwitwete zweite Frau, Amalia Sorer geb. Friedländer, auch einer schon lang in Wien aktiven jüdischen Familie angehörte. Schon ihr Vater, der Nikolsburger Familiant Joseph Friedländer, hielt sich, ohne jemals eine offizielle Toleranz zu besitzen, hauptsächlich in Wien auf und starb hier 1819. Joseph Friedländers Sohn Isak gehörte bereits in den 1850er-Jahren zu den vermögendsten Textilkaufleuten der Residenz und erwarb zwischen 1861 und 1868 drei Parzellen auf den Wiener Stadterweiterungsgründen: Die nebeneinander liegenden Häuser I., Rudolfsplatz 1 und I., Gonzagagasse 12 sowie das auf der anderen Seite der Ringstraße gelegene Haus I., Babenbergerstraße 9.[3] Im Wiener Adressbuch Lehmann von 1867 scheint Leopold Jungmann als Kaufmann im Haus I., Gonzagagasse 12 auf, und es erscheint mehr als wahrscheinlich, dass es sich um ein die Nikolsburger Familien Benedict, Kohn-Hölzelmacher und Friedländer umfassendes Familien- und Firmennetzwerk handelte, das Wilhelm Jungmann den erfolgreichen Einstieg in den Stoff- und Schneiderzubehörhandel ermöglichte.[4] Der Anfang gestaltete sich trotz dieses Hintergrunds schwierig: Am 1. November 1866 trat Wilhelm Jungmann zusammen mit dem später als Mitgründer der Seidenfirma Brüder Steiner bekannt gewordenen Wilhelm Steiner in eine Gesellschaft, die ihren Sitz in der Salvatorgasse 3 hatte. Betriebsge-

Among the countless textile companies founded in Vienna in the second half of the nineteenth century, Wilhelm Jungmann & Neffe is one of the few to survive the turbulence of the twentieth century and probably the only one to have continued to operate throughout in its original sector, namely the garment trade. The story of this company, whose origins go back over 150 years, is well documented in the company's own archives and also illuminated in remarkable detail by a variety of other archival sources.[1]

The beginnings

Wilhelm Jungmann was born on December 30, 1838, in the little town of St. Georgen near Pressburg (now Svätý Jur near Bratislava) as the son of the merchant Leopold Jungmann and his first wife Katharina Sruh. His father, who was born around 1800 in St. Georgen, ran a drapery business in the town and, like most Jewish merchants in western Hungary, is likely to have had close economic ties with Vienna.[2] After the 1848 revolution it became easier for Jews to live permanently in Vienna, and the family promptly moved to the imperial capital, living in Leopoldstadt on the corner of Taborstrasse and Obere Donaustrasse. Katharina Jungmann died at this address in October 1854 of cholera, which was rampant at the time, and was buried in the Jewish cemetery in Währing. Her gravestone still survives, and its size and nature are typical of a family that, if not rich, lived in a certain degree of comfort. It is modern with a brief inscription in German and Hebrew, indicating that the family was probably liberal and secular.

A year after Katharina's death, Leopold Jungmann remarried. His second wife, the widow Amalia Sorer, née Friedländer, was a member of a well-established Viennese Jewish family. Her father, Joseph Friedländer, a "Familiant" or Jew authorized to live in Nikolsburg (now Mikulov), spent most of his time in Vienna—without having an official toleration permit—and died there in 1819.

In the 1850s, his son Isak was already one of the wealthiest textile merchants in Vienna. Between 1861 and 1868 he acquired three lots in the new development area in the city at Rudolfsplatz 1 and the adjacent Gonzagagasse 12, and at Babenbergerstrasse 9 on the other side of the Ringstrasse.[3] Leopold Jungmann is listed in the 1867 edition of Lehmann's Vienna address directory as a merchant with premises at Gonzagagasse 12, almost certainly referring to a network of companies comprising the Nikolsburg families Benedict, Kohn-Hölzelmacher, and Friedländer, who helped Wilhelm Jungmann get started in the textile and dressmaking accessories business.[4] In spite of this background, the early days were difficult. On November 1, 1866, Jungmann formed a company together with Wilhelm Steiner, future co-founder of the silk business Brüder Steiner, at Salvatorgasse 3. The object of the company, entered in the Vienna Commercial

genstand des unter dem Namen Jungmann & Steiner beim Wiener Handelsgericht protokollierten Unternehmens war der Handel mit Schneiderzugehör, doch bereits wenige Monate später, am 10. Mai 1867, wurde diese Gesellschaft wieder gelöscht. Wilhelm Steiner verließ das Unternehmen, und an seine Stelle trat der Wiener Kaufmann Sigmund Reinitz, wobei der Firmenname in Jungmann & Reinitz geändert wurde. Auch in dieser Form hatte das Unternehmen nicht lange Bestand, denn im Juni 1869 trennten sich Wilhelm Jungmann und Sigmund Reinitz wieder – Wilhelm Jungmann betrieb den Schneiderzugehörhandel die nächsten vier Jahre allein unter seinem Namen.

Der Aufstieg zum „renommiertesten Geschäfte am hiesigen Platze"

Am 22. Juli 1873 wurde Wilhelm Dukes als Prokurist Wilhelm Jungmanns beim Wiener Handelsgericht eingetragen, und am 31. Juli 1873 trat er dem Unternehmen als offener Gesellschafter bei, seither lautet die Firmenbezeichnung Wilhelm Jungmann & Neffe. Dieser auch für das 19. Jahrhundert ungewöhnliche Name für ein Unternehmen resultierte aus dem Umstand, dass Wilhelm Jungmann seit 1867 in kinderloser Ehe mit Rosa Dukes, der Tochter seiner Schwester Fanny, verheiratet war. Deren Bruder Wilhelm war somit nicht nur sein Neffe, sondern auch sein Schwager. Ohne Zweifel war es Wilhelm Dukes, der aus dem eingeführten, aber unscheinbaren Schneiderzugehörhandel in wenigen Jahren eine der renommiertesten Firmen des Wiener Platzes schuf. Er hatte das Kleidermacherhandwerk gelernt und verfügte offenbar über enge Verbindungen nach Frankreich, so dass es ihm gelang, als Erster die neuesten Pariser Modeentwürfe in Wien präsentieren zu können. Die Geschäftsverbindung zwischen dem eingeführten Tuch- und Schneiderzugehörhändler Wilhelm Jungmann und dem den Puls der Pariser Mode fühlenden Schneidermeister Wilhelm Dukes war somit das für Wien solitäre Erfolgsrezept. So schrieb zum Beispiel die *Neue Freie Presse* vom 10. November 1878:

„Für unsere Damen: Wie uns aus Paris mitgetheilt wird, hat die bekannte und renommirte Wiener Firma Wilhelm Jungmann und Neffe, Stadt, Salvatorgasse, die von Pariser und Lyoner Fabrikanten auf der diesjährigen Weltausstellung exponierten und mit goldener Medaille ausgezeichneten Objecte von Seiden- und Phantasiestoffen angekauft, und wird obige Firma diese Articel nach Schluß der Ausstellung, und zwar nach 15. November 1878, in ihrem Locale zum Verkauf bringen."[5]

Wilhelm Jungmann und sein Neffe beschränkten sich aber nicht auf den Import der damals den Weltmarkt dominierenden französischen Seidenstoffe, vielmehr gelang es ihnen, österreichische Fabrikanten zur Herstellung gleichwertiger Stoffe zu bewegen. Zwar hatte Österreich, und hier speziell Wien, eine seit dem 18. Jahrhundert bestehende Seidenindustrie, aber diese war mit den französischen Fabrikanten auf dem Weltmarkt, sieht man von der Levante ab, kaum konkurrenzfähig. Die österreichische Regierung begrüßte und förderte jede Form des Wissenstransfers, und allein dadurch, dass die gefeierten Stoffe der Pariser Weltausstellung für Wien angekauft wurden, wo sie von Textilfachleuten und Fabrikanten genau studiert werden konnten, erwarben sich Wilhelm Jungmann und Wilhelm Dukes einen an-

Register as Jungmann & Steiner, was trade in dressmaking accessories, but just a few months later, on May 10, 1867, the name was deleted from the Commercial Register. Wilhelm Steiner left the company, to be replaced by the Viennese businessman Sigmund Reinitz, and the company's name was changed to Jungmann & Reinitz. This company did not last long either. Jungmann and Reinitz parted in June 1869, and for the next four years Jungmann continued to run the business alone in his own name.

Rise to "most prominent local business"

On July 22, 1873, Wilhelm Dukes was registered with the Vienna Commercial Court as Jungmann's Prokurist (authorized signatory), and on July 31, 1873, he became a general partner in the company, now called Wilhelm Jungmann & Neffe. This name, as unusual in the nineteenth century as it is today, resulted from the fact that since 1867 Jungmann had been in a childless marriage with Rosa Dukes, daughter of Dukes's sister Fanny. Her brother Wilhelm Dukes was thus not only Jungmann's nephew but also his brother-in-law. It was Wilhelm Dukes who quickly turned this established but unspectacular dressmaking accessories business into one of the most prominent companies in Vienna. He had learned the dressmaking trade and evidently had close links with France, which enabled him to introduce the latest Paris fashions to Vienna ahead of his competitors. The business association between the experienced textile and dressmaking accessories dealer Wilhelm Jungmann and the dressmaker Wilhelm Dukes with his finger on the pulse of Paris fashions was thus a unique recipe for success. On November 10, 1878, for example, the *Neue Freie Presse* wrote:

"For our ladies: We have been informed from Paris that the prominent and renowned Viennese company Wilhelm Jungmann und Neffe in Salvatorgasse in the city center has purchased silk and fancy fabrics made by manufacturers from Paris and Lyon, which were exhibited at the World's Fair, where they won gold medals, and will be offering these articles for sale in its store from November 15, 1878, after the end of the Fair."[5]

Wilhelm Jungmann and his nephew did not confine themselves to the importation of French silks, which dominated the world market at the time, but also managed to persuade Austrian manufacturers to make equivalent fabrics. Although Austria and especially Vienna had had a silk industry since the eighteenth century, it could not compete with French manufacturers on world markets, except perhaps for the Levant. The Austrian government welcomed and encouraged all forms of knowledge transfer, and the fact alone that the celebrated fabrics from the Paris World's Fair had been purchased for Vienna, where they could be studied in detail by textile experts and manufacturers, was enough to earn Jungmann and Dukes grateful recognition.

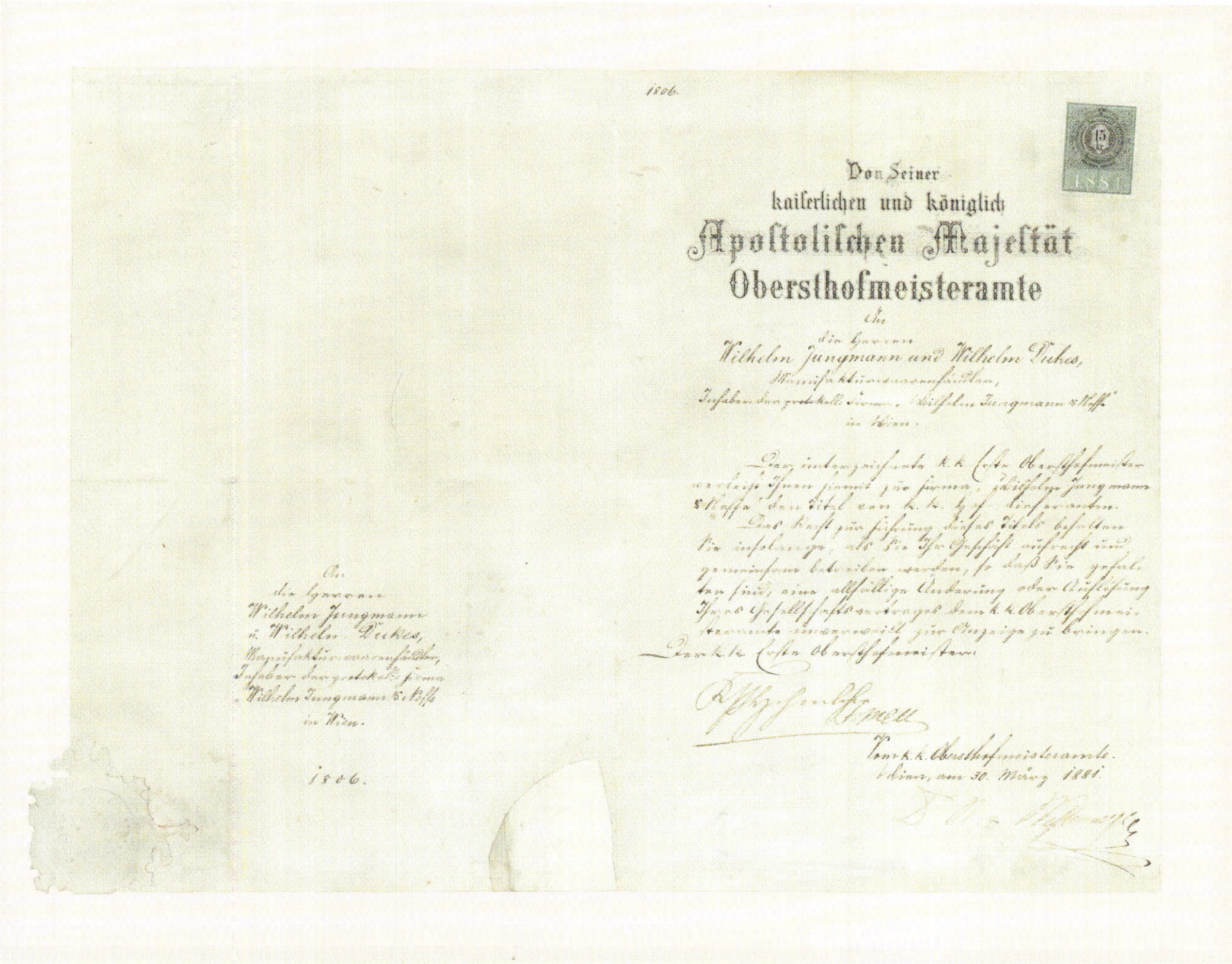

Von Seiner
kaiserlichen und königlich
Apostolischen Majestät
Obersthofmeisteramte

An
die Herren
Wilhelm Jungmann und Wilhelm Dickes,
Manufakturwarenhändler,
Inhaber der protokoll. Firma „Wilhelm Jungmann & Neffe"
in Wien.

Vom k.k. Obersthofmeisteramte.
Wien, am 30. März 1881.

Verleihungsurkunde zum k.u.k. Hoflieferanten für Wilhelm Jungmann & Neffe
Wien, 1881
Wilhelm Jungmann & Neffe Archiv
Certificate of title of court-appointed supplier for Wilhelm Jungmann & Neffe
Vienna, 1881

Ministero della Real Casa

Brevetto N.° 355

S. M. IL RE UMBERTO I.

Volendo dare ai signori Guglielmo Jüngmann e Neffe, negozianti di seterie, lanerie e confezioni nella città di Vienna, una speciale e pubblica testimonianza del Suo Reale favore, ci ha ordinato di conceder loro la facoltà di fregiare con lo Stemma Reale l'insegna del loro negozio.

Rilasciamo pertanto ai predetti signori Jüngmann e Neffe il presente Brevetto, onde consti dell'accennata Sovrana concessione ad essi esclusiva.

Dato a Roma li Novembre 1881.

Il Ministro

Reg.to a carte N.° 126.
Il Direttore Capo della 1.a Divisione

Urkunde des italienischen Königs Umberto I. für Wilhelm Jungmann & Neffe
Wien, 1881
Wilhelm Jungmann & Neffe Archiv
Certificate from the King of Italy Umberto I for Wilhelm Jungmann & Neffe
Vienna, 1881

Außenansicht des Geschäftslokals von Wilhelm Jungmann & Neffe
Wien, 1925
Wilhelm Jungmann & Neffe Archiv
Wilhelm Jungmann & Neffe store
Vienna, 1925

erkennenswerten Verdienst. So suchten sie am 7. Dezember 1880 beim k. k. Obersthofmeisteramt um die „gnädige Verleihung des Titels von k. k. Hoflieferanten" an. Sie schrieben: „Ohne aus dem Rahmen der Bescheidenheit zu treten, gestatten sich die ehrfurchtsvoll gefertigten Bittsteller folgendes anzuführen: Das Seiden- und Damenmodewaren-Geschäfte der Gefertigten besteht seit 15 Jahren in Wien und hat dasselbe durch streng solide Gebahrung und rastlose Thätigkeit den heutigen bedeutenden Umfang und Aufschwung erreicht. Insbesondere hat die gefertigte Firma es sich angelegen sein lassen, die österreichische Industrie in jeder Beziehung nach zu heben, und läßt dieselbe Fabrikate, welche früher einzig und allein vom Auslande zu beschaffen waren, in Österreich fabriciren."[6] Wie bei Hoftitelverleihungen üblich ließ das k. k. Obersthofmeisteramt bei der k. k. niederösterreichischen Statthalterei anfragen, welchen Ruf die Antragsteller hätten – das Urteil fiel günstig aus: „Die Modewaaren-Firma Wilhelm Jungmann et Neffe Salvatorgasse 3 besteht seit länger als 15 Jahren, gehört zu den renommiertesten Geschäften am hiesigen Platze und hat einen bedeutenden Umfang. Unter ihre Kunden zählen Damen der höheren und selbst höchsten Stände. Bemerkenswerth ist, daß die genannte Firma hauptsächlich Wiener Erzeugniße am Lager hält, und so der heimischen Industrie Vorschub leistet. Wilhelm Jungmann, Chef der Firma, ist von St. Georgen gebürtig, 41 Jahre alt, mosaisch, verheiratet, kinderlos und IX., Kolingasse 19 wohnhaft. Sein Neffe und Schwager Wilhelm Dukes, Compagnon des Obigen, ist von Comorn gebürtig, 31 Jahre alt, mosaisch, ledig und bei seinem Schwager wohnhaft. Beide führen einen anständigen Haushalt und gelten für wohlhabend. Sie erfreuen sich sowol innerhalb ihrer Berufssphäre, als auch außerhalb derselben einen tadellosen Rufes und haben stets eine tadellose sittliche und staatsbürgerliche Haltung bewährt."[7]

Thus, on December 7, 1880, they wrote to the k.k. Obersthofmeisteramt (Imperial and Royal Office of the Court Chamberlain) for the "gracious award of the title of court-appointed supplier."

"Without going beyond the bounds of modesty, the respectful undersigned applicants state that their silk and lady's fashion business has existed for fifteen years in Vienna and through solid management and enterprise has achieved its current size and dynamism. In particular, the undersigned company has set itself the task of promoting Austrian industry in every respect by having products that used to be obtained solely from abroad manufactured in Austria."[6]

As was customary when awarding such titles, the Obersthofmeisteramt inquired with the Lower Austrian governorship regarding the applicants' reputation and received the following favorable reply:

"The fashion company Wilhelm Jungmann et Neffe, Salvatorgasse 3, has existed for over fifteen years. It is of substantial size and is one of the most prestigious companies in the locality, serving a wide clientele. Its customers include ladies of high and even the highest society. It may be noted that the company stocks mainly products made in Vienna and thus fosters local industry. Wilhelm Jungmann, who heads the company, was born in St. Georgen. He is forty-one years old, Jewish, married, childless, and lives at Kolingasse 19 in the 9th district. His nephew and brother-in-law Wilhelm Dukes, partner of the above, was born in Comorn [Komáron]. He is thirty-one years old, Jewish, unmarried, and lives with his brother-in-law. Both keep a respectable home and are considered affluent. They enjoy a flawless reputation both

Noch während das Hoftitelgesuch in Begutachtung war, fassten Wilhelm Jungmann und Wilhelm Dukes den Entschluss, die Salvatorgasse zu verlassen und sich an der Ringstraße neu zu etablieren. Ihre Wahl fiel auf das neu erbaute Eckhaus Augustinerstraße/Albrechtsplatz, in dem sowohl das Gassenlokal als auch der erste Stock zur Verfügung standen. Sie beauftragten den jungen Wiener Architekten Otto Hieser mit der Adaptierung der leer stehenden Räume, und dieser legte einen Entwurf vor, der einerseits ganz seinem Lehrer Theophil Hansen verpflichtet war, andererseits in seiner Gesamtkonzeption bereits die Grenzen des Historismus ausleuchtete. Das Hoftitelgesuch war immer noch in Schwebe, als im Frühling 1881 die Bauarbeiten bereits so weit fortgeschritten waren, dass es entscheidend wurde, ob der Titel verliehen werde oder nicht. Am 18. März 1881 schrieben Wilhelm Jungmann und Wilhelm Dukes an das k. k. Obersthofmeisteramt: „Ergebenst anknüpfend an unser Gesuch wegen gnädiger Verleihung des Titels von k. k. Hoflieferanten gestatten wir uns die Bitte uns diesen Titel allergnädigst baldigst zu verleihen, und führen diesbezüglich nachstehende Gründe an: Binnen sehr kurzer Zeit verlegen unsere Geschäftslocalitäten von I., Salvatorgasse nach dem Albrechtsplatz Nr. 3 und müßten uns selbstverständlich die zur Adaptirung nöthigen Wappen, Firmatafeln, Drucksorten etc. etc., welche zur Führung von k. k. Hoflieferanten berechtigt sind, mindestens jetzt schon anfertigen lassen. Nach der Übersiedlung wäre eine Umänderung mit einer Mehrauslage von vielen tausend Gulden verbunden, und gestützt auf vorhergesagtes gestatten sich die ehrfurchtsvoll Gefertigten wiederholt die Bitte: Das hohe k. k. Obersthofmeister-Amt geruhe der Firma Wilhelm Jungmann & Neffe respective deren öffentlichen Gesellschaftern Wilhelm Jungmann & Wilhelm Dukes den Titel von k. k. Hoflieferanten allergnädigst baldigst zu verleihen."[8] Bereits eine Woche später erhielten sie einen positiven Vorbescheid, und als sie die vorgeschriebene Taxe von 250 Gulden beim k. k. österr. Museum für Kunst und Industrie erlegt hatten, wurde ihnen am 30. März 1881 das Dekret mit der Verleihung des Hoftitels ausgefertigt. Schon im Sommer desselben Jahres erfolgte die Übersiedlung, und Anfang September 1881, pünktlich zu Beginn der Herbstsaison, konnten die neuen Räumlichkeiten eröffnet werden.[9] Die *Neue Freie Presse* vom 10. September 1881 widmete dem neuen Geschäft eine entsprechende Notiz: „Eine neue Sehenswürdigkeit Wiens: Die Hof-Modewarenfirma Wilhelm Jungmann & Neffe hat am Albrechtsplatze Nr. 3 ein Geschäftshaus eröffnet, welches, was Großartigkeit und Ausstattung anbelangt, auch in Paris selten seinesgleichen findet. Durch ein kleines eingebautes Vestibüle tritt man in die ausgedehnten Räume des Parterre-Locales, welches in mächtigen Regalen alle erdenklichen Gattungen von Erzeugnissen größtentheils inländischer Textil-Industrie birgt. Die architektonische Anordnung, ein Meisterwerk des bekannten Architekten Otto Hieser, ist in reichster deutscher Renaissance ausgeführt, die cassettirten Plafonds in wirksamer Polychromie zeigen allegorische Darstellungen der Seiden-Industrie. Eine besonders hübsche architektonische Lösung ist die gegenüber dem Entrée angeordnete Aufgangstreppe zu den Salons im ersten Stockwerke, woselbst sich die Confections-Abtheilung des Geschäftes befindet. Die Firma, welche in Mode-Angelegenheiten immer einen ersten Rang eingenommen, hat mit der

within and outside their business sphere and have always been of unimpeachable moral and civic character."[7]

While their application was still under consideration, Jungmann and Dukes decided to move from Salvatorgasse to the Ringstrasse. They chose the new building constructed at the corner of Augustinerstrasse and Albrechtsplatz, where the ground floor and first floor were available. They commissioned the young Viennese architect Otto Hieser to adapt the premises. The design submitted by him showed the influence of his teacher Theophil Hansen, but the overall conception already revealed the limitations of Historicism. It was still uncertain whether the title would be awarded when in spring 1881 the construction work had reached a point at which it had become crucial to know what the outcome would be. On March 18, 1881, Jungmann and Dukes wrote to the Obersthofmeisteramt:

"In respectful reference to our application for the gracious award of the title of court-appointed supplier, we request that this title be most graciously conferred as soon as possible for the following reasons. In the very near future our business premises will move from Salvatorgasse in the 1st district to Albrechtplatz 3, and we would naturally need beforehand to have made the emblems, company plaques, printed matter, etc., etc., referring to the award of the title of court-appointed supplier. Subsequent modification of these items after the move would involve additional costs running into many thousands of guilders. In view of the above, the respectful undersigned once again humbly request that the k. k. Obersthofmeister-Amt be pleased to award the company Wilhelm Jungmann & Neffe and their general partners Wilhelm Jungmann & Wilhelm Dukes the title of court-appointed suppliers at its earliest convenience."[8]

A week later they received a positive preliminary decision, and after they had paid the prescribed fee of 250 guilders to the Imperial and Royal Austrian Ministry of Art and Industry, the decree awarding them the title was issued on March 30, 1881. They moved in the summer of that year and opened in their new premises in early September 1881 in time for the fall season.[9] The *Neue Freie Presse* of September 10, 1881, published an announcement about the new store:

"A new sight for Vienna: The court-appointed fashion company Wilhelm Jungmann & Neffe has opened a store at Albrechtsplatz 3, whose grandeur and furnishings can scarcely be equaled even in Paris. Visitors pass through a small, integrated vestibule into the extensive premises on the ground floor, where items of every imaginable description, produced largely by the domestic textile industry, are displayed on opulent shelves. The architecture, by the renowned architect Otto Hieser, is in the richest German Renaissance style, and the striking polychromatic paneled ceilings show allegorical representations of the silk industry. The stairway opposite the entrance leading up to the salon on the first floor, where the ready-to-wear department is to be found, is a particularly

Creirung des erwähnten Etablissements ihren guten Geschmack aufs neue bewiesen und Wien um ein Geschäftshaus von weltstädtischem Charakter bereichert, das der Besichtigung vollkommen würdig ist."[10]

Die im Firmenarchiv erhaltenen Auftrags- und Geschäftsbücher geben ein Bild der sehr internationalen Kundschaft dieser Zeit: Einerseits Mitglieder europäischer Herscherhäuser und Aristokratinnen wie die Kaiserinnen Elisabeth und Auguste Victoria, die Kronprinzessin Stephanie und Fürstin Pauline Metternich, andererseits die Damen aus Diplomatie und Industrie, dem internationalen Großbürgertum und der amerikanischen Geschäftswelt. In den Büchern des Hauses bildet sich die mondäne und weltoffene Mischung der Wiener Ringstraßengesellschaft detailliert ab, wobei die Preise der angefertigten Roben, Toiletten und Mäntel zweifellos am oberen Rand der damaligen Skala angesiedelt waren. Zum Gewerbe der Schneiderei kamen damals noch eine Weißnäherei, das Putzmachergewerbe und eine Kürschnerei hinzu, sodass in den Werkstätten im ersten Stock am Albrechtsplatz komplette Damengarderoben für alle Saisonen gefertigt werden konnten. Ein derartig rasanter Aufstieg, das Unternehmen war in nur 15 Jahren vom unscheinbaren Schneiderzugehörhandel zum Hoflieferanten emporgewachsen, rief aber nicht nur Anerkennung hervor, sondern weckte auch Neider. Im September 1882 verbreitete sich, ausgehend von einer unbedachten Äußerung des kleinen Handelscommis Isidor Wolf, der bei

elegant architectural design. Through the creation of this establishment, the company, one of the most prominent in the fashion business, has once again proved its good taste and has given Vienna a new cosmopolitan store that is most certainly worth a visit."[10]

The order books and ledgers in the company archive give an idea of the very international clientele of the time: on the one hand members of European ruling houses and the aristocracy like the Empresses Elisabeth and Auguste Victoria, Crown Princess Stephanie and Princess Pauline Metternich, and on the other hand the wives of diplomats and industrialists, and members of the international bourgeoisie and American business world. The company's books reflect the chic, cosmopolitan mix within Viennese Ringstrasse society, and the prices for gowns, toiletries and coats are certainly at the upper end of the scale. Apart from the dressmakers, there were also seamstresses, milliners, and furriers, enabling women's clothes for all seasons to be made in the workshops on the first floor of Albrechtplatz.

The rapid progress of the company in just fifteen years from an unassuming dressmaking accessories business to court-appointed supplier engendered not only respect but

Musterbuch von Wilhelm Jungmann & Neffe
Wien, um 1900
Wilhelm Jungmann & Neffe Archiv
Foto: Sebastian Gansrigler
Pattern book from Wilhelm Jungmann & Neffe
Vienna, c. 1900

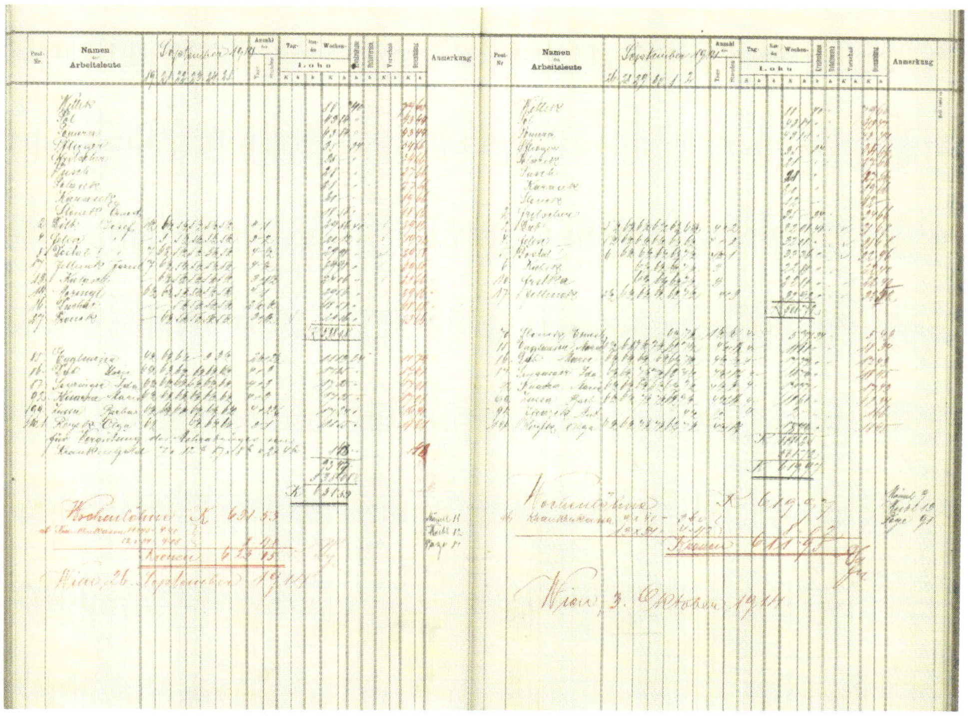

Arbeiterbuch des k.u.k. Hoflieferanten Wilhelm Jungmann & Neffe
Wien, um 1900
Wilhelm Jungmann & Neffe Archiv

Employee register of court-appointed supplier Wilhelm Jungmann & Neffe
Vienna, c. 1900

einem Konkurrenten die Bemerkung: „Grad' komm' ich vom Handelsgericht; ich hab den Jungmann geseh'n, wie er sein Konkurseröffnungsgesuch überreicht hat"[11], fallen gelassen hatte, das Gerücht, Jungmann & Neffe sei insolvent. Sogar das *Wiener Salonblatt* trat damals mit einem langen Artikel vehement gegen dieses geschäftsschädigende Gerede auf und lobte die reelle Geschäftsgebarung und den makellosen Ruf der Kaufleute Wilhelm Jungmann und Wilhelm Dukes.[12] Es folgte ein Gerichtsverfahren, in dem die existenzbedrohende Dimension dieses Geredes klar zum Ausdruck kam: „An der Börse, in der ganzen Handelswelt wurde davon gesprochen. Man erzählte sich bereits pikante Details und Geschichten, und das Fallissement wurde in alle Welt hinaus telegraphirt. ‚Glücklicherweise', sagte der Privatkläger, der in dieser Affaire als Zeuge vernommen wurde, ‚haben wir flüssiges Geld, und so konnten uns unsere Verbindlichkeiten keine Stockung bereiten. Aber wie würde es einem Kaufmann ergehen, der in solchem Augenblicke höchster Gefahr nicht das Geld bereit hat, allen sofortigen Anforderungen entsprechen zu können?'"[13]

Wilhelm Jungmann & Neffe konnte als hochprofitables Unternehmen damals nicht nur die künstlerische Adaptierung der Räume auf dem Albrechtsplatz ohne unverhältnismäßige Strapazierung seiner Mittel, sondern auch den Bau eines Familienmausoleums auf dem Wiener Zentralfriedhof leicht bezahlen. Dass im Gegensatz zu den damaligen Branchenusancen die bezogene Ware nicht per Wechsel, also auf Kredit, sondern per cassa, bar bei Lieferung, bezahlt werden konnte, unterstreicht darüber hinaus den hochsoliden Charakter, den das Unternehmen bereits damals hatte. Mit Ende 1885 zog sich Wilhelm Jungmann aus dem aktiven Geschäftsleben zurück, beließ aber ein Kapital von 150.000 Gulden als verzinstes Darlehen im Unternehmen. Wilhelm Dukes, der die Firma mit unverändertem Namen nunmehr allein führte, berief seinen jüngeren Bruder Max zum Prokuristen. Erst 1892 kam es zur nächsten größeren Änderung, denn Wilhelm Dukes

also envy. In September 1882, the petty trade commissioner Isidor Wolf made a casual remark to a competitor: "I've just come from the commercial court. I saw Jungmann submitting his application for the opening of bankruptcy proceedings."[11] From this, the rumor spread that Jungmann & Neffe was insolvent. The *Wiener Salonblatt* published a long article vehemently condemning this harmful gossip and praising the business methods and unimpeachable reputation of Wilhelm Jungmann and Wilhelm Dukes. In the ensuing court case, the threat that this gossip posed was clearly stated:

"It was talked about at the stock exchange and in the entire business world, with spicy details and stories, and the bankruptcy was telegraphed all over the world. "Fortunately," said the private plaintiff questioned as a witness in this affair, "we have the necessary liquidity to meet our liabilities. But what would a businessman do in such difficult circumstances if he did not have sufficient funds to meet his immediate obligations?"[13]

As a highly profitable company, Wilhelm Jungmann & Neffe was easily able to afford not only the elegant adaptation of the premises on Albrechtsplatz but also the construction of a family mausoleum in Vienna Central Cemetery. The fact that deliveries were paid not by bill of exchange, in other words, on credit, as was usual at the time, but in cash, is further evidence of the reputation for extreme reliability that the company already enjoyed at the time.

Wilhelm Jungmann retired from active involvement at the end of 1885, leaving 150,000 guilders as an interest-bearing loan to the company. Wilhelm Dukes, who now managed the company on his own under the same name, made his younger brother Max an authorized signatory. It was not until

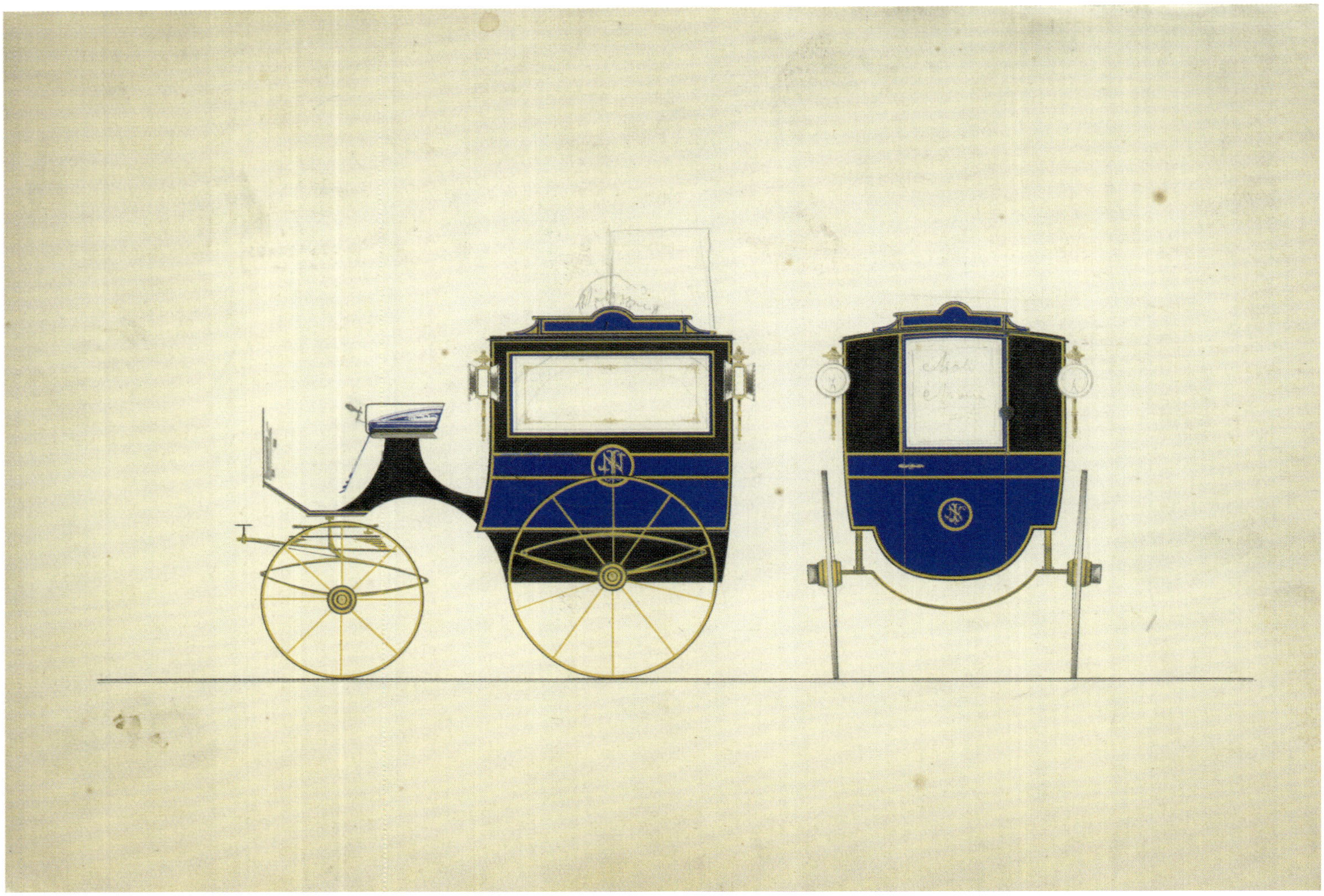

Entwurfszeichnung für eine Kutsche mit Firmenemblem von Wilhelm Jungmann & Neffe
Wien, um 1900
Wilhelm Jungmann & Neffe Archiv
Design of a coach with Wilhelm Jungmann & Neffe logo
Vienna, c. 1900

und seine Brüder Max Josef und Sigmund schlossen einen Gesellschaftsvertrag, und Letztere traten dem Unternehmen als Gesellschafter bei. Ebenfalls 1892 erwarb Wilhelm Jungmann das Grundstück No. 63 in Altaussee und ließ darauf im Folgejahr eine repräsentative Villa errichten, die bis zum Ersten Weltkrieg der Familie als Sommerfrischedomizil diente.

Am 18. Juli 1905 formulierten die vier Gesellschafter Wilhelm, Max, Josef und Sigmund Dukes einen neuen Gesellschaftervertrag, in dem die Anteile zwischen den Brüdern dahingehend aufgeteilt wurden, dass Wilhelm Dukes 34% und die restlichen Teilhaber je 22% am Firmenvermögen hielten. Unerwarterweise starben Max und Josef Dukes kurz nacheinander, Max im Oktober 1910 und Josef wenige Monate später im Juni 1911. Die anlässlich des Ablebens der Firmengesellschafter zum Zwecke der Verlassenschaftsabhandlung erstellten Inventuren geben ein genaues Bild über den Geschäftsverlauf der Jahre vor dem Ersten Weltkrieg. Mit 30. Juni 1910 standen den Aktiva, einem (abgewerteten) Warenlager von rund 318.000 Kronen, Forderungen von 862.000 Kronen sowie Bank- und Kassenguthaben von rund 251.000 Kronen (zusammen mit einigen anderen kleineren Posten rund 1.565.000 Kronen) neben den Gesellschafterkonten ein einziger Passivposten gegenüber, der aus der bereits erwähnten Buchforderung Wilhelm Jungmanns über 300.000 Kronen bestand. Für das am 30. Juni 1910 endende Geschäftsjahr wurde ein Gewinn von 107.504

1892 that the next major change came, when Wilhelm Dukes and his brothers Max, Josef, and Sigmund concluded an agreement by which the latter became partners in the company. In 1892 Wilhelm Jungmann also purchased lot no. 63 in Altaussee and had a magnificent villa built there the following year, which until World War I served the family as a summer vacation home.

On July 18, 1905, the four partners Wilhelm, Max, Josef, and Sigmund Dukes drafted a new partnership agreement by which Wilhelm Dukes acquired a 34 percent share in the company, and the other partners 22 percent each. Max and Josef Dukes died unexpectedly in rapid succession, Max in October 1910, and Josef a few months later in June 1911.

The first inventory made on the death of the partners for the purpose of dividing up their estate gives a precise idea of the business before World War I. On June 30, 1910, the company had assets in the form of (devalued) stocks valued at around 318,000 crowns, accounts receivable of 862,000 crowns, bank and liquid assets of some 251,000 crowns—with a few other smaller items altogether around 1,565,000 crowns—as well as partner accounts, compared with a single liability of over 300,000 crowns in the form of Wilhelm Jungmann's loan. A profit of 107,504 crowns was declared for the

Kronen ausgewiesen. Nachdem Josef Dukes 1912 und Max 1913 aus dem Handelsregister gelöscht worden waren und deren Nachkommen, beide waren verheiratet und hinterließen je zwei Kinder, ausbezahlt worden waren, verblieben als Teilhaber des Unternehmens nur noch Wilhelm Dukes und sein unverheirateter Bruder Sigmund.

Vom Ersten Weltkrieg bis 1938

Für ein auf internationale Kundschaft ausgerichtetes Unternehmen, wie es Wilhelm Jungmann & Neffe war, hatte der Ausbruch des Ersten Weltkriegs gravierende Folgen. Zum einen rissen die engen Verbindungen nach Frankreich abrupt ab, die internationale Klientel blieb aus, und auf dem Wiener Markt machten sich die Kriegsfolgen unangenehm bemerkbar. Wilhelm Dukes, der zu Beginn des Krieges bereits 65 Jahre alt war, aber offenbar nicht daran dachte, sich zur Ruhe zu setzen, bewies großen kaufmännischen Weitblick, indem er schon 1915 erkannte, dass er sein Unternehmen radikal umgestalten musste, um es durch diese schwierige Zeit zu bringen. Interessanterweise war er einer der wenigen Kaufleute dieser Tage, denen diese Überlegung einkam, denn die überwiegende Mehrheit dachte offenbar, dass es, wenn der Krieg einmal gewonnen sei, weitergehen werde wie bisher. Mit 30. Juni 1915 löste er den Gesellschaftsvertrag mit seinem Bruder Sigmund und mit Ende November 1915 legte er alle Gewerbescheine bis auf jenen für den Handel mit Seiden- und Modewaren zurück. Allein in dieser Entscheidung, sich auf das eigentliche Kerngeschäft zu fokussieren, ist der Grund zu sehen, dass Wilhelm Jungmann & Neffe anders als die meisten vergleichbaren Wiener Modeunternehmen den Ersten Weltkrieg und die schwierigen Folgejahre überstand. Auch wenn Wilhelm Dukes dem öffentlichen Druck folgend Kriegsanleihen zeichnete, dachte er anscheinend auch darüber nach, wie er das von ihm erwirtschaftete Vermögen sicher anlegen konnte. Im Jahr 1919, kurz vor Beginn der nach dem verlorenen Krieg einsetzenden, jeden auf Bargeld beruhenden Vermögenswert vernichtenden großen Inflation, erwarb Wilhelms Frau Bertha das Haus I., Singerstraße 12, das sie wenig später ihrer Tochter Dora überschrieb. Der Erste Weltkrieg hatte aber nicht nur ökonomische Folgen, sondern bewirkte auch ein Umdenken bezüglich der religiösen Einstellung. Die Familien Jungmann und Dukes gehörten in der zweiten Hälfte des 19. Jahrhunderts, auch wenn sich kein Familienmitglied in der Israelitischen Kultusgemeinde engagierte, ganz selbstverständlich zum säkularen Wiener Judentum – die Religion spielte im täglichen Leben nur eine sehr untergeordnete Rolle. Dass 1882 das Familienmausoleum auf der israelitischen Abteilung des Wiener Zentralfriedhofs in unmittelbarer Nähe zu jenem der Familie Rothschild errichtet wurde, spricht für das selbstbewusste religiöse Verständnis – man hatte sich innerhalb und außerhalb der jüdischen Gemeinde eine Position erarbeitet und war auch stolz darauf, das zu zeigen. Die um die Jahrhundertwende vom 19. auf das 20. Jahrhundert aufkommende Moderne nagte an diesem auf Repräsentation ausgerichteten Selbstverständnis, und speziell der Erste Weltkrieg und seine Folgen bewirkten in vielen der alten Wiener Familien ein Umdenken. Wilhelm Dukes und seine Frau Bertha Fröhlich hatten 1884 im Wiener Stadttempel geheiratet, dem Paar wurden drei Kinder geschenkt: 1890 Sohn Leo, 1892 Paul Stefan und

business year ending 30 June 1910. After Josef and Max Dukes had been deleted from the Commercial Register in 1912 and 1913, respectively, and their heirs—they were both married with two children each—had been paid out, there was only Wilhelm Dukes and his unmarried brother Sigmund as partners.

From World War I to 1938

For a company with an international clientele like Wilhelm Jungmann & Neffe, the outbreak of World War I had serious consequences. First, the close ties with France were suddenly broken, the numbers of international customers declined and the negative impact of the war began to make itself felt on the Viennese market. As early as 1915, Wilhelm Dukes, who was already sixty-five years old at the start of the war but apparently had no intention of retiring, showed great entrepreneurial foresight through his recognition that his company would need to be radically restructured to survive these difficult times. Interestingly, he was one of the few businessmen of the time to realize this, the vast majority appearing to think that once the war was won they would be able to continue as before. With effect from June 30, 1915, he dissolved the partnership agreement with his brother Sigmund, and at the end of November 1915 he set aside all trade licenses except for trade in silk and fashion items.

This decision to focus on the core business is the reason why, unlike most comparable Viennese fashion companies, Wilhelm Jungmann & Neffe was able to survive World War I and the difficult post-war years. Although Wilhelm Dukes was persuaded by public pressure to purchase war bonds, he evidently also gave thought to how he might invest his assets safely. In 1919, shortly before the start of the inflation that followed defeat and destroyed all cash-based holdings, Wilhelm's wife Bertha acquired the building at Singerstrasse 12 in the 1st district, which she later signed over to her daughter Dora.

World War I had not only economic consequences, however. It also brought about a new attitude to people's religious persuasions. In the second half of the nineteenth century, although none of their members were active in the Jewish community, the Jungmann and Dukes families quite naturally considered themselves secular Viennese Jews, for whom religion played a very minor role in their daily lives. The erection of the family mausoleum in 1882 in the Jewish section of the Vienna Central Cemetery, close to that of the Rothschild family, is an indication of a religious self-awareness: The family had established a position for itself inside and outside the Jewish community and was proud to show it.

The Modernist trends that emerged at the turn of the century began to erode this proud self-awareness, however, and in particular the consequences of World War I caused a change in thinking amongst many old, established Viennese families. Wilhelm Dukes and his wife Bertha Fröhlich had

1893 Tochter Dorothea Fanny. Leo war der erste, der das Judentum verließ, er trat am 21. Februar 1914 aus diesem aus und konvertierte am 21. November desselben Jahres zur Evangelischen Kirche AB. Sein Bruder Paul Stefan folgte ein Jahr später: Er verließ offiziell das Judentum am 18. Mai 1915, hatte sich aber bereits am 7. Mai 1915 ebenfalls in der Evangelischen Stadtpfarre AB taufen lassen. Wilhelm und Bertha Dukes traten mit ihrer Tochter Dora erst am 7. Mai 1919 aus dem Judentum aus, doch auch sie waren zu diesem Zeitpunkt schon evangelischen Glaubens und hatten am 28. April 1919 in der Evangelischen Stadtpfarre A. B. die Taufe empfangen.

Wilhelm Dukes nahm 1916 seine beiden Söhne als Kollektivprokuristen und 1919 als Gesellschafter in das Unternehmen auf, sie sollten anscheinend als seine Nachfolger aufgebaut werden. 1919 wurde auch seiner Frau Bertha zusammen mit dem langjährigen Verkäufer Sigmund Schnepp die Prokura erteilt, doch dieser starb schon im Jänner 1923. Hatte Wilhelm Dukes bereits mit der Redimensionierung seines Unternehmens während des Ersten Weltkriegs klug gehandelt, so fällte er zu Beginn der 1920er-Jahre eine weitere richtungsweisende kaufmännische Entscheidung. Bis dahin war der Handel mit Damenstoffen einer der wesentlichen Betriebsgegenstände, doch dieses Geschäftsfeld wurde durch die Änderungen in der Mode, aber auch durch die immer stärker fühlbare Konkurrenz zunehmend schwierig. Wilhelm Dukes fasste den Entschluss, Wilhelm Jungmann & Neffe als Anbieter englischer Qualitätsstoffe neu zu positionieren. Um diese Entscheidung

married in 1884 in the Vienna City Temple, and they had three children: Leo, born in 1890, Paul Stefan, born in 1892, and Dorothea Fanny, born in 1893. Leo was the first to abandon the Jewish faith on February 21, 1915, joining the Evangelical Church A.B. on November 21 of the same year. His brother Paul Stefan followed a year later. He officially abandoned the Jewish faith on May 18, 1915, after having already been baptized as a Protestant on May 7. Wilhelm and Bertha Dukes and their daughter Dora did not leave the Jewish community until May 7, 1919, by which time they had already joined the Evangelical Church A.B., having been baptized on April 28, 1919.

Wilhelm Dukes made his two sons joint authorized signatories in 1916 and partners in 1919 in preparation for taking over as his successors. In 1919 his wife Bertha and long-standing salesman Sigmund Schnepp were also made authorized signatories, although Schnepp died four years later.

Wilhelm Dukes had acted astutely by restructuring the company during World War I and his business acumen showed itself again in the early 1920s.

Until then the main focus had been on women's fabrics, but changes in fashion and growing pressure from competitors made business increasingly difficult. Willhelm Dukes decided to reposition Wilhelm Jungmann & Neffe as a supplier

Auftragsbuch des k.u.k. Hoflieferanten Wilhelm Jungmann & Neffe mit Eintrag einer Bestellung für Kaiserin Elisabeth
Wien, 07.05.1894
Wilhelm Jungmann & Neffe Archiv, Buch 10, S. 10174
Foto: Sebastian Gansrigler
Order book with order for Empress Elisabeth of court-appointed supplier Wilhelm Jungmann & Neffe
Vienna, May 7, 1894

nachvollziehen zu können, muss man sich zwei wesentliche Faktoren vor Augen halten: Zum einen galten englische Stoffe, vor allem solche für Herren, damals als die weltweit besten, und zum anderen war es für Unternehmen auf dem Kontinent außerordentlich schwierig, mit englischen Grossisten oder Produzenten eine stabile Geschäftsverbindung aufzubauen. Wie bereits oben geschildert, war es Usus, Ware gegen Wechsel oder auf Kredit zu liefern – als englischer Lieferant und Warenkreditgeber traute man somit nur den renommiertesten und bestbeleumundetsten Unternehmen, die dadurch in den Vorteil kamen, ohne Zwischenhändler operieren zu können. Dazu kam, dass Devisen nach dem Ersten Weltkrieg immer strenger bewirtschaftet wurden, es wurde österreichischen Unternehmen ganz im Sinne des Protektionismus außerordentlich erschwert, im angelsächsischen Ausland Ware zu beziehen. Diese strategische Entscheidung Wilhelm Dukes' war außergewöhnlich klug, denn er verlegte den Schwerpunkt seiner unternehmerischen Tätigkeit auf ein besonders hochwertiges und teures Produkt, das noch dazu nicht leicht zu bekommen war. Auch der Kundenkreis begann sich zu ändern, war es vor dem Ersten Weltkrieg die internationale Aristokratie, so war es danach vor allem die internationale Wirtschaftselite und jene großbürgerlichen Familien,

of quality English fabrics. To understand this decision, two important factors need to be borne in mind. First, English fabrics, particularly for men, were regarded as the best in the world. Second, for companies on the continent it was extremely difficult to establish a sturdy business relationship with British wholesalers or manufacturers. As described above, it was customary to pay for supplies by bill of exchange or on credit. The British suppliers and commercial lenders, however, only trusted the most renowned and solid companies, who then had the advantage of not having to work through an intermediary. Added to this, foreign exchange was more strictly controlled after World War I and protectionist policies made it extremely difficult for Austrian companies to obtain goods from the Anglo-Saxon world.

Dukes's strategic decision was very clever because he shifted the focus of his business activities to high-quality and expensive products that were not easy to obtain. The company's clientele also began to change. Before the war it had included much of the international aristocracy; now it was above all the international business élite and those upper

Der Verkaufsraum von Wilhelm Jungmann & Neffe
Wien, 1925
Wilhelm Jungmann & Neffe Archiv
Foto: Sebastian Gansrigler
Interior of Wilhelm Jungmann & Neffe store
Vienna, c. 1925

die ihr Vermögen im Krieg nicht gänzlich verloren hatten. Dass Wilhelm Jungmann & Neffe bereits damals als Altwiener Unternehmen wahrgenommen wurde, beweist ein Artikel im Novemberheft 1925 der Zeitschrift *Die Bühne*, in dem es nicht ohne Wehmut heißt: „So spielen auch in der Geschichte dieses alten Hauses klingende Namen von weltgeschichtlicher Bedeutung hinüber. Die Tragödie von Mayerling spann seine Fäden hierher, denn die schöne Baronin Vetsera war hier Kunde so gut wie Kronprinzessin Stephanie, und wenn Rudolph draußen vorbeikutschierte, so wußte man nicht, welche von den beiden Frauen, die so tief in sein Leben eingriffen, er hinter den Spiegelscheiben suchte. Die Metternich, die prachtvolle Frau mit dem schäumenden Naturell, stellte sich eines Tages lustig und übermütig, hier hinter den Ladentisch und veranstaltete eine „Resten-Okkasion", die natürlich jubelnden Beifall fand. Makart wählte hier die prunkenden Stoffe und Seiden für seine Festzüge, Kaiser Wilhelm II. setzte mit eigener Hand, ins kleine und kleinlichste gehend, die Bestellungen fest, die seine Gattin hier machte. So ziehen hunderte Namen von Klang und Gewicht vorüber, hundert feine Anekdoten und zeichnen die Menschen von einst und – die von heute. Denn was das Haus Jungmann der Gesellschaft von früher war, das ist es auch dem Wien von heute geblieben."[14]

Wilhelm Dukes führte Wilhelm Jungmann & Neffe durch die turbulenten 1920er- und 1930er-Jahre, erst nach dem Tod seiner Frau Bertha 1936 setzte er sich in Baden bei Wien zur Ruhe und überließ seinen beiden Söhnen die operative Leitung. Am 10. Mai 1938 schied er als Gesellschafter aus und starb wenige Wochen später im 90. Lebensjahr am 19. Juni 1938 in Sulz/Wienerwald – er hatte dem Unternehmen 65 Jahre als Gesellschafter angehört.

Die Ereignisse der Jahre 1938 bis 1942

Wilhelm Dukes' Tod hinterließ eine kaum zu schließende Lücke, die seine beiden Söhne nicht füllen konnten. Vermutlich weil die ganze Familie evangelischer Konfession war und sowohl der Ehemann Dora Dukes', Fritz Hofbauer, als auch Leo Dukes' Frau Asta geb. Rosé nicht jüdischer Herkunft waren, gelang es Leo und Paul Stefan Dukes, das ihnen jeweils zur Hälfte gehörende Unternehmen zwischen April und September 1938 vor Zugriffen durch die Nationalsozialisten zu bewahren. Eine wesentliche Rolle in dieser Zeit dürfte der damalige Chefverkäufer Rudolf Kail gespielt haben, der dem Unternehmen seit dem Jahr 1911 angehörte und der das volle Vertrauen der Familie Dukes genoss. Am 14. Juli 1938 meldeten Leo und Paul Stefan Dukes als Juden ihr Vermögen der Vermögensverkehrsstelle, doch Leo entzog sich der weiteren Verfolgung und reiste noch am 28. Juli 1938 unter Zurücklassung seiner Frau nach Italien aus. Paul Stefan Dukes blieb mit seiner Frau Vera geb. Przibram, die von der nationalsozialistischen Rassenideologie als Mischling ersten Grades eingestuft worden war, und seinen drei Kindern in Wien. Noch im Juli 1938 wandte er sich an Rudolf Kail und drängte ihn, der NSDAP beizutreten, da dieser als Parteigenosse leichter bei Behörden intervenieren könne. Tatsächlich wurde Rudolf Kail im August 1938 als Parteianwärter eingetragen, und Paul Stefan Dukes und seine Familie scheinen an seiner Loyalität in keiner Weise gezweifelt zu haben. Dessen ungeachtet unterfertigte er

class families that had not lost all of their assets in the war. The status of Wilhelm Jungmann & Neffe as an established, old Viennese company is confirmed by a somewhat wistful article in the November 1925 issue of *Die Bühne*:

"Sonorous names of international historical significance resound in the history of this old, established business. It was here that the tragedy of Mayerling spun its web of intrigue since the beautiful Baroness Vetsera and Crown Princess Stephanie were both customers. Both women had a profound impact on Rudolf's life so that when he rode by in his coach it was hard to tell which of them he was hoping to glimpse behind the reflections on the windows. The magnificent Metternich with her bubbly natural allure once stood boldly and jauntily behind the counter and organized a "remainders sale," which was, of course, warmly applauded. Makart selected the magnificent fabrics and silks for his processions; Emperor Wilhelm II, who had an eye for the smallest details, personally checked the orders that his wife placed. Hundreds of persons of renown and repute have passed through the store's portals, and there are as many fine anecdotes to tell about the customers of the past—and the present. Jungmann's position in high society in the past continues unchanged in Viennese society of the present."[14]

Wilhelm Dukes managed Wilhelm Jungmann & Neffe through the turbulent 1920s and 1930s and it was not until the death of his wife Bertha in 1936 that he retired to Baden and left his sons in charge. He withdrew as a partner on May 10, 1938, and died at the age of ninety on June 19, 1938, in Sulz/Wienerwald. He had been a partner in the company for sixty-five years.

Events from 1938 to 1942

Wilhelm Dukes's death left a gap that his two sons were incapable of filling. Probably because the entire family was Protestant and both Dora Dukes's husband Fritz Hofbauer and Leo Dukes's wife Asta née Rosé were not Jewish, Leo and Paul Stefan Dukes managed to protect the company, which they owned together, from being seized by the Nazis between April and September 1938. The head salesman Rudolf Kail no doubt played an important role at this time. He had joined the company in 1911 and enjoyed the full confidence of the Dukes family.

On July 14, 1938, Leo and Paul Stefan Dukes reported their assets as Jews to the Property Transfer Office. Leo escaped further persecution by leaving without his wife for Italy on July 28, 1938. Paul Stefan Dukes remained in Vienna with his wife Vera née Przibram, who was classified according to the Nazi racial ideology as a 1st degree *Mischling*, and their three children.

In July he approached Kail and urged him to join the Nazi Party, since as a party member he would be able to intervene more easily with the authorities. Kail was put on a waiting

Anfang September 1938 ein Gedächtnisprotokoll, das durch den Kreishauptamtsleiter Leopold Rosenauer dem Wirtschaftsamt der Wiener NSDAP zugespielt wurde und in dem er zu Protokoll gibt: „Die Geschäftsgebarung der Firma besteht ausschließlich aus dem Import englischer Herrenstoffe, die dann am hiesigen Platz an Detailkunden abverkauft werden. Da ich seit 27 Jahren bei dieser Firma, als Einkäufer und Verkäufer, tätig bin (also die sonstige Geschäftsführung kenne), kommt mir vor d e Inhaber der Firma möchten eine stille Liquidation durchführen – da bis jetzt jeder Einkauf für die Frühjahrsaison verhindert wird. Das Lager wird abverkauft – dadurch mehrt sich immer mehr der Kassabestand und findet keine Verwertung, sodass man rechnen kann, dass in absehbarer Zeit nur mehr das leere Geschäft vorhanden sein wird. Da die Angestellten durchaus arisch sind, so laufen sie alle der Gefahr postenlos zu werden. Durch den jetzt kolossalen Geschäftsgang wurde ein Vermögen angehäuft. RM 10.000 sind bereits als sogenanntes Darlehen an die Firma Progress Wien III., Landstr. Hauptstr. 18 (die Inhaberin der Firma Progress ist die arische Gattin des nichtarischen Gesellschafters Leo Duckes) mit Bewilligung der Vermögensverkehrsstelle überwiesen worden. Da die Firma Progress eine Filiale in Triest besitzt und sich genannter Gesellschafter bereits in Italien befindet, besteht die Möglichkeit, dass weiteres Vermögen auf denselben Wege nach Italien verschleppt wird. Nach all den Anschaffungen, die der andere Gesellschafter hier tätigt und nach seinem ganzen Gebaren besteht die Wahrscheinlichkeit, dass eines Tages auch dieser Herr mit Familie und Vermögen in Italien landet. Da unser Zellenobmann, Hans Pechtl, beauftragter Gefolgsschaftführer der HJ, sich auf Parteiurlaub befindet, ich einstweilen sein Amt vertrete, sehe ich mich bemüßigt, die Partei davon in Kenntnis zu setzen, und bitte mir Richtlinien zu geben, wie ich mich weiter zu verhalten habe. Auch bitte ich um Geheimhaltung des Namens. Heil Hitler! Rudolf Kail."[15]

Die Vermögensverkehrsstelle reagierte umgehend und bestellte am 17. September 1938 den verdienten Parteigenossen und „illegalen Kämpfer" Karl Kudlik zum kommissarischen Verwalter, der als solcher am 30. September 1938 beim Wiener Handelsgericht protokolliert wurde. Karl Kudlik hatte zwar zwei Jahrgänge einer Textilschule besucht, war aber seit 1927 nur mehr als Inseratenwerber einer Radiozeitung beruflich tätig gewesen – seine fachliche Qualifikation war zweifellos nicht gegeben. Bereits am 11. Oktober 1938 wurde der Vermögensverkehrsstelle gemeldet, dass er „nicht nur aus der Branche und nach Meinung des Personals für ein solches Geschäft ungeeignet sei, darüber hinaus wurden keinerlei Maßnahmen zwecks „Arisierung" getroffen und der frühere Geschäftsinhaber sei weiterhin im Geschäfte tätig".[16] Am 12. Oktober 1938 wurde Karl Kudlik als kommissarischer Verwalter abberufen und die früheren Eigentümerverhältnisse wiederhergestellt. In seinem Abschlussbericht vom 14. Oktober 1938 wies aber auch er die Vermögensverkehrsstelle an, „bei Ansuchen der Firma Wilhelm Jungmann's Neffe um Freigabe von Kapitalien vorsichtig zu sein, speziell wenn im Zusammenhang die Firma Progress-Company genannt wird, da es sich um eine Firma handelt, die im Besitze der Familie steht".[17] Spätestens zu diesem Zeitpunkt war der Plan der beiden Brüder zur stillen Liquidierung gescheitert. Paul Stefan schien

list in August, and Paul Stefan Dukes and his family appear not to have doubted his loyalty in any way. He nevertheless signed a memorandum in September 1938, which was forwarded by Kreishauptamtsleiter (Nazi District Leader) Leopold Rosenauer to the Business Affairs Department of the Vienna Nazi Party. It stated:

"The company's business consists solely of the import of English men's fabrics, which are sold here to retail customers. As I have worked for twenty-seven years in this company as a buyer and seller (and am thus familiar with the other management functions), I believe that the owners of the company would like to silently wind up the company. They have so far prevented any purchases from being made for the spring season. The stocks are being sold off, with the result that the cash in hand is accumulating without being used for any other purpose. In the foreseeable future it is therefore likely that only the empty store will remain. As the employees are all Aryan, they are at risk of losing their employment. A fortune has been amassed as a result of the huge amount of business. RM 10,000 have already been transferred as a so-called "loan" to the Progress company at Landstr. Hauptstr. 18 in the 3rd district (the owner is the Aryan wife of the non-Aryan partner Leo Dukes) with the approval of the Property Transfer Office. As Progress has a branch in Trieste and the said partner is currently in Italy, it is possible that further assets will be smuggled to Italy in the same way. To judge by the purchases that the other partner here makes and his attitude as a whole, it is probable that one day this gentleman as well will end up in Italy with his family and fortune. As our Cell Foreman Hans Pechtl, Gefolgsschaftführer (Cadre Unit Leader) of the Hitler Youth, is on leave and I am temporarily deputizing for him, I feel obliged to inform the Party and request guidance as to how I should proceed. I also request that you do not disclose my name. Heil Hitler! Rudolf Kail."[15]

The Property Transfer Office reacted immediately and appointed the worthy Party member and "illegal combatant" Karl Kudlik as interim administrator. He was registered with the Vienna Commercial Court as such on September 30, 1938.

It was true that Karl Kudlik had attended two years at a textile school, but since 1927 he had simply been selling advertising space for a radio magazine. As such he had no professional qualifications for the position whatsoever. On October 11, 1938, the Property Transfer Office was informed that he was "not only unfamiliar with the line of business but also in the opinion of the staff completely unsuited for it. Moreover, no steps towards Aryanization have been taken and the former owner remains in business."[1] On October 12, 1938, Kudlik was relieved from his position as interim administrator and the former ownership situation restored. In his final report on October 14, 1938, he too, however, advised the

aber bereits einen anderen vielversprechenden Ausweg gefunden zu haben, denn er reiste mehrmals nach Ungarn und verschaffte sich eine Reihe an Dokumenten, die er in beglaubigter Abschrift beim Gau-Sippenamt einreichte und mit denen es ihm gelang, mittels Bescheid vom 2. Dezember 1938 als Mischling ersten Grades eingestuft zu werden. Die Konstruktion war gewagt, denn er gab an, sein Vater Wilhelm Dukes sei in Wirklichkeit als Sohn des ungarischen Adeligen Stefan de Garady und der Isabella Selley geboren und erst 1868 vom jüdischen Ehepaar Dukes adoptiert worden. Nachdem die Komorner jüdischen Matriken erst 1851 beginnen und es Paul Stefan Dukes gelang, einen gefälschten Taufschein seines Vaters zu beschaffen, wirkten diese Angaben auf das Gau-Sippenamt überzeugend, und so konnte er am 12. Dezember 1938 der Vermögensverkehrsstelle schreiben: „Als offener Gesellschafter der p. Fa. Wilhelm Jungmann & Neffe Wien I., Albertinaplatz 3 teile ich Ihnen höflichst mit, daß ich auf Grunde des Bescheides des Sippenamtes Zahl 16911 vom 2. Dezember 1938 nach Überprüfung der von mir vorgelegten Urkunden als Mischling I. Grades angesehen werde und als solcher Berechtigung habe, die vorerwähnte Firma weiterhin zu führen. Gleichzeitig bitte ich Sie, meine seinerzeitige Anmeldung (per 28. April a. c.) unter Berücksichtigung des Bescheides des Amtes für Sippenforschung, als gegenstandslos betrachten zu wollen."[18]

Bereits am 6. Dezember 1938 hatte er bei der Vermögensverkehrsstelle ein Ansuchen um Veräußerung seines seit 11. November 1938, vermutlich infolge des Novemberpogroms, geschlossenen Geschäfts gestellt, in dem der Unternehmenswert mit rund 38.000 RM bestimmt wurde. Am selben Tag wurde ihm jedoch beschieden: „Auf Grund des bei der Vermögensverkehrsstelle eingebrachten Ansuchens um Genehmigung der Veräußerung Ihrer Firma und des heute hier vorgelegten Abstammungsnachweises, wonach Sie als Mischling 1. Grades gelten, bestehen gegen die Eröffnung Ihres Geschäftes keine Bedenken. Sie dürfen Ihr Unternehmen als ‚Nichtjüdische Firma' bezeichnen."[19]

Mit Jahresende 1938 schied Leo Dukes als Gesellschafter aus, an seine Stelle trat am 1. Jänner 1939 mit Hans Sobotka, der ein Kapital von 10.000 RM einbrachte, ein neuer Teilhaber ein. Es erschließt sich aus den Akten nicht, woher Paul Stefan Dukes und Hans Sobotka einander kannten, doch kann Letzterer keinesfalls als erfahrener Textilkaufmann gesehen werden. Er hatte seit 1938 mehrfach versucht, der NSDAP beizutreten, gab sich als Dr. jur. aus und wurde als solcher Mitglied des NSV und des NS-Rechtswahrerbundes. Die Nationalsozialisten stellten zwischen 1938 und 1944 mehrmals Erhebungen über ihn an, die ihn jedoch für eine Parteimitgliedschaft ungeeignet erscheinen ließen. Er galt als notorischer Aufschneider, Angeber und „arbeitsscheu" mit einem Hang zum Größenwahn, und nur vor diesem Hintergrund ist zu verstehen, dass er und Paul Stefan Dukes im Februar 1939 bei der Vermögensverkehrsstelle um den Titel „arische Firma" einkamen. Das Verfahren zog sich, hauptsächlich, weil Hans Sobotka die von der Vermögensverkehrsstelle angeforderten Dokumente erst mit großer Verspätung vorlegte, in die Länge und mündete im Juli 1939 in der Erkenntnis, dass der Betrieb „im Sinne der dritten Verordnung zum Reichsbürgergesetz als nicht jüdisch" zu gelten habe. Paul Stefan Dukes hatte in der Zwischenzeit durch das Vorlegen weiterer gefälsch-

Property Transfer Office "to be cautious with applications by Wilhelm Jungmann's Neffe for the release of capital, particularly in connection with the Progress company, as this company is owned by the family."[17] At this moment at the latest, the brothers' plans to discreetly wind up the company foundered. Paul Stefan appears, however, already to have found another promising solution. He traveled several times to Hungary and obtained a number of documents and submitted certified copies of them to the Gau-Sippenamt (Gau Kinship Office).

On the basis of these documents he was notified on December 2, 1938, of his classification as a 1st degree *Mischling*. It was a bold move: He claimed that his father Wilhelm Dukes had in reality been the son of the Hungarian aristocrat Stefan de Garady and Isabella Selley and that he had only been adopted by the Jewish Dukes family in 1868. Since Jewish records in Komorn begin only in 1851, and Paul Stefan Dukes had managed to obtain a counterfeit baptism certificate for his father, the Gau-Sippenamt believed him, and he was able to write on December 12, 1938, to the Property Transfer Office:

"As general partner of Wilhelm Jungmann & Neffe, Vienna I, Albertinaplatz 3, I respectfully request that, pursuant to the decision of the Sippenamt, No. 16911 of December 2, 1938, on the basis of documents submitted to it, I be regarded as a 1st degree *Mischling* and as such be entitled to continue to manage the above-mentioned company. At the same time, I request that, in consideration of the decision of the Department for Kinship Research, you regard my application of April 28 as groundless."[18]

On December 6, 1938, he had applied to the Property Transfer Office for the sale of his business, whose market value was put at around RM 38,000 and which had been closed since November 11, 1938, no doubt in the wake of the November Pogrom. On the same day, however, it was decided:

"In response to the application submitted to the Property Transfer Office for approval of the sale of your company and the certificate of origin submitted on this day indicating your classification as a 1st degree *Mischling*, there are no objections to the opening of your business. You may designate your company as "non-Jewish."[19]

Leo Dukes withdrew as partner at the end of 1938, to be replaced from January 1, 1939, by Hans Sobotka, as new shareholder with a capital contribution of RM 10,000. There is no indication in the files as to how Paul Stefan Dukes and Hans Sobotka knew one another, but Sobotka was on no account an experienced textile merchant. He had attempted several times in 1938 to join the Nazi Party, claimed to have a doctorate in law and was admitted as such to the National Socialist People's Welfare (NSV) and National Socialist Association of Legal Professionals (NS-Rechtswahrerbund). Between 1938 and 1944, the Nazis conducted several inquiries

ter Dokumente auch erreicht, als sogenannter Mischling zweiten Grades eingestuft zu werden, und am 5. Juni 1939 einen entsprechenden Bescheid beim Gau-Sippenamt ausgestellt zu bekommen. Noch am 21. Mai 1940 wurde Paul Stefan de Garady (Dukes), wie er sich nunmehr im Schriftverkehr zumeist nannte, dies vom Gauamt für Sippenforschung bestätigt. Im September 1940 wurden anlässlich einer weiteren Abstammungsüberprüfung Zweifel an der Echtheit der von ihm vorgelegten Abschriften laut, und so erging am 17. Oktober 1940 an den Rechtsanwalt der Familie Dr. Erich Zeiner die Aufforderung, die notwendigen Urkunden im Original vorzuweisen. Paul Stefan Dukes wurde am 19. Oktober angewiesen, mit allen Dokumenten am 23. Oktober 1940 um 10 Uhr im Amt für Sippenforschung zu erscheinen. An diesem Tag um 6 Uhr früh stürzte er sich aus dem Fenster seiner im dritten Stock des Hauses I., Dr.-Karl-Lueger-Ring 6 gelegenen Wohnung und starb wenige Stunden später im Allgemeinen Krankenhaus. Auch wenn man zweifellos in der Verfolgung durch die NS-Behörden den Hauptgrund für diese Verzweiflungstat sehen muss, darf ein weiterer Aspekt nicht außer Acht gelassen werden: Der „Anschluss" Österreichs an das Deutsche Reich hatte das Geschäftsmodell von Jungmann & Neffe, den für Wien fast exklusiven Handel mit englischen Stoffen der obersten Kategorie, zerstört, denn sowohl die Devisenbewirtschaftung als auch der Kriegsbeginn machten Importe aus Großbritannien unmöglich. Paul Stefan Dukes und sein Kompagnon Hans Sobotka versuchten dies durch den Handel mit deutschen und tschechischen Fabrikaten zu kompensieren, doch der Markt für diese Artikel war wesentlich schwieriger und unterlag wegen der großen Konkurrenz einem starken Preisdruck. Schon die Frühlingssaison 1940 dürfte nicht sehr gut gelaufen sein, und auch der Geschäftsgang im Herbst diesen Jahres verlief schleppend. Im Zuge des Verlassenschaftsverfahrens zeigte sich die Misere in ihrer ganzen Deutlichkeit, denn im Jahr 1940 überstiegen die Privatentnahmen der Gesellschafter deren Gewinnanteile bereits erheblich. Auch die mit Stichtag 22. Oktober 1940 erstellte Bilanz zeigt deutlich, in welcher Schieflage sich das Unternehmen mittlerweile befand, denn dem Aktivvermögen (Waren, Kassa, Bankguthaben und Debitoren) von rund 23.000 RM standen Passiva (Kreditoren) von 18.400 RM gegenüber. Berücksichtigt man darüber hinaus, dass das Unternehmen vom Gesellschafter Hans Sobotka 6.100 RM und von Paul Stefan Dukes 1.367 RM als Forderung bei den Debitoren zu verbuchen hatte, schmolzen die Aktiva auf rund 15.500 RM zusammen – die Firma war überschuldet. Weder Vera Dukes noch Hans Sobotka waren in der Lage, das Unternehmen weiter zu führen. Das Verlassenschaftsverfahren zog sich unterdessen in die Länge, sodass Vera Dukes Ende April 1941 den Wiener Rechtsanwalt Aladar Baron von Döry zu ihrem Bevollmächtigten ernannte und im September 1941 mit ihren Kindern nach Budapest zog, wo sie bald darauf ihren zweiten Ehemann, Karl Graf Teleki, kennen lernte. Aladar Döry fasste seine Tätigkeit in den Jahren 1940/41 in einem Schreiben vom 27. März 1942 an den das Verlassenschaftsverfahren führenden Notar zusammen und ersuchte diesen um die pflegschaftsbehördliche Genehmigung der Veräußerung: „Ich habe als Bevollmächtigter der Frau Vera de Garady, Mutter und Vormünderin der mj. bedingt erbserklärten Kinder des Herrn Paul Stefan Dukes, die beiden Übereinkom-

about him, which appear to have indicated that he was not, however, qualified for membership of the Party.

He was known as a notorious bragger, charlatan, and shirker with a tendency to megalomania. This is the only possible explanation for the fact that he and Paul Stefan Dukes were able to apply to the Property Transfer Office in February 1939 for the title of "Aryan company".

The process was delayed mainly because Sobotka was slow in producing the required documents, but it was finally concluded in July 1939 with the decision that the company was to be regarded as "non-Jewish in the sense of the Third Regulation to the Reich Citizenship Act."

In the meantime, Paul Stefan Dukes had submitted further forged documents enabling him to be classified as a 2nd degree *Mischling*, receiving notification to that effect from the Gau-Sippenamt on June 5, 1939. Additional confirmation for Paul Stefan de Garady (Dukes), as he now usually signed himself, was received on May 21, 1940 from the Office for Kinship Research. In a racial re-examination in September 1940, doubts were expressed about the authenticity of the copies, and the family lawyer Dr. Erich Zeiner was requested on October 17, 1940, to present the original documents. Paul Stefan Dukes was ordered on October 19 to appear at 10 a.m. on October 23 at the Office for Kinship Research with all documents. At 6 a.m. on that day he jumped out of the window of his third-floor apartment at Dr.-Karl-Lueger-Ring 6 in the 1st district and died a few hours later in the General Hospital.

Although persecution by the Nazi authorities was no doubt the main reason for this desperate act, a further aspect should not be ignored. The "annexation" of Austria to the Third Reich had destroyed Jungmann & Neffe's position as the almost exclusive supplier of high-quality English textiles in Vienna, since the foreign currency regulations and the outbreak of the war made it impossible to import goods from Great Britain. Paul Stefan Dukes and his partner Hans Sobotka attempted to make up for this through trade with German and Czech manufacturers, but the market for these articles was much more difficult and subject to considerable pricing pressure on account of fierce competition. The 1940 spring season must already have been disappointing, and business in the fall of that year was also sluggish.

The probate proceedings highlighted this miserable situation, because the private withdrawals by the partners in 1940 far exceeded their share in the profits. The financial statements on October 22, 1940, also clearly indicated the company's dire straits: assets (goods, cash, bank deposits and accounts receivable) of RM 23,000 were offset by liabilities (accounts payable) of RM 18,400.

Bearing in mind that Hans Sobotka had entered RM 6,100 and Paul Stefan Dukes RM 1,367 as accounts receivable, the assets were reduced to just RM 15,500, in other words the company was over-indebted. Neither Vera Dukes nor Hans

men hinsichtlich des Geschäftsanteiles an der Firma Wilhelm Jungmann & Neffe aus nachfolgenden Erwägungen geschlossen. Die Firma Wilhelm Jungmann & Neffe war im Zeitpunkt des Ablebens von Paul Stefan Dukes ohne irgendwelche Barmittel. Das Warenlager war fast vollkommen aufgezehrt, die Gesellschafter selbst hatten bei der Firma Schulden, wie aus der dem Verlassenschaftsgericht vorliegenden Bilanz per Todestag eindeutig hervorgeht. Obendrein bestanden noch offene Warenforderungen gegen die Firma, für die das vorhandene Warenlager keine Deckung bot. Der zweite Gesellschafter, Herr Dr. Hans Sobotka, war vollkommen mittellos, zur Geschäftsführung unfähig und über seine moralischen Qualitäten konnte man sehr geteilter Ansicht sein. Die Firma selbst konnte nur von einem sehr gewiegten Fachmann geführt werden, der auch kaufmännisch genug Bildung hatte. Der langjährige erste und einzige Angestellte der Firma, Herr Rudolf Kail, besitzt zwar eine genügend fachmännische Bildung, er erklärte sich aber dennoch außerstande, die alleinige Verantwortung für die Führung des Geschäftes zu tragen, da das Geschäft ohne Zuschuß bedeutender Barmittel nicht flott gemacht werden konnte. Es mußte daher mein Streben sein, sowohl den zweiten Gesellschafter, Herrn Dr. Sobotka, in erster Linie aus der Firma zu entfernen, damit durch seine Machinationen der Firma und der Verlassenschaft kein nennenswerter Schaden erwächst, in zweiter Linie neue und bedeutende Barmittel dem Geschäfte zuzuführen. Nach endlosen Verhandlungen mit einer Unzahl von Interessenten ist es mir endlich geglückt, in Herrn Walter Suchy einen kapitalskräftigen, unternehmungslustigen und kaufmännisch und geschäftlich genügend versierten Interessenten zu finden. [...] Bei der verzweifelten Lage der Firma und der Verlassenschaft habe ich demnach keinen anderen Ausweg gekannt, als den Verkauf der Firma dagegen, daß Herr Walter Suchy als Käufer der Firma die Bezahlung aller Passiven und die ordentliche Versorgung des langjährigen Angestellten, des Herrn Rudolf Kail, übernahm und die Verlassenschaft in dieser Hinsicht vollkommen klag- und schadlos zu halten sich verpflichtete. Aus meinen monatelangen Verhandlungen mit diversen Geschäftsleuten mußte ich ersehen, daß dies das günstigste Arrangement wäre, das ich für die mj. Kinder treffen könne. Hätte ich dieses Arrangement nicht getroffen, so wäre die Firma als passives, nicht lebensfähiges Unternehmen amtlich geschlossen worden, und die Verlassenschaft hätte sowohl für die Geschäftsschulden als auch für die Angestelltenforderung des Herrn Rudolf Kail aufzukommen gehabt."[20]

Anfang November 1941 trafen Dr. Aladar Döry sowie Walter Suchy und seine Frau Fernande in der Kanzlei des Dr. Erich Zeiner zwei Übereinkommen, in denen Walter Suchy „sämtliche Verpflichtungen welcher Art immer, die die Verlassenschaft nach Paul Stefan Dukes am Stichtag aus ihrer Beteiligung als offene Gesellschafterin dieser Firma noch besitzen sollte", übernahm, „ohne dadurch irgendwelche Regreßansprüche gegen die Verlassenschaft zu erlangen".[21]

Er musste den Chefverkäufer Rudolf Kail übernehmen und verpflichtete sich auch gegenüber der Verlassenschaft, für dessen Abfertigungsansprüche, die mit über 10.000 RM bemessen wurden, aufzukommen. Er übernahm die noch offenen Lieferantenverbindlichkeiten und hatte für die aushaftenden Einkommensteuerschulden zu haften,

Sobotka were in a position to continue to manage the company.

The probate proceedings were also protracted, with the result that in late April 1941 Vera Dukes appointed the Vienna attorney Baron Aladar von Döry as her authorized representative and in September of that year moved with her children to Budapest, where she soon met her second husband Count Karl Teleki. Aladar Döry summarized his work in 1940/41 in a letter of March 27, 1942, to the notary in charge of the probate proceedings and requested custodial approval for sale:

"As authorized representative of Frau Vera de Garady, mother and guardian of the minor children of Paul Stefan Dukes, who have conditionally accepted the inheritance, I have concluded two agreements on the shares in Wilhelm Jungmann & Neffe for the following reasons. Wilhelm Jungmann & Neffe had no cash assets at the time of Paul Stefan Dukes's death. The stocks were almost completely depleted and the partners themselves were owed money by the company, as can be seen from the financial statements on the date of death presented to the Probate Court. Moreover, there were orders for goods from the company that could not be covered by the existing stocks. The second partner, Dr. Hans Sobotka, was completely without means and unfit to manage the company. His moral qualities also left much to be desired. The company itself could be managed only by a very experienced specialist with appropriate commercial training. Rudolf Kail, the long-standing first and only employee of the company, had such professional training but was unwilling to take sole responsibility for management of the business as it could not be kept afloat without a significant injection of cash. I was therefore obliged first to remove the second partner, Dr. Sobotka, so as to prevent any appreciable damage to the company and the estate through his machinations, and second to provide the business with a significant new cash influx. After endless negotiations with a large number of potential parties, I finally managed to find a well-funded, enterprising party with sufficient commercial and business experience by the name of Herr Walter Suchy. [...] In view of the desperate situation of the company and the estate, I had no other choice than to sell the company, given that Herr Walter Suchy as purchaser of the company has undertaken to pay all liabilities and to take over the pension of the long-standing employee and to hold the estate completely harmless in that regard. Following my month-long negotiations with various businessmen I realized that this was the most favorable arrangement that I could obtain for the minor children. If I had not concluded this arrangement, the company would have been officially wound up as being indebted and not viable, and the estate would have been used to meet the business debts and the pension claims of Herr Rudolf Kail."[20]

In early November 1941 in the offices of Dr. Erich Zeiner, Dr. Aladar Döry concluded two agreements with Walter

wobei Letztere im Februar 1942 auf 18.800 RM taxiert wurden. Dafür erhielten er und seine Frau den der Verlassenschaft nach Paul Stefan Dukes gehörenden Gesellschaftsanteil sowie jenen Hans Sobotkas und das Recht, den Firmennamen unverändert weiter führen zu dürfen.

Bombennächte, das Wirtschaftswunder und ein langer Winterschlaf – Die Ära Walter Suchys und seiner Tochter Margit

Wie durch ein Wunder überstand das Haus am Albertinaplatz auch die Endphase des Zweiten Weltkriegs mit nur geringen Schäden. Zwar gingen alle Fensterscheiben zu Bruch, und sowohl das Portal als auch die Fassade des Geschäftes wurden beschädigt, doch schwere Schäden wie an der nahen Staatsoper, dem Philipphof und der Albertina mussten nicht verzeichnet werden. Das Geschäftslokal wurde zwar ausgeraubt, aber es war Walter Suchy gelungen, den größten Teil des Warenlagers in der Alten Leopoldsapotheke in der Plankengasse, deren Besitzer Georg Hugh-Bloch ein enger Freund der Familie war, vor den Zugriffen der Plünderer zu verstecken. Bereits 1945 begann man mit dem Wiederaufbau, und es ist allein dem kaufmännischen Geschick Walter Suchys zu danken, dass Jungmann & Neffe innerhalb kürzester Zeit den Geschäftsverkehr mit England aufnehmen konnte und wieder zum führenden Importeur hochwertiger englischer Stoffe wurde. Im Gegensatz zu den meisten seiner Zeitgenossen erkannte er die künstlerische Qualität der historistischen Geschäftsausstattung und setzte sie wieder instand – einzig bei den Beleuchtungskörpern musste er einen Kompromiss eingehen, denn die auf Gaslicht ausgelegten alten Leuchtgloben konnten die Ansprüche des 20. Jahrhunderts kaum erfüllen. Als Walter Suchy 1957 an den Folgen eines Herzleidens starb, hinterließ er seiner 1925 geborenen Tochter Margit ein

Suchy and his wife Fernande, by which Walter Suchy took over "all liabilities of whatever kind or nature, pertaining to the estate of Paul Stefan Dukes on the effective date from his involvement as general partner in this company, without any claims for compensation being effected aga nst this estate."[21]

He had to take over the head salesman Rudolf Kail and undertook to meet the settlement claims of the estate, set at over RM 10,000. He assumed the unpaid supplier liabilities and the outstanding income tax, amounting in February 1942 to RM 18,800. In return, he and his wife obtained the shareholding from the estate of Paul Stefan Dukes and that of Hans Sobotka, as well as the right to continue to use the company name.

Air raids, the economic miracle, and a long hibernation—the era of Walter Suchy and his daughter Margit

As if by miracle, the building on Albertinaplatz survived the final stages of World War II with little damage. The windows were all broken and both the entrance and façade were damaged, but it did not suffer any of the serious damage experienced by the nearby State Opera, Philipphof, and Albertina. The store was plundered, but Walter Suchy managed to hide most of the stocks in the Alte Leopoldsapctheke in Plankengasse, whose owner Georg Hugh-Bloch was a close friend of the family. He began to reconstruct the business in 1945, and it is due solely to Suchy's business acumen that Jungmann & Neffe was able to start trading with Britain so

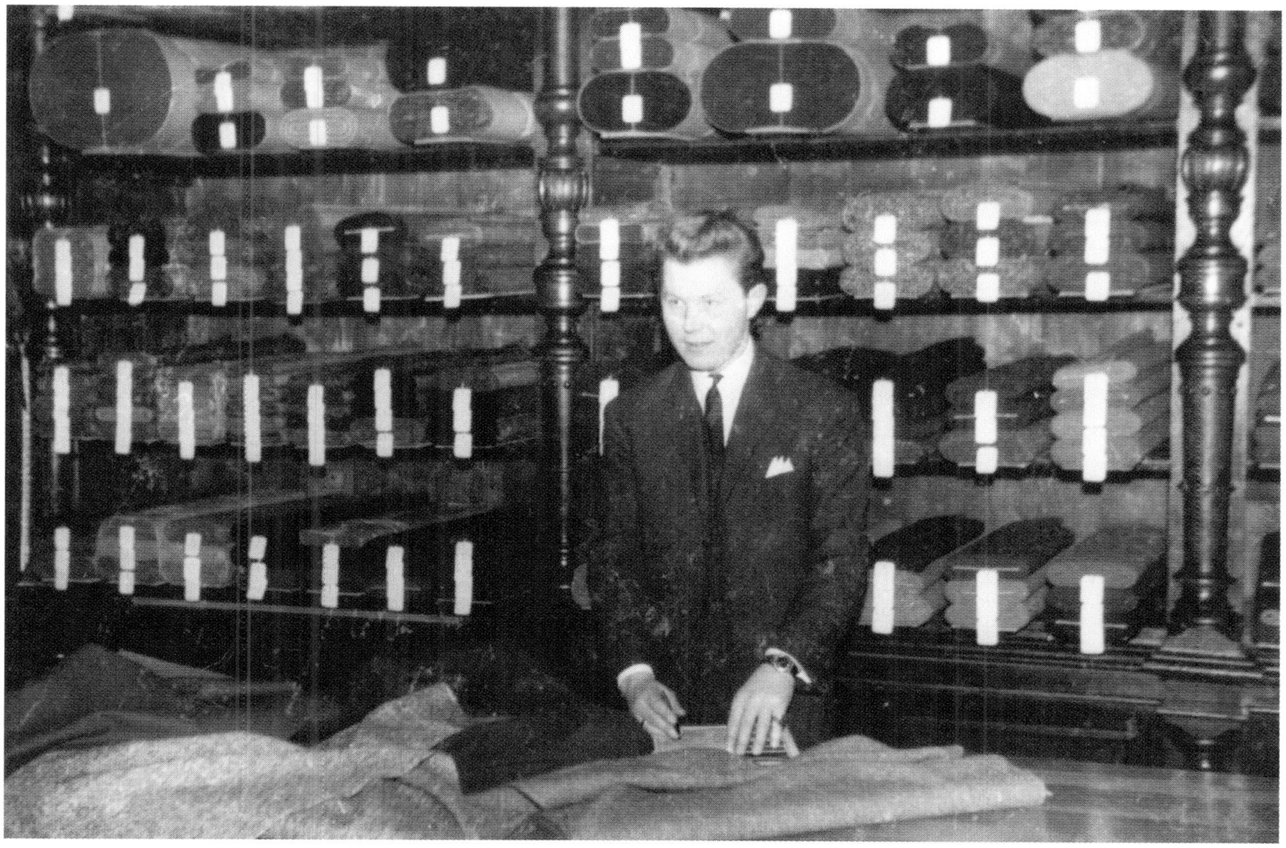

Ein Mitarbeiter im Geschäftslokal von Wilhelm Jungmann & Neffe am Albertinaplatz Wien, Mitte 1960er-Jahre
Wilhelm Jungmann & Neffe Archiv
A sales assistant in the Wilhelm Jungmann & Neffe store on Albertinaplatz Vienna, mid-1960s

florierendes Unternehmen, doch es war ihr nicht gegeben, dieses mit ähnlichem Schwung zu führen. Unter ihrer Leitung, sie starb 1977 an den Folgen einer Krebserkrankung, verfiel Jungmann & Neffe, wie viele andere österreichische Unternehmen dieser Zeit auch, in einen hibernalen Status. Wien war, an den Rand des Eisernen Vorhangs gedrängt, abgeschnitten von den Handelsströmen, und nicht nur Fremde hatten den Eindruck einer langsam absterbenden Stadt.

Die Ära der Magdalena Neunteufel-Gaugusch 1977–2005

Die 1949 geborene Magdalena Suchy, Enkelin Walters, übernahm 1977 unter denkbar schwierigen Umständen das Unternehmen. Zwar war Jungmann & Neffe schuldenfrei, aber die Umsatzzahlen waren rückläufig, und jahrelang war zu wenig investiert worden. Dazu kam, dass sie als studierte Biologin und geschiedene Frau mit zwei kleinen Kindern in den Augen der damaligen männlichen Geschäfts- und Gesellschaftswelt kaum die Voraussetzungen zur Führung eines Traditionsbetriebs erfüllte. Vielfach wurde ihr zu verstehen gegeben, sie solle das „dunkle Loch" doch lieber verkaufen und sich als Mutter ihren Kindern widmen. Auch erwies es sich als außerordentlich schwierig, als Frau einen Geschäftskredit für die wichtigsten Investitionen zu erhalten – denn geschiedene Frauen seien, wie ihr ein Bankdirektor mitteilen ließ, nicht als zuverlässige Bankkunden einzustufen. Einzig ein Direktor des ÖCI glaubte an sie und gewährte ihr den ersten Kredit, durch den sie die dringend notwendigen Mittel erhielt. Sie investierte von 1977 bis Mitte der 1980er-Jahre jeden freien Schilling in die Renovierung des Geschäftslokals und begann das Geschäftsfeld zu erweitern. Ein erster großer Erfolg stellte sich ein, als es ihr gelang, Cashmerestoffe für Sakkos in Wien einzuführen, denn diese teure und exklusive Ware war bis dahin in Wien kaum zu bekommen. Daneben begann sie, zusätzlich zu den Stoffen alle Arten von Seidenaccessoires in das Warenprogramm aufzunehmen. Anfangs ausschließlich Krawatten, doch bald folgten Tücher, Schals und Stecktücher, wobei auch bei dieser Produktgruppe das Prinzip hochgehalten wurde, keine billige, sondern ausschließlich höchstqualitative Ware zu führen. Mag. Magda Neunteufel, sie hatte 1980 zum zweiten Mal geheiratet, vermochte mit der ihr eigenen Beharrlichkeit Jungmann & Neffe durch die 1980er-Jahre zu führen, in denen das traditionelle Handwerk der Schneiderei und der klassische Stil zugunsten der günstigeren Konfektion und modischer Extravaganzen immer mehr unter Druck kam. Aber erst als 1989 der Eiserne Vorhang fiel und Wien wieder in das Zentrum des Kontinents rückte, änderten sich die Rahmenbedingungen grundlegend, und der EU-Beitritt 1995 eröffnete gänzlich neue Perspektiven. Doch zuvor musste noch eine ganz andere Bedrohung aus der Welt geschaffen werden, denn 1994 trat eine Novelle des Mietrechtsgesetzes in Kraft, durch die alte Geschäftsmieten drastisch angehoben werden konnten. Es gelang jedoch sehr schnell, mit dem damaligen Hausbesitzer Dr. Siegfried von Seemann ein Übereinkommen zu treffen, durch das die Miete auf ein für ihn akzeptables und für Jungmann & Neffe leistbares Niveau gehoben wurde. Im Gegensatz zu vielen anderen Traditionsbetrieben der Wiener Innenstadt wurde die Novelle nicht zum Todesurteil, sondern bewirkte, dass die in die Mietzinsverhandlungen eingebundenen Kinder Magda Neunteufels im

quickly and to become again the leading importer of high-quality English fabrics.

Unlike most of his contemporaries, he recognized the artistic quality of the Historicist store interior and restored it. The only compromise he had to make was with the lighting, as the old gas-lit globes were no longer in line with twentieth-century demands. When Walter Suchy died of heart disease in 1957, he bequeathed a flourishing business to his daughter Margit, born in 1925, but she was not able to manage it with the same flair. She died of cancer in 1977, and under her direction Jungmann & Neffe, like many other Austrian companies at this time, went into hibernation. Pressed up against the edge of the Iron Curtain, Vienna was cut off from trade flows, and residents and visitors alike had the feeling that it was a dying city.

The era of Magdalena Neunteufel-Gaugusch (1977–2005)

Magdalena Suchy, born in 1949, was the granddaughter of Walter Suchy. She took over the business in highly difficult circumstances in 1977. Although Jungmann & Neffe had no debts, sales were flagging, and over a long period too little had been invested in the business. Added to this was the fact that as a graduate in biology, divorced with two small children, she was not considered by the male-dominated business and social world of the time to have the wherewithal to manage a traditional company. She was given to understand on numerous occasions that she should sell this "dark hole" and concentrate on her role as a mother. It was also extremely difficult as a woman to obtain business loans for the vital investments. According to one bank director, divorcees were not considered reliable risks. The director of the Österreichisches Kredit-Institut was the only one to have faith in her. He granted her first loan, which provided her with urgently needed resources.

From 1977 until the mid-1980s she invested every available schilling in renovating the store and at the same time began to expand her business activities. She achieved her first great success when she managed to introduce cashmere fabrics for jackets, expensive and exclusive materials that had been almost impossible to obtain in Vienna hitherto. She also began to include a variety of silk accessories alongside fabrics in the product range. Starting with neckties, she then added scarves, shawls, and handkerchiefs, remaining true to the principle of selling only the highest quality goods.

Having married a second time in 1980, Magda Neunteufel resolutely guided Jungmann & Neffe through the 1980s, an era in which traditional bespoke tailoring and classic styles had to compete increasingly with cheaper ready-to-wear clothes and fashion extravagances. The situation did not change fundamentally until the fall of the Iron Curtain in 1989, which placed Vienna once again at the center of the

mütterlichen Betrieb keine todgeweihte Altlast, sondern ein zukunftsfähiges Unternehmen sahen. Mag. Magda Neunteufel begann in den 1990er-Jahren, mit internationalen Schneidern zu kooperieren, und vermochte so, Jungmann & Neffe wieder zu jenem internationalen Namen zu verhelfen, den das Unternehmen bis zum Zweiten Weltkrieg hatte. Daneben gelang es ihr, durch enge Zusammenarbeit mit italienischen und englischen Fabrikanten über exklusive und hochwertige Ware zu verfügen. Als sie 2005 schwer erkrankte, übernahm ihr 1974 geborener Sohn Dipl.-Ing. Georg Gaugusch die Führung des Unternehmens – es wird späteren Generationen gegeben sein, über seinen Anteil an der Geschichte von Jungmann & Neffe zu berichten.

Archivalische Quellen / Archival Sources:

Firmenakten des Firmenbuchs Wien: Firmenbuchnummer 1342z und Handelsregisternummer HRA 8516 (Handelsgericht Wien).

Österreichisches Staatsarchiv – Abt. Haus-, Hof- und Staatsarchiv: Akten des Obersthofmeisteramtes 12/1881 (Hoftitel); Abt. Archiv der Republik: Akten der Vermögensverkehrsstelle Wien: Stat 6595/III und Stat 7620; Komm. Verwalter und Treuhänder: Akt 11350; Akt S8008; Gauakten: PB 20209 (Hans Sobotka, geb. 24. Oktober 1897); Vermögensanmeldungen: 16886 (Paul Stefan Dukes), 38705 (Leo Dukes), 38706 (Asta Dukes), 17005 (Dora Hofbauer).

Wiener Stadt- und Landesarchiv: Verlassenschaftsakten: Franz Dukes (BG Neubau 1A 167/1908), Josef Dukes (Handelsgericht Wien 93/1911), Max Dukes (Handelsgericht Wien 136/1910), Paul Stefan Dukes (BG Innere Stadt 6P 113/1952), Wilhelm Dukes (BG Döbling 9A 672/1938), Wilhelm Jungmann (BG Neubau 1A 126/1914); MA 119 A42 (NS-Registrierungen): 1./8./9. Bezirk 886/I (Rudolf Kail); Akten des Gauamts für Sippenforschung Wien: A6 (Abstammungserhebungen): Paul Stefan Dukes; Meldearchiv.

1 Dieser Artikel ist eine auf den im Rahmen dieser Publikation zur Verfügung stehenden Raum gekürzte Version. Eine ausführlichere wird voraussichtlich ebenfalls im Jahr 2017 erscheinen.
2 Zur Familie Jungmann vgl. Georg GAUGUSCH: Wer einmal war A–K. Das jüdische Großbürgertum Wiens 1800–1938, 1. Band, Wien 2011, S. 1296–1297.
3 Zur Familie Friedländer vgl. GAUGUSCH, Wien 2011, S. 760–763; zu Isak Friedländer und den von ihm erworbenen Ringstraßenparzellen vgl. die Tabelle 1 und 2 in Georg GAUGUSCH: Der jüdische Hausbesitz in der Wiener Innenstadt und der Ringstraßenzone, in: Gabriele KOHLBAUER-FRITZ (Hrsg.): Ringstraße – Ein jüdischer Boulevard, Wien 2015.
4 Zu allen genannten Familien vgl. GAUGUSCH, Wien 2011.
5 Neue Freie Presse vom 10.11.1878, S. 5.
6 Österr. Staatsarchiv, Haus-, Hof- und Staatsarchiv, Obersthofmeistamt 12/1881 (Hoftitel Jungmann/Dukes).
7 Ebenda.
8 Österr. Staatsarchiv, Haus-, Hof- und Staatsarchiv, Obersthofmeisteramt 12/1881 (Hoftitel Jungmann/Dukes).
9 Vgl. zum Beispiel das Inserat in der Neuen Freien Presse vom 14.08.1881, S. 19 und vom 06.09.1881, S. 13.
10 Neue Freie Presse vom 10.09.1881. S. 6.
11 Beilage Nr. 83 zur Zeitschrift Gerichtshalle vom 16.10.1882, S. 431.
12 Wiener Salonblatt vom 17.09.1882, S. 10–11.
13 Prager Tagblatt vom 13.10.1882 (Beilage), S. 8.
14 Die Bühne 52/1925 (November 1925), S. 58–59.
15 Österr. Staatsarchiv, Archiv der Republik, Akten der Vermögensverkehrsstelle Wien, Komm. Verwalter und Treuhänder Akt. 11.350, Gedächtnisprotokoll Rudolf Kail.
16 Österr. Staatsarchiv, Archiv der Republik, Akten der Vermögensverkehrsstelle Wien, Komm. Verwalter und Treuhänder Akt. 11.350, Fragebogen für die Überprüfung der kommissarischen Verwalter.
17 Österr. Staatsarchiv, Archiv der Republik, Akten der Vermögensverkehrsstelle Wien, Komm. Verwalter und Treuhänder Akt. 11.350, Schlussbericht des kommissarischen Verwalters Karl Kudlik.
18 Österr. Staatsarchiv, Archiv der Republik, Akten der Vermögensverkehrsstelle Wien, Vermögensanmeldung 16886 (Paul Stefan Dukes).
19 Österr. Staatsarchiv, Archiv der Republik, Akten der Vermögensverkehrsstelle Wien, Stat 6596/III.
20 Wiener Stadt- und Landesarchiv, BG Innere Stadt 6P 113/1952 (Verlassenschaftsakt Paul Stefan Dukes).
21 Ebenda.

continent. Membership of the European Union in 1995 opened up completely new perspectives.

Before this, however, a threat of a completely different kind had to be dealt with. In 1994 an amendment to the Rent Act came into force, causing a huge increase in rent for old business premises. An agreement was quickly reached with the proprietor Dr. Siegfried von Seemann by which the rent was increased to a level acceptable to him and affordable for Jungmann & Neffe. In contrast to many other established businesses in the city center, the amendment was not a death sentence but enabled Magda Neuteufel's children, who were involved in the lease negotiations, to view the firm as a sustainable business rather than a moribund liability.

Magda Neunteufel began to work in the 1990s with international tailors, helping Jungmann & Neffe once again to achieve the international reputation that the company had enjoyed before World War II. Through close cooperation with Italian and British manufacturers, she also managed to obtain exclusive high-quality goods. When she became seriously ill in 2005, her son Georg Gaugusch, born in 1974, took over the management of the business. It will be up to future generations to relate his contribution to the history of Jungmann & Neffe.

1 This article has been shortened for the catalogue. A longer version is planned for publication in 2017.
2 For information about the Jungmann family, see Georg Gaugusch, *Wer einmal war A–K: Das jüdische Grossbürgertum Wiens 1800–1938*, vol. 1 (Vienna, 2011), pp. 1296–97.
3 For information on the Friedländer family, see ibid., pp. 760–63; re. Isak Friedländer and the Ringstrasse lots acquired by him, see tables 1 and 2 in Georg Gaugusch, "Der jüdische Hausbesitz in der Wiener Innenstadt und der Ringstraßenzone," in Gabriele Kohlbauer-Fritz, ed., *Ringstrasse – A Jewish Boulevard* (Vienna, 2015).
4 For information on all the mentioned families see Gaugusch, *Wer einmal war A–K* (Vienna, 2011).
5 *Neue Freie Presse*, November 10, 1878, p. 5.
6 Österr. Staatsarchiv, Haus-, Hof- und Staatsarchiv, Obersthofmeistamt 12/1881 (Hoftitel Jungmann/Dukes).
7 Ibid.
8 Ibid.
9 See, for example, the advertisements in *Neue Freie Presse*, August 14, 1881, p. 19, and September 6, 1881, p. 13.
10 *Neue Freie Presse*, September 10,1881. p. 6.
11 Supplement No. 83 to *Gerichtshalle: Zeitschrift für Rechtspflege und Volkswirtschaft*, October 16, 1882, p. 431.
12 *Wiener Salonblatt*, September 17, 1882, pp. 10–11.
13 *Prager Tagblatt*, October 13,1882 (supplement), p. 8.
14 *Die Bühne* 52, November 1925, pp. 58–59.
15 Österr. Staatsarchiv, Archiv der Republik, Akten der Vermögensverkehrsstelle Wien, Komm. Verwalter und Treuhänder Akt. 11.350, Gedächtnisprotokoll Rudolf Kail.
16 Ibid., Fragebogen für die Überprüfung der kommissarischen Verwalter.
17 Ibid., Schlussbericht des kommissarischen Verwalters Karl Kudlik.
18 Österr. Staatsarchiv, Archiv der Republik, Akten der Vermögensverkehrsstelle Wien, Vermögensanmeldung 16886 (Paul Stefan Dukes).
19 Österr. Staatsarchiv, Archiv der Republik, Akten der Vermögensverkehrsstelle Wien, Stat 6596/III.
20 Wiener Stadt- und Landesarchiv, BG Innere Stadt 6P 113/1952 (Verlassenschaftsakt Paul Stefan Dukes).
21 Ibid.

Harald R. Stühlinger

Die Stadt und die Ware
Textilviertel und Mariahilfer Straße: Entstehung und Umbrüche bis zum Ende der Ersten Republik

The City and its Commodities.
Textilviertel and Mariahilfer Strasse: development and changes until the end of the First Republic

Handel als Motor der Stadtentwicklung

Die Gründe, warum Menschen begonnen haben, sich an einem Ort ein Gemeinwesen auch materiell auszuformulieren, sind vielfältig. Neben Gründen der Sicherheit kam im Lauf der Zeit die Funktion des Marktes hinzu, die die Zentrumswerdung von Städten verstärkte. In urbanen Zentren treffen nicht nur Menschen und Ideen aufeinander, sondern durch die Akkumulation von Viktualien, Waren und Produkten entsteht Handel. Diese wirtschaftliche Aktivität fördert die Prosperität einer Stadtgesellschaft, ermöglicht städtischen Fortschritt und lässt das Ansehen einer Kommune steigern.

Im Lauf der Geschichte wurden zahllose Städte vollständig – ebenso wie es bei Gebäuden der Fall ist – einer neuen Funktion unterworfen, sobald ihre ursprüngliche obsolet geworden war. Vindobona war im Römischen Reich ein Militärlager, Carnuntum die Residenz und eine respektable Stadt. Von Letzterer sind heute nur mehr wenige Reste erhalten, aus Vindobona hingegen, das wohl nie vollkommen unbesiedelt gewesen sein dürfte, entstand über viele Jahrhunderte hinweg ein herrschaftliches, politisches, bürokratisches, aber vor allem auch wirtschaftliches Zentrum. Im Zuge der Hauptstadtwerdung im 17. Jahrhundert und des zentralistischen Bürokratismusses des 18. Jahrhunderts wurde aus dem beschaulichen Städtchen am Donaukanal eine stattliche Metropole, die wie auch andere Großstädte

Commerce as a driving force behind urban development

The reasons for the development of urban centers are diverse. Apart from the question of security, the market function of towns gradually consolidated their importance as focal points. It was not only people and ideas that came together in them, but also commercial activities through an accumulation of food, commodities, and materials. This economic activity helped make urban societies more prosperous and fostered progress and the reputation of the community.

Over the course of history, many cities—like buildings—assumed new functions after their original function had become obsolete. In Roman times, Vindobona was a military camp and Carnuntum a respectable residential town. The latter exists today only as an archeological site, while over the centuries Vindobona, which was never completely abandoned, became a major political, administrative, and above all economic center. Having become a capital city in the seventeenth century and the administrative center of the absolutistic monarchy, this quiet town on the Danube Canal developed into an imposing metropolis that was exposed, like other cities in the nineteenth century, to the evils of a modern society. One of the ways it attempted to counter these evils

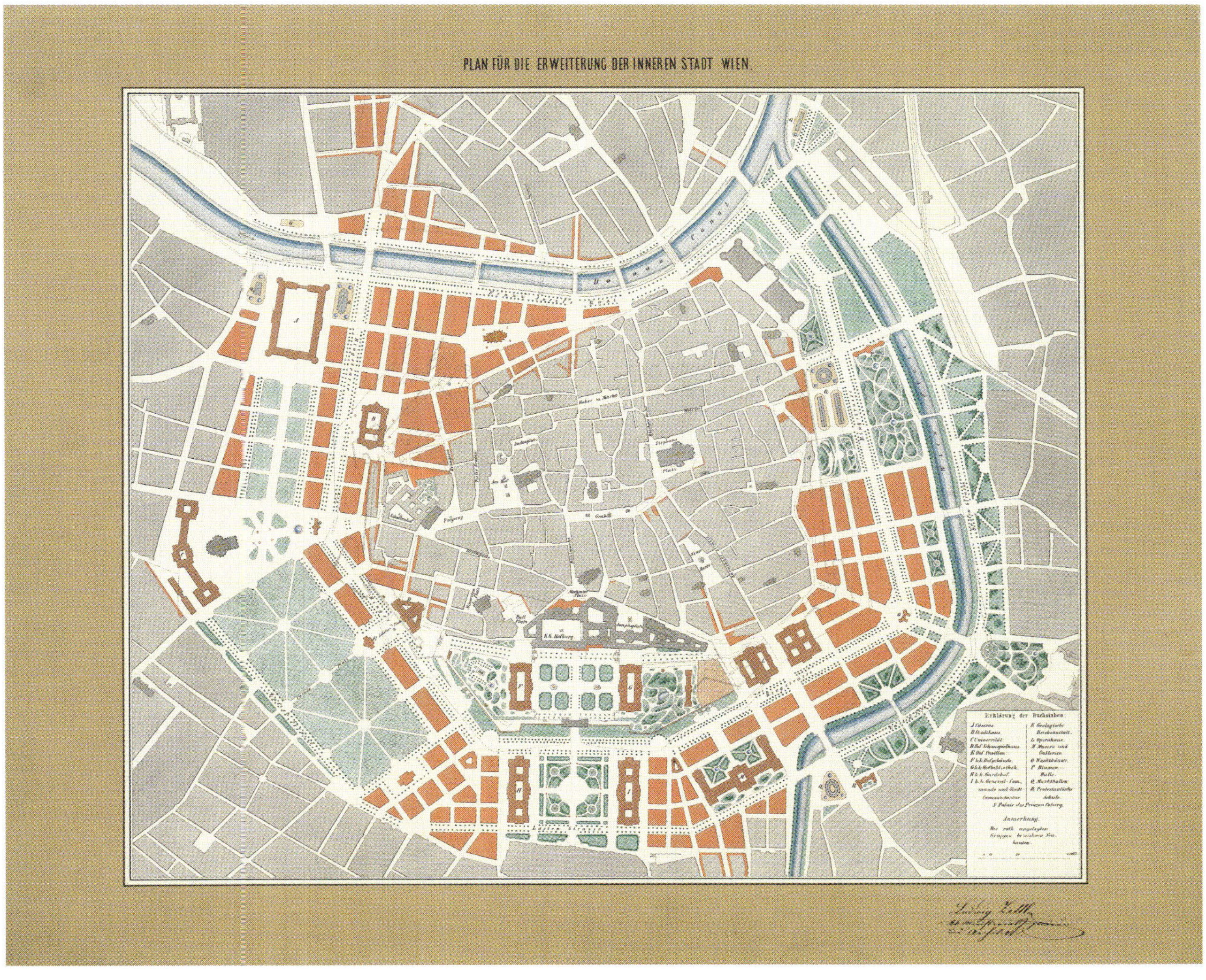

„Grundplan", Kommissioneller Plan zur Erweiterung der Inneren Stadt des k.u.k. Ministeriums des Innern
Wien, 1859
Wien Museum, Inv. Nr. HMW 105.384
Official layout plan for development of the city center, Imperial and Royal Ministry of the Interior
Vienna, 1859

im 19. Jahrhundert an einigen Übelständen krankte, denen man unter anderem mit hygienisch konzipierten Stadterweiterungen entgegnete.

In der Donaumetropole war eine der größten städtebaulichen Unternehmungen, die einem einzigen Plan unterworfen wurde, jene der Erweiterung der Inneren Stadt. Damit bezeichnete man die Bebauung des durch die Demolierung der Befestigungsanlagen frei gewordenen Geländes und des Glacis´ zwischen der Inneren Stadt und den umliegenden Vorstädten. Dem kaiserlichen Beschluss vom 20. Dezember 1857 folgte ein städtebaulicher Wettbewerb im ersten Halbjahr 1858, aus dem zwar kein eindeutiger Sieger – es gab, was nicht selten vorkam, drei erste Preise –, aber 1859 der sogenannte Grundplan, ein Masterplan, der vom k.k. Ministerium des Innern ausgegeben wurde, hervorging. Die Ringstraße, die auch den Franz-Josefs-Kai miteinschließt, zeichnet bis heute den Verlauf der ehemaligen Festungsmauer im Stadtgrundriss nach. Bis auf einen Bereich, nämlich jenen zwischen Schottentor und Morzinplatz. Einst wegen Überschwemmungsgefahr gemieden, war das Gebiet vor dem Fischer- und Neuthor im Norden der Inneren Stadt schon in der ersten Hälfte des 19. Jahrhunderts ins Blickfeld der Planer und der Stadtverwaltung geraten, da sich dieser Bereich gut für eine kleine Stadterweiterung geeignet hätte. Aber erst der Fall der Basteien machte eine umfassende Bebauung möglich. Anstelle eines Verlaufs der Ringstraße entlang der ehemaligen Kurtinen zwischen der Schotten- und der Gonzagabastei verlängerte man das kurze bereits 1858 angelegte erste Stück des Franz-Josefs-Kais donaukanalaufwärts bis zur heutigen Augartenbrücke, wo dieser auf den Schottenring (ehemals Franzensring), der vom Schottentor in direkter Linie an den Donaukanal geführt wurde, traf. Dieses annähernd dreieckige Gebiet mit einer Fläche von etwa 25 Hektar konnte aufgrund seiner topografischen Beschaffenheit einfach mit einer rasterförmigen Struktur bebaut werden.

Als der Grundplan genehmigt worden war und Ende 1859, Anfang 1860 die Ringstraße auf dem Glacis ausgesteckt wurde, begann man bald darauf mit dem Verkauf respektive mit der Versteigerung der ersten Baugrundstücke. Diese lagen nicht nur vor dem ehemaligen Kärntnertor, sondern auch um den projektierten Rudolfsplatz im Norden der Stadt.

Ein neuer Stadtteil entsteht

Eine der beiden ersten Entwicklungskerne der Ringstraße lag also auch in jenem großen dreieckigen Areal. Der Grundplan sah dafür bereits die drei Elemente vor, die trotz mehrerer Planänderungen mehr oder minder beibehalten wurden. Dies war im Westen das längs der Ringstraße konzipierte freistehende, monumentale Rathaus (Stadthaus), im Osten ein Platz in gestreckter Trapezform mit einer freistehenden Kirche sowie dazwischenliegend eine dreieckige Platzanlage mit einem Brunnen. Der Rest der Fläche wurde mit Baublöcken gefüllt, die der Ökonomie eines orthogonalen Rasters unterworfen wurden. Diese Blöcke waren am Rande des Erweiterungsgebietes so gerichtet, dass die kurzen Blockseiten zum Franz-Josefs-Kai, die langen zur Ringstraße zeigten. Der Vorteil lag in der dadurch erreichten größeren Anzahl von Geschäften und Wohnungen entlang der Fassaden

was through expansion conceived on homologous grid patterns.

One of the largest building projects in Vienna based on a single plan was the enlargement of the inner city, involving the development of the Glacis between the inner city and the suburbs as well as the land, which had become available through the demolition of the fortifications. The imperial decree of December 20, 1857, was followed by an urban design competition in the first half of 1858, which produced not one clear winner—not unusually, there were three first prizes—but a masterplan in 1859 published by the Imperial and Royal Ministry of the Interior.

Except for one area between Schottentor and Morzinplatz, the Ringstrasse today, including Franz-Josefs-Kai, traces the course of the former fortification wall. Although it had been avoided hitherto because of the danger of flooding, the area in front of Fischerthor and Neuthor in the north of the inner city had already attracted the attention of planners and the municipal authorities in the first half of the nineteenth century as a possibility for a minor enlargement of the city. It was not until the demolition of the bastions, however, that extensive development could be contemplated. Instead of following the curtain walls between Schottenbastei and Gonzagabastei, the short first section of Franz-Josefs-Kai built in 1858 was extended upstream as far as the present-day Augartenbrücke, where it met Schottenring (formerly Franzensring), which followed a straight line from Schottentor to the Danube Canal. Thanks to its topography, this almost triangular district of around 25 hectares was developed on a simple grid system.

After the masterplan had been approved and the Ringstrasse marked out on the Glacis in late 1859 and early 1860, the first plots of land were sold and auctioned. They were located not only in front of the former Kärntnertor, but also on the planned Rudolfsplatz to the north of the inner city.

Development of a new district

One of the first core Ringstrasse developments was thus situated in this triangular area. The layout plan showed the three elements that remained more or less constant through the various changes in the plan. They were the free-standing monumental city hall in the west along the Ringstrasse, an extended trapezoidal square in the east with a free-standing church, and between them a triangular square with a fountain. The rest of the site was filled with building blocks on a grid system. These blocks were aligned at the edge of the development area so that the short sides faced Franz-Josefs-Kai and the long sides the Ringstrasse. This meant that a larger number of businesses and residences could be built along the Ringstrasse façade. But the triangular area on the masterplan approved by Emperor Franz Joseph on September

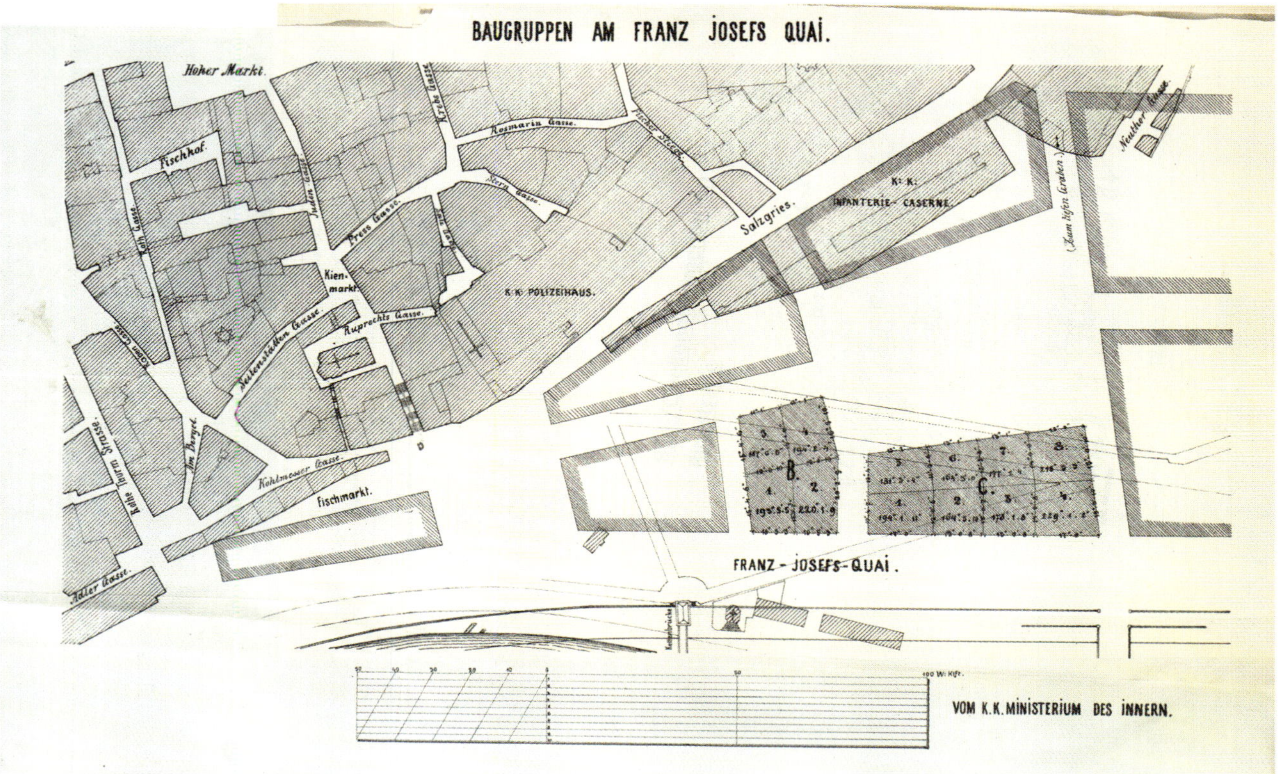

„Bedingnisse", Plan der Baugruppen am Franz Josephs Quai
Wien, 1860
Wienbibliothek im Rathaus, Sign. C 2042
"Begingnisse," plan of building group on Franz Josephs Quai
Vienna, 1860

der Ringstraße. Doch der von Kaiser Franz Josef am 1. September 1859 sanktionierte Masterplan wurde bereits Monate später im dreieckigen Quartier, wie an anderen Stellen auch, modifiziert. Der Kirchenplatz behielt zwar die axiale Konzeption, wurde aber in seiner Form verkürzt und seines Kirchenbaus entledigt. Der spätere Concordiaplatz veränderte aufgrund der Optimierung der umliegenden Baublöcke seine Form, blieb aber an der vorgesehenen Lage. Das Stadthaus, das imaginär danach noch an den Schubertring wanderte, bevor es schließlich 1870 seinen Standort am ehemaligen Exerzierplatz erhielt, verschwand und wurde später durch den Hansen'schen Börsenbau ersetzt. Doch bevor dieses gesamte Gebiet vollständig bebaut war, vergingen zweieinhalb Jahrzehnte. Der städtebauliche Auftakt wurde beim heutigen Morzinplatz gesetzt, da an jener Stelle das Ende des ersten Abschnitts des Franz-Josefs-Kais lag. Der Theaterimpresario Carl Treumann fragte kurze Zeit, nachdem der Parzellierungsplan für die *Baugruppen am Franz Josephs Quai* veröffentlicht worden war, um eine Theaterlizenz an. Nachdem er diese erhalten hatte, zögerte er nicht und ließ innerhalb weniger Monate den ersten Theaterbau der Ringstraßenzone errichten. Um die Bauzeit und die -kosten niedrig zu halten, ließ er sein Theater nach Plänen von Ferdinand Fellner d. Ä. aus Holz errichten. Aber auch unzählige Bauwillige, die in eine Immobilie im neuen Stadterweiterungsgebiet investieren wollten, steigerten um Parzellen entlang des Kais und des neuen großzügigen Platzes, der den Namen des neugeborenen Thronfolgers erhielt. Zwischen 1860 und 1865 lag hier neben dem Kärntner- und dem Opernring die zweite große Baustelle der Ringstraße, denn die Attraktivität dieses Gebiets und besonders des Kais war groß und somit eine der besten neuen Wohnadressen. Mit Blick auf den Leopoldsberg und vor allem ohne direkt gegenüberliegende Bauten besaßen diese Wohn- und

1, 1859, and other parts were already being modified months later. The church square retained its axial conception but was shortened and the church removed. The future Concordiaplatz remained in its planned location but its shape was changed so as to optimize the adjacent blocks. The city hall, which had originally been positioned on Schubertring before being finally located in 1870 on the former military parade ground, disappeared and was replaced by Hansen's stock exchange. It was twenty-five years, however, before the entire area was fully developed. Construction commenced at the present-day Morzinplatz at the end of the first section of Franz-Josefs-Kai. Shortly after the parceling plan for the sites on Franz-Josefs-Kai had been published, the theater impresario Carl Treumann applied for a theater license. As soon as this was granted, he wasted no time and in a matter of months he had built the first theatre on the Ringstrasse. In order to reduce construction time and keep down costs, he had it built out of wood according to the architectural plans of Ferdinand Fellner the Elder. Countless others who wished to invest in a property in the new development also bid for parcels along the quay and the large new square, which bore the name of the recently born heir to the throne. Between 1860 and 1865 the second large building project on the Ringstrasse between Kärntnerring and Opernring was to be found here, as investors were drawn by the attractiveness of the area and particularly the quay. The view of Leopoldsberg and especially the fact that there were no buildings opposite gave these residences and businesses premises a unique selling point. The boulevard along Franz-Josefs-Kai was formed

Geschäftshäuser ein bedeutendes Alleinstellungsmerkmal. Der Franz-Josefs-Kai als breite Straße wurde direkt entlang der Häuser geführt. Da der Donaukanal, wie im Grundplan vorgesehen, aus Kostengründen nicht begradigt wurde, blieb eine längliche Restfläche erhalten, die man vorerst als Park gestaltete, in dessen unmittelbarer Umgebung das Kaiserbad sowie der Fischmarkt Platz fanden.

Vom Franz-Josefs-Kai führten die Salztor- und Heinrichsgasse als breite, hingegen die Gölsdorfgasse (ehem. Augustengasse), die Werdertorgasse, die Eßlinggasse (siehe Abb. S. 112) sowie die Zelinkagasse als schmale Straßen in das Stadterweiterungsgebiet. Vom Schottenring erschlossen es ausschließlich breite Straßen: die Börsegasse, die Neutorgasse und die Gonzagagasse. Als Schnittstelle zwischen dem alten, aber regulierten Stadtgewebe und dem Neubaugebiet wurde das Salzgries als ebenfalls breite Straße vom Morzin- bis zum Concordiaplatz angelegt. Den Ersteren erschloss auch die Gonzagagasse, den Letzteren die Heinrichs-, die Börse- und die Neutorgasse.

Nachdem das Treumann'sche Theater bereits 1862 ein Raub der Flammen geworden war, blieb das Grundstück vorerst leer und wurde erst für die Weltausstellung 1873 mit dem Hotel Metropol bebaut. Nur am Salzgries, wo noch bis in die späten 1870er-Jahre die k.k. Infanterie-Caserne (auch Salzgrieskaserne) stand, wurde an ihrer statt der südliche Block des Rudolfsplatzes angelegt. Gemeinsam mit diesem ab 1880 errichteten Gebäudeblock setzte eine Umbauwelle der Südseite des Salzgrieses ein, die erst gegen 1900 ihren städtebaulichen Abschluss fand.

Die Synagoge der Inneren Stadt und die Toponyme, die einen Bezug zur jüdischen Bevölkerung von Wien andeuteten, lagen im nordwestlichen Bereich der Inneren Stadt. Auch deshalb, weil sich ihre Wohngebiete zumeist in der jenseits des Donaukanals befindlichen Leopoldstadt befanden. Die historische Präsenz in der Inneren Stadt und die Nähe zu den Wohnungen machte aus dem Stadterweiterungsgebiet einen bevorzugten Standort für Geschäfte und Handelsniederlassungen. Es entstand, da sich an unzähligen Stellen Händler der Textilbranche ansiedelten, ein veritabler Cluster. Es dauerte nicht lange, bis dieses Quartier, das eigentlich keinen Namen besaß, als Textilviertel in die *mental maps* der Stadtbevölkerung einging und sich als fixer Bestandteil in der Geschäftstopografie der Stadt etablierte.

Eine Ausfallsstraße macht sich

Schon vor Hunderten Jahren führte von den Stadttoren Wiens entlang eines sanft ansteigenden Höhenrückens eine Straße nach Westen, an der sich eine Siedlungszeile entwickelt hatte. Diese Straße, die auch den Verbindungsweg von der Hofburg nach Schönbrunn darstellte, war zu Zeiten Maria Theresias stadtauswärts bereits bis zur heutigen Kaiserstraße verbaut. Trug sie davor noch verschiedene Namen, wurde sie 1869 schließlich in Mariahilfer Straße umbenannt. Wenn auch die zwischen Glacis und Linienwall gelegenen Vorstädte erst mit der Eingemeindung 1850 administrativ zu Wien hinzukamen, war die Bedeutung dieser Ausfallsstraße bereits davor gegeben. Der sagenhafte Diamantengrund, die Herstellung von Seidenwaren, die Hausarbeit, die für das Luxussegment produzierte, machten aus ihr Schritt um Schritt eine Geschäftsstraße, die sich ab den 1840er-Jahren zu einem Zentrum der

by a broad street running directly alongside the buildings. As envisaged in the ground plan, it proved too costly to straighten the Danube Canal and hence a residual area of land remained, intended originally as a park, and with the Kaiserbad bathing area and the fish market in its immediate vicinity.

Salztorgasse and Heinrichsgasse were broad streets running off Franz-Josefs-Kai, while Gölsdorfgasse (formerly Augustengasse), Werdertorgasse, Esslinggasse (see figure on p. 120), and Zelinkagasse were narrow streets leading into the development area. The roads connecting to Schottenring were all wide: Börsegasse, Neutorgasse, and Gonzagagasse. Salzgries was designed as a wide street running from Morzinplatz to Concordiaplatz and connected the old regulated urban fabric with the new development. The former also connected to Gonzagagasse and the latter to Heinrichsgasse, Börsegasse, and Neutorgasse.

After Treumann's theater went up in flames in 1862, the plot remained empty, and Hotel Metropol was built on it for the World's Fair in 1873. Only on Salzgries, where the Imperial and Royal Infantry Barracks (also known as Salzgries Barracks) stood until the late 1870s, was the southern Rudolfsplatz block built in its stead. This block erected from 1880 marked the start of a flurry of construction on the south side of Salzgries, which continued until around 1900.

The synagogue in the city and the topographical place names referring to the Jewish population of Vienna were in the north-west of the inner city, not least because most of the congregation lived in Leopoldstadt on the other side of the Danube Canal. The historical presence in the inner city and the proximity of residential buildings made the new development highly attractive for businesses and commercial outlets. Among them was a cluster of garment trade businesses. It was not long before this district, which had no name, was dubbed by the inhabitants as the garment district and established itself as a fixed component in the mental maps of the population and of the business topography of the city.

An arterial road re-invents itself

For centuries there had been a road westwards from the city gates rising gently along a ridge where a settlement had evolved. This road, which also connected the Hofburg to Schönbrunn, had already been developed during Maria Theresa's reign as far as the present-day Kaiserstrasse. After having had several different names, it was finally renamed Mariahilfer Strasse in 1869. Although the settlements between the Glacis and the Linienwall were only incorporated in the city of Vienna in 1850, the importance of this arterial road was already long established. The legendary Brillantengrund, home to the manufacture of silk goods and the cottage industry making luxury goods, gradually turned it into

Mariahilfer Straße während des Sängerfestes, von der Stiftskirche aufwärts
Wien, 1890
Wien Museum, Inv. Nr. HMW 37.039/13
Mariahilfer Strasse during the Song Festival, as seen from the Stiftskirche
Vienna, 1890

Damenbekleidung entwickelte. Mit der Neueinteilung der Bezirke 1863 wurde die Mariahilfer Straße zur Grenze zwischen den Bezirken Mariahilf und Neubau. Auf beiden Seiten war sie von dichter Bebauung flankiert und lediglich von engen Gassen erschlossen.

Während das Textilviertel als flächiges Quartier keiner städtebaulicher Dominanten unterliegt oder einem eindeutigen Schwerpunkt zustrebt, stellt die Mariahilfer Straße ein Gegenmodell dar. Zwar strahlt sie ebenso auf die nächstgelegenen angrenzenden Bezirksteile aus, doch ist die Straße als lineares städtebauliches Element zu lesen. Dieser Umstand wurde mit der Eröffnung der Kaiserin Elisabeth Westbahn (Strecke Wien–Linz) 1858 umso mehr verstärkt, als die Straße zwischen zwei wichtigen Polen lag. Doch mit der immer größeren Frequentierung der Mariahilfer Straße wurde es immer notwendiger, sie auch von den angrenzenden Bezirken erreichbar zu machen, wodurch zahlreiche neue Straßendurchbrüche und -verbreiterungen zwischen 1862 und 1877 unternommen wurden, wie etwa die Amerling- oder die Rahlgasse.[1] Als die Pferdetramway ab 1869 durch diese Straße fuhr, passierte sie größtenteils noch zwei-, drei- oder eines der wenigen viergeschoßigen Häuser, die zum Teil noch aus dem 18. Jahrhundert stammten. Vereinzelt begannen sich höhere Gebäude zwischen diese zu schieben. Die Straße wirkte ob der niedrigen, begleitenden Bebauung breiter, sie war sauber gepflastert, auf der stadtauswärtigen linken Seite lagen die Schienen der Straßenbahn, und an beiden Seiten gab es breite Trottoirs für Passanten, aber mehr noch für Kaufwillige. Wunderbares und auch für heute wünschenswertes Kuriosum jener Zeit: Als man begann, die Straßenbahn und die Beleuchtung zu elektrifizieren, wurden aus ästhetischer Rücksicht und wegen der Wichtigkeit der Straße als Verbindungsweg zwi-

a shopping street and, from the 1840s, a ladies' garments center. Following the rezoning of the districts in 1863, Mariahilfer Strasse formed the border between the Mariahilf and Neubau districts. Both sides of the street were built up and served only by narrow lanes.

While the spread-out garment district itself has no dominant urban focal point (square, monument, important infrastructure) to which it gravitates, Mariahilfer Strasse is just the opposite. Although it extends to the neighboring districts, it may be regarded as a linear urban element. This position was enhanced by the opening of the Kaiserin Elisabeth Westbahn (Vienna–Linz railroad) in 1858. As the street became more popular and crowded, there was a need to make it more accessible from neighboring districts, hence the creation of new connecting streets and the widening of existing ones between 1862 and 1877, such as Amerlinggasse and Rahlgasse.[1] When the horse-drawn tramway was extended in 1869 to this street, it went past two-, three-, and four-story buildings, many of them dating from the eighteenth century, but taller buildings had already begun to emerge between them. Because of the low buildings, the street appeared wider. It was neatly paved with the tram lines on the left-hand side going away from the city center and wide sidewalks on either side for strollers but more for shoppers. As an interesting and curious fact from this time, when the tram and lighting was electrified, it was decided for aesthetic reasons and because of the street's importance as the link between the Hofburg and Schönbrunn to lay the cables underground.

schen Hofburg und Schönbrunn die Strom führenden Leitungen in den Stadtboden verlegt.

Mit der zweiten Eingemeindung 1890, der Demolierung des Linienwalls und der Anlage der Gürtelstraße sowie der Stadtbahn 1892–1901 wurde die Mariahilfer Straße zur großen Einkaufsstraße, die sich – wenn auch weniger imposant – als Äußere Mariahilfer Straße bis zum Technischen Museum fortsetzte und als Leitstrahl der City fungierte.[2]

Generische Wohn- und Geschäftsbauten versus hochspezialisierte Warenhäuser

Exemplarisch für die Bauten des Stadterweiterungsgebietes im Nordwesten der Inneren Stadt wird ein Blick in die Eßlinggasse untersucht. Kurz nach Fertigstellung des Baublocks zwischen Neutor- und Gonzagagasse stellte das Atelier Frankenstein & Co. eine Nachmittagsaufnahme der Fassaden mit den Hausnummern 5–11 her. Eine Beschriftungsfolie, die beim Auskopieren der Fotografie verwendet wurde, nennt den Namen des Architekten Julius Dörfel. Das Wohn- und Geschäftshaus rechts im Bild wurde 1869–70 errichtet, genauso wie jenes am anderen Ende des Blockes, welches von Wilhelm Stiassny, einem viel beauftragten jüdischen Architekten in diesem Quartier, entworfen wurde.[3] Die beiden Häuser dazwischen wurden als symmetrische Doppelhäuser konzipiert und entstammten ebenso der Feder von Dörfel und von 1870. Alle vier Häuser zeigen einen Neorenaissancedekor, besitzen fünf Geschoße mit einem Erdgeschoß, das hinter Rundbögen mit großzügigen Öffnungen Geschäftslokale ver-

With the second incorporation of outlying districts in 1890, the demolition of the Linienwall and construction of the Gürtelstrasse and Stadtbahn municipal railway from 1892 to 1901, Mariahilfer Strasse became a major shopping street, continuing, albeit less impressively, as the Äussere Mariahilfer Strasse as far as the Museum of Technology and functioning as one of the city's main arteries.[2]

Generic residential and commercial buildings versus dedicated department stores

Esslingstrasse is a typical street giving a good idea of the buildings in the new urban development in the north-west of the inner city. Shortly after the completion of the block of houses between Neutorgasse and Gonzagagasse, Atelier Frankenstein & Co. took an afternoon photograph of the façades of house numbers 5 to 11. An inscription sheet used when copying the photograph gives the architect's name as Julius Dörfel. The residential and office building on the right of the picture was built in 1869–70, as was the building at the other end of the block, which was designed by Wilhelm Stiassny, a Jewish architect responsible for a number of buildings in this area. The two structures between are symmetrical semidetached buildings, also designed by Dörfel in 1870. All four buildings have a Neo-Renaissance décor and five floors: a ground floor with stores behind round arches

„Frankenstein & Co."
Eßlinggasse 5–11
Wien, nach 1870
Wien Museum, Inv. Nr. HMW 78.078/35
"Frankenstein & Co."
Esslinggasse 5–11
Vienna, after 1870

birgt, ein niedriges Mezzaningeschoß mit darüber zwei großzügigen und einem etwas einfacher gestalteten Obergeschoß. Nicht nur die Bauten in den zentrumsnahen guten Lagen, auch die unzähligen Straßen bis in die Stadterweiterungsgebiete der Vororte folgten diesem Schema, wenn auch der Bauschmuck dort einfacher gehalten war. Meist fehlte den zentrumsferneren Bauten, wenn sie im reinen Wohngebiet lagen, das Geschäftsnutzungen vorbehaltene Mezzanin. Diese Haustypologie – Geschäftslokale im Erdgeschoß im Haupttrakt zur Straße, wie auch im Hoftrakt, und darüber liegende Wohnnutzung – stellt in der Architektur der Gründerzeit einen tradierten, generischen Haustyp dar, der mit seinem konstruktiven System überaus einfach an verschiedene Nutzungen adaptiert werden konnte. Eine Qualität, von der noch bis heute bei Umbauten profitiert werden kann.

Die Eßlinggasse wird gerade mit Ausgleichsmaterial eingeebnet, damit die Pflasterung – einen Anfang erkennt man schon im Anschluss an den Gehsteig – verlegt werden kann. Das einzige Straßenmobiliar stellen die Wandlaternen für die spärliche Gasbeleuchtung dar. Alle Geschäfte im Haus Nr. 5 waren belegt, wie dies an den Geschäftstafeln ersichtlich wird, wie auch weitere Unternehmungen ihren Sitz – entweder im Hinterhaus oder in einem der oberen Geschoße – an dieser Adresse hatten. Erkennbar sind die Tafeln der Firmen Pollak & Goldstein, Albert Reiss, Josef J. Maier sowie Streicher & Naschitz.

Die Architekten der k.k. Hofoper, August Siccard von Siccardsburg und Eduard van der Nüll, wurden, nachdem beschlossen worden war, den Stock-im-Eisen-Platz zu regulieren, von Philipp Haas mit dem Entwurf eines Gebäudes für seinen Textilverkauf beauftragt. Es handelte sich dabei um den ersten reinen Waren- bzw. Geschäftshausbau in Wien. Das Selbstverständnis des stolzen Händlers und erfolgreichen Geschäftsmannes ließ sich Haas durch eine ausladende Geste auf den neuen Platz gestalterisch umsetzen. Hatten die Architekten auch für den Vorplatz zum Opernhaus zwei Kandelaber geplant und später umgesetzt, so wurde auch das Haas´sche Geschäftshaus mit solchen nobilitiert. Während der 1865 errichtete Kauftempel in seiner architektonischen Ausformulierung in Wien ohne direkten Nachfolger blieb, dauerte es noch drei Jahrzehnte, bis der Geschäftshausbau einen neuen Entwicklungsschritt vollzog. Bevor diese neuen Bauten auch in die Innere Stadt Einzug hielten, wurden deren Kompatibilität für den Wiener Markt auf dem Experimentierfeld Mariahilfer Straße ausprobiert.

Entlang der Ausfallstraße reihten sich historische Wohn- und Geschäftshäuser, die typologisch jenen des Textilviertels entsprachen. Doch gegen Ende des 19. Jahrhunderts begann sich eine neue Entwicklung Bahn zu brechen: Werden Geschäftslokale in den Erdgeschoßen von Wohnhäusern untergebracht, so wirkt sich dies auch auf die Gestaltung und damit auf das Erscheinungsbild der Straßenfassade aus. In der einfachsten Form befinden sich Geschäfte im Sockel eines Gebäudes, darüber liegen die Wohngeschoße. Weitet sich die Geschäftszone auf die darüber liegenden Geschoße aus, werden auch diese durch stärker durchfensterte Fassadenbereiche gekennzeichnet, und die Zweiteilung der Fassade in einen unteren Geschäfts- und einen oberen Wohn- oder aber auch Bürobereich verändert sich nachhaltig.

Dieser Fassadenaufbau war weit verbreitet, und zweigeteilte Fassaden bei Wohn- und Geschäftshäusern waren ein für die Zeitgenossen

with wide openings, a low mezzanine floor with two elaborate and one simpler floor above. Not only the buildings close to the center but also the numerous streets leading to the urban development in the suburbs showed a similar pattern, albeit with less elaborate ornamentation. The buildings in mainly residential districts remote from the center did not usually have a mezzanine used for commercial purposes. This type of building—stores on the ground floor facing the street and in the back courtyard and residences above—was typical of the Gründerzeit architecture, with a structure that made it easily adaptable for different uses, a quality that still proves advantageous today when these buildings are being converted.

In the photograph, Esslinggasse is being leveled in preparation for paving, as can be seen from the join between the road surface and the sidewalk. The only street furniture was the sparse wall-mounted gas lamps. All of the commercial premises in building no. 5 were occupied, as can be seen from the plaques, and other businesses had their offices there, either in the rear building or on an upper floor. The names Pollak & Goldstein, Albert Reiss, Josef J. Maier, and Streicher & Naschitz can be made out.

After Stock-im-Eisen-Platz had been straightened, August Siccard von Siccardsburg and Eduard van der Nüll, the architects of the Imperial and Royal Court Opera, were commissioned by Philipp Haas to design a building for his retail textile business, the first purpose-built retail store and office building in Vienna. With the self-assurance and pride of a successful businessman, Haas wanted to make his mark on the new square and ordered candelabras like the two planned and later installed by the architects in the opera house forecourt. Whilst the shopping emporium, completed in 1865, found no direct imitators in Vienna in terms of architectonic form, it was a further three decades before a new step in the development of commercial construction took place. Before the innovative structures found their way into the city center, their market compatibility was tested in Mariahilferstrasse.

Historical residential and commercial buildings typical of the garment district lined the road. But towards the end of the nineteenth century a new development emerged. The fact that commercial businesses were housed on the ground floors of residential buildings had an influence on the design and appearance of the street. In its simplest form, this architectural configuration consisted of shops on the ground floor, with residential floors above. If the commercial space extended to the upper floors, this was indicated by a more heavily windowed façade, and the division of the general façade into a lower commercial section and an upper residential and/or office area was radically altered.

This façade arrangement was widespread, and for contemporaries split façades in combined residential and commercial buildings were easily identifiable for what they were.

leicht dechiffrierbares Vokabular, um die Funktionen Wohnen und Handel abzulesen. Der Übergang vom Wohn- und Geschäftshaus zum reinen Warenhaus geschah schrittweise und war am Eckhaus Mariahilfer Straße/Breite Gasse mit dem Namen „Zur großen Fabrik" ablesbar. Im heute noch bestehenden Gebäude sind Teile der originalen Baukonstruktion vorhanden. In Auftrag gegeben wurde es 1894/95 von Stephan Esders bei Friedrich Schachner, der seinerzeit damit eines der größten Warenhäuser Wiens entwarf. Esders und Schachner ließen sich von den neuesten Warenhäusern in Paris inspirieren. Der Eingang wurde mittels einer prägnanten Geste zum Stadtraum hin ausgestattet und der über Eck gestellte Risalit mit einer neobarocken Turmhaube als weithin sichtbares Zeichen überhöht. Wenn sich im Gebäude eine einfache, ergo ökonomische Ständerkonstruktion versteckte, vermochte man diese nur in den beiden ersten, dem Verkauf zugeordneten Geschoßen zu erkennen. In den beiden folgenden Geschoßen wurde aber trotz der irreführenden Fassadengestaltung nicht ge-

Kaufhaus Herzmansky, Stiftgassenseite
Wien, um 1900
Wien Museum, Inv. Nr. HMW 232.052
Herzmansky department store on Stiftgasse
Vienna, c. 1900

The transition from combined building to dedicated department store was gradual, visible in the form of the store named Zur grossen Fabrik on the corner of Mariahilfer Strasse/Breite Gasse. The building still exists today with some of the original structural features. The commission was given by Stephan Esders in 1894/95 to Friedrich Schachner, who was thus responsible for one of the largest department stores in Vienna at the time. Esders and Schachner were inspired by the latest department stores in Paris. The expansive entrance opened out onto the street and the corner avant-corps with Neo-Baroque tower was an easily recognizable landmark. Although the building was in fact a simple and economical post and beam construction, this could only be seen on the first two sales floors. In spite of the apartment-like façade, the next two floors did not contain apartments but rather a busy clothes factory. Only the last floor was residential, including the apartment where Esders and his family lived.

A few meters in the direction of the railway station another building was built at the same time without any apartments whatsoever. Three decades after establishing a general store in Kirchengasse in 1863, August Herzmansky opened the largest clothing department store in the Monarchy. He had the architect Maximilian Katscher design an annex at Stiftgasse 3 to the building, a conventional façade with two commercial floors and three floors with typical residential décor, at the corner of Mariahilfer Strasse and Stiftgasse. Built between 1896 and 1897, the annex now had sales departments on all floors equipped with the latest technical accessories.

Like the original building, it had five floors, but the differences, particularly in the top three floors, could not have been greater. While the height of the first two floors was the same as the older building, creating a visual and functional link with it, the floors above featured the latest architectural fashions from Paris. The windows on the second and third floors, connected by colossal Istrian granite pillars, were of an unprecedented height. This must have been a sensation for those Viennese inhabitants who had not traveled extensively and will have drawn many admirers. The top floor was fully windowed and the line of round arches anticipated modern-day ribbon windows. The street-level eye-catching element, however, was the balustrade at the top with the name of the store.

Alfred Gerngross, who already had a department store in an adapted corner building on Mariahilfer Strasse/Kirchengasse built in 1861, went a step further. Although it too was only an annex, the situation was different. Located on Mariahilfer Strasse, the new building with its Art Nouveau façade overshadowed the older one—not only on the outside but also on the inside, with a legendary theater-like main hall and monumental staircase. The comparison with a theater was

wohnt, sondern in einer Kleiderfabrik hart gearbeitet. Lediglich im letzten Geschoß wurde gewohnt, unter anderem bewohnte es Esders mit seiner Familie. Zeitgleich mit diesem Neubau entstand entlang derselben Straße nur wenige Meter stadtauswärts ein weiteres Gebäude, nun aber bar jeder Wohnfunktion. Nachdem August Herzmansky 1863 eine Gemischtwarenhandlung in der Kirchengasse eröffnet hatte, besaß er drei Jahrzehnte später das größte Textilkaufhaus der Monarchie. Zu seinem Geschäftshausbau – eine konventionelle Fassade mit zwei Geschäftsgeschoßen und drei Geschoßen mit zeittypischem Wohnhausdekor – an der Ecke Mariahilfer Straße/Stiftgasse ließ er durch den Architekten Maximilian Katscher einen Zubau auf der Parzelle Stiftgasse 3 entwerfen. Zwischen 1896 und 1897 errichtet, beinhaltete der Annexbau nun auf allen Etagen Geschäftsnutzung mit Kundenverkehr, der auf das modernste mit technischen Apparaten ausgestattet war.

Der Zubau ist wie der Ursprungsbau fünfgeschoßig, doch könnten die Unterschiede, besonders in den drei obersten Stockwerken, nicht größer sein. Während die Geschoßhöhen der beiden ersten Geschoße exakt jene des älteren Baues aufnehmen und dadurch eine visuelle und funktionale Verzahnung generieren, wird darüber mit der neuesten baukünstlerischen Mode aus Paris aufgewartet. Der Fensteranteil im zweiten und dritten Stockwerk, die durch eine in istrischem Granit ausgeführte Kolossalordnung zusammengefasst werden, ist ungesehen hoch. Diese Wirkung wird bei wenig gereisten Wienerinnen und Wienern sicherlich ein Sensationsstaunen ausgelöst und eine ungemeine Anziehungskraft ausgeübt haben. Das oberste Geschoß ist ebenso stark durchfenstert, man mag hinter der Rundbogenreihe von einem modernen Bandfenster *avant la lettre* sprechen. Der Blickfang vom Straßenniveau ist jedoch die abschließende Balustrade und der Schriftzug des Geschäftsnamens.

Einen Schritt weiter ging Alfred Gerngross, der bereits in einem 1861 errichteten und adaptierten Eckhaus Mariahilfer Straße/Kirchengasse ein Warenhaus betrieb. Obschon es sich auch nur um einen Zubau handelte, waren die Rahmenbedingungen andere. An der Mariahilfer Straße platziert, stahl der Neubau, dessen Fassade im Jugendstil dekoriert war, dem Altbau die Schau. Nicht nur außen, vielmehr innen mit einer sagenhaften, an Theaterbauten erinnernden Haupthalle mit monumentaler Treppenanlage. Die Verbindungen zum Theaterbau waren durchaus gegeben, denn auf Vorplanungen von 1902 vom Theaterarchitekten Ferdinand Fellner aufbauend planten schließlich Ferdinand „Ferry" Fellner III. und Hermann Helmer den 1904 fertiggestellten Bau. Die siebenachsige Fassade bestand aus zwei in Stein errichteten flankierenden Bauteilen und fünf beinahe vollständig durchfensterten Geschäftsgeschoßen. Die rechteckige Fassade, deren Haupteingang sich im mittleren Joch befand, wurde nicht durch einen Turm oder Ähnliches überhöht. Zugunsten einer die Mittelachse betonenden Dachgestaltung wurde Ernst Hegenbarth beauftragt, ein Fries mit Reliefschmuck zu gestalten – das, wie schon bei Herzmansky, den Namen des Geschäftsinhabers trug – und eine Balustrade mit zwei übergroßen Genien zu schmücken. Während bei Herzmansky die hauseigene Außenbeleuchtung die beiden untersten Geschoße sowie den angrenzenden Straßenraum des Nachts erhellte,

Kaufhaus Gerngross
Wien, um 1905
Wien Museum, Inv. Nr. HMW 51.951/74
Gerngross department store
Vienna, c. 1905

apt, because the 1904 design by Ferdinand "Ferry" Fellner III and Hermann Helmer was based on earlier plans drafted in 1902 by theater architect Ferdinand Fellner. The seven-axis façade consisted of two flanking stone elements and five almost fully windowed commercial floors. The rectangular façade with the main entrance in the middle bay did not have a tower or the like on top of it. The roof was designed so as to emphasize the middle axis, and Ernst Hegenbarth was commissioned to design an ornamental relief frieze at roof level—as with Herzmansky with the name of the store on it—and a balustrade with two giant genies. While Herzmansky's own lamps lit up the first two floors and the street at night, Gerngross had four illuminated floors. "The nocturnal appearance of the building with bright light shining out onto the street was a standard feature of department store descriptions of the time."[4]

Compared with other large European cities, the number of department stores of this type in fin-de-siècle Vienna was relatively small. Following the positive reception by Viennese shoppers, they also started to appear on the inner city shopping streets.[5] The success of these buildings, at least as a feature of urban architecture, depended on a number of in-

Börsegasse 2–6
Wien, um 1900
Bildarchiv der Österreichischen Nationalbibliothek, Sign. EP 534 C
Börsegasse 2–6
Vienna, c. 1900

Fred Hennings
Börsegasse 2–4
Wien, 1940
Wien Museum, Inv. Nr. HMW 79000/2485
Fred Hennings
Börsegasse 2–4
Vienna, 1940

Geschäftsorte sind Asch und Wien angegeben: Asch, das heutige Aš, war eines der böhmischen Zentren der Textilindustrie der Monarchie.

Fred Hennings, seines Zeichens Burgschauspieler und glühender Nationalsozialist, hinterließ eine umfangreiche Viennensiasammlung, die unter anderem mehrere tausend Fotografien der Donaumetropole enthält. Nachdem er die Fotografie von Erwin Pendl für seine Sammlung abfotografiert hatte, stellte er sich am 4. Juni 1940 auf den Concordiaplatz und fotografierte einen kleineren Ausschnitt als jener der bekannten Aufnahme ab. Die an einem sonnigen Tag aufgenommene Fotografie zeigt zwei Personen, die den kleinen Platz soeben queren. Es hat den Anschein, dass ein Ästhet oder Architekturliebhaber alle Schilder an dem Gebäude entfernt hatte, um es auf seinen gebauten Ursprungszustand zurückführen. Von den ehemaligen Schildern sind jedoch noch einige der Halterungen zu sehen. Die Rollläden sind geschlossen, die Geschäftsaktivität ist eingestellt. Es ist auch kein Wunder, wurde doch das Haus Concordiaplatz 1/Börsegasse 2 als Dienstort des „Kommandeurs der Panzertruppen XVII" verwendet. Hinter dieser Bezeichnung verbirgt sich, dass es ein Militär- und mehr noch ein Gerichtsgebäude der Deutschen Truppen in Wien war.[7]

Eine Fotografie des Eckhauses Gonzagagasse/Zelinkagasse bildet die Stimmung an einem ruhigen Herbst- oder Wintertag im Jahr 1897 ab. Zwei Männer in dunklen Mänteln posieren vor dem Geschäftslokal der Firma Schulhof & Pollak[8], daneben befinden sich das Geschäft der Firma Rotter & Perschitz sowie die Handelsniederlage der 1910 in eine Aktiengesellschaft umgewandelten Firma von Jacob Quittner & Söhne.[9] Vierzig Jahre später stellte sich trotz eines sonnigen Junitages des Jahres 1941 ein tristes Bild dar. Die alten Ladentüren sind verschwunden, sie wurden obsolet, weil Parapete auf- und Fenster eingemauert wurden. Die vielen Geschäftstafeln wurden entfernt und durch eine einzige lange Tafel mit dem Hinweis auf die Wiener Kleiderstoff- und Tuchfabrik Gesellschaft m. b. H. ersetzt.

Für die Untersuchung des Stadtraumes im Textilviertel sei noch ein letztes Bild herangezogen. Ein Jahr, nachdem Fred Hennings das Eckhaus am Concordiaplatz ablichtete, fotografierte er am 5. Juni 1941

to it are the offices of Rotter & Perschitz and the commercial outlet of Jacob Quittner & Söhne,[9] incorporated in 1910. Forty years later, despite the sunshine, the picture is a depressing one. The old shuttered doors have been replaced by parapets, and the windows have been bricked up. The store signs have been removed and replaced by a single plaque belonging to Wiener Kleiderstoff- und Tuchfabrik Gesellschaft m. b. H.

A final picture gives us a further insight into the garment district. On June 5, 1941, a year after Hennings photographed the corner building on Concordiaplatz, he took a picture of Börsegasse 5 on the opposite side of the square. It looks like a peaceful scene, with people standing around and using the public space as a meeting place. Couples chat, passers-by cross the street, three children are playing with a wheel. In the background is the sign of a stationers in the Gothic script typical of the time. The store to the left appears to be unoccupied. The signs on the windows indicate that it was a sporting apparel store. The store windows are empty and between them are further indications of the products that used to be sold. The name of the store on the sign above the middle entry has been effaced, possibly to save the expense of dismantling it altogether. No doubt the entrance had not been redesigned after the Jewish store owner had been evicted.

Although much might have changed in the forty years separating the two photos on account of bankruptcies, deaths, and the lack of successors, there is one dramatic new

Fred Hennings
Gonzagagasse 20
Wien, 1941
Wien Museum, Inv. Nr.
HMW 79000/4848
Fred Hennings
Gonzagagasse 20
Vienna, 1941

Gonzagagasse 18–20
Wien, 1898
Bildarchiv der Österreichischen
Nationalbibliothek, Sign. EP 521
Gonzagagasse 18–20
Vienna, 1898

Fred Hennings
Börsegasse 5
Wien, 1941
Wien Museum, Inv. Nr.
HMW 79000/2497
Fred Hennings
Börsegasse 5
Vienna, 1941

die gegenüberliegende Seite mit dem Haus Börsegasse 5. Die Situation stellt sich beschaulich dar, verschiedene Stadtbewohnerinnen und -bewohner halten sich im öffentlichen Raum auf und nutzen ihn unter anderem als Ort des Treffens. Zweiergruppen unterhalten sich, Passanten queren die Straße, drei Kinder spielen mit einem Rad. Im Hintergrund zeigt sich das Firmenschild einer Papierhandlung in zeittypischer Frakturschrift. Das Geschäftslokal links scheint leer zu stehen, und es sei folgende Vermutung angestellt: Wie die Schriftzüge über den Fenstern zeigen, handelte es sich um ein Geschäft für „Sportmäntel" und „Sportkleider". Die Auslagen der großen Fenster sind bar jeder Ware, zwischen diesen gibt es weitere spezifizierende Hinweise auf Produkte, die man im Sortiment geführt hatte. Auffallend ist die Tatsache, dass der Firmenname, der über dem mittigen Eingang stand, getilgt wurde. Es kann durchaus sein, dass man den Aufwand einer Demontage scheute und den Namen lediglich auslöschen wollte. Was sich dahinter verbirgt, bleibt im Unklaren: War es etwa ein jüdischer Händler, der im Textilviertel seine Sportkleider zum Verkauf anbot und dessen Geschäftsportal nicht abgebaut oder umgestaltet wurde?

Obschon sich in den vierzig Jahren zeitlichen Unterschieds zwischen den fotografischen Aufnahmen vieles durch Konkurse, Tod und fehlende Nachfolger verändert haben mag, so zeigt sich dennoch eine drastische Veränderung. Der Wechsel von jüdischen Geschäftsinhabern hin zu eindeutig nicht jüdischen war allenthalben zu erkennen, aber es zeigt sich, dass besonders das Textilviertel mit seiner ehemaligen Konzentration an jüdischen Händlern und Geschäftsbetreibern durch die Enteignungs- und Arisierungswelle einem tiefgreifenden Wandel in seinem Aussehen unterworfen wurde.

Es kam mit der Enteignung der vielen Betriebe zu einer Auslöschung von Geschäften unerwünschter Mitglieder der Gesellschaft und mit der „Arisierung" zu einer Homogenisierung der Besitzerstruktur. Dieses Fehlen der Vielfalt, das einem politischen Wollen im Deutschen Reich geschuldet war, zeigte sich nicht nur in der Bevölkerungsstruktur, sondern es spiegelte sich diese ideologisch gewollte Nivellierung auch im städtischen Raum wider.

Die Gegenwart der Vergangenheit im Jetzt

Der frühchristliche Philosoph Augustinus reflektierte über die Zeit und kam zum Schluss, dass es Vergangenheit, Gegenwart und Zukunft nicht geben kann, da es sich bei diesen drei Zeiten um keine Zustände, sondern um sich stets verändernde Phänomene handelte. Hingegen schlug er vor, drei Gegenwärtigkeiten synchron zu denken. Er sprach von einer Gegenwart der Vergangenheit, einer Gegenwart der Gegenwart und einer Gegenwart der Zukunft. Dieses Konzept mag für die Betrachtung von historischen Orten und deren Entwicklung auch angewandt werden, um verschiedene Sedimentationen nicht nur als historisch abgeschlossene Container, sondern als Faktoren zu begreifen, die Möglichkeiten einer Identifikation bereithalten. Für die Bewusstseinsmachung und das Verständnis von Orten mit einer bestimmten Identität – wenn sie, wie im Fall des Textilviertels auch beinahe schon verschwunden ist – mag ein solcher Ansatz für die weitere Entwicklung von Nutzen sein.

feature. The change from Jewish to non-Jewish owners is evident everywhere, but the appearance of the garment district, which used to have a high concentration of Jewish traders and businesses, underwent a particularly drastic change on account of the confiscations and Aryanization.

The confiscation of these businesses resulted in the eradication of shops belonging to unwanted members of society, and their Aryanization produced a homogenized ownership structure. The lack of diversity and social levelling, direct results of the political will of the Third Reich, were reflected not only in the population structure but also in the appearance of the city.

The presence of the past in the here and now

The early Christian philosopher Augustine of Hippo reflected on time and concluded that past, present, and future cannot exist, as they are not states but constantly changing phenomena. He suggested the idea of three synchronous presents, which included a present in the past and a present in the future. This concept might also be applied to historical sites and their development, in which the various layers are not historically discrete but factors offering the possibility for identification. For raising awareness and understanding of places with a certain identity—particularly when they have effectively disappeared, as is the case with Vienna's garment district—this approach could be of great utility.

Along Mariahilfer Strasse older building have constantly been replaced by modern ones, and the most recent alterations have also brought about changes. In the garment district, by contrast, the buildings are still for the most part in their original state. Because of the lower economic pressure, a few buildings have had floors added to them, but new substance can be seen only in highly visible places. In spite of protests, for example, the Kaipalast built in 1910–11 by Ignaz Nathan Reiser, a colleague of Wilhelm Stiassny, was demolished in 2001–03 and replaced by the new building k47 designed by Henke & Schreieck architects. While its distinctive roof is an eye-catching feature of the Danube Canal façades in the 1st district and its volume respects the urban morphology, the most recent new building in Neutorgasse has broken with this tradition and leaves a curious and unattractive gap in the urban landscape.

There are many stores in the garment district, but despite their central location some of the streets are nevertheless very quiet during business hours. Although this has a certain positive quality, initiatives exist to revive the sad and vacant properties, both in the garment district and other Viennese districts.[10] With the crisis in the textile industry since the 1970s, the growth of shopping centers on the outskirts of the city, and the worldwide web, the garment district has also received a killing blow, finally extinguishing this specific cluster from Vienna's shopping topography.

Während entlang der Mariahilfer Straße stets ältere Bauten durch moderne Geschäftshäuser ersetzt wurden und sie gerade durch die rezenteste Umbaumaßnahme eine erneute Wandlung durchgemacht hat und sich neu erfindet, befindet sich die bauliche Substanz des Textilviertels *grosso modo* noch im Ursprungszustand. Durch den geringeren ökonomischen Druck kam es, abgesehen von Aufstockungen, nur an exponierten Stellen zu Ersatzneubauten. So errichtete der Mitarbeiter von Wilhelm Stiassny, Ignaz Nathan Reiser, von 1910–11 den Kaipalast, der trotz einer erfolglosen Protestaktion abgerissen und von 2001–03 durch den Neubau k47 von Henke & Schreieck ersetzt wurde. Während dieser Bau mit seinem markanten Dachaufbau der Donaukanalfassade des ersten Bezirks einen markanten Blickpunkt verlieh und mit seiner Kubatur die Stadtmorphologie respektierte, brach etwa der rezenteste Ersatzneubau in der Neutorgasse mit dieser Tradition und hinterlässt eine städtebaulich unverständliche, ja sogar unansehnliche Lückensituation.

Im ehemaligen Textilviertel stehen zahlreiche Geschäftslokale, und manche der Quartierstraßen sind auch während der Geschäftszeiten für ihre zentrale städtische Lage sehr ruhig. Obschon dies auch eine ungemeine Qualität darstellen kann, gibt es Initiativen, um dem tristen Bild der Leerstände Abhilfe zu schaffen. So werden seit Jahren in einigen Wiener Bezirken erfolgreich diesbezüglich Anstrengungen unternommen, so auch im Textilviertel.[10] Mit der Krise der Textilbranche ab den 1970er-Jahren und der Verlagerung des Akts des Einkaufens in das Einkaufszentrum an der Peripherie oder in das ubiquitäre World Wide Web erlitt auch das Textilviertel seinen letzten wirtschaftlichen Absturz. Damit verschwand dieser spezifische Cluster aus der Einkaufstopografie Wiens.

Vielleicht findet sich in Anlehnung an Augustinus ein zukunftsweisendes Konzept, das für dieses Stadtviertel einen neuen Funktionscluster schafft, der einen Bezug zu seiner Historie herstellt und gleichzeitig der Entwicklung der Inneren Stadt in bester Weise zuarbeitet.

1 Ernest BLASCHEK (Hrsg.): Mariahilf einst und jetzt, Wien und Leipzig 1926, S. 78.
2 Hans BOBEK, Elisabeth LICHTENBERGER: Wien. Bauliche Gestalt und Entwicklung seit der Mitte des 19. Jahrhunderts, Graz-Köln 1966, S. 266.
3 Siehe Satoko TANAKA: Wilhelm Stiassny (1842–1910). Synagogenbau, Orientalismus und jüdische Identität, Dissertation, Universität Wien 2009.
4 Andreas LEHNE (Hrsg.): Wiener Warenhäuser 1865–1914, Wien 1990, S. 6.
5 LEHNE, Wien 1990, S. 12.
6 Ludwig HABERMANN: „Kenn Dich aus…“, Plan 2: Mariahilferstraße (II. Teil), Ausgabe Dezember 1934. Die Zählung der Pläne deutet darauf hin, dass die Reihe mit der Mariahilfer Straße begonnen wurde. Ob es noch mehr dieser Pläne gab, war nicht zu eruieren. Der Autor schrieb darüber: „Gleichartige Pläne für alle Wiener Geschäftsstraßen sind in Arbeit.“
7 Mathias LICHTENWAGNER: Fehlende Jahre. Die Orte und das Netzwerk der NS-Militärjustiz in Wien. Diplomarbeit, Universität Wien 2011, S. 126.
8 Neue Freie Presse vom 06.09.1914, 24.
9 http://www.securityprinting.org/akcie/obory/300/13000_016.htm, aufgerufen 22.09.2016.
10 Siehe Gerhard HATZ, Emilie KLEINSZIG, Joshua GRIGSBY: Vergangenheit und Zukunft des Textilviertels – Eine Ausstellung, Stadtentwicklung Wien, 2013.

Perhaps it will prove possible, in the spirit of Augustine, to develop a forward-looking concept that lends the district a new lease of life, linking it to its past and at the same time paving the way for optimum development of the inner city.

1 Ernest Blaschek, ed., *Mariahilf einst und jetzt* (Vienna/Leipzig, 1926), p. 78.
2 Hans Bobek, Elisabeth Lichtenberger, *Wien: Bauliche Gestalt und Entwicklung seit der Mitte des 19. Jahrhunderts* (Graz/Cologne, 1966), p. 266.
3 See Satoko Tanaka, "Wilhelm Stiassny (1842–1910): Synagogenbau, Orientalismus und jüdische Identität," diss., University of Vienna, 2009.
4 Andreas Lehne, ed., *Wiener Warenhäuser 1865–1914* (Vienna, 1990), p. 6.
5 Ibid., p. 12.
6 Ludwig Habermann, *Kenn Dich aus…*, map 2: Mariahilfer Strasse (Part II), December 1934. The map numbers appear to indicate that the series started with Mariahilfer Strasse. It was not possible to determine whether there were more of these maps. The author wrote: "Similar maps for all of Vienna's shopping streets are in progress."
7 Mathias Lichtenwagner, "Fehlende Jahre: Die Orte und das Netzwerk der NS-Militärjustiz in Wien," diss., University of Vienna, 2011, p. 126.
8 *Neue Freie Presse*, September 6, 1914, p. 24.
9 http://www.securityprinting.org/akcie/obory/300/13000_016.htm (September 22, 2016).
10 See Gerhard Hatz, Emilie Kleinszig, Joshua Grigsby, *Vergangenheit und Zukunft des Textilviertels – Eine Ausstellung, Stadtentwicklung Wien* (2013).

Elana Shapira

Porträt eines jüdischen Schneiders als Wiener Gentleman – Goldman und Loos machen Wien modern

Portrait of a Jewish Tailor as a Viennese Gentleman – Goldman and Loos Fashioning Vienna

Prolog: Sozialer Aufstieg

Die Innenarchitektur, die Adolf Loos 1910–1912 für den berühmten Modesalon der Herrenausstatter Goldman & Salatsch entwarf, zeigt sich bei genauer Betrachtung als eine vom umstrittenen Architekten vornehm in Szene gesetzte Bühne für Begegnungen von Männern wie Frauen. Wer sich im Haus gegenüber dem Michaelertor der Hofburg einen Maßanzug machen lassen wollte, betrat zunächst ein weitläufiges Foyer mit Mahagoni-Wandverkleidungen, in dem Konfektionsware und andere Fertigprodukte verkauft wurden, und schritt von dort die Mitteltreppe empor. Etwa auf halber Höhe, wo sich die Treppe nach links und rechts teilt, sah sich der Besucher einem Reliefporträt von Michael Goldman gegenüber. Das Bildnis, auf das von oben Tageslicht fiel, war dem Gedenken an den verstorbenen Selfmademan und Firmengründer gewidmet.[1] Der Weg zum Maßsalon im Mezzanin führte an der Buchhaltung vorbei, wo ein Angestellter den Kunden in den Wartebereich auf der oberen Ebene des Mezzanins geleitete. Dort wurde er gebeten, in einem Lederfauteuil unweit der raumhohen Fenster mit Blick auf die Hofburg Platz zu nehmen.

Die Möglichkeit, im Wartebereich herumzuschlendern und aus den Fenstern zu schauen, forderte zu einem sozialen Spiel auf: Man sah, beurteilte, schätzte ein – und wurde selbst gesehen, von Fußgängern am Michaelerplatz oder vielleicht sogar vom Kaiser in der Hofburg. Stets wurde die hohe gesellschaftliche Kunst solcher Blickwechsel, die der Adel perfektioniert hatte, aus sicherer Distanz betrieben. An der rechten Wand schmückte den vornehmen Wartesalon ein Gemälde, eine Kopie des Meisterwerks *Der Schneider* von Giovanni Battista Moroni (um 1570, National Gallery, London). Für Leopold Goldman, den Sohn des Firmengründers, selbst Schneider und Kompagnon

Prologue: Climbing Up the Social Ladder

A close look at the controversial architect Adolf Loos's interior design for the renowned Goldman & Salatsch House (1910–1912) across from the north gate of the Hofburg shows his orchestration of the fashion salon as a distinguished gathering place for men and women. The customer searching for a bespoke suit would enter the grand entrance hall, wainscoted with mahogany, where ready-made clothes and articles were sold. He or she would continue straight ahead to a single flight of stairs that separated into two lateral branches. At the middle of the staircase the customer would come face to face with a relief portrait of the deceased Michael Goldman, the founder of the fashion salon and a self-made man. Illuminated from above with natural light, the portrait was a tribute to his memory.[1] On his way to the outfitting department on the mezzanine, the customer would pass the bookkeeping office, where a member of staff would direct him to the waiting corner on the upper level of the mezzanine. There he would be invited to take a seat in a leather club chair next to the bay windows that looked out at the imperial palace.

The mere possibility of walking around the waiting area and peering through the panes of the bay windows prompted a social game of looking, appraising, appreciating – and of being glimpsed by pedestrians on the square or the Kaiser himself from across the street. This "exchange of looks", which the aristocracy had turned into a fine social art, was performed at a safe distance. The distinguished

Wartebereich des Geschäftshauses der Firma Goldman & Salatsch, mit Blick auf das Gemälde „Der Schneider"
Wien, um 1912
Albertina, Wien: Inv. Nr. ALA1526/8
Goldman & Salatsch waiting area showing the painting *The Tailor*
Vienna, c. 1912

von „Goldman & Salatsch", war das Bild ein stolzes Bekenntnis zur Geschichte seines Berufsstandes.

Die Herrenausstatter-Firma lässt an soziale Hierarchien denken, trug aber gleichzeitig zu einer stillen Revolution bei, in der sich die gesellschaftliche Oberschicht grundlegend veränderte. Denn dieser Salon war für Bürgerliche ohne Verbindungen zum Adel das Entrée zu einem reputierlichen sozialen Club – dem Club jener, die sich hervorragend gearbeitete Maßanzüge leisten konnten und sich damit als Angehörige der höchsten gesellschaftlichen Kreise zu erkennen gaben.[2]

Michael Goldmans „American Dream" – die Legende eines Wiener Herrenausstatters

Ein Porträt zeigt Michael Goldman – klein, blauäugig, blond – als aufstrebenden Geschäftsmann und stolzen Vater. Er kam am 12. Jänner 1843 als Sohn von Wolf Goldmann und dessen Frau Louise (gebürtige Husserl) im mährischen Austerlitz zur Welt.[3] Etwa 1868 zog er nach Wien, nachdem er vier Jahre Militärdienst in der k.u.k. Armee geleistet hatte.[4] Zehn Jahre später, im Jahr 1878, gründete er gemeinsam mit Josef Salatsch (1840–1907), einem katholischen Schneider aus Böhmen, die Firma Goldman & Salatsch.[5] Im Wiener Adressverzeichnis war sie im „Handels- und Gewerbe-Adreßbuch" unter folgendem Eintrag zu finden: „Kleider-Magazine und Kleiderverfertiger: Goldman & Salatsch, Schottenring 18."[6] 1879 verzeichnete das Adressbuch unter dieser Rubrik 2.900 Bekleidungsfirmen und Schneidereien,[7] eine Zahl, die sich in den folgenden Jahren vervielfachen sollte. Eine offizielle Eintragung als Bekleidungshersteller findet sich im Firmenbuch des Handelsgerichts Wien vier Jahre später; Goldmann und Salatsch sind darin als Kompagnons genannt.[8] Vom Schottenring, einer beliebten Gegend und Zentrum des Textilgewerbes, zog die Firma 1885 an den Kohlmarkt, eine der exklusivsten Einkaufsstraßen im Stadtzentrum.[9]

Im selben Zeitraum starteten die beiden Geschäftspartner auch eine ambitionierte Werbekampagne. Eine der ersten Anzeigen erschien auf dem Titelblatt der *Allgemeinen Sport-Zeitung*: „Engl. Damen-Costüme, Reitkleider, Livréen etc. feinsten Genres als Specialität, im Herren-Kleider-Salon von Goldman & Salatsch Wien I., Graben 18, Kohlmarkt 1, 1. Stock, vis-à-vis Hotel Müller."[10] Im selben Jahr änderte Goldmann seinen Familiennamen auf das englisch klingende „Goldman", möglicherweise mit Blick auf das wachsende Geschäft mit der englischen Modeszene.[11] Zwei Jahre später erschien erneut eine Titelblatt-Anzeige, diesmal in Form einer stilisierten Visitenkarte, die an die gesellschaftlichen Aufstiegswünsche potenzieller Kunden appellieren sollte.[12] Anzeigen für die vielseitigen „englischen" Damen-Schneiderkostüme, die Bewegungsfreiheit mit Eleganz verbanden, wurden ebenfalls in der *Sport-Zeitung* platziert und betonten den progressiven Anstrich der Firma.[13] Mehr als zehn Jahre später sah Adolf Loos in dieser Form des Damenkostüms das Zeichen einer neuen Partnerschaftlichkeit zwischen Frauen und Männern:

„Das Weib sei dem Manne nur ein guter Kamerad. Auch dieser Strömung wurde Rechnung getragen, und sie führte zur Schaffung des Tailor made costume, des vom Herrenschneider gemachten Kleides."[14]

Bald wurde in einer neuen Annonce ein weiterer Standortwechsel der Firma angezeigt: zur Adresse Graben 20, Mezzanin, Stiege

waiting corner was enhanced by a painting hanging on the right hand wall – a copy of Giovanni Battista Moroni's masterpiece *The Tailor* (c. 1570, National Gallery, London). For Leopold Goldman, Michael's son, a partner in the firm and himself a tailor, it was a symbol of his pride in the history of his profession.

Despite evoking an idea of social hierarchy, this fashion salon contributed to a quiet revolution that would redefine the upper class. It would grant bourgeois citizens with no aristocratic ties an entrée to a respected social club – a club whose members could afford excellent tailored suits that set them among the most distinguished representatives of Western society.[2]

Michael Goldman's American Dream – the Legend of a Viennese Men's Fashion Firm

A portrait of Michael Goldman—small, blue-eyed, blond— presents an ambitious, self-made businessman and a proud father. He was born on January 12, 1843 to Wolf and Louise (nee Husserl) Goldmann in the Jewish community of Austerlitz in Moravia.[3] Around 1868, he migrated to Vienna after finishing four years of army service in the Austro-Hungarian Imperial Army.[4] Ten years later, in 1878, he founded the men's fashion firm Goldman & Salatsch, together with the tailor Josef Salatsch (1840–1907), a Catholic migrant from Bohemia.[5] The firm was listed in the Trade and Industry section of the Viennese directory, under: "Kleider-Magazine und Kleiderverfertiger (Clothing Stores and Clothing Producers): Goldman & Salatsch, Schottenring 18."[6] In 1879, 2,900 clothing firms and tailors were listed in the same section,[7] and in the following years this number multiplied. Four years later, the new firm was registered officially in the Handelsgericht (commercial court) as clothing makers, with Goldmann and Salatsch as associate partners.[8] In 1885, they changed their business address from Schottenring, a popular district and home of the textile industry, to Kohlmarkt, the most lucrative shopping area in the city center.[9]

In this same period the two partners also began an ambitious advertisement campaign. An early ad on the front page of a weekly sports paper *Allgemeine Sport-Zeitung* (General Sport Journal) offered "English women's suits, riding clothes, liveries etc. specializing in the finest styles, in the Men's Clothing Salon of Goldman & Salatsch Vienna, I Graben 18, Kohlmarkt 1, 1st floor."[10] That same year, Goldmann changed the family name to the anglicized "Goldman", possibly in view of the growing business with England's fashion scene.[11] Two years later, they placed a new front page stylized ad in the form of a "visiting card," designed to appeal to their clients' high social aspirations.[12] As a demonstration of the company's progressive character, Goldman & Salatsch also placed ads in the sport journal to

Verkaufsraum der Firma
Goldman & Salatsch
Wien, 1909–1911
Albertina, Wien: Inv. Nr.
ALA3290
Goldman & Salatsch
salesroom
Vienna, 1909–1911

Naglergasse 1.[15] Damit schuf der Herrenausstatter eine strategische

promote sales of the English ladies' tailored costume, a ver-

Eine Anzeige, die Goldman & Salatsch im März 1906 in der *Automobil-Zeitung* schaltete, machte auf den Firmenstand (Nr. 75) bei der VI. Internationalen Automobil-Ausstellung in Wien aufmerksam,[47] die wie immer in Anwesenheit von Mitgliedern des Kaiserhauses eröffnet wurde.[48] Im selben Jahr präsentierte die Firma ihre Kollektion in einer Großanzeige, darunter auch die patentierten „Herkomer"-Mäntel, -Jacken und -Decken mit auswechselbarem Futter aus Stoff, Leder oder Pelz, die nach dem berühmten deutsch-englischen Künstler und Wegbereiter des Motorsports in Deutschland, Hubert Herkomer, benannt waren.[49] Das Unternehmen suchte Konkurrenzgeist mit modernem Fortschrittsdenken zu verbinden.[50] Angeregt von Warnungen aus der Medizin, dass man sich beim Autofahren gegen Staub und Fahrtwind schützen müsse, präsentierte das Autojournal in seiner Aprilausgabe 1907 vier Bilder von „bizarren Automobilmasken". In der Bildunterschrift hieß es dazu: „Die Sucht nach originellen Neuheiten führt oft zu sonderbaren Übertreibungen, wie obenstehende Abbildungen beweisen mögen."[51] Im Leitartikel wurde auf die Beliebtheit dieser Masken hingewiesen. In der nächsten Ausgabe wurde das Geheimnis um die Herkunft der Masken gelüftet, und ein Foto zeigte die komplette Ausrüstung, die aus der Abteilung für Automobil-Ausstattungen von Goldman & Salatsch stammte.[52]

Die Eigentümer von Goldman & Salatsch waren stolz darauf, moderne Produkte im Angebot zu haben, auch wenn das progressive Image der Firma bis zum Exzentrischen und Theatralischen ging.

Loos wurde von den Goldmans weiter gefördert. 1907 organisierte er eine zweitägige „Wohnungswanderung", um die „bleibenden Werte" seiner architektonischen Schöpfungen zu präsentieren. Goldman & Salatsch am Graben sowie die nahegelegene Federn- und Kunstblumenhandlung von Hugo Steiner verkauften Karten für den Rundgang und garantierten die Verwendung des Erlöses für mildtätige Zwecke. Die Tour startete im Modesalon Goldman & Salatsch, von wo es in das ebenfalls von Loos gestaltete Esszimmer in der Wohnung des Kompagnons Emanuel Aufricht ging, die sich im selben Gebäude befand.

Der Herrenschneider Leopold Goldman – ein Wiener Gentleman und Förderer der Moderne

Michael Goldmans Sohn, der sanfte, aber zielstrebige Leopold, heiratete im Mai 1908 Lilly Beligradeanu, eine Tochter aus wohlhabendem sephardisch-jüdischem Haus, deren Familie aus dem heutigen Rumänien stammte.[53] Ein nach der Trauung aufgenommenes Foto zeigt einen stolzen Leopold Goldman. Er war dunkelblond, mit glatt gebürstetem Haar und Schnurrbart, und kleidete sich mit exquisitem Geschmack. Elegant in Haltung und Bewegung, sollte er schon bald eine Laufbahn als Förderer der Wiener Moderne einschlagen.

Das Jahr 1909 war ein Meilenstein im Leben von Goldman junior: Gemeinsam mit seinem Schwager Aufricht wurde ihm der Ehrentitel eines „Hoflieferanten" verliehen,[54] sein erster Sohn Fred kam zur Welt, und am selben Tag im März kaufte er ein Grundstück für sein zukünftiges Haus im noblen 19. Bezirk.[55] Weniger als einen Monat später erwarben Goldman und Aufricht die Liegenschaft am Michaelerplatz 3, gegenüber der Hofburg.[56] Im Juli verstarb Michael Goldman, und sein Sohn entschied gemeinsam mit Aufricht über die Beauftra-

English bespoke suits for men, which were much admired and whose style and cut depended on a smart calculation of body measurements expressed a scientific claim crucial to the educated liberal bourgeoisie ideology.[43]

In 1905, in an article titled "The 'Viennese Direction' in Interior Design," a critic described the progressive movement toward the triumph of sober (also meaning unadorned) male clothing as reflected in the design of interiors and objects for daily use.[44] In this light, he introduced Loos as representing the style of the *International Gentleman*.[45] Goldman & Salatsch likewise were continuing to win public recognition for setting new trends in style. In the Fifth International Automobile Exhibition in Vienna, which opened mid-March, 1905, the firm presented the newest clothing items for car drivers. It was the only fashion firm represented and their exhibit was also featured in the automobile journal. Soon after Goldman & Salatsch was registered in the Austrian Textile Industry Yearbook as specializing in 'automobile clothing' and exporting to Germany, Russia, France, China, Japan, Australia, and South America.[46]

In March 1906, a Goldman & Salatsch ad in the automobile journal referred to their stand (no. 75) in the Sixth International Automobile Exhibition in Vienna,[47] the opening of which, as always, was attended by members of the Habsburg royal family.[48] That same year in a huge advertisement Goldman & Salatsch presented their range of clothing options, including "Herkomer" coats and covers (registered patent), named after the famous German-English artist Hubert Herkomer, who was among the first to introduce car racing in Germany.[49] The company sought to combine competitive spirit with modern progress.[50] In April, 1907, conscious of prevalent medical advice on protecting oneself against harmful dust and wind whilst driving, the automobile journal presented four pictures showing "Bizarre Automobile Masks." The explanation in the caption read: "The craving for original discoveries frequently leads to a tendency towards bizarre exaggeration, as the above images would seem to demonstrate."[51] The editorial pointed out the popularity of these masks. In the following issue, the editorial revealed the origin of the masks and reproduced a photo of a whole outfit from the Automobile Equipment department in Goldman & Salatsch.[52]

The owners of Goldman & Salatsch were proud of their firm's association with modern products even if its progressive image at times bordered on the eccentric and the theatrical.

The Goldmans continued patronizing Loos. In 1907, Loos organized a special "Apartment Walking Tour," a two-day tour that promoted his architectural design's "enduring values." Goldman & Salatsch in Graben and Hugo Steiner's nearby store for feathers and artificial flowers sold tickets for the tour, guaranteeing that the collected sum would be

gung eines Architekten für den neuen Standort. Goldman blickte in die Zukunft!

Leopold Goldman und Emanuel Aufricht schrieben einen Wettbewerb für die Gestaltung des neuen Hauses aus, waren aber von den Ergebnissen enttäuscht. Sie entschieden sich letztlich für Loos, weil sein Konzept handfeste wirtschaftliche Vorteile mit sich brachte.[57] Ende 1909 und Anfang Jänner 1910 präsentierte Loos sein (heute verlorenes) Modell des Gebäudes, das vor allem durch seine schlichte Fassadengestaltung auffiel – für die oberen Gebäudepartien sah der Entwurf nur einfachen Verputz vor.[58] Der hybride Entwurf für eine teils dekorierte, teils ungeschmückte Gebäudefront löste einen Skandal aus, der die ganze Bauphase begleitete, was sich vor allem auch der exponierten Lage an der Kreuzung der Straßenzüge Augustinerstraße-Herrengasse und Tuchlauben-Kohlmarkt-Burgtor verdankte, deren Bedeutung für das Kollektivgedächtnis der Stadtbewohner bis in die Zeit der Römer zurückgeht.[59]

Die Pläne für den neuen Geschäftsstandort entstanden in enger Zusammenarbeit zwischen dem Schneider Goldman und dem Architekten Loos. Goldman arbeitete von Anfang an bei der Gestaltung der Grundrisse mit, und eine der Planzeichnungen für die zukünftigen Geschäftsräumlichkeiten enthält mehrfach die Notiz „Herr G." (Goldman) in Verbindung mit vorgesehenen Raumaufteilungen.[60] Goldmans Beitrag wurde von Loos auch in seinem Vortrag „Mein Haus am Michaelerplatz" (Dezember 1911) gewürdigt:

„Und hier muß ich des großen Anteils gedenken, den der eine Bauherr, Herr Leopold Goldman an der Grundrißlösung hat. Durch seine Mitarbeitschaft, durch seine glänzenden Einfälle, durch seine Geschäftskenntnisse, die sich immer wieder zu wahren Erfindungen umkristallisierten, ist der Grundriß entstanden."[61]

Auf den Plänen für das Looshaus finden sich drei Unterschriften: jene der beiden Eigentümer Goldman und Aufricht sowie die des Baumeisters Ernst Epstein.[62] Loos selbst signierte die Pläne nicht.[63] Seine Aussagen im Artikel „Mein erstes Haus" im Journal *Der Morgen* (Oktober 1910) und im erwähnten Vortrag machten jedoch deutlich, dass ihm die Eigentümer die Verantwortung für das Bauprojekt übertragen hatten. „Mein erstes Haus" war ein satirischer Text, in dem Loos die Behörden attackierte – weil seine Gebäude einfach und unaufdringlich seien, würden sie von der Obrigkeit nicht geschätzt. Die Bauherren lobte er darin zwar für ihren Mut, spöttelte aber auch darüber, dass sie ihm den Auftrag erteilt hätten, um das Honorar von seiner unbezahlten Schneiderrechnung abziehen zu können und sich die Kosten für einen eingetragenen Architekten zu ersparen:

„Ich sagte ihnen: Wollt ihr, als derzeit noch unbescholtene Männer, partout die Polizei am Halse haben? Sie wollten es."[64]

Goldman war, wie bereits erwähnt, ein zurückhaltender Charakter, aber es war ihm völlig klar, wohin der öffentliche Skandal führen würde. Er verfolgte die Berichterstattung über den Kauf und den Bau aufmerksam, und selbst als der Skandal offiziell beendet war, sammelte er weiter Zeitungsartikel über Loos und das Gebäude.[65] Es war ihm bewusst, dass dieser Skandal dazu beitrug, die Wiener Moderne zu *schaffen* und zu *fördern*, und er war bereit, dafür seine Reputation zu riskieren.

Modell des von Adolf Loos entworfenen Geschäftshauses der Firma Goldman & Salatsch
Wien, 1984/85
Wien Museum, Inv. Nr. 186405
Model of Goldman & Salatsch building designed by Adolf Loos
Vienna, 1984/85

given to charitable causes. The tour began with the Goldman & Salatsch fashion store and continued with the dining room in the apartment of Associate Partner Emanuel Aufricht, located in the same building and which Loos had also designed.

The Tailor Leopold Goldman – a Viennese Gentleman and a Patron of Modernism

In May 1908 in Vienna's Sephardic Synagogue the gentle yet determined son of Michael Goldman, Leopold, married Lilly, neé Beligradeanu, who came from a wealthy Romanian Sephardic Jewish family.[53] In a photograph taken after their marriage, Leopold Goldman looks proud. An elegantly and finely dressed young man of gracious carriage with a mustache and smoothly brushed, brown hair, Leopold was set to embark on a new career as a patron of Viennese modernism.

1909 was a landmark year for the younger Goldman: he received together with his brother-in-law Aufricht the honorary title of "court purveyor,"[54] his first son Fred was born, and on the same day in March, he bought the land for his future private apartment building in Vienna's respectable nineteenth district.[55] Less than a month later, Goldman and Aufricht bought the plot of land at Michaelerplatz 3, across from the imperial court.[56] In July the elder Goldman died and soon after Leopold and Aufricht decided on the architect for their business premises. The Goldman heir was looking ahead!

Leopold Goldman and Emanuel Aufricht held a competition for the design of their business premises but were disappointed with the submissions. They ultimately chose Loos because they appreciated the manifest economic advantages of his design plan.[57] In late 1909 and early January 1910, Loos presented his model (now lost) for the building, which made a striking impression on account of its simple façade – including a plain stucco façade for the upper parts

Hängelampe aus dem Geschäftshaus von Goldman & Salatsch, von Adolf Loos entworfen
Wien, um 1910
Privatsammlung / Private collection
Hanging lamp from Goldman & Salatsch building designed by Adolf Loos
Vienna, c. 1910

Wie zieht man sich in aller Öffentlichkeit an? – Die Diskussion um die Fassade des Hauses Goldman & Salatsch

Das Haus wurde als ein Affront gegen die traditionelle Kultur angegriffen. Eine im Jänner 1911 im *Extrablatt* abgedruckte Karikatur zeigt einen Mann, der ein aufgeklapptes Kanalgitter betrachtet. Im Text darunter heißt es: „Kunstbrütend ging der Modernste durch die Straßen. Plötzlich blieb er erstarrt stehen; er hatte gefunden, was er solange vergeblich gesucht."[66] Der verächtliche Vergleich mit einem Kanalgitter war als Spott über die vermeintliche Geschmacklosigkeit des Hauses gemeint.[67] Ende Februar 1911 erschien in der *Fackel* ein Aufsatz, in dem Otto Stoessl, ein Auftraggeber und persönlicher Freund von Loos, das Haus verteidigte. Der Text wurde zusammen mit einem Gedicht des Architekturstudenten Paul Engelmann abgedruckt. Engelmann machte darin keinen Versuch, die Bedenken der Obrigkeit zu zerstreuen – er goss vielmehr noch Öl ins Feuer, indem er die beiden Teile des Hauses mit zwei Frauentypen verglich: sanft und jungfräulich die oberen Stockwerke, naiv und lüstern-lasziv der untere Bereich.[68] Seine Analogie zwischen dem Haus und zwei weiblichen Sexualobjekten steigerte die Provokation noch. Anfang April hielt Loos im Volksbildungsverein einen Vortrag unter dem Titel „Meine Kämpfe", mit dem er seinen neugewonnenen Ruhm feierte.[69]

Goldman führte unterdessen seinen Verkauf eleganter Herrenmode fort. Im April 1911 kündigte sich in einem Artikel zum Thema „Automode" eine Revolution im Dresscode für Autofahrer an: Anstatt sich auszustatten, als wolle man sich auf eine Expedition zum Nordpol begeben, sollte der Automobilist darauf achten, sich bei Ausfahrten elegant zu kleiden, wurde darin gefordert.[70] Zwei Outfits von Goldman & Salatsch illustrierten die modische Trendwende.[71] Im Frühjahr 1911 erreichte die öffentliche Debatte über das Haus am Michaelerplatz einen neuen Höhepunkt, nachdem das erste Foto des marmorverkleideten Gebäudes im *Illustrierten Wiener Extra-Blatt* erschienen war.[72] Täglich wurde in Zeitungsartikeln und Karikaturen für die eine oder andere Seite gestritten. Die nüchterne Gestaltung der oberen Stockwerke und der Dachpartie in Kombination mit der (von Natur aus) schmückenden Marmorverkleidung des Geschäftsbereichs und der Säulen wurde von einem Kritiker mit dem Outfit einer Dame verglichen, die „zu einer Automobilkappe und einer englischen Jacke eine mit Pailletten besetzte Schlepprobe und Ballschuhe trüge".[73] Die Firma Goldman & Salatsch riskierte damit ihren Ruf als erstklassiger Herrenmodesalon.

of the building.[58] With its hybrid decorated and undecorated façade, the *Goldman & Salatsch House* stirred scandal throughout its construction, particularly due to its prime location at the intersection of Augustinerstraße-Herrengasse and Tuchlauben-Kohlmarkt-Burgtor (Court Gate), which has held historical importance in the collective memory of city residents since Roman times.[59]

The tailor Goldman and the architect Loos would work closely together on the design project for the new business site. Goldman participated in planning the ground plan from the beginning and one of the plans showing the division of the store includes continual references to space allocation made by Herr. G. (Goldman).[60] Loos acknowledged Goldman's contribution to the plan in his lecture "Mein Haus am Michaelerplatz" (My House at Michaelerplatz) in December, 1911:

"Here I must acknowledge the great contribution one of the clients, Herr Leopold Goldman, made to working out the ground plan. It is thanks to his collaboration, thanks to his brilliant ideas, thanks to his business knowledge, which repeatedly crystallized in genuine innovations that the ground plan developed as it did."[61]

On the plans for the *Goldman & Salatsch House* three signatures can be found: those of the owners, Goldman and Aufricht, and the master-builder, Ernst Epstein.[62] Loos himself did not sign the plans.[63] Still, in his article entitled "Mein erstes Haus" (My First House) in the journal *Der Morgen* (October, 1910) and in his above mentioned lecture, Loos made it clear that authority over the building had been ceded to him by its owners. In his satirical article "My First House," Loos criticized the authorities for not appreciating his work because his buildings were simple and unimposing. Whilst he acknowledged the proprietors' courageous spirit, he disparagingly implied they had been motivated by a desire to reduce his salon clothing bill and to avoid the cost of commissioning a certified artist:

"I asked them if they were sure, as hitherto respectable citizens, they wanted the authorities on their backs. They were sure."[64]

Goldman was, as noted above, a gentle character but he knew exactly what the public scandal was leading to. He closely followed the coverage of the purchase and construction of the building and even after the scandal was officially over, he continued to collect articles concerning both Loos and the building.[65] He was aware that this scandal helped to *create* and to *promote* the modern Viennese movement and was willing to risk his reputation for it.

How to Dress in Public – Debating the Façade of Goldman & Salatsch House

The house was attacked as an affront on traditional culture. In January, 1911, a caricature in *Extrablatt* showed a man looking at a sewer with its grate propped open. The cap-

Die Wintersportabteilung im Geschäftshaus der Firma Goldman & Salatsch
Wien, um 1912
Albertina, Wien: Inv. Nr. ALA1526/6
Goldman & Salatsch winter sports section
Vienna, c. 1912

Lehrzimmer für den theoretischen Unterricht der Privat-Fachschule der Firma Goldman & Salatsch
Wien, um 1912
Albertina, Wien: Inv. Nr. ALA1526/16
Classroom for theoretical instruction of the private college of Goldman & Salatsch
Vienna, c. 1912

Die Reparaturwerkstätten im Geschäftshaus der Firma Goldman & Salatsch am Michaelerplatz
Wien, um 1912,
Albertina, Wien: Inv. Nr. ALA1526/13
Goldman & Salatsch repairshop
Vienna, c. 1912

Geschäftshaus der Firma Goldman & Salatsch am Michaelerplatz
Wien, 1909–1911
Albertina, Wien: Inv. Nr. ALA3288
Goldman & Salatsch building, Michaelerplatz
Vienna, 1909–1911

Goldman und Aufricht, die ihre neuen Geschäftsräumlichkeiten noch immer nicht nutzen konnten, schrieben in der *Wiener Bauindustrie-Zeitung* einen Wettbewerb für die Fassadengestaltung des Hauses am Michaelerplatz aus. Darin wurde unter anderem gefordert, dass sich die Fassade harmonisch in die Umgebung einfügen sollte; die oberen Stockwerke sollten effektvoll mit Freskenmalerei, Sgraffito oder Glasmosaik gestaltet werden.[74] Loos sollte die Eigentümer in der Wettbewerbs-Jury vertreten. Die Ausschreibung wurde jedoch vom Österreichischen Ingenieur- und Architektenverein nach einem Aufruf von Otto Wagner im Namen der künstlerischen Freiheit boykottiert, und die Initiative wurde fallengelassen.[75]

Während die Kommission des Wiener Stadtbauamtes eine dekorierte Fassade im herkömmlichen Geschmack durchzusetzen suchte, überwogen in den Presseberichten mit der Zeit die Stimmen für eine Beibehaltung der modernistischen Gestaltung.[76] Im Oktober 1911 ließ Loos – mit Zustimmung der Eigentümer, aber ohne Erlaubnis des Bauamtes – fünf Blumenkästen an den Fenstergesimsen im ersten Wohngeschoß über der Geschäftsfassade anbringen, um den Effekt zu prüfen. Die Reaktion war positiv, und ein im *Fremden-Blatt* veröffentlichter Artikel

tion underneath read: "The most modern man walked the streets, brooding on art suddenly he stopped in his tracks, having at last found what he had long sought in vain."[66] The house was being insultingly compared to a sewer grate as a means of ridiculing its bad taste.[67] At the end of February, 1911, an essay in its defense by Loos's client and friend Otto Stoessl was published together with a poem by Paul Engelmann, a student of architecture, in *Die Fackel*. Engelmann made no attempt to allay the concerns of the authorities but instead added fuel to the fire by comparing the two parts of the house to two different types of women, soft and virginal in the upper part, and naive and lustful like a lascivious woman in the lower part.[68] His analogy between the house and two types of female sex objects heightened provocation. In early April, Loos held a lecture with slides at the Association of National Education entitled "My Battles", celebrating his newly championed fame.[69]

Goldman continued to offer the finest quality clothing. That same month, April 1911, an article entitled "Automobile Fashion" described a revolutionary change in the dress code for car drivers. Instead of rigging himself out as if he were going on an expedition to the North Pole, a driver should take pains to ensure the elegance of his automobile outfit.[70] Two outfits from the firm Goldman & Salatsch demonstrated the changes in men's fashion.[71] Following the publication of the first photo of the house with the marble cladding in the *Illustrierte Wiener Extra-Blatt*, the public debate reached a new climax in spring, 1911.[72] Articles and caricatures appeared every day in the newspapers taking one side or the other. One of the critics argued that the combination of the sober style of the roof and upper floors, and the (naturally) ornate, green marble cladding of the store area and columns, exhibited a contradiction similar to that provoked by a lady wearing an automobile cap, an English jacket, fancy skirt and dancing shoes.[73] Goldman & Salatsch were risking their reputation as a first class men's fashion firm.

Still prevented from entering their new business premises, Goldman and Aufricht placed a notice in the *Wiener Bauindustrie-Zeitung* announcing a competition for planning the façade of the house at Michaelerplatz. The guidelines for the future design included requirements for a harmonious match to the surroundings and an effective decoration for the façade of the upper floors with fresco painting, graffiti or glass-mosaics.[74] Loos was supposed to represent the owners in the jury. However, the Austrian Architects' Association, following Otto Wagner's recommendation, boycotted the competition in the name of artistic freedom and the initiative was dropped.[75]

While Vienna's city council was trying to enforce a plan for a more traditionally decorated façade the media reports were shifting in favor of keeping the modernist façade.[76] In October 1911, with the permission of the owners, but without

Das von Adolf Loos entworfene Eingangsportal des k.u.k. Hoflieferanten Knize & Comp.
Wien, 1. Hälfte 20. Jhdt.
Wien Museum, Inv. Nr. HMW 106.456
Entrance to court-appointed suppliers Knize & Comp. designed by Adolf Loos
Vienna, 1st half 20th cent.

Gehrock für den Diplomaten Larisch, vermutlich für eine Parade zum Kaisergeburtstag
Wien, 2. Hälfte 19. Jhdt.
Sammlung Firma Knize
Foto: Sebastian Gansrigler
Frock coat of the diplomat Larisch, possibly for an imperial birthday parade
Vienna, 2nd half 19th cent.

trat dafür ein, das Haus so zu lassen, wie es jetzt war. Es dauerte aber noch bis Mitte November, bis Goldman und Aufricht die endgültige Genehmigung zur Geschäftseröffnung erhielten und ihren neuen Salon am Michaelerplatz 3 beziehen konnten.

Das ungewöhnliche Zusammenspiel von modernem Design und toskanischen Säulen stand auch für die Ideale und das Ethos einer Modefirma, die Rationalismus und europäisches Erbe vereinte. Goldman & Salatsch lancierte bald darauf eine Werbekampagne, die zum neuen Haus passte. Als Geschäftsadresse gab man nur „Michaelerplatz" an. Thema einer im November 1911 im *Illustrierten Österreichischen Sportblatt* veröffentlichten Großanzeige war die Spezialabteilung für Wintersportausrüstungen unter Leitung des Meister-Skifahrers Ambros Scholz. Auch norwegische und englische Ski- und Sportanzüge für Männer und Frauen wurden beworben.[77] Den Kunden wurden die neuesten Modeartikel Europas geboten.

the approval of the city council, Loos arranged for five window boxes to be placed on the windowsills of the first residential floor above the store in order to examine their effect. The reaction was positive and the *Fremden-Blatt* published an article arguing to leave the house as it was. It was only in mid-November, however, that Goldman and Aufricht received final approval to open their store, and the fashion firm moved into its new house at Michaelerplatz 3.

The striking combination of modern design and Tuscan columns served to promote the ideals and ethos of a fashion firm that represented a match between rationalism and European heritage. They began with a new advertisement campaign fitting to their new building. Their address was simply "Michaelerplatz." Late November, 1911, a big ad in *Illustriertes Österreichisches Sportblatt* stated that they had a

Im März 1912 erteilte der Stadtrat die Auflage, noch mehr Blumenkästen anzubringen, die auch ganzjährig mit lebenden Pflanzen bestückt sein sollten. Im selben Monat veranstaltete der Niederösterreichische Gewerbeverein einen Rundgang durch das „Looshaus" am Michaelerplatz unter Führung des Architekten. Loos führte die Besucher in den Vortragssaal der von Goldman gegründeten Schneiderfachschule, die sich im obersten Stockwerk des Gebäudes befand, und erklärte ihnen dort die Pläne und die Entwürfe für die Fassade und für die Werkstätten. Zwei Wochen danach erschien ein Bericht über den Besuch, in dem das Gebäude gelobt wurde. Nach der Feststellung, dass der Modesalon 150 Arbeitskräfte beschäftigte, wurde darin das Haus beschrieben, als handele es sich um einen perfekt geschneiderten, eleganten Anzug von Goldman & Salatsch, aus feinstem Material und hervorragend gearbeitet.[78] Anfang Mai 1912 waren schließlich die Blumenkästen angebracht, und die endgültige Genehmigung wurde erteilt.[79] Die öffentliche Debatte wich zunehmender Akzeptanz für das avantgardistische Gebäude im Zentrum Wiens, und der Skandal legte sich.

Goldman und Loos hatten der Wiener Mode ihren Stempel aufgedrückt, mit Auswirkungen, die bis heute fühlbar sind. Die Fassade ist eine moderne Collage in anregendem Farbenspiel: Das äußere „Kleid" des Hauses Goldman & Salatsch hat eine Basis aus grauem Granit,[80] auf der die Fassade aus grüngewelltem Cipollino-Marmor aufsetzt; darüber folgen die hellgrau verputzte Wohnzone und das grüne Kupferdach über einem auskragenden Gesims, das an einen Hut mit Krempe denken lässt. Als Wandverkleidung für den seitlichen Zugang zum Haus, der den Bewohnern dient, wählte Loos rot gefleckten Marmor aus Skyros; für die Böden im Eingangsbereich der Säulenhalle kam auch weißer Carraramarmor zum Einsatz. Die ungewöhnliche Außengestaltung kann auch als Bezug auf eine mutige Erneuerung in der Formensprache von Herren- und Damenbekleidung gelesen werden: als subtile Kombination einer grün-weißen *Hose* (die toskanischen Marmorsäulen im Geschäftsbereich) mit einem hellgrauen *Hemd* (obere Geschoße der Wohnzone). In dem neuen Gebäude kam der Trend zu mehr Leichtigkeit in der Bekleidung zum Ausdruck, wie er auch von Goldman & Salatsch mit innovativer Herren- und Damenmode vertreten wurde.

Lebendes Erbe – ein Rundgang bei Knize & Co

Ein zweiter Herrenausstatter folgte dem Beispiel von Goldman & Salatsch und ließ sich ebenfalls von Loos ein neues Geschäftslokal entwerfen: der Modesalon Knize, der bis heute das große Erbe von Goldman & Salatsch fortführt.[81] Das hat mit kulturellen Zyklen zu tun, doch vor allem ist dafür eine unauslöschliche historische Ursache verantwortlich: Leopold Goldman, seine Frau Lillie, sein Sohn Fred und sein Geschäftspartner Aufricht wurden alle im Holocaust ermordet. Als Loos seine Entwürfe für das Haus am Michaelerplatz schuf, war Gisela Wolff (gebürtige Steiner, ca. 1867–1942) die Eigentümerin von Knize & Co. Sie folgte dem Beispiel von Goldman; vielleicht wurde ihr Loos auch von ihrem Bruder Hugo Steiner empfohlen, der ein treuer Anhänger von Loos (und Schulkollege des gefürchteten *Fackel*-Herausgebers Karl Kraus) war. Albert Wolff, ein wohlhabender jüdischer

special department for all winter sports equipment managed by the master skier, Ambros Scholz. They further promoted their Norwegian and English ski and sport suits for men and women.[77] They offered the latest European fashion articles.

In March, 1912, the city council added the condition that more window boxes should be added and should be filled with flowers throughout the year. That same month, the trade union of Lower Austria organized a tour of the "Loos House" at Michaelerplatz, to be guided by the architect. Loos took visitors to the lecture hall of the tailoring school on the top floor of the building, a school initiated by Goldman, where he explained the plans and the solutions for the façade and the workshops. The report on the visit two weeks later praised the building. It stated that Goldman & Salatsch employed 150 workers and went on to describe the exquisiteness of the house in terms that recalled a perfect, elegant Goldman & Salatsch suit of finest quality fabric and exquisite craftsmanship.[78] In early May, 1912, the window boxes were in place and the final approval of the façade was granted.[79] The conclusion of the public debate led to growing acceptance of the avant-gardist house at the center of Vienna, and the scandal began to abate.

Goldman and Loos had set a landmark in Viennese fashion, whose reverberations can still be felt today. The façade is an inspiring, up-to-date colorful collage: From bottom to top the 'dress' of the *Goldman & Salatsch House* is a subtle match of gray granite as a base line,[80] watery green marble cipolin for the façade of the business area, light gray plaster for the apartment area and a green copper roof above a jutting cornice (appearing like a hat with a brim). Loos chose speckled red Skyros marble to "dress" the side entrance hall for the residents of the house and white Carrara marble for the floor of the colonnade front entrance hall. Loos's unusual outfit was testimony to a bold revitalization of the formal language of men's and women's fashion: A subtle match of green and white marble *trousers* (lower Tuscan columns) with a light gray *shirt* (flat upper part). The new building expressed a growing need for 'lightening up', reflecting in turn the ethos of the Goldman & Salatsch salon with its trendsetting fashions for men and women.

A Living Legacy – An Excursion through Knize & Co

Following the example of Goldman & Salatsch, another elite men's fashion firm asked Loos to redesign their new store and it was this fashion firm— Knize—that continued and continues the grand heritage of Goldman & Salatsch.[8] This is for reasons of cultural cycles but further for a significant and indelible historical reason. Leopold Goldman, his wife, Lillie, his son Fred, and his business partner Aufricht would all be murdered in the Holocaust. It is possible that

Zuwanderer aus Berlin, war 1885 als Kompagnon in die Firma Knize eingetreten. Er brachte frischen Konkurrenzgeist in das Unternehmen, was auch bedeutete, für den Herrensalon in Zeitungsannoncen zu werben.[82] 1888, im Todesjahr des Gründers Knize, wurde Albert Wolff der prestigeträchtige Titel „Hofschneider" verliehen.[83] Als Wolff 1902 verstarb, erbte seine Witwe Gisela die Firma. Sie entstammte einer großbürgerlichen Familie, war klein und energisch und machte Knize zu einem florierenden Modeetablissement. Adolf Loos beauftragte sie mit der Umgestaltung ihres Salons im Stil eines klassischen Herrenclubs. Nach Abschluss der Arbeiten präsentierte sich das Geschäft bei der Neueröffnung 1913 mit einer Fassade aus edlem schwarzen Granit, die an einen eleganten Frack denken ließ.[84] Man sprach über den Effekt, den das Nebeneinander von poliertem schwarzem Granit und Kirschholzverkleidung im Inneren hervorrief: „Man vermag, ohne offensichtlich luxuriös zu sein, Vornehmheit kaum sinnfälliger werden zu lassen. Es ist Geschäftslokal für den Herrn in seiner strengen gesellschaftlichen Verpflichtung."[85]

Durch die Integration von Elementen aus der Privatsphäre brachte Loos die Eleganz und den intimen Charakter eines bürgerlichen Salons in die Geschäftsräume von Knize. Vom schmalen Verkaufsraum im Parterre führte eine elegante Kirschholztreppe empor zu einem Raum mit niedriger Decke, von wo aus man in die beiden Salons gelangte.[86] Auf dem mit grünem Filz bespannten Fußboden lagen Perserteppiche, die Wände und Decken waren mit dunklem Eichenholz getäfelt, und die wartenden Kunden konnten in braunen Lederfauteuils Platz nehmen. Mit der Möblierung der Geschäftsräume im Stil einer Privatwohnung verlieh Loos den Modesalons seiner Klienten die Atmosphäre gepflegter Clubs.

Gisela Wolff war eine scharfe Beobachterin des Lebens auf den Straßen von Wien. Kurz nach Ende des Ersten Weltkriegs fiel ihr auf der Ringstraße ein besonders elegant gekleideter Mann auf, und sie fragte ihn: „Wo gibt es so elegante Anzüge?" – „Nirgendwo. Ich habe ihn selbst entworfen", war die Antwort.[87] Der so Angesprochene war der Grafiker und Modedesigner Ernst Dryden. Gisela Wolff engagierte ihn auf der Stelle, und er arbeitete auch später, nach der Übergabe an ihren Sohn Fritz Wolff im Jahr 1918, weiter für die Firma, die immer noch Knize hieß. Der Designer schuf ein traditionelles englisches Logo für den Salon, das Loos' ästhetischem Anspruch von Eleganz und Klarheit entsprach. Daneben gestaltete er die Broschüren der Firma sowie gemeinsam mit Fritz Wolff eine Herrenkosmetikserie. Mit Loos als Architekt und Dryden als Designer expandierte Wolff auch in andere bedeutende europäische Städte. Er eröffnete Filialen in Karlsbad (1921), Berlin (1924), Paris (1928), Prag (Anfang der 1930er-Jahre, gestaltet vom Loos-Schüler Heinrich Kulka) und Bad Gastein (1937, ebenfalls von Kulka) und unterstrich damit die europäische und kosmopolitische Linie von Knize.

Die Goldmans, Wolff-Knize, Loos und Dryden verewigten das Ideal des jüdischen Schneiders als Wiener Gentleman, der aus der Wiener Moderne nicht wegzudenken ist, und schufen buchstäblich im Herzen Europas Orte für die Wiener Mode. Ihre kreative Zusammenarbeit war von bleibender Wirkung für das Wiener Design und ist bis heute Inspiration und Vorbild für die Wechselbeziehung zwischen Mode und Architektur in Wien.

at the time of Loos's design for Goldman & Salatsch the owner of Knize & Co., Gisela Wolff née Steiner, (c. 1867–1942), was following Goldman's example, and/or had been recommended Loos by her own brother, Hugo Steiner, a devoted Loos client (who was also a schoolmate of the much feared editor of *Die Fackel* Karl Kraus). In 1885, when the wealthy Jewish immigrant from Berlin, Albert Wolff, entered into partnership with Knize, he brought with him a fresh competitive spirit that also meant promoting the salon through newspapers ads.[8] In 1888, the year the founder Knize died, Albert Wolff received the prestigious "court tailor" title.[83] When Albert died in 1902 his wife Gisela Wolff inherited the business. A small energetic woman who had grown up in a well-placed bourgeois family, Gisela turned the salon into a flourishing fashion establishment. She hired Loos to redesign her salon as a classical men's club and in 1913, the newly designed store opened to the public with an exclusive Swedish black granite façade that evoked the elegance of the black frock coat.[84] The effect of the polished black granite and the cherry wood interior paneling was remarked upon: "The interior could scarcely be more stylish without being ostentatious. It is the shop for the man with demanding social obligations."[85]

Loos incorporated elements from the private sphere into the Knize commercial environment, lending the fashion salon the elegance and intimate character of a bourgeois salon. A narrow entrance hall gave way to an elegant cherry wood staircase, which ended in a low-ceilinged area, leading to two salons.[8] Persian carpets were placed on a green felt covered floor, dark oak paneling covered the walls and ceiling, and there were brown leather fauteuils to accommodate waiting clients. This integration of private apartment furniture with commercial space provided the tailor shops of Loos's clients with a distinguished European club setting.

Gisela Wolff was a perceptive observer of what was going on on the streets. Walking one day along the Ringstrasse after the end of World War I, Gisela observed an elegantly dressed man and asked him, "Where can one buy such an elegant suit?" and Ernst Dryden answered, "Nowhere. I designed it myself."[87] She hired the fashion and graphic designer on the spot and when Gisela's son Fritz Wolff took over the fashion firm in 1918 Dryden continued working with him. Dryden created a traditional English logo for the firm, which reflected Loos's aesthetics of elegant clarity. He also designed the firm's brochures and, together with Fritz Wolff, a series of cosmetic articles for men. With Loos as architect and Dryden as designer, Wolff expanded the firm to branches in other prominent European cities, thereby emphasizing Knize's European and cosmopolitan character: Karlsbad (1921), Berlin (1924) Paris (1928) and Prague (early 1930s, the designer for which was Loos's student Heinrich Kulka) and Bad Gastein (1937, designed by Kulka.)

1 Mein Dank für diese Information gilt Burkhardt Rukschcio. Siehe auch: Offizielle Mitteilungen der Vereinigung der Herrenkundenschneidermeister Wiens, Jg. III, Nr. 8, 01.08.1909, S. 72.
2 Adolf LOOS: Die Kleidung, in: Das Andere 1, 1903, S. 8.
3 Die jüdische Gemeinde war stolz auf ihre Mitglieder, die wie Ignaz Reich große Summen für Österreich-Ungarn stifteten, oder wie Israel Kadisch Offiziere im kaiserlichen Heer waren (Ludwig PHILLIPSON (Hg.): Allgemeine Zeitung des Judentums, 22.09.1856, S. 530.)
4 Michael Goldmann diente im Mährischen Infanterie-Regiment Nr. 3, das 1864 in Verona, 1865 in Padua und 1866 in Prag stationiert war (Major Alphons FREIHERR VON WREDE: Geschichte der k.u.k. Wehrmacht, Bd. I, 1898, S. 130 f).
5 Wiener Stadt- und Landesarchiv, Todesfallsaufnahme, k.k. Bezirksgericht Währing, Abteilung IV, am 14. August 1907, Josef Salatsch.
6 Adolph Lehmanns allgemeiner Wohnungsanzeiger, Wien 1879, S. 1230.
7 LEHMANN, Wien 1879, S. 1227–1240.
8 Wiener Stadt- und Landesarchiv: Handelsgericht A67/4, mit Poststempel vom 07.02.1883.
9 LEHMANN, Wien 1885, S. 1432.
10 Allgemeine Sport-Zeitung, 10.10.1886, Titelseite.
11 LEHMANN, Wien 1887, S. 416
12 Allgemeine Sport-Zeitung, 01.01.1888, Titelseite.
13 Das neue „englische" Kostüm für Damen war maßgeschneidert und lehnte sich an den klassischen dreiteiligen Herrenanzug (Hose, Gilet, Jacke) an. Es bestand aus einem Rock, der Bewegungsfreiheit erlaubte, und einer Anzugjacke und war als Bekleidung zum Reisen oder Wandern gedacht.
14 Adolf LOOS: Damenmode, in: Dokumente der Frauen, Bd. 6, Nr. 23, 01.03.1902, S. 662.
15 Allgemeine Sport-Zeitung, 17.02.1889, Titelseite.
16 Siehe drei Fotos in: Museen der Stadt Wien (Hg.): Blickfänge einer Reise nach Wien, Ausstellungskatalog, Wien 2000, S. 17.
17 Der Yachtclub, zu dem am Vorabend des Ersten Weltkriegs 70 Schiffe gehörten, hatte seinen Heimathafen in Pula. Es war ein internationaler Club, dessen Mitglieder u.a. aus Deutschland, Ungarn, Italien und den USA kamen; die meisten waren Angehörige des Hochadels, dazu einige Großbürger und hochrangige Offiziere der k.u.k. Marine.
18 Freies Blatt, 28.06.1896, S. 12.
19 Freies Blatt, 01.09.1896, S. 8, und 15.09.1896, S. 7. Die Zeitung wurde 1897 eingestellt.
20 Protokoll der Verhandlung am Handelsgericht, 01.02.1896 (Wiener Stadt- und Landesarchiv: Handelsgericht A67/4).
21 Die neue Firma wurde am 18. Jänner 1897 gegründet (Zentralgewerberegister der Stadt Wien, Registerblatt: Josef Salatsch). 1907 übernahm Adolf Salatsch die in der Tuchlauben ansässige Firma J. Salatsch & Sohn.
22 Wie Goldman hatte auch Aufricht seine Laufbahn als Buchhalter begonnen. Er stammte aus Groß-Hrabowa, Mähren, wo er am 14. Dezember 1871 als Sohn von Leopold Aufricht und dessen Frau Emilie (gebürtige Sachs) zur Welt kam. Israelitische Kultusgemeinde Wien, Matrikenamt, Trauungsbuch für die Israel. Kultusgemeinde in Wien, 1896, Reg. Nr. 28.
23 LEHMANN, Wien 1896, Bd. II, S. 303.
24 Ingrid HASLINGER: Kunde: Kaiser: Die Geschichte der ehemaligen k.u.k. Hoflieferanten, Wien 1996, S. 19.
25 Österreichisches Staatsarchiv (ÖStA), Haus-, Hof- und Staatsarchiv (HHStA), Obersthofmeisteramt (OMeA) 12/G/5, Zl 4786/1899.
26 Die komische Oper *Kleider machen Leute* von Alexander von Zemlinsky entstand 1909, basierend auf der gleichnamigen Novelle von Gottfried Keller, und wurde 1910 in Wien aufgeführt.
27 Neue Freie Presse, 04.09.1896, S. 3. Das Abonnementsystem wurde offenbar aus England übernommen und folgte einem englischen Vorbild. In einer Anzeige in der *Allgemeinen Sport-Zeitung* vom 12.01.1890 (S. 44) hieß es dazu: „Das englische System: Herrenkleider im Wege des Abonnements zu beziehen, hat sich ob seiner Zweckmäßigkeit, Billigkeit, besonders aber durch solide hochelegante Ausführung des Gebotenen in allen Gesellschaftskreisen rasch eingebürgert .. "
28 Burkhart RUKSCHCIO, Roland SCHACHEL: Adolf Loos. Leben und Werk, Salzburg 1982, S. 59.
29 Adolf LOOS: Weihnachtsausstellung im Öst. Museum, Bürgerlicher Hausrat – Das Leflerzimmer, in: Die Zeit, 18.12.1897.
30 Adolf LOOS: Die Herrenmode, in: Neue Freie Presse, 22.05.1898, S. 16.
31 Adolf LOOS: Wäsche, in: Neue Freie Presse, 25.09. 1898, S. 7 f.
32 Loos, undatiertes Manuskript, in: Rukschcio, Schachel, Salzburg 1982, S. 62.
33 Ludwig ABELS: Ein Wiener Herrenmodesalon, in: Das Interieur, II. Jg. 1901, S. 145.
34 Ebenda.
35 Staatsarchiv: Kriegsarchiv, Conduite-Liste, Assentjahrgang 1894, Grundbuchblatt Nr. 9.
36 LEHMANN, Wien 1901, Bd. I., S. 967.
37 Die Kosten für einen Kraftwagen betrugen 1899/1900 zwischen 1.000 und 3.300 Gulden (Heinz MÜLLER: Die Geschichte des Österreichischen Automobil-Clubs von der Gründung im Jahr 1898 bis zum Anschluß im Jahr 1938, Diplomarbeit, Universität Wien 1991, S. 16).
38 Offizielle Mitteilungen des Oesterreichischen Touring-Club, 1. Mai 1898, S. 12.

The Goldmans, Wolff-Knize, Loos and Dryden eternalized the ideal of the Jewish tailor as Viennese gentleman, a figure integral to Viennese modernism, and placed Viennese fashion literally at the heart of Europe. Their creative collaboration has had lasting impact on Viennese design and serves as an inspiring model for the reciprocal relationship between fashion and architecture in Vienna today.

1 My thanks to Burkhardt Rukschcio for this information. See also: Offizielle Mitteilungen der Vereinigung der Herrenkundenschneidermeister Wiens, August 1, 1909, p. 72.
2 Adolf LOOS: Die Kleidung, in: Das Andere 1, 1903, p. 8.
3 The community was proud of its members who contributed with donations to the Austro-Hungarian monarchy such as Ignaz Reich, or obtained officer ranks in the Imperial Army such as Israel Kadisch (Ludwig PHILLIPSON [ed.]: Allgemeine Zeitung des Judentums, September 22, 1856, p. 530.)
4 Michael Goldmann joined the regiment "Mährisches Infanterie 3" stationed in Verona in 1864, in Padua in 1865, and in Prague in 1866 (Major Alphons FREIHERRN VON WREDE, Geschichte k. u. k. Wehrmacht, Vol. I 1898,p. 130f).
5 Salatsch was born on December 26, 1840 in Nienburg, Strak in Bohemia (Wiener Stadt- und Landesarchiv, Todesfallsaufnahme, K.K. Bezirksgericht Währing, Abteilung IV, am 14. August, 1907, Josef Salatsch.)
6 Lehmann 1879, p. 1230.
7 Lehmann 1879, p. 1227–1240.
8 Wiener Stadt- und Landesarchiv: Handelsgericht A67/4, with a post stamp of 7.2.1883.
9 Lehmann 1885, p. 1432.
10 Allgemeine Sport-Zeitung, October 10, 1886, front page.
11 Lehmann 1887, p. 416
12 Allgemeine Sport-Zeitung, January 1, 1888, front page.
13 Known as the English tailored costume, the new dress, designed as a walking and travelling suit, imitated the male classical three piece suit (trousers, waistcoat and jacket) allowing freer movement through the sensible cut of a free-flowing skirt and a man's tailored jacket.
14 Adolf LOOS: Ladies Fashion (1902), in: Adolf LOOS: Spoken into the Void, ed. by Joan Ockman, Cambridge/Mass., and London 1982, p. 100.
15 Allgemeine Sport-Zeitung, February 17, 1889, front page.
16 See three photos in: Museen der Stadt Wien (ed.): Blickfänge einer Reise nach Wien, Exh. Cat. Vienna 2000, p. 17.
17 The yacht club used the Pola port in Italy and it included 70 ships just before WWI. It was an international club with members from Germany, Hungary, Italy, U.S.A etc., most of them from the high aristocracy, a few from the high bourgeoisie, and a number of high officers of the Imperial Marine.
18 Freies Blatt, June 28, 1896, p. 12.
19 Freies Blatt, September 1, 1896, p. 8; and September 15, 1896, p. 7. The newspaper closed in 1897.
20 Minutes of the meeting in Handelsgericht, February 1, 1896 (Wiener Stadt- und Landesarchiv: Handelsgericht A67/4).
21 The new firm was established on January 18, 1897 (Zentral Gewerbe Register der Stadt Wien, Registerblatt: Josef Salatsch). In 1907, his son, Adolf, took over the firm *J. Salatsch & Sohn*, located in Tuchlauben.
22 Like Goldman, Aufricht also began his career as an accountant. Aufricht was born in Groß-Hrabowa in Moravia to Leopold and Emilie (née Sachs) Aufricht on December 14, 1871. Israelitische Kultusgemeinde Wien, Matrikenamt, Trauungsbuch für die Israel. Kultusgemeinde in Wien, 1896, Reg. no. 28.
23 Lehmann, 1896 Vol. II, p. 303.
24 Ingrid HASLINGER: Kunde: Kaiser: Die Geschichte der Ehemaligen K. u. K. Hoflieferanten, Vienna 1996, p. 19.
25 Haus-, Hof- und Staatsarchiv, OmeA 1899 rub 12/G/5 Rm. no. 835 (January 25, 1898).
26 I refer here to the title of Alexander von Zemlinsky's comic opera *Kleider machen Leute* (1909) based on a novel by Gottfried Keller and performed in Vienna in 1910.
27 Neue Freie Presse, September 4, 1896, p. 3. This specific subscription system was apparently imported from England and followed an English model. In an ad published in Allgemeine Sport-Zeitung January 12, 1890, p. 44: "The English

39 Offizielle Mitteilungen des Oesterreichischen Touring-Club, 15.12.1899, S. 16.
40 Automobil- und Illustrierte Sport-Zeitung, Jg. 9, Nr. 1, 07.01.1900, S. 3.
41 Allgemeine Automobil-Zeitung, 25.02.1900, S. 16.
42 Sieben Jahre später wurde Halm & Goldmann mit Radierungen alter Meister, wie Rembrandt und Dürer, erstmals im Kunstmarkt aktiv (Der Kunstmarkt, 07.01.1910, S. 1.)
43 Christopher BREWARD: The Culture of Fashion, A new history of fashionable dress, Manchester/New York 1999, S. 172.
44 Wilhelm SCHÖLERMANN: „Die ‚Wiener Richtung' in der Innenraum-Ausstattung", in: Innen-Dekoration. Mein Heim – Mein Stolz. Die Ausschmückung und Einrichtung moderner Wohnräume in Wort und Bild, Band XVI, Jänner 1905, S. 33.
45 Ebenda, S. 38.
46 Rudolf HANEL (Hg.): Jahrbuch der österreichischen Textil-Industrie, Wien 1906, S. 164.
47 Allgemeine Automobil-Zeitung, 18.03.1906, S. 43.
48 Allgemeine Automobil-Zeitung, 25.03.1906, S. 1.
49 Allgemeine Sport-Zeitung, 02.06.1906, S. 661.
50 Streckenverlauf der Herkomer-Konkurrenzen 1905–1907: Frankfurt – München, München – Linz, Linz – Wien, Wien – Klagenfurt, Klagenfurt – Innsbruck, Innsbruck – München.
51 Allgemeine Automobil-Zeitung, Wien, 07.04.1907, S. 19.
52 Allgemeine Automobil-Zeitung, Wien, 14.04.1907, S. 49.
53 Israelitische Kultusgemeinde Wien, Matrikenamt, Trauungs-Protokoll der Türkisch-israelitischen Gemeinde in Wien, 1884–1938, Reg. Nr. 280.
54 ÖStA, HHStA, OMeA 12/G/7, Zl. 6177/1909
55 Grundbuch Oberdöbling, Hardtgasse 27 und 29, Präs. 31.03.1909, Z. 646 B, S. 566.
56 Hermann CZECH, Wolfgang MISTELBAUER: Das Looshaus, Wien 1976, S. 18.
57 Ebenda.
58 CZECH, MISTELBAUER, Wien 1976, S. 23. Loos hatte für das Café Museum (1899) eine schlichte Fassade geplant, wobei er den historistisch gestalteten oberen Stockwerken eine glatte Fassade im Parterre gegenüberstellte. Sein Entwurf für die Renovierung der k.u.k. Privaten Allgemeinen Verkehrsbank (1904) in der Mariahilfer Straße, der Überreste der historistischen Fassade im unteren Gebäudeteil mit einer einfachen, weiß verputzten Fassade für die oberen Stockwerke kontrastierte, wurde abgelehnt.
59 Czech, Mistelbauer, Wien 1976, S. 9.
60 Grafische Sammlung Albertina, Adolf-Loos-Archiv 240.
61 Adolf LOOS: Mein Haus am Michaelerplatz, Erstdruck in: Der Künstlerkreis um Adolf Loos. Aufbruch zur Jahrhundertwende, *Parnass,* Sonderheft 2, 1985, S. II.
62 Zu Ernst Epsteins Beziehung zur Familie Goldmann und zu Loos siehe: Karlheinz GRUBER, Sabine HÖLLER-ALBER und Markus KRISTAN: Ernst Epstein 1881–1938. Der Bauleiter des Looshauses als Architekt, Wien 2002.
63 Eine mögliche Erklärung für das Fehlen von Loos' Unterschrift ist, dass er weder diplomierter Architekt noch Baumeister war; er signierte die Pläne daher nicht, um Schwierigkeiten mit den Behörden vorzubeugen.
64 Adolf LOOS: Mein erstes Haus, in: Der Morgen, 03.10.1910, S. 1.
65 Sammlung von Zeitungsausschnitten über das Haus Goldman & Salatsch bzw. Looshaus, 1909–1938 (Grafische Sammlung Albertina, Adolf-Loos-Archiv).
66 „Los von der Architektur", Karikatur in: Illustriertes Wiener Extrablatt, 01.01.1911.
67 Peter HAIKO: Otto Wagner, Adolf Loos und der Wiener Historismus. „Die Potemkinsche Stadt" und die „Moderne Architektur", in: Maria AUBÖCK und Maria MARCHETI (Hg.): Wien um 1900, Kunst und Kultur, Wien/München 1985, S. 299.
68 Paul ENGELMANN: „Das Haus am Michaelerplatz", Die Fackel, 21.02.1911. Zu diesem Zeitpunkt waren die Marmorverkleidungen im Geschäftsbereich noch nicht fertig.
69 RUKSCHCIO, SCHACHEL, Salzburg 1982, S. 157.
70 Allgemeine Automobil-Zeitung, Wien, 02.04.1911, S. 45.
71 Ebenda.
72 RUKSCHCIO, SCHACHEL, Salzburg 1982, S. 157.
73 CZECH, MISTELBAUER, Wien 1976, S. 86.
74 Wiener Bauindustrie-Zeitung, Jg. 28, Nr. 32, 1910/11, S. 257.
75 Ebenda., S. 31f.
76 RUKSCHCIO, SCHACHEL, Salzbur 1982, S. 159.
77 Illustriertes Österreichisches Sportblatt, 25.11.1911, S. 8.
78 Wochenschrift des Niederösterreichischen Gewerbe-Vereins, LXXIII, Nr. 15, 11.04.1912, S. 261.
79 Die Zeichnung wurde am 29.03.1912 vorgelegt und am 03.05.1912 genehmigt.
80 Um den etwas unebenen Baugrund auszugleichen, fügte Loos seitlich schräg angepasste Stufen ein, über denen sich die horizontale Eingangsebene mit den darauf aufsetzenden Säulen erhebt, was einen optischen Eindruck von Stabilität und Geradlinigkeit vermittelt – eine Lösung, die von Münz und Künstler gelobt wurde (Ludwig MÜNZ und Gustav KÜNSTLER: Der Architekt Adolf Loos, Wien/München 1964, S. 98).
81 Leopold Goldman handelte auch nach der Insolvenz von Goldman & Salatsch im Jahr 1932

System: Men's clothing purchased by way of subscription rapidly gained currency amongst members of all social circles whether for reasons of practicality or cheapness, but especially on account of the solid, extremely elegant workmanship of the finished items ..."
(„Das englische System: Herrenkleider im Wege des Abonnements zu beziehen, hat sich ob seiner Zweckmässigkeit, Billigkeit, besonders aber durch solide hochelegante Ausführung des Gebotenen in allen Gesellschaftskreisen rasch eingebürgert. ...").
28 Burkhart RUKSCHCIO, Roland SCHACHEL: Adolf Loos. Leben und Werk, Salzburg 1982, p. 59.
29 Adolf LOOS: Weihnachtsausstellung im Öst. Museum, Bürgerlicher Hausrat - Das Leflerzimmer, in: Die Zeit, December 18, 1897 (Loos, Void, 1982, p. 94).
30 Adolf LOOS, Die Herrenmode, in: Neue Freie Presse, May 22, 1898, p. 16.
31 Adolf LOOS, Wäsche, in: Neue Freie Presse, September 25, 1898, p. 7f. Translated in: idem, Ornament and Crime, Selected Essays, Riverside, California 1998, p. 116.
32 Loos, undated manuscript, in: Rukschcio, Schachel, Loos, p. 62.
33 Ludwig ABELS: Ein Wiener Herrenmodesalon, in: Das Interieur, Vol. II 1901, p. 145.
34 Ibid. Unless otherwise noted English translations are mine.
35 Staatsarchiv: Kriegarchiv, Conduite-Liste, Assentjahrgang 1894 Grundbuchblatt Nr. 9 (Leopold Goldmann army files).
36 Lehmann 1901, Vol. I., p. 967.
37 The costs of an automobile were between 1,000-3,300 Gulden in 1899–1900 (Heinz MÜLLER: Die Geschichte des Österreichischen Automobil-Clubs von der Gründung im Jahr 1898 bis zum Anschluß in Jahr 1938, MA Thesis, Vienna University 1991, p. 16).
38 Offizielle Mitteilungen des Oesterreichischen Touring-Club, May 1, 1898, p. 12.
39 Offizielle Mitteilungen des Oesterreichischen Touring-Club, December 15, 1899, p. 16.
40 Automobil- und Illustrierte Sport Zeitung, Vol. 9, no. 1, January 7, 1900, p. 3.
41 Allgemeine Automobil-Zeitung, February 25, 1900, p. 16.
42 Seven years later, Halm & Goldmann entered the art market with etchings of old masters such as Rembrandt and Dürer (Der Kunstmarkt, January 7, 1910, p. 1.)
43 Christopher BREWARD: The Culture of Fashion, A new history of fashionable dress, Manchester and New York 1999, p. 172.
44 Wilhelm SCHÖLERMANN, "Die 'Wiener Richtung' in der Innenraum-Ausstattung," in: Innen-Dekoration. Mein Heim – Mein Stolz. Die Ausschmückung und Einrichtung Moderner Wohnräume in Wort und Bild, Band XVI, January 1905, p. 33, p. 38.
45 Ibid., p. 38.
46 Rudolf HANEL (ed.): Jahrbuch der österreichischen Textil-Industrie, Vienna 1906, p. 164.
47 Allgemeine Automobil-Zeitung, March 18, 1906, p. 43.
48 Allgemeine Automobil-Zeitung, March 25, 1906, p. 1.
49 Allgemeine Sport-Zeitung, June 2, 1906, p. 661.
50 The route of the Herkomer Cup car race that took place between 1905-1907: Frankfurt - Munich, Munich - Linz, Linz - Vienna, Vienna - Klagenfurt, Klagenfurt – Innsbruck, Innsbruck - Munich.
51 Allgemeine Automobil-Zeitung, Vienna, April 7, 1907, p. 19.
52 Allgemeine Automobil-Zeitung, Vienna, April 14, 1907, p. 49.
53 Israelitische Kultusgemeinde Wien, Matrikenamt, Trauungs-Protokoll der Türkisch Israelitischen Gemeinde in Wien, 1884–1938, Reg. No. 280.
54 Haus-, Hof- und Staatsarchiv, OmeA 1909 rub 12/G/7 Rm. 6177.
55 Grundbuch Oberdöbling Hardtgasse 27 and 29, Präs. March 31, 1909, Z. 646 B, p. 566.
56 Hermann CZECH, Wolfgang MISTELBAUER: Das Looshaus, Wien 1976, p. 18.
57 Ibid.
58 Czech, Mistelbauer, Looshaus, p. 23. Loos had conceived a plan for a plain façade for the *Café Museum* (1899) that involved the juxtaposition of a Historicist design for the upper floor and a simple, smooth façade beneath it. In 1904, his renovation for the k. u. k Private Allgemeine Verkehrsbank building in the Mariahilfestraße, in which the remains of the Historicist façade on the lower part was contrasted with plain white stucco on the upper part, was rejected.
59 Czech, Mistelbauer, Looshaus, p. 9.
60 Albertina Graphische Sammlung: Adolf-Loos-Archiv 240.
61 Adolf LOOS: Mein Haus am Michaelerplatz, first printed in: Der Künstlerkreis

weiterhin mit Qualitätstextilien: sein kleiner Verkaufsraum befand sich neben dem Seiteneingang des Looshauses.

82 Auf der Titelseite des Central-Anzeigers für Handel und Gewerbe erschien am 28. August 1885 eine Notiz über die Eintragung der Firma Knize & Comp, die am 7. August von den beiden Kompagnons Josef Knize und Albert Wolff als „offene Gesellschaft" gegründet worden war. Einige Monate nach der Gründung der gemeinsamen Firma von Wolff und Knize erhielten sie für ihre Leistungen eine Goldmedaille vom Schah von Persien (siehe Morgen-Post, 17.02.1886).

83 HASLINGER, Wien 1996, S. 74.

10. Oktober 2000, Wien.

85 MÜNZ, Wien/München 1964, S. 30.

86 Ein Spiegel im Bereich der Stiege erlaubte Blickkontakt zwischen Parterre und Mezzanin.

87 Anthony LIPMANN: Der Dandy als Designer, Ernst Dryden, Plakatkünstler und Modeschöpfer, München/Luzern 1989, S. 66.

um Adolf Loos. Aufbruch zur Jahrhundertwende, *Parnass*, Sonderheft 2, 1985, p. II. Translation in: Adolf LOOS: *On Architecture*, Translated by Michael Mitchell, Selected and Introduced by Adolf and Daniel Opel, Riverside, California 2002, p. 93.

62 On Ernst Epstein's relationship with the extended Goldmann family and Loos, see: Karlheinz GRUBER, Sabine HÖLLER-ALBER and Markus KRISTAN: Ernst Epstein 1881–1938. Der Bauleiter des Looshauses als Architekt, Vienna 2002.

63 One possible explanation for Loos's absent signature is that Loos did not have an official diploma as an architect nor as a master builder; therefore, he refrained from signing the plans in order to avoid possible future conflicts with the authorities.

64 Adolf LOOS: Mein erstes Haus, in: Der Morgen, October 3, 1910, front page; translated in: Loos, Architecture, p. 71.

65 Album collection of articles on the Goldman & Salatsch Building or the Looshaus 1909–1938 (Graphische Sammlung Albertina: Adolf-Loos-Archiv).

66 English translation in: Peter HAIKO: The "obscene" in Viennese Architecture, in: Patrick WERKNER (ed.): Egon Schiele, Art, Sexuality and Viennese Modernism, Palo Alto 1994, p. 95.

67 Peter HAIKO: Otto Wagner, Adolf Loos und der Wiener Historismus. "Die Potemkinsche Stadt" und die "Moderne Architektur", in: Maria AUBÖCK and Maria MARCHETI (eds.): Wien um 1900, Kunst und Kultur, Vienna, Munich 1985, p. 299.)

68 See Haiko, Obscene, p. 93. At this time the marble work of the store area was not yet completed.

69 Rukschcio, Schachel, Loos, p. 157.

70 *Allgemeine Automobil-Zeitung*, Vienna, April 2, 1911, p. 45.

71 Ibid.

72 Rukschcio, Schachel, Loos, p. 157.

73 Czech, Mistelbauer, Looshaus, p. 86.

74 *Wiener Bauindustrie-Zeitung*, Vol. 28, no. 32, 1910/11, p. 257.

75 Ibid., p. 31f.

76 Rukschcio, Schachel, Loos, p.159.

77 *Illustriertes Österreichisches Sportblatt*, November 25, 1911, p. 8.

78 *Wochenschrift des Niederösterreichischen Gewerbe-Vereins*, Vol. LXXIII, no. 15, April 11, 1912, p. 261.

79 The drawing was submitted on March 29, and approved on May 3, 1912.

80 Münz and Künstler refer to the problem of the slightly uneven ground on which the house was built and commend Loos's solution to produce a stable and even impression by placing the columns on the same ground level, raised on one side by means of steps (Ludwig MÜNZ and Gustav KÜNSTLER: Der Architekt Adolf Loos, Vienna, Munich 1964, p. 98).

81 Leopold Goldman continued selling quality textiles in a small room next to the side entrance of the Goldman & Salatsch House, and did so even after the fashion firm Goldman & Salatsch went bankrupt in 1932.

82 In Central-Anzeige für Handel und Gewerbe, there is on the front page of August 28, 1885, a note about the registration of the firm Knize & Comp, an "offene Gesellschaft" since August 7, 1885, the two partners are Josef Knize and Albert Wolff. A few months after Wolff joined Knize, the firm received a golden medal for their achievements by the Shah of Persia, in: Morgen Post, February 17, 1886.

83 Haslinger, Kunde, p. 74.

84 Interview with Peter Knize, Vienna October 2, 2000.

85 "Man vermag, ohne offensichtlich luxuriös zu sein, Vornehmheit kaum sinnfälliger werden zu lassen. Es ist Geschäftslokal für den Herrn in seiner strengen gesellschaftlichen Verpflichtung." (Münz, Künstler, Architekt, p. 30).

86 A mirror placed in the stairwell allowed eye-contact between ground floor and mezzanine.

87 Anthony LIPMANN: Der Dandy als Designer, Ernst Dryden, Plakatkünstler und Modeschöpfer, Munich and Luzern 1989, p. 66.

Andreas Lehne

Vom Haas-Haus zum Gerngross.
Highlights der Wiener Warenhaus-Architektur

From Haas House to Gerngross.
Highlights of Viennese department store architecture

Selfridges und Harrods, Printemps oder Samaritaine, Macy's, Saks, Bloomingdale's sind weltbekannte Namen, Begriffe, die für eine gehobene, elegante Konsumkultur stehen. Gemeinsam ist diesen Warenhäusern, dass sie alle auf die Gründerzeit zurückgehen, auf jenes technisch und ökonomisch so unglaublich dynamische Zeitalter, in dem die nun massenhaft industriell produzierte Ware auf ein genügend zahlreiches und genügend zahlungskräftiges urbanes Publikum trifft. Eingekauft wird nicht mehr bloß, um dringende Bedürfnisse zu stillen, die Bedürfnisse lassen sich nun stimulieren. Eine neue Konsumkultur entsteht. Das Erfolgsrezept heißt: geringer Aufschlag, hoher Umsatz, fixe Preise, großzügiges Umtauschrecht und vor allem aufwändige Werbung. Letztlich geht es um Verführung: Das Warenangebot muss in seiner Fülle entsprechend verführerisch inszeniert werden.

Damit aus dem banalen Tausch Ware gegen Geld ein „Einkaufserlebnis" werden kann, braucht es auch den entsprechenden räumlich-architektonischen Rahmen. Es entsteht der neue Architekturtypus des Warenhauses.[1] Nach außen wirkt es wie eine gigantische Vitrine, mit großen Fenstern zur Auslage der Waren, die den Betrachter hineinlocken sollen; im Inneren vermittelt eine möglichst große, prächtig dekorierte Halle gehobenes, luxuriöses Lebensgefühl. Im Zentrum dieser oft durch eine bunte Glasdecke belichteten Halle befindet sich meist eine raffiniert konzipierte Stiegenanlage, die auch der Eigeninszenierung dient. Der Flaneur oder die Flaneuse, der oder die das Einkaufserlebnis genießen soll, erhält so auch Gelegenheit zur Selbstdarstellung. Man hat daher das Warenhaus auch mit dem Theater, das im 19. Jahrhundert ebenso einen Boom erlebte, verglichen. Auch die Theater- und Opernhäuser dieser Epoche verfügten über prunkvolle Stiegenhäuser zur Selbstdarstellung des bürgerlichen Publikums. Die große Halle des Warenhauses mit ihren umlaufenden Galerien gleicht bis zu einem gewissen Grad einem Zuschauerraum mit hineingestellter Stiege, die als eine Art Bühne fungiert.[2] Die Kunden sind gleichzeitig Betrachter und Akteure in diesem Konsum-Theater. Ein anderer Vergleich, der sich anbietet, ist der mit der Kathedrale. Und dies nicht nur in dem Sinn, dass der Konsum die Religion als Kult abgelöst habe, sondern auch wegen gewisser formaler Analogien. Tatsächlich sind auch die Kathedralen als Glashäuser konzipiert, mit großen Fensterflächen und dünnen Stützen: Ein Prinzip, das sich mit den neuen Materialien Eisen bzw. Beton für den Warenhausbau leicht und relativ kostengünstig verwirklichen ließ. Die Warenhäuser wurden so zum Experimentierfeld neuer Bautechnologien. In dem berühmtesten Warenhausroman des 19. Jahrhunderts, Émile Zolas *Au Bonheur des Dames* (1882/83), wird das Warenhaus zur Hauptfigur der Erzählung. Zola verwendet dafür häufig die Metapher der Maschine: Das Geschäftshaus als gut funktionierender, unbarmherziger Apparat, in dem eine Fülle von Abläufen reibungslos ineinandergreift; wo die zahllosen Angestellten ebenso wohlgesteuert und kontrolliert ihren Dienst versehen wie die Maschinerien für Aufzüge, Beheizung und Beleuchtung in den tiefen Kelleretagen.

Wiener Warenhäuser

Bevor man sich auf die Geschichte der gründerzeitlichen „Verkaufsarchitektur" in Wien einlässt, muss man vielleicht vorausschicken, dass die Entwicklung hier im Vergleich zu Paris oder London verzögert

Selfridges and Harrods, Printemps and Samaritaine, Macy's, Saks, and Bloomingdale's are world-renowned names associated with elegant upmarket consumer culture. They all date back to the "Gründerzeit", the period from the 1840s to the beginning of World War I, a technically and economically dynamic period in which industrially mass-produced goods met a large and affluent urban public. Purchases were made not just to cover basic needs; the goods themselves stimulated the demand. A new consumer culture arose. The success was based on the principle of small markup, high turnover, fixed prices, generous return polices and, above all, extensive publicity. Ultimately it was a question of seduction, in other words the abundance of goods had to be presented in a sufficiently attractive manner.

To turn the banal exchange of money for goods into a "shopping experience," a suitable architectural framework was also required. A new type of architecture evolved as a result.[1] From the outside, the department store looked like a huge display case with large windows to present the goods and entice passers-by. Inside, the large and decorative hall gave an impression of high-class luxury. In the center of the hall, which was often lit by a stained glass roof, was an elaborate stairway, on which the casual stroller, enjoying this shopping experience, was also given the possibility for seeing and being seen. For that reason the department store was often compared with the theater, which also experienced a boom in the nineteenth century. The theater and opera houses of this time also had magnificent staircases on which the bourgeois public could show themselves to best advantage. The department store hall with the galleries running around it was a bit like an auditorium with the staircase as a stage. Customers became the actors and audience in this theater of consumption. Another comparison that suggests itself is the cathedral—not only in the sense that consumption replaced religion but also because of formal analogies. Cathedrals were also designed as glass houses, with large windows and thin supports, a principle that was easy and relatively cheap to put into practice in department stores using the new materials iron and concrete. Thus these buildings became a laboratory for new building technologies. In the most famous department store novel of the nineteenth century, Émile Zola's *The Ladies' Paradise* (1882/83), the store becomes the main protagonist. Zola frequently used the metaphor of the machine: the store as a smooth-running, relentless mechanism in which a series of processes seamlessly interacted, where the countless employees carried out their work as automatically and regularly as the machinery in the basement operating the elevators, heating, and lighting.

Viennese department stores

Before looking at the history of Gründerzeit retail architecture in Vienna, it should be noted that development there

einsetzt und sie zunächst durch den Widerstand eingesessener Einzelhandelsunternehmen gebremst und von der Politik durchaus nicht gefördert wird.[3] Auch handelt es sich bei den ersten derartigen Häusern nicht immer um Warenhäuser im engeren Sinn. Es entstehen zunächst keine Betriebe, in denen ein breites Angebot von Artikeln des täglichen Bedarfs unter einem Dach zur Verfügung gestellt wird, sondern Geschäftsbauten großer Erzeugerfirmen. Es dominieren die Bekleidungs- und Textilbranche, daneben treten aber auch Porzellan- und Möbelproduzenten als Auftraggeber anspruchsvoller Architekturen auf.

Versuchen wir, die Geschichte der Wiener Warenhausarchitektur anhand einer Auswahl von Bauten Revue passieren zu lassen.[4] Das erste reine Geschäftshaus Wiens entstand bereits 1865, und zwar an städtebaulich herausragender Position. Im Zuge der sich parallel zum Ringstraßenbau vollziehenden Neuregulierung der Innenstadt hatte man die Bauten, die den Graben ursprünglich vom Stock-im-Eisen-Platz trennten, schleifen lassen. Den interessantesten Bauplatz an der Ecke des neuen Platzkontinuums, jener Stelle, wo für den vom Graben Kommenden zum ersten Mal der Stephansdom ins Blickfeld rückt, hatte sich der Unternehmer Philipp Haas gesichert. Hier, im Herzen Wiens, sollte als Aushängeschild seines florierenden Textilimperiums ein besonders elegantes, prestigeträchtiges Haus entstehen. Mit August Siccard von Siccardsburg und Eduard van der Nüll verpflichtete man dieselben Architekten, die den Wettbewerb für das Wiener Hofopernhaus, den bedeutendsten Monumentalbau der Monarchie, für sich entschieden hatten. Die „Stararchitekten" wählten für das Innere eine platzsparende, ein Maximum an räumlicher Flexibilität ermöglichende Ständerbauweise mit Gusseisensäulen, wie sie auch beim gleichzeitigen Industriebau angewendet wurde. Die in Rundbogenfenstern bzw. -arkaden geöffnete steinverkleidete Fassade war dagegen mit ihrem Säulen- und Skulpturenschmuck und dem übergiebelten Mittelrisalit äußerst aufwändig gestaltet. Vor dem Haus, auf öffentlichem Grund, standen von denselben Architekten designte Kandelaber, die den gesellschaftlichen Anspruch dieses Baues unterstreichen sollten. Welchen Eindruck dieses luxuriöse Geschäftshaus, das als ein Symbol des liberalen Unternehmertums betrachtet wurde, machte, illustriert ein Zitat aus einem zeitgenössischen Wien-Führer:

„An der Ecke, wo wir stehen, lassen riesige Krystallscheiben in ein reiches Warenlager sehen, das die kostbarsten Teppiche und Gewebe, Indien überbietend, in fast verwirrender Fülle vor uns ausbreitet und enthält. Glänzender Marmor, geschliffener Granit, Gold und allerlei Zierrat prangen an dem Haus, das nur ein einziges Warenlager in allen seinen Stockwerken ist [...] Der schlichte Name Haas prangt in Goldlettern darauf, und der Gründer, der Schöpfer von allem, war ein armer Webergeselle, welcher nach Wien kam, mit eigener Hand den Webebaum hob, das Schiffchen schnellte und sein Glück wob. Gibt es eine schönere Illustration für das Leben in einer Großstadt, läßt sich deutlicher der Eine unter den Hunderttausenden oder der Million deuten und erkennen?"[5]

Während an der Stelle des ersten Haas-Hauses heute das dritte dieses Namens steht – es wurde von Hans Hollein entworfen und 1990 eröffnet – ist das etwa ein Jahrzehnt später errichtete Gebäude des

lagged behind Paris and London. It was initially slowed down through the resistance of established retailers and by no means encouraged by politicians.[3] Nor were the first buildings of this type department stores in the narrow sense. They were not businesses selling a wide range of everyday articles under a single roof but rather the business premises of large manufacturing companies. The clothing and textile industry was the most prominent, but porcelain and furniture manufacturers also commissioned imposing buildings.

Let us take a look at the history of Viennese department store architecture by studying a selection of buildings.[4] The first dedicated commercial building in Vienna was built in 1865 in a choice location. During the reorganization of the inner city parallel to the construction of the Ringstrasse, the buildings that separated the Graben from Stock-im-Eisen-Platz were demolished. The businessman Philipp Haas acquired the most interesting site on the corner of the new square, where people coming from the Graben caught their first glimpse of St. Stephan's Cathedral. Here, in the heart of Vienna, he planned an elegant and prestigious structure for his flourishing textile empire, designed by August Siccard von Siccardsburg and Eduard van der Nüll, the architects who had won the competition for the Vienna Court Opera House, the most important monumental building in the Monarchy. To achieve a maximum of spatial flexibility these two star architects chose a space-saving post-and-beam structure with cast iron beams as used in industrial buildings. By contrast, the ornamental columns and sculptures of the stone-clad façade with round-arch windows and arcades and the gabled middle avant-corps were highly elaborate. In the public space in front of the building were candelabras by the same architects designed to highlight the social significance of the building. The impression that this luxurious building and symbol of liberal entrepreneurship made is well illustrated by a quote from a Viennese guide of the time:

"On the corner where we are standing, huge glass panes give a view of an opulent store revealing a dazzling array of the most precious carpets and fabrics that outdo those to be found in India. The building, effectively a multistory depot, is resplendent in gleaming marble, polished granite, gold, and all kinds of embellishments [...] The name Haas stands out in gold letters. The founder, the creator of it all, was a poor journeyman weaver who came to Vienna, took the loom into his hands, worked the shuttle, and wove his own good fortune. Can there be a better illustration of the life of a city, and is there a better way of recognizing and paying tribute to the one in a hundred thousand or a million?"[5]

The present-day Haas House is the third to occupy the site —designed by Hans Hollein and completed in 1990— but the building designed by Gustav Korompay erected around a decade later for Porzellanhaus Wahliss at Kärntner Strasse 17 still exists. Although it is not exclusively a commercial

Porzellanhauses Wahliss in der Kärntner Straße 17 nach wie vor erhalten. Obwohl es sich um keine ausschließlich für den Verkauf bestimmte Architektur handelt – in den oberen drei Geschoßen befanden sich Wohnungen –, sollte die Fassade doch auf die hier angebotenen Waren aufmerksam machen: Die Gliederungselemente sind mit verschieden ornamentierten, blau-weißen Karlsbader Porzellanplatten bekleidet. Zum Zeitpunkt seiner Eröffnung 1879, die in Anwesenheit des Kaisers stattgefunden hat, soll es sich bei dem vom Architekten Gustav Korompay geplanten Haus um das damals weltgrößte Porzellangeschäft der Welt gehandelt haben, das „als Sehenswürdigkeit Wiens eine internationale Berühmtheit erlangt hat".[6] Das Porzellanhaus verfügt bereits über das charakteristische Warenhausmerkmal, den glasüberdachten Hof. An dessen hinterer Schmalseite führt eine repräsentative T-förmige Haupttreppe auf die umlaufende Galerie. Hier hat also eine frühe Entwicklungsstufe der Wiener Verkaufsarchitektur noch in einem weitgehend authentischen Zustand überlebt. Bei zahlreichen anderen Bauten, die in der Folge entstehen, wie etwa bei dem benachbarten 1882/83 ebenfalls als Porzellanhaus errichteten Bau Kärntner Straße 5, der durch die Architekten Heinrich Claus und Josef Gross für die seinerzeit europaweit erfolgreiche böhmische Firma Haas und Czjzek erbaut wurde, steht nur mehr die Fassade. Von den Verkaufsräumen mit glasüberdachtem Hof und mehrarmiger Treppe sind nicht einmal Bilddokumente vorhanden.

Seit den späten 1870er-Jahren entwickelte sich die Architektengemeinschaft von Ferdinand Fellner und Hermann Helmer, die heute noch vor allem als Theaterbau-Spezialisten ein Begriff sind, zu den führenden Entwerfern auch auf dem Gebiet des Geschäftshauses. Schon bei dem Haus, das sie für die Gebrüder Thonet an der Ecke Kärntner Straße/Kupferschmiedgasse errichteten,[7] bewiesen sie Mut zur Innovation. Die beiden unteren Geschoße der Hauptfassade waren in einer Kolonnade aus Gusseisensäulen aufgelöst, weshalb das Gebäude auch „Eisernes Haus" genannt wurde. Durch diese Konstruktion wurden die Wandflächen zugunsten der Schaufensterfläche deutlich vergrößert, wodurch die Mieteinnahmen erheblich gesteigert werden konnten.[8] Das Beispiel zeigt, wie sehr bei dieser Bauaufgabe kaufmännische Überlegungen die architektonische Form bestimmten; es offenbart gleichzeitig ein prinzipielles Dilemma dieses Bautypus, dessen sich die Architekten sehr wohl bewusst waren. Es war zwar statisch möglich, die ganze Last einer konventionell gegliederten, in Fenstern geöffneten Wohnhausfassade auf die dünnen Stützen eines Geschäftshaus-Unterbaues zu stellen, doch ließ sich ästhetisch dafür kaum eine befriedigende Lösung finden. „Um die Masse der drei Obergeschosse, welche einerseits auf den Eisensäulen, andererseits auf den schmächtigen Steinpfeilern ruht, möglichst zu zerteilen und leichter erscheinen zu lassen, [wurden] die Mauerflächen der Stockwerke mit polierthem rothen belgischen Griotte bekleidet."[9] Bei einem der nächsten Projekte des Ateliers Fellner & Helmer hat man nach einer neuen, in mancher Hinsicht revolutionären Form gesucht, die dieses Problem entschärfen sollte. Es handelt sich um den langgestreckten Baukomplex des Herrenbekleidungs-Unternehmers Jacob Rothberger, der unmittelbar gegenüber der Westfront des Stephansdomes entstand.[10] Auch bei diesen, in zwei Bauetappen (1884/85 und 1893/95)

building—the top three floors had apartments—the façade drew attention to the goods for sale: the dividing elements are tiled with ornamental blue and white Carlsbad porcelain slabs. When it opened in 1879 in the presence of the Emperor, it was the world's largest porcelain store in the world, which had "achieved international fame as a sight of Vienna."[6] It already had the typical department store feature of a glass-roofed atrium, on the short side of which a t-shaped staircase led up to the surrounding gallery. The architecture in this building, representing an early stage in the development of Vienna department stores, remains in an extensively original state. Of subsequent buildings, such as the nearby construction at Kärntner Strasse 5 by the architects Heinrich Claus and Josef Gross for the Bohemian porcelain company Haas und Czjzek, the most successful in Europe of the time, only the façades remain. There are not even any photos of the glass-roofed atrium and staircases.

From the late 1870s, the architects Ferdinand Fellner and Hermann Helmer, who are still known today as theater specialists, were also among the leading designers of commercial buildings. The building designed for Gebrüder Thonet at the corner of Kärntner Strasse and Kupferschmiedgasse already contained bold innovations.[7] The two lower floors on the main façade were in the form of a colonnade of cast iron pillars, hence the name "Eisernes Haus" (Iron House). This design permitted a much larger display area and enabled the owners to charge higher rents.[8] This example clearly shows the commercial considerations behind the architecture but also the dilemma faced by architects. It was structurally possible to place the entire load of a conventionally organized residential building façade with windows on the thin pillars of a commercial building, but the resultant appearance was unsatisfactory. "To distribute the load of three upper stories resting on iron pillars and slight masonry posts effectively and to make it look lighter, the walls of the upper stories were clad in polished red Belgian griotte."[9]

One of the next projects by Fellner & Helmer sought a new and in many ways revolutionary solution to this problem. The project in question was the elongated building complex of the gentleman's outfitter Jacob Rothberger opposite the west side of St. Stephan's Cathedral.[10] These buildings, erected in two stages (1884/85 and 1893/95), symmetrically positioned on either side of the narrow central structure belonging to the Kranner company, were residential and commercial properties. The top three floors contained apartments and were conventionally subdivided in old German Renaissance style. In the design of this three-floor building zone, the thin posts were nevertheless concealed. As with the traditional wooden shop portal on the ground floor in front of the façade with integrated displays and store entrance, the load-bearing pillars were hidden behind a three-story iron curtain structure with large glass panes and framing

Stiegenaufgang im Kaufhaus Rothberger
Wien, 1. Hälfte 20. Jhdt.
Wien Museum, Inv. Nr. HMW 79000/792
Staircase in Rothberger department store
Vienna, 1st half 20th cent.

errichteten, spiegelgleich den zentralen schmalen Bau der Firma Kranner flankierenden Gebäuden handelte es sich um Wohn- und Geschäftshäuser, was bedeutet, dass die oberen drei Geschoße Wohnzwecken dienten; diese waren konventionell in Formen der altdeutschen Renaissance gegliedert. Bei der Gestaltung der hier bereits dreigeschoßigen Geschäftszone vermied man es jedoch, die dünnen Pfeiler in Erscheinung treten zu lassen. Nach dem Vorbild des im Erdgeschoß vor die Fassade gesetzten hölzernen Ladenportals, das Auslagen und Geschäftseingang integriert, verbarg man die tragenden Stützen hinter einer dreigeschoßigen vorgehängten Eisenkonstruktion, in deren orthogonalen Raster großflächige Glas- und rahmende Granittafeln eingespannt waren. Dieser neutrale Vorhang, auf Englisch „Curtain-Wall", der das problematisch gewordene Spiel der tragenden und lastenden Kräfte verbarg, erwies sich für den Typus des Geschäftshauses als elegante und zukunftsträchtige Lösung – das Prinzip wird noch heute angewendet. Auch im Inneren boten die Rothberger-Häuser mit ihren elegant geschwungenen Treppenanlagen aus Eisen und Marmor jene gehobene Atmosphäre, die man sich vom Atelier Fellner & Helmer erwarten konnte. Dieselben Architekten wurden 1895 vom Teppichhändler Samuel Schein beauftragt, ein großes Geschäftshaus auf seinem zwischen Bauernmarkt und Kramergasse gelegenen Grundstück zu errichten. Die Hauptfassade am Bauernmarkt gestalteten sie wieder mit einer fünfgeschoßigen vorgehängten Glas-Eisen-Fassade. Der besondere Luxus sollte hier durch riesige (in der Herstellung enorm teure) Auslagenflächen im Erdgeschoß und einen preziös wirkenden vorschwingenden Mittelerker mit gewölbten Scheiben zum Ausdruck gebracht werden. Der große, über fünf Geschoße reichende Hof wurde durch ein Glasdach abgeschlossen. Neben der aufwändigen Treppe mit Marmorstufen und Bronzebeschlägen gab es hier bereits einen elektrischen Personenaufzug und eine für die damalige Zeit hypermoderne aufwändige Beleuchtungsinstallation mit 90 Bogenlampen und Hunderten Glühbirnen.

Bei den großen Geschäftshäusern ging es also vor allem darum, Glanz, Luxus und internationales Flair zu vermitteln. In dieser Hinsicht bedeutete das Warenhaus Neumann, das Otto Wagner 1895 für das Herrenbekleidungshaus Neumann konzipierte, einen Höhepunkt. Das Haus entstand an der Kärntner Straße unmittelbar neben dem Porzellanhaus Wahliss. Im Vergleich zum Nachbarhaus wirkte die Fassade allerdings wesentlich aufgeräumter und moderner, obwohl Wagner hier letztlich noch mit einem historistischen Formenrepertoire arbeitete und keine Anregungen des gerade entstehenden Jugendstils aufgriff. Wie schon bei seinem Ankerhaus am Graben entschied sich auch Wagner für eine „Curtain-Wall"-Konstruktion, die allerdings nur über die beiden unteren Geschoße reichte und leicht und transparent ausgeführt war. Für die oberen Stockwerke ließ er sich etwas Neues einfallen. Die aus großen Blockbuchstaben zusammengesetzten Beschriftungen in den Parapetzonen „Metropolitan Clothing Palace" und „Maison de Confection Viennoise" künden vom internationalen Anspruch dieses Modegeschäftes. Sie wirken gleichzeitig aber auch als schwebende, „laufende" Ornamentbänder. Gemeinsam mit den rahmenden Wandpfeilern, zwischen die sie eingespannt sind, erscheinen diese Schriftbalken als eine Art selbsttragendes Gitter, das keine

granite slabs built into its rectangular grid. This curtain wall, which concealed the problematic load-bearing forces, proved to be an elegant solution for this type of commercial building that is still employed today. The insides of the Rothberger buildings with their gracefully curved iron and marble staircases emphasized the exclusive atmosphere to be expected from the Fellner and Helmer studio.

The same architects were commissioned in 1895 by the carpet dealer Samuel Schein to construct a large commercial building on his plot between Bauernmarkt and Kramergasse. The main façade facing Bauernmarkt was once again in the form of a five-story glass-iron curtain wall. The exclusiveness of the store was highlighted by the huge and expensive display areas on the ground floor and an exquisite protruding central oriel with curved panes. The five-story high atrium was covered by a glass roof. Apart from the elaborate staircase with marble steps and bronze fittings, there was already an electric elevator and a hyper-modern lighting system with ninety arc lamps and hundreds of lightbulbs.

One of the main aims of these large commercial buildings was therefore to communicate glamor, luxury, and international flair. In that regard the Neumann department store designed in 1895 by Otto Wagner for the gentlemen's outfitters of the same name marked a highpoint. It was erected on Kärntner Strasse next to Porzellanhaus Wahliss. The façade appeared much less cluttered and more modern than its neighbor, although Wagner was still working with a Historicist repertoire with no signs yet of the modern Art Nouveau forms that were to be his trademark. As in his Ankerhaus on the Graben, he opted for a light and transparent curtain wall design in front of the first two floors. He had other ideas for the upper stories. The inscriptions in block letters on the parapet, "Metropolitan Clothing Palace" and "Maison de Confection Viennoise" reflected the store's internationality. They also functioned as suspended ornamental running bands. Together with the framing pilasters between which they were suspended, these inscriptions looked like a self-supporting frame. Thanks to their ornamentation (flying putti on the top floor!) the walls between the windows did not appear as a heavy mass but as neutral panels. The shiny surfaces, ceramics, white marble rendering and gilded decorative elements made the façade gleam.

The large atrium also featured an innovative design. It was covered with a glass roof, not as a convex dome, but suspended by cables, making it look like an illuminated carpet. The store contained everything a sophisticated public of the time might demand, including a writing room for penning correspondence. The response was correspondingly enthusiastic. With reference to Zola, the *Neue Freie Presse* spoke of a veritable "gentlemen's paradise": "Everything has been thought of in the design of this building and nothing forgotten. It is floodlit everywhere by natural light. At night a thou-

optisch wirksame Stützkonstruktion benötigt. Auch die Wandflächen zwischen den Fenstern wirken nicht als lastende Masse, sondern durch ihr Dekor (im letzten Geschoß schwebende Putten!) als neutrale Tafeln. Die glänzenden Oberflächen, Keramik, weißer Marmorputz und vergoldete Dekorelemente sollten der Fassade zusätzlich eine strahlend helle Erscheinung verleihen. Auch der große Hof im Inneren glänzte mit einer bemerkenswerten innovativen Konstruktion: Der

sand bulbs dispense extravagantly opulent light [...]. A metropolitan flair permeates the entire house, guided by a linguistically competent staff."[11]

Neumann's, whose cosmopolitan flair was already evident on the façade, attained a level of urban sophistication with which the considerably larger department stores built at the turn of the century in the 7th district could not compete. The

Außenansicht des Kaufhauses Neumann
Wien, um 1900
Wien Museum, Inv. Nr. HMW 93.080/56
Neumann department store
Vienna, c. 1900

Raum wurde, wie üblich, mit einer Glasdecke abgeschlossen, doch war diese nicht wie sonst nach oben gewölbt, sondern erhielt, an einer Seilkonstruktion montiert, eine durchhängende Form, die sie als leuchtender Teppich erscheinen ließ. Das Haus verfügte über alles, nach dem ein anspruchsvolles Publikum damals verlangte, unter anderem auch über einen „Fremdensalon", in dem man seine Korrespondenz erledigen konnte. Dementsprechend begeistert war die Öffentlichkeit. In Anspielung an Zola spricht die *Neue Freie Presse* von einem wahren „Paradies der Herren": „An Alles wurde bei der Einrichtung des Hauses gedacht, nichts vergessen. Überall ist dem vollen Tageslichte ungestörter Eingang gewährt. Bei Nacht verbreiten tausend Glühlampen verschwenderisch reiches Licht [...]. Ein großstädtischer Zug geht durch das ganze Haus, durch welches man von sprachenkundigen Angestellten geleitet wird."[11]

Mit dem Warenhaus Neumann, das sein Weltbürgertum schon an der Fassade vor sich her trug, war ein Niveau an urbaner Noblesse erreicht, mit dem die ebenfalls um die Jahrhundertwende im siebenten Bezirk entstandenen, wesentlich größeren Kaufhäuser nicht konkurrieren konnten. Schon die Lage im Bereich der ehemaligen Vorstädte bedeutete gegenüber der vornehmeren Innenstadt ein geringeres Prestige.

Der erste große Neubau entstand 1897 an der Mariahilfer Straße, Ecke Karl-Schweighofer-Gasse. In diesem Jahr begründete Stefan Esders, der als Inhaber einer großen belgischen Kleiderfabrik in Berlin, Paris, St. Petersburg und Rotterdam Filialen eröffnet hatte, eine weitere in Wien, wohin er schließlich auch seinen Wohnsitz verlegte. Der nach Plänen von Friedrich Schachner in relativ konventionellen späthistoristischen Formen gestaltete Neubau imponierte vor allem durch seine Dimensionen. Das Haus hieß „Zur großen Fabrik" und verfügte über 39 großflächige, elektrisch beleuchtete Auslagenfenster und über einen fünfgeschoßigen Innenhof. Im vierten Obergeschoß befand sich die Wohnung von Stefan Esders, der lange als der „Kleiderkönig Wiens" galt. Das Haus ist, wenn auch vielfach verändert, in seiner Substanz erhalten, es wird heute von der aus Sankt Pölten stammenden Firma Leiner genützt.

Einige hundert Meter stadtauswärts entwickelte sich an der Mariahilfer Straße der Konkurrenzkampf zwischen den Firmen Gerngross und Herzmansky. Das ältere Unternehmen war das von August Herzmansky, der schon 1863 in der Kirchengasse ein Textilgeschäft gegründet hatte, sein Mitarbeiter Alfred Abraham Gerngross hatte sich selbstständig gemacht und 1879 in unmittelbarer Nachbarschaft in der Mariahilfer Straße ein eigenes Unternehmen begonnen. Nachdem der Versuch einer Fusionierung gescheitert war, wurde die Rivalität auch mit dem Medium der Architektur ausgetragen. Herzmanskys Firma hatte sich zunächst in einem Baukomplex an der Mariahilfer Straße ausgebreitet, 1896/97 erfolgte dann durch Architekt Max Katscher ein Neubau in der Stiftgasse 3, dessen Fassade als letztes Dokument der Wiener Warenhausarchitektur der Jahrhundertwende noch heute erhalten ist. Die Fassade besteht in den vier unteren Geschoßen fast zur Gänze aus Glas und wird durch vier kolossale Steinpfeiler in Supraposition gegliedert. Dahinter befand sich ein tiefer Innenhof mit zwischen Säulen eingespannten Galerien, die über eine eindrucksvolle zweiarmige, dreiläufige Treppe erschlossen wurden.

Abendkleid und Bolero aus dem Kaufhaus Neumann
Wien, ca. 1938
Slg. Claus Jahnke
Foto: Roz McNulty
Evening dress and bolero from the Neumann department store
Vienna, c. 1938

location alone in the former outer districts was not as prestigious as the more elegant inner city.

The first major new building was erected in 1897 at the corner of Mariahilfer Strasse and Karl-Schweighofer-Gasse. That year, Stefan Esders, owner of a large Belgian clothing factory with outlets in Berlin, Paris, St. Petersburg, and Rotterdam, opened a new outlet in Vienna, where he ultimately moved. Designed by Friedrich Schachner in a relatively conventional late Historicist style, it was impressive above all on account of its dimensions. It was called "Zur grossen Fabrik" and had thirty-nine large electrically lit display windows and a five-story atrium. Stefan Esders lived on the fourth floor. Although

Plakat des Kaufhauses Gerngross
Wien, 1937
Wienbibliothek im Rathaus, Plakatsammlung, Sign. P-24849
Gerngross department store poster
Vienna, 1937

Plakat des Kaufhauses Gerngross
Wien, 1936
Wienbibliothek im Rathaus, Plakatsammlung, Sign. P-24921
Gerngross department store poster
Vienna, 1936

Die zweifellos imposante Architektur hatte allerdings den Nachteil, dass sie zu einer Seitengasse orientiert war.

Fünf Jahre später schrieb Gerngross, der nicht weniger als 13 benachbarte Häuser in seinen Besitz gebracht hatte, einen Wettbewerb für einen großen Neubau an der Mariahilfer Straße aus, den das bewährte Team von Ferdinand Fellner und Hermann Helmer gewann. Das Warenhaus sollte nicht nur in seinen Ausmaßen alles bisher Dagewesene übertreffen, sondern auch die allerneueste Architektur bieten. Die Planung der Fassade wurde daher an den Sohn Fellners übertragen, der – in mittlerweile dritter Generation dieser Architektendynastie – ebenfalls den Namen Ferdinand trug. Den jungen Mann hatte man zur Ausbildung nach Brüssel geschickt, wo er im Atelier des Architekturpioniers Victor Horta den aktuellen neuen Stil, den „Art Nouveau", aus erster Hand kennengelernt und studiert hatte.[12] Es entstand also eine Jugendstilfassade westeuropäischer Prägung mit breiter, über fünf Geschoße reichender Glas-Eisen-Front, die von einachsigen, schmalen, in Stein ausgeführten Seitenrisaliten in amorph-organischen Jugendstilformen flankiert war. Im riesigen, glasüberdachten Hof gelangte man über lange geschwungene Treppenarme zunächst ins erste und von dort über eine T-förmige Anlage in das zweite Obergeschoß. Die umlaufenden Galerien waren wie Theaterlogen mit konvex ausschwingenden Brüstungen ausgestattet.

Als das Haus am 10. Oktober 1904 eröffnet wurde, erschien am Vortag unter anderem in der *Wiener Zeitung* eine ganzseitige Ankündigung: „Modehaus A. Gerngross, Eröffnung Montag, den 10. Oktober

substantially modified, the building still stands and is occupied by Leiner, a furniture company from Sankt Pölten.

A few hundred meters further up Mariahilfer Strasse were the rival Gerngross and the older Herzmansky. In 1863, August Herzmansky had founded a textile business in Kirchengasse. One of its employees, Alfred Abraham Gerngross, established his own company in 1879 close by on Mariahilfer Strasse. After an attempted merger had failed, the rivalry was expressed through architecture. Herzmansky's company expanded its business in a building complex on Mariahilfer Strasse, and in 1896/97 Max Katscher designed a new building at Stiftgasse 3, whose façade still stands as the last testimony to fin-de-siècle Viennese department store architecture. It consists of four almost completely glazed lower floors with the last floor supported by four colossal stone pillars. Underneath was a deep atrium with galleries suspended between the columns, reached by an imposing double staircase extending over three floors. The only disadvantage of this impressive architecture was that it looked out onto a side street.

Five years later, Gerngross, who had acquired no fewer than thirteen neighboring houses, called for tenders for a new building on Mariahilfer Strasse. The commission was awarded to Ferdinand Fellner and Hermann Helmer. It was planned that the department store should not only outdo anything previously existing in terms of size but also offer the

Broschüre *Führer durch Wien*, herausgegeben vom Kaufhaus Gerngross Wien, Anfang 20. Jhdt.
Slg. Kaufhaus Gerngross
Führer durch Wien brochure published by Gerngross department store
Vienna, early 20th cent.

Weisse
Woche
- A. Gerngross -
Aktiengesellschaft
Wien VII.

Innenansicht der „Weißen Woche" im Kaufhaus Gerngross in der Mariahilfer Straße 38–48
Wien, 1. Hälfte 20. Jhdt.
Wien Museum, Inv. Nr. HMW 228 816/10
Sale Week in Gerngross department store, Mariahilfer Strasse 38–48
Vienna, 1st half 20th cent.

Erfrischungsraum im Kaufhaus Gerngross Wien, um 1910
Bildarchiv der Österreichischen Nationalbibliothek, Sign. 100.816E
Gerngross department store cafeteria
Vienna, c. 1910

nachmittags fünf Uhr. Unsere 20 Abteilungen [...] bieten das Neueste und Beste. Unsere Einrichtungen: 8 Fahrstühle, Systeme Stigler und Wertheim. Rollender Teppich vom Parterre ins Mezzanin. Wintergarten mit Konditorei Demel im III. Stock. Lesesalon mit in- und ausländischen Zeitungen. Telephon und Schreibzimmer fürs Publikum sind die modernsten. Unsere Organisation: 20 Kassen in allen Etagen. Stündliche Express-Expedition in alle Bezirke. Sammelkassen für Einkäufe in mehreren Abteilungen. Mustervorrat von allen Waren. Gewährt prompteste Bedienung. Unsere Preise bleiben die niedrigsten. Um unserem Personal die Annehmlichkeit geregelter Geschäftsstunden zu bieten, öffnen wir morgens 8 Uhr und schliessen Abends Punkt 8 Uhr. Wir bitten das werthe Publikum uns hierin gütigst unterstützen zu wollen."[13] Das damalige Dienstleistungsangebot lässt sich mit dem heutiger Warenhäuser kaum vergleichen. Dies hängt auch mit dem extrem hohen Personalstand zusammen, der Personalspeiseraum fasste 800 Personen, vor dem Ersten Weltkrieg sollen über 1.000, 1917 über 1.600 Mitarbeiterinnen und Mitarbeiter beschäftigt gewesen sein. Die Firma Gerngross hatte sich zum größten Warenhaus Wiens und damit auch zum größten der Monarchie entwickelt. Bei seinem Tod im Jahre 1908 hinterließ Alfred Gerngross ein Vermögen von vier Millionen Goldkronen.[14]

Was ist von all der Herrlichkeit geblieben? Die Firma wurde arisiert, nach dem Krieg restituiert und 1957 zunächst an den Hertie-Konzern verkauft, weitere Eigentümerwechsel folgten. Das im Zweiten Weltkrieg schwer beschädigte und geplünderte Haus hat man zunächst wieder aufgebaut, nach mehreren Umbauten wurde es 1979 durch einen Brand vernichtet. Der an seiner Stelle entstandene Neubau wurde zuletzt 2010 umgestaltet.

Trotz der Tatsache, dass Konsum im Zentrum unserer Lebensinteressen steht und sich Shoppen zu einer der beliebtesten Freizeitbeschäftigungen entwickelt hat, ist die Zeit der großen zentral gelegenen Kaufhäuser vorbei. Man spricht allgemein von einer „Warenhauskrise", ausgelöst durch die Konkurrenz des Online-Handels einerseits

latest architecture. The façade planning was therefore entrusted to Ferdinand Fellner junior, a member of the third generation of this architect dynasty. He had been sent to study in Brussels, where he was able to discover the new Art Nouveau style at first hand from the pioneer architect Victor Horta.[12] The result was a Western European Jugendstil façade with a five-story glass and iron front flanked by amorphous narrow stone Jugendstil side avant-corps. The huge glass-roofed atrium contained long curved staircases leading to the first floor and then a t-shaped staircase to the second. The surrounding galleries were fitted like theater boxes with convex balustrades.

On the day before the store opened on October 10, 1904, a full-page announcement appeared in the *Wiener Zeitung*:

"Modehaus A. Gerngross, opening Monday, October 10, at 5 o'clock in the afternoon. Our twenty departments [...] offer the latest and the best. Our installations: eight elevators by Stigler and Wertheim, conveyor from the ground floor to the mezzanine; winter garden with Demel cake shop on the third floor; reading room with domestic and foreign newspapers; modern public telephone and writing room. Our organization: twenty cash tills on all floors; hourly express delivery to all districts; central cash register for purchases from several departments; samples of all goods; prompt service. Our prices are the lowest. To offer our staff the convenience of regular business hours, we open in the morning at 8 a.m. and close in the evening punctually at 8 p.m. We look forward to the kind support of our esteemed public."[13]

The services offered in those days cannot be compared with those of a modern department store, not least on account of the huge staff: the refectory alone could seat 800 persons, and the store had over 1,000 employees before World War I and more than 1,600 in 1917. Gerngross became the largest department store in Vienna and the Monarchy. On his death in 1908 Alfred Gerngross left an estate of over 4 million gold crowns.[14]

What remains of all this magnificence? The company was Aryanized, restituted after the war and sold in 1957 to the Hertie Group and then on from there. The building, heavily damaged and looted during World War II, was initially rebuilt and then, after several modifications, finally destroyed by fire in 1979. The new building on the site was most recently altered in 2010.

In spite of the fact that consumption is at the center of our lives and that shopping has become one of the most popular leisure activities, the era of the large centrally located department stores is gone. The talk is of a "department store crisis" triggered by the competition from online shopping and the shopping centers with their free parking lots on the outskirts of cities.[15] Buildings have also become less ambitious and the cycles for renewing the architectural shell are becoming shorter and shorter. To offer a spoiled international-

und der an der Peripherie gelegenen Einkaufszentren, die über genügend große Gratis-Parkplätze verfügen, andererseits.[15] Auch die Bauten sind anspruchsloser geworden, die Zyklen, in denen die architektonischen Hüllen rundum erneuert werden müssen, werden immer kürzer. Um einem verwöhnten internationalen Publikum exklusives Einkaufen zu ermöglichen, wurde in der Wiener City in dafür adaptierter historischer Bausubstanz kürzlich das „Goldene Quartier" eingerichtet – eine Art luxuriöse innerstädtische Shopping Mall. Es wird sich zeigen, ob sich das Konzept bewährt.

1 Zur Geschichte der Warenhäuser siehe u.a.: Werner SOMBART: Das Warenhaus, ein Gebilde des hochkapitalistischen Zeitalters, in: Verband deutscher Waren und Kaufhäuser (Hrsg.): Probleme des Warenhauses – Beiträge zur Geschichte und Erkenntnis der Entwicklung des Warenhauses in Deutschland Berlin 1928; Bernard MARREY: Les Grands magasins des origines à 1939, Paris 1979; Detlef BRIESEN: Warenhaus, Massenkonsum und Sozialmoral, Frankfurt am Main 2000; Uwe LINDEMANN: Das Warenhaus. Schauplatz der Moderne, Köln u.a. 2015.

2 Siehe dazu auch: Peter HAIKO, Hannes STEKL: Architektur in der industriellen Gesellschaft, in: Hannes STEKL (Hrsg.): Architektur und Gesellschaft von der Antike bis zur Gegenwart (Geschichte und Sozialkunde, Band 6), Darmstadt 1980, S. 320.

3 Siehe dazu Gerhard MEISSL: Altväterisches oder modernes Wien, in: Andreas LEHNE (Hrsg.): Wiener Warenhäuser 1865–1914, Wien 1990, S. 61–84.

4 Für eine Übersicht über die Wiener Warenhaus-Architektur siehe LEHNE, Wien 1990, wo die hier erwähnten Bauwerke behandelt sind, und Ursula PROKOP: Wien – Aufbruch zur Metropole: Geschäfts- und Wohnhäuser der Innenstadt 1910–1914, Wien u.a. 1994.

5 August SILBERSTEIN: Die Kaiserstadt am Donaustrand, Wien 1873, S. 9.

6 Neue Freie Presse vom 07.11.1913, S. 10.

7 Das Haus ist noch erhalten, ein großer Teil der eisernen Säulen wurde allerdings nachträglich verkleidet.

8 „Durch die Anwendung von Eisenstützen statt Mauerpfeilern wurde in der Kärntner Straße eine Schaufensterlänge von minimale 2,2 Metern gewonnen, welcher Gewinn, in Zins ausgedrückt, mit minimale 3000 Gulden beziffert werden muß (...). Das Haus gewährt eine ca. 5,7 % reine Verzinsung des Anlagekapitals, von welchem Erträgnis ca. 72 % das Parterre und ca. 28 % das Mezzanin und die Stockwerke aufbringen." (Allgemeine Bauzeitung, 42. Jg. [1877], S. 59).

9 Ebenda.

10 Siehe dazu Edith HANN: Herrenbekleider-Magazin Jacob Rothberger. Eine Fallstudie zur Entwicklung der Wiener Herrenkonfektion, in: LEHNE, Wien 1990, S. 85–122.

11 Neue Freie Presse vom 25.10.1896, S. 6

12 Vortrag gehalten von Ferdinand Fellner vom 06.12.1904, publiziert in: Zeitschrift des österreichischen Ingenieur- und Architektenvereines, 52. Jg. (1905), S. 2. Zur Person Ferdinand Fellners siehe: Andreas LEHNE: Ferdinand Fellner III, in: Österreichische Zeitschrift für Kunst und Denkmalpflege, 35. Jg. (1981), S. 44 ff.

13 Wiener Zeitung vom 09.10.1904, S. 11.

14 Roman SANDGRUBER: Traumzeit für Millionäre. Die 929 reichsten Wienerinnen und Wiener im Jahr 1910, Wien u. a. 2013, S. 347.

15 Zur Entwicklung und aktuellen Situation der Shopping Malls siehe: Andres LEPIK, Vera Simone BADER: World of Malls. Architekturen des Konsums, Ausstellungskatalog des Architekturmuseums München, München 2016.

clientele an exclusive shopping experience, the Vienna inner city has recently seen the emergence of a "Golden District," a kind of shopping mall made up of converted historical buildings. It remains to be seen how long this concept survives.

1 On the history of department stores, see Werner Sombart, "Das Warenhaus, ein Gebilde des hochkapitalistischen Zeitalters," in: Verband deutscher Waren und Kaufhäuser, ed., *Probleme des Warenhauses – Beiträge zur Geschichte und Erkenntnis der Entwicklung des Warenhauses in Deutschland* (Berlin, 1928); Bernard Marrey, *Les grands magasins des origines à 1939* (Paris, 1979); Detlef Briesen, *Warenhaus, Massenkonsum und Sozialmoral* (Frankfurt, 2000); Uwe Lindemann, *Das Warenhaus: Schauplatz der Moderne* (Cologne et al., 2015).

2 See also Peter Haiko, Hannes Stekl, "Architektur in der industriellen Gesellschaft," in: Hannes Stekl, ed., *Architektur und Gesellschaft von der Antike bis zur Gegenwart* (*Geschichte und Sozialkunde*, vol. 6) (Darmstadt, 1980), p. 320.

3 Gerhard Meissl, "Altväterisches oder modernes Wien," in: Andreas Lehne, ed., *Wiener Warenhäuser 1865–1914* (Vienna, 1990), pp. 61–84.

4 For a review of Viennese department store architecture see Lehne (Vienna, 1990), which discusses the buildings dealt with here, and Ursula Prokop, *Wien – Aufbruch zur Metropole: Geschäfts- und Wohnhäuser der Innenstadt 1910–1914* (Vienna, 1994).

5 August Silberstein, *Die Kaiserstadt am Donaustrand* (Vienna, 1873), p. 9.

6 *Neue Freie Presse*, November 7, 1913, p. 10.

7 The building still exists but most of the iron pillars were subsequently hidden.

8 "By using iron pillars instead of masonry posts, a display window length in Kärntner Strasse of at least 2.2 meters was achieved, equivalent to an increased rent of at least 3,000 guilders (...). The building offers a yield of approx. 5.7% on the invested capital, 72% from the ground floor and 28% from the mezzanine and upper floors." (*Allgemeine Bauzeitung*, 42nd year [1877], p. 59).

9 Ibid.

10 Edith Hann, "Herrenbekleider-Magazin Jacob Rothberger: Eine Fallstudie zur Entwicklung der Wiener Herrenkonfektion," in: Lehne (Vienna, 1990), pp. 85–122.

11 *Neue Freie Presse*, October 25, 1896, p. 6.

12 Talk given by Ferdinand Fellner on December 6, 1904, published in *Zeitschrift des österreichischen Ingenieur- und Architektenvereines*, 52nd year (1905), p. 2. For the biography of Ferdinand Fellner see Andreas Lehne, "Ferdinand Fellner III," in *Österreichische Zeitschrift für Kunst und Denkmalpflege*, 35th year (1981), pp. 44 ff.

13 *Wiener Zeitung*, October 9, 1904, p. 11.

14 Roman Sandgruber, *Traumzeit für Millionäre: Die 929 reichsten Wienerinnen und Wiener im Jahr 1910* (Vienna, 2013), p. 347.

15 For the development and current situation of shopping malls, see: Andres Lepik, Vera Simone Bader, *World of Malls: Architekturen des Konsums*, exh. cat., Architekturmuseum München (Munich, 2016).

Astrid Peterle

Kauft (nicht) bei Juden! Zerstörung einer Wiener Geschäftskultur 1938–1945

(Don't) Buy from Jews! Destruction of a Viennese store culture 1938–1945

Im Vergleich zu Städten wie Paris, London, New York, Dublin oder Kopenhagen hat Wien – mit Ausnahme von Gerngross – keine Kaufhäuser bzw. Department-Stores, die älter als hundert Jahre sind. Der Ursprung dieser gegenwärtigen Realität liegt in der Zeit des Nationalsozialismus und der Schoa. Mit dem sogenannten „Anschluss" im März 1938 begann die systematische Zerstörung jener Wiener Geschäftskultur, die seit Ende des 19. Jahrhunderts durch die Unternehmungen jüdischer Familien ihre Blüte erlebt hat. Kaufhäuser, Warenhäuser und Einzelhandelsgeschäfte, die sich im Besitz von Jüdinnen und Juden befanden, wurden „arisiert" und liquidiert. Vielen der bisher genannten Familien gelang die Flucht, andere, die in Wien blieben oder das Land nicht mehr rechtzeitig verlassen konnten, wurden von den Nationalsozialisten deportiert und ermordet. Anhand einiger Familien und Unternehmen soll im Folgenden schlaglichtartig von Verfolgung, Flucht und Enteignung berichtet werden.

Stinkbomben und Flugzettel. Antisemitische Übergriffe vor 1938

Die Nationalsozialisten griffen in den 1930er-Jahren die antisemitischen Stereotype und Parolen des „modernen" Antisemitismus, die z. B. Deutschnationale bereits Ende des 19. Jahrhunderts gegen jüdische Unternehmer verbreiteten, auf. Ein tätlicher Angriff gegen das Kaufhaus Gerngross erregte besonders viel öffentliche Aufmerksamkeit: Am 18. Dezember 1932, einem „Goldenen Sonntag" mitten im größten Rummel des Vorweihnachtsgeschäftes, brachten Nationalsozialisten Tränengas- und Stinkbomben im Kaufhaus Gerngross zur Explosion.[1] Nationalsozialisten demonstrierten am selben Tag auch vor dem Kaufhaus Krupnik auf der Kaiserstraße, wo sie an Passantinnen und Passanten Flugzettel mit der Aufschrift „Kaufet nicht bei Juden!" verteilten.[2] Die Weihnachtszeit war ein jährlicher Höhepunkt der antisemitischen Hetzpropaganda der Nationalsozialisten gegen „jüdische" Kaufhäuser. Bereits im Jahr 1930 schrieb die offizielle Parteizeitung der Nationalsozialisten *Der Kampfruf*: „Heute möchte man gerne den Mörder verschwinden lassen, um mit dem Gemordeten Geschäfte zu machen. Oder ist es nicht seltsam, dass das Christkind Jahr für Jahr seine Gaben, den gläubigen Völkern der Erde zugedacht, beim Juden abladet? Sollte es die Abkömmlinge der Weisen aus dem Morgenlande nicht erkennen? Oder geschieht dies, weil die Christen sich ihre Geschenke eben nur beim Juden holen? Gerngross, Krupnik, Stafa ..."[3] Die Kaufhäuser Gerngross und Krupnik waren unter jenen großen Kaufhäusern, auf die sich die „Ariseure" unmittelbar nach dem „Anschluss" als Erstes stürzten.

A. Gerngross AG

Das Kaufhaus Gerngross befand sich im März 1938 zum größten Teil in Familienbesitz. Bereits am 26. April 1938 wurden jene Aktien, die im Eigentum der Familie Gerngross sowie im Besitz weiterer, nicht zur Familie gehöriger jüdischer Personen waren, von der Creditanstalt „treuhändig" übernommen.[4] Das *Neue Wiener Tagblatt* meldete am 14. Mai 1938 ganz nüchtern formuliert „Änderungen in der Leitung der Wiener Großwarenhäuser": „Bei der A. Gerngross AG sind die Vorstandsmitglieder Robert Gerngross, Oskar Pollak, Viktor von der Lippe, Albert Gerngross, Paul Gerngross, Prof. Dr. Otto Gerngross, Fritz

Unlike cities like Paris, London, New York, Dublin, or Copenhagen, none of the department stores in Vienna, except for Gerngross, are more than a hundred years old. The reason for this can be traced back to the Nazi era and the Shoah. Following the so-called "annexation" of Austria to Nazi Germany in March 1938, the Viennese store culture that had flourished since the late nineteenth century through the enterprise of Jewish families was systematically destroyed. Shops, department stores, and retail outlets, which were owned by Jewesses and Jews, were Aryanized and liquidated. Many of the families already mentioned managed to escape, but others, who remained in Vienna or were not able to leave in time, were deported and murdered by the Nazis. This article looks at some of these families and traces their persecution, flight, and the expropriation of their businesses and property.

Stink bombs and leaflets: anti-Semitic attacks before 1938

In the 1930s, the Nazis appropriated the anti-Semitic stereotypes and slogans of the "modern" anti-Semitism that the German Nationalists had already been using against Jewish businesses in the late nineteenth century. An attack on the Gerngross department store attracted particular public attention. On December 18, 1932, a "golden Sunday" during the busy pre-Christmas shopping season, Nazis exploded tear gas and stink bombs in Gerngross.[1] Nazis also demonstrated on the same day in front of Krupnik department store on Kaiserstrasse, where they distributed leaflets to passers-by entitled "Don't buy from Jews!"[2] The inflammatory, anti-Semitic propaganda employed by the Nazis against "Jewish" stores reached its annual crescendo at Christmas time. In 1930, the official Nazi newspaper *Der Kampfruf* wrote:

"Today people like to forget the murderer in order to make profit from his victim. Is it not strange that every year the Christ Child deposits his gifts, intended for the faithful of this earth, with Jews? Why don't the descendants of the Wise Men from the East realize this? Or does it happen because Christians only buy their presents from Jews? Gerngross, Krupnik, Stafa ..."[3]

Gerngross and Krupnik were among the first large stores that the Aryanizers pounced on after the "annexation".

A. Gerngross AG

In March 1938, Gerngross was largely family-owned. On April 26, 1938, the shares owned by the Gerngross family and other Jewish people not belonging to the family were taken into "trust" by the Creditanstalt.[4] On May 14, 1938, the *Neues Wiener Tagblatt* soberly announced "changes in the management of Viennese department stores: The board members of A. Gerngross AG, Robert Gerngross, Oskar Pollak, Viktor von der Lippe, Albert Gerngross, Paul Gerngross, Prof. Dr. Otto Gerngross, Fritz Hochheimer, Ernst Streeruwitz, and Margarete Gerngross, and business director Samuel Stall

Plakat des Kaufhauses der Wiener, vormals Gerngross
Wien, 1940
Wienbibliothek im Rathaus, Plakatsammlung, Sign. P-24995
Kaufhaus der Wiener department store, formerly Gerngross, poster
Vienna, 1940

Plakat des Kaufhauses Gerngross
Wien, 1940er-Jahre
Wienbibliothek im Rathaus, Plakatsammlung, Sign. P-29968
Gerngross department store poster
Vienna, 1940s

Hochheimer, Ernst Streeruwitz und Margarete Gerngross sowie der Betriebsdirektor Samuel Stall ausgeschieden."[5] 1939 wurde das Kaufhaus an eine deutsche Gruppe weiterverkauft.[6] Gerngross wurde in „Kaufhaus der Wiener" umbenannt, wobei in Werbeannoncen der Zusatz „vormals Gerngross" abgedruckt wurde – als Marke bzw. Landmark innerhalb der Topografie der Stadt war der Name Gerngross so stark verwurzelt, dass auch die Nationalsozialisten trotz Umbenennung des Unternehmens nicht darauf verzichten wollten oder konnten. Ein Werbeplakat für Joppen und Lederhosen verdeutlicht den Übergang zwischen „Arisierung" und Umbenennung des Geschäftes: Es wird noch mit dem gängigen Namen und Slogan „A. Gerngross – Trotz Billigkeit Qualitätswaren" geworben, die Auspreisung erfolgt jedoch bereits in Reichsmark. Weiters findet sich auf dem Plakat der Hinweis: „Unsere Kreditabteilung für arische Festbesoldete". Als „Kaufhaus der Wiener" stand das Geschäft unter der Leitung des SS-Sturmbannführers Fritz Kraus. Die Familie Gerngross konnte zum Teil ins Ausland flüchten; Robert Gerngross, vormals Vorstandsvorsitzender der AG, wurde im Frühjahr 1942 nach Izbica/Polen deportiert und ermordet.[7]

Modenpalais Krupnik

Der Besitzer des beliebten Modenpalais Krupnik, Julius Krupnik, konnte mit seiner Ehefrau Olga in letzter Sekunde vor dem „Anschluss" in der Nacht vom 11. auf den 12. März 1938 mit dem Zug nach Bratislava flüchten, von wo sie über London schließlich nach Tel Aviv reisen konnten.[8] Zum Besitz Julius Krupniks, den er in Wien zurücklassen musste, gehörten neben Wohnimmobilien in Wien und Perchtoldsdorf drei Firmen, wobei das Modenpalais die größte darstellte.[9] Um diese „bewarben" sich unmittelbar nach dem „Anschluss" mehrere

have resigned."[5] In 1939 the store was "sold" to a German group.[6] Gerngross became Kaufhaus der Wiener, although the advertisements for the new store also added, "formerly Gerngross." In fact, the store had been so prominent a landmark in the city that the Nazis couldn't avoid mentioning it even after it had been renamed. A publicity poster for traditional jackets ("Joppen") and Lederhosen illustrates the process of Aryanization and renaming. The familiar company name and slogan was still used—"A. Gerngross—top quality at low prices," but with the prices now given in reichmarks. The poster also contained the sentence: "Our credit department for salaried Aryans." Kaufhaus der Wiener was managed by the SS-Sturmbannführer Fritz Kraus. Some members of the Gerngross family managed to flee abroad. Robert Gerngross, formerly chairman of the board, was deported to Izbica, Poland, in early 1942, where he was murdered.[7]

Modenpalais Krupnik

Julius Krupnik, owner of the popular Modenpalais Krupnik, was able to escape at the last moment in the night of 11/12 March 1938, just before the "annexation" of Austria to Nazi Germany, by train to Bratislava, and from there via Lon-

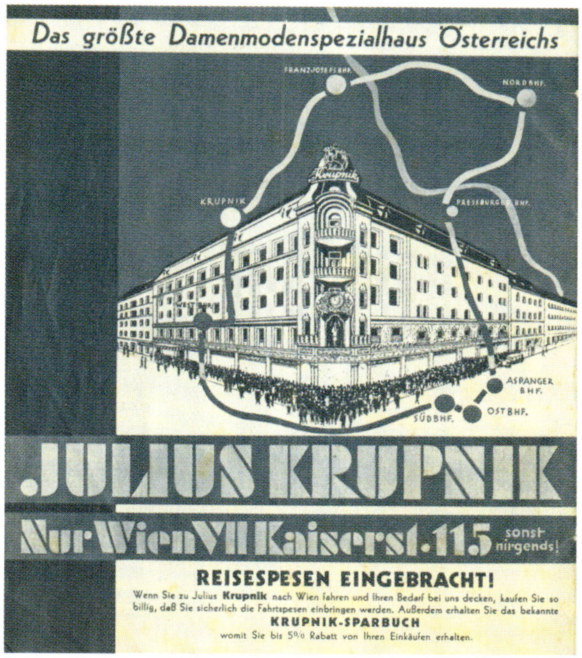

Herbst/Winter-Katalog des Kaufhauses Krupnik
Wien, 1936/37
Slg. Claus Jahnke
Krupnik department store fall/winter catalogue
Vienna, 1936/37

Werbung für das Kaufhaus Krupnik
Wien, 1930er-Jahre
Slg. Claus Jahnke
Advertisement for Kaufhaus Krupnik
Vienna, 1930s

Personen, wobei den Zuschlag schließlich im Sommer 1938 Wilhelm Hoffmann und Albert Veith aus Wien erhielten.[10] Die beiden „Ariseure" gerieten bald nach Übernahme der Firmen in Streit, den sie auch vor Gericht ausfochten und der schließlich zum Konkurs der Firmen führte.[11] Julius und Olga Krupniks Überleben war durch Vermögen, das sie bereits vor 1938 nach Palästina transferieren konnten, gesichert; nach einiger Zeit in Tel Aviv wanderten sie über Kuba nach New York City aus.[12] Vor Diffamierung war Julius Krupnik auch nach seiner Flucht nicht gefeit: *Das Kleine Volksblatt* berichtete im Juni 1938 von einem Prozess gegen den ehemaligen Direktor des Modenpalais Krupnik, Isidor Tausend, dem Schwager von Julius Krupnik.[13] „Nach der Flucht der jüdischen Warenhausbesitzer Julius und Olga Krupnik ins Ausland sind die skandalösen Zustände in diesem ‚Modenhaus' enthüllt worden. So hatte Krupnik seinen Heimarbeitern wohl die vorgeschriebenen Mindestlöhne ausbezahlt, nachher aber die Rückzahlung der Hälfte des Betrages unter Drohungen begehrt", wusste *Das Kleine Volksblatt* zu berichten.[14] Isidor Tausend blieb bis Sommer 1939 in Haft, konnte aber schließlich über Palästina auch nach New York City auswandern.[15]

Ein „nicht jüdisches" Kaufhaus wird „arisiert" – Herzmansky

Dass viele Wienerinnen und Wiener das Kaufhaus Herzmansky für ein „jüdisches" halten, mag unter anderem mit seiner „Arisierung" und Restitution nach 1945 zu tun haben. Der Gründer des Kaufhauses, August Herzmansky, war nicht jüdischer Abstammung, zwischen 1933

don to Tel Aviv.[8] The possessions he was forced to leave behind included not only real estate in Vienna and Perchtoldsdorf but also three companies, of which Modenpalais was the largest.[9] Several persons applied to "acquire" them after the "annexation", and they were finally transferred in summer 1938 to Wilhelm Hoffmann and Albert Veith from Vienna.[10] They soon began to quarrel, and the dispute went to court, resulting ultimately in the bankruptcy of the companies.[11] Julius and Olga Krupnik's survival had been assured by assets transferred to Palestine before 1938; after a time in Tel Aviv, they emigrated via Cuba to New York.[12] Julius Krupnik was not immune from defamation even after his escape. In June 1938, *Das Kleine Volksblatt* reported on a suit against Isidor Tausend, former director of Modenpalais Krupnik and Julius Krupnik's brother-in-law."[13] After the flight of the Jewish department store owners Julius and Olga Krupnik, the scandalous conditions in this 'fashion house' have been revealed. Krupnik had paid his home workers the prescribed minimum wage but subsequently demanded under threat that they repay half of it."[14] Isidor Tausend was imprisoned until summer 1939 but was able finally to emigrate via Palestine to New York.[15]

Herzmansky—Aryanization of a "non-Jewish" department store

Many Viennese assume that Herzmansky was "Jewish" because of its Aryanization and post-1945 restitution. August Herzmansky, who founded the store, was not Jewish, but from 1933 to 1938 the store was owned by Max Delfiner, a Jewish textile industrialist. After the "annexation", two hitherto rival textile companies from Vorarlberg, Franz M. Rhomberg from Dornbirn managed by Hermann Rhomberg, and F. M. Hämmerle, also from Dornbirn, Aryanized the store

Hakenkreuze, Fahnen und beleuchteter Schriftzug
„Am 10. April sagen wir alle ein freudiges Ja“
auf dem Kaufhaus Herzmansky.
Wien, März 1938
©IMAGNO/Austrian Archives
Swastikas, flags and illuminated lettering "On April 10 we'll all gladly say yes"
on the Herzmansky department store.
Vienna, March 1938.

Die „Arisierung" des Kaufhauses Herzmansky wird verkündet. Österreich, 1938 ©IMAGNO/Austrian Archives
Announcement of Herzmansky's Aryanization. Austria, 1938

und 1938 war das Kaufhaus aber im Besitz von Max Delfiner, einem jüdischen Textilindustriellen. Nach dem „Anschluss" übernahmen zwei bisher eigentlich konkurrierende Textilfirmen aus Vorarlberg, „Franz M. Rhomberg" aus Dornbirn unter der Leitung von Hermann Rhomberg und „F. M. Hämmerle", ebenfalls aus Dornbirn, als „Ariseure" das Kaufhaus auf der Mariahilfer Straße.[16] Als „Kaufsumme" zahlten sie 600.000 Reichsmark, einen weitaus geringeren Betrag als der Gewinn des Unternehmens im Jahr 1937 .[17] Der „arisierte" Besitz beinhaltete auch die Villa von Max Delfiner im 19. Wiener Gemeindebezirk, Peter-Jordan-Straße/Ecke Cottagegasse, zu der eine von der bekannten Landschaftsarchitektin Helene Wolf (Helenium) gestaltete prächtige Gartenanlage gehörte.[18] Die Villa wurde, wohl als Gefallen für die guten Beziehungen, dem Wiener Gestapo-Leiter Ernst Kaltenbrunner als Residenz überlassen.[19] Max Delfiner konnte nach Paris flüchten.[20] Nach dem Zweiten Weltkrieg wurde das Unternehmen an die Familie Delfiner restituiert.[21]

Das Überleben von Knize, Braun & Co. und Tailors Stone & Blyth

Die k.u.k. Hoflieferanten Knize und Braun & Co. sowie das Geschäft für feine Sportmoden in englischem Stil, Tailors Stone & Blyth, wurden ähnlich der großen Kauf- und Warenhäuser unmittelbar nach dem „Anschluss" Ziele von Enteignung und „Arisierung". In allen drei Fällen wurden die Geschäfte trotz „Arisierung" im Sinne der „ehemaligen" jüdischen Besitzer durch langjährige Mitarbeiter und Mitarbeiterinnen fortgeführt, so dass die Familien sie nach dem Ende des Zweiten Weltkrieges wieder übernehmen konnten.

Fritz Wolff-Knize emigrierte 1938 zunächst nach Paris und von dort nach New York, wo er 1941 eine Filiale eröffnete, die von ebenfalls emigrierten Wiener Kundinnen und Kunden frequentiert wurde.[22] Das Geschäft in Wien wurde im Mai 1938 unter kommissarische Verwaltung gestellt und ab 1939 von Fritz Wolff-Knizes ehemaligem Prokuristen Gustav Nagel und der Buchhalterin Frau Hofmann als „Knize & Co. Kommanditgesellschaft" bis zur Rückkehr von Fritz Wolff-Knize nach dem Ende des Zweiten Weltkrieges weitergeführt.[23]

Eine ganz ähnliche Geschichte findet sich bei Braun & Co. Die beiden Familienzweige Myer-Braun und Oser-Braun emigrierten nach

on Mariahilfer Strasse.[16] The purchase price was 600,000 reichmarks, a sum that was much inferior to the company's 1937 profits.[17] The Aryanized property also included Delfiner's villa in the 19th district on the corner of Peter-Jordan-Strasse/Cottagegasse, with magnificent grounds laid out by landscape architect Helene Wolf (Helenium).[18] The villa became the residence of Ernst Kaltenbrunner, head of the Gestapo in Vienna.[19] Delfiner was able to flee to Paris.[20] After World War II the company was returned to the Delfiner family.[21]

The survival of Knize, Braun & Co., and Tailors Stone & Blyth

Like the large department stores and businesses, the court-appointed suppliers Knize and Braun & Co., along with Tailors Stone & Blyth, purveyors of fine English-style sportswear, were targets for dispossession and Aryanization. In all three cases, the stores were taken over and managed unchanged by long-standing employees of the "former" Jewish owners, with the result that the families were able to recover them again after World War II.

Fritz Wolff-Knize emigrated in 1938 first to Paris and from there to New York, where in 1941 he opened a branch of his store with former Viennese émigrés as clientele.[22] The store in Vienna was put under temporary administration in May 1938 and in 1939 taken over by Wolff-Knize's former authorized signatory Gustav Nagel and the accountant Frau Hofmann as Knize & Co. Kommanditgesellschaft until the former owner's return after the war.[23]

The story of Braun & Co. is similar. The two branches of the family, Myer-Braun and Oser-Braun, emigrated to New York, where they established several subsidiaries. One on Park Avenue in Manhattan still sells finest household linen.[24] The store in Vienna was managed during World War II by the former trainee Franziska Färber, who continued to work for several decades after the family returned.[25]

Außenansicht des Geschäftslokals Tailors Stone & Blyth
Wien, 1. Hälfte 20. Jhdt.
Wien Museum, Inv. Nr. HMW 79000 7353
Tailors Stone & Blyth
Vienna, 1st half 20th cent.

New York, wo sie mehrere Filialen gründeten – eine auf der Park Avenue in Manhattan führt bis heute feinste Haushaltswäsche.[24] Das Geschäft in Wien wurde vom ehemaligen Lehrmädchen Franziska Färber im Sinne der Familie während der Zeit des Zweiten Weltkriegs weitergeführt.[25] Auch nach der Rückkehr der Familie führte Franziska Färber das Geschäft noch einige Jahrzehnte weiter.

Fred Adlmüller, Wiens bekanntester Couturier der Nachkriegszeit, übernahm für die jüdischen Besitzer des Konfektions- und Haute-Couture-Geschäftes Tailors Stone & Blyth, Ignaz und Stefanie Sass, die Rolle des „Hüters" des Unternehmens.[26] Adlmüller, der zunächst bei Ludwig Zwieback gearbeitet hatte, führte Tailors Stone & Blyth, für das er seit 1930 arbeitete, auch unter dem „Ariseur" Dr. Heribert Schindelka als Geschäftsführer weiter und feierte Erfolge als Kostümausstatter für Filme.[27] 1949 kehrte das Ehepaar Sass aus dem Londoner Exil zurück, 1950 kaufte ihnen Fred Adlmüller das zuvor restituierte Geschäft ab.[28]

Der Hoflieferant im Textilviertel – Tuchhaus Silesia

Der k.u.k. Hoflieferant Tuchhaus Silesia wurde in den 1930er-Jahren von den beiden Brüdern Leo und Fritz Geiringer, den Söhnen des Firmengründers Jacques Geiringer, geführt. Leo flüchtete mit seiner Familie 1938 nach London, wo er ein kleines Textilgeschäft eröffnete und, da ihm keine Aussicht auf Rückkehr wahrscheinlich erschien, der Name der Familie in Granger geändert wurde. Branchenferne „Ariseure" trieben den erfolgreichen Betrieb in Wien in den Jahren 1938–45 nahezu in den Ruin. Fritz Geiringer wurde im KZ Dachau ermordet. Nach 1945 konnte die Familie das Geschäft aus wortwörtlichen Ruinen wieder aufbauen, wie im Kapitel ab Seite 194 näher beleuchtet wird.

Fred Adlmüller, Vienna's most well-known post-war couturier, looked after the ready-to-wear and haute-couture Tailors Stone & Blyth for its Jewish owners Ignaz und Stefanie Sass[26]. Adlmüller, who had worked initially for Ludwig Zwieback, continued to manage Tailors Stone & Blyth, which he had joined in 1930, under the Aryanizer Dr. Heribert Schindelka and was highly successful as a costume supplier for the film industry. In 1949 the Sass family returned from exile in London, and in 1950 Adlmüller bought the restituted business from them.

Tuchhaus Silesia—court-appointed supplier in the garment district

The court-appointed supplier Tuchhaus Silesia was managed in the 1930s by the brothers Leo and Fritz Geiringer, sons of the company founder Jacques Geiringer. Leo fled with his family to London in 1938, where he opened a small textile business and, thinking it unlikely that he would ever return, changed his name to Granger. The Aryanizers who took over the management had no experience of the business and between 1938 and 1945 almost bankrupt the company. Fritz Geiringer was murdered in Dachau. After 1945 the family was able to rebuild the ruins of the company, as is described in detail in the chapter starting on page 194.

Warenhaus Dichter

After the "annexation", Warenhaus Dichter was put under the temporary administration of Arthur Lohre and

Warenhaus Dichter

Nach dem „Anschluss" wurde das Warenhaus Dichter unter kommissarische Verwaltung von Arthur Lohre gestellt und im November 1938 vom Bankhausbesitzer Edmund Topolansky „arisiert". Walter Arlen erinnert sich an den ersten Geschäftstag des Warenhauses nach dem „Anschluss":

„Die meisten unserer Angestellten sind über Nacht zu Nazis geworden, und nicht nur das, sondern auch zu Bestien. Wir hatten ein Telefon im Vorzimmer, und einer unserer Angestellten kam herein, riss es von der Wand und schrie: ‚Juden brauchen kein Telefon!' [...] Meine Mutter hat einmal pro Woche in der Lederabteilung ausgeholfen, die Leiterin dieser Abteilung hieß Frau Frank. Ich weiß noch, am Freitag hat Schuschnigg resigniert, am Samstag half meine Mutter wieder aus. Für die Arbeit dort zog sie immer einen blauen Arbeitsmantel an, doch als sie ihn dieses Mal anziehen wollte, kam Frau Frank und sagte zu ihr: ‚Sie haben hier nix mehr zu tun!'."[29]

Walter Arlen floh im März 1939 alleine nach New York, seine Familie schaffte etwas später die Flucht nach London, nachdem Walter Arlens Vater Michael Aptowitzer über ein Jahr in den Konzentrationslagern Dachau und Buchenwald inhaftiert gewesen war. In Los Angeles wurde Walter Arlen zu einem bekannten Komponisten, Musikkritiker der *LA Times* sowie zum Gründer und Vorsitzenden des Musikinstituts der Loyola Marymount University. Nach einer Rückstellung des Warenhauses Dichter 1951 wurde dieses zu einem sehr geringen Preis an Oskar Seidenglanz, der selbst „Ariseur" eines Geschäftes im 20. Bezirk war, verkauft und bestand unter dem Namen Osei bis 2004.

Die USA als Sehnsuchtsort und Zufluchtsort – drei Geschichten aus Wien

Die USA wurden für zahlreiche Flüchtlinge aus Wien wie etwa die Familien Zirner-Zwieback, Dichter und Knize nach 1938 zu einer neuen Heimat. Das „Land der unbegrenzten Möglichkeiten" galt aber bereits zuvor als Sehnsuchtsort. Ein prominentes Beispiel eines „freiwilligen" Exils ist jenes von Ernst Deutsch-Dryden. Der erfolgreiche Werbegrafiker, Interieur- und Modedesigner, 1887 in Wien geboren, zog mehrmals in seinem Leben aus beruflichen Gründen weg aus Wien.[30] In den 1910er-Jahren war er als Plakatdesigner im Umfeld der größten Designer seiner Zeit in Berlin tätig.[31] 1918 kehrte er nach Wien zurück, wo er sich mit der Familie Wolff-Knize anfreundete und in der Inneren Stadt am Trattnerhof sein Büro „Werkstätte Dryden" gründete.[32] Eines seiner größten Projekte in den folgenden Jahren war die komplette Umgestaltung des k.u.k. Hoflieferanten Knize – Dryden war für das Logo, Schaufenstergestaltung, Verpackungen etc. verantwortlich, also alles, was heute unter den Begriff Corporate Identity fallen würde. Eine enge Freundschaft verband Ernst Dryden, wie er sich nach seiner Rückkehr nach Wien nannte, mit Helene Budischowsky-Wolff, der Ehefrau des Knize-Besitzers Fritz Wolff. Auf Anraten Drydens nannte sie ihr eigenes Unternehmen, das im Salon der Gräfin Wydenbruck in der Gußhausstraße 3 seinen Ausgang nahm, nach ihrem Spitznamen „Hello".[33] Dryden entwarf für Hello Wolff nicht nur Mode, sondern konzipierte bereits aus Los Angeles auch die Einrichtung des Geschäftslokals am Graben 14, das als modernes „weibliches" Pendant zu Knize fungieren

Aryanized in November 1938 by the banker Edmund Topolansky. Walter Arlen recalls the first day of business after the "annexation":

"Overnight, most of our employees had become Nazis, and the most brutal ones at that. We had a telephone in the lobby, and one of our employees came in and tore it from the wall, shouting, "Jews don't need a telephone!" [...] My mother used to help out once a week in the leather department, which was headed by Frau Frank. I remember she came in as usual one Saturday, the day after Schuschnigg resigned. She always wore a blue overall for work, but this time when she went to get changed, Frau Frank told her: "You've no business here anymore!"[29]

Walter Arlen was able to flee on his own to New York in March 1939; his family managed to escape to London a while later, after Walter Arlen's father, Michael Aptowitzer, had been imprisoned for over a year in Dachau and Buchenwald concentration camps. In Los Angeles Walter Arlen became a well-known composer, music critic of the *Los Angeles Times*, and founder and chairman of the Department of Music of Loyola Marymount University. After Warenhaus Dichter had been restituted in 1951, it was sold cheaply to Oskar Seidenglanz, himself the Aryanizer of a business in the 20th district, and continued to operate under the name Osei until 2004.

The USA as coveted destination and refuge—three stories from Vienna

The USA after 1938 became a new home for many refugees from Vienna, including the Zirner-Zwieback, Dichter, and Knize families. In fact the "land of opportunity" had always been a coveted destination. One prominent example of a "voluntary" exile was that of the commercial artist and interior and fashion designer Ernst Deutsch-Dryden. Born in Vienna in 1887, he moved several times from Vienna for pro-

Logo des Warenhauses Dichter
Wien, Anfang 20. Jhdt.
Wienbibliothek im Rathaus, Handschriftensammlung, Vorlass Walter Arlen, Inv. Nr. ZPH 1559, Archivbox 5, Nr. 3.11.2.4.2
Dichter department store logo
Vienna, early 20th cent.

sollte und 1936 eröffnet wurde. Helene Wolff, zwischenzeitlich von Fritz Wolff-Knize geschieden, musste das Geschäft 1938 „verkaufen" und übersiedelte nach England, wo sie bis an ihr Lebensende lebte.[34] Ernst Dryden zog bereits 1926 nach Paris, um dort für das äußerst populäre deutsche Modemagazin *Die Dame* als Modedesigner zu arbeiten.[35] Doch auch seine Pariser Zeit fand ein relativ rasches Ende, als er 1933, aufgrund seiner Einschätzung der immer bedrohlicher werdenden politischen Lage, in die USA aufbrach, zunächst nach New York, dann nach Los Angeles bzw. Hollywood.[36] Dort zog er in das legendäre Hotel „The Garden of Allah". Sein größter Erfolg wurde David O. Selznicks Film „Der Garten Allahs" (1936), für den er Marlene Dietrichs Kostümbild entwarf.[37] Im April 1936 warnte Dryden Hello Wolff in einem Brief vor der politischen Zuspitzung in Europa: „Aber das weiß ich schon seit 1925 und habe wenig Hoffnung, dass es jemals gesund wird. Was tun? Nun, weiter kämpfen und das Geschäft so bleibend gestalten als es geht, um es eines Tages kurz vor der Abreise nach Moskau oder Hollywood so gut verkaufen zu können, als es geht."[38] Ernst Deutsch-Dryden konnte nie mehr in seine Heimat zurückkehren, er starb überraschend am 16. März 1938 in Los Angeles.[39]

Die Wiener Drogisten-Familie Oppenheim handelte bereits jahrzehntelang mit US-amerikanischen Produkten, bevor das Land zu ihrem Zufluchts- und neuen, Heimatland wurde. Die Drogerie und Parfumerie in der Babenbergerstraße 1, hinter dem Kunsthistorischen Museum in Ring-Nähe, wurde 1868 von H. N. Oppenheim gegründet und handelte unter anderem en gros und en detail mit griechischen

fessional reasons.[30] In the 1910s he worked as a poster designer among the greatest names of the time in Berlin.[31] In 1918 he returned to Vienna, where he met the Wolff-Knize family and set up an office, Werkstätte Dryden, in Trattnerhof in the 1st district.[32] One of his major projects was the complete redesign of the court-appointed suppliers Knize. Dryden was responsible for the logo, window dressing, and packaging etc., elements that today would be called corporate identity. Ernst Dryden, as he called himself after his return to Vienna, was a close friend of Helene Budischowsky-Wolff, wife of the Knize proprietor Fritz Wolff. On Dryden's advice, she called her own company, in the salon of Countess Wydenbruck at Gusshausstrasse 3, after her nickname "Hello."[33] Dryden designed not only fashion for Hello Wolff but also, from Los Angeles, the interior of the store at Graben 14, intended as the modern "feminine" pendant to Knize, which opened in 1936. Helene Wolff, now divorced from Fritz Wolff-Knize, had to "sell" the business in 1938 and moved to England, where she remained for the rest of her life.[34] Ernst Dryden moved in 1926 to Paris, where he worked as fashion designer for the popular German fashion magazine *Die Dame*.[35] He only remained for a short time in Paris, however, deciding, in view of what he saw as an increasingly dangerous political situation, to emigrate first to New York and then to Los Angeles and Hollywood.[36] He lived there in

Plakat der Maison Zwieback, entworfen von Ernst Deutsch-Dryden Wien, Anfang 20. Jhdt.
Foto: © MAK/Georg Mayer, Inv. Nr. PI 1384
MAK – Österreichisches Museum für angewandte Kunst / Gegenwartskunst
Maison Zwieback poster designed by Ernst Deutsch-Dryden Vienna, early 20th cent.

Außenansicht des Modegeschäfts „Hello"
Wien, 1936
Foto: © MAK, Inv. Nr. KI 15912-62
MAK – Österreichisches Museum für angewandte Kunst / Gegenwartskunst
Hello fashion store; Vienna, 1936

Ernst Deutsch-Dryden und Helene „Hello" Budischowsky
o.O., 1925–1930
Foto: © MAK, Inv. Nr. KI 15912-17-2
MAK – Österreichisches Museum für angewandte Kunst / Gegenwartskunst
Ernst Deutsch-Dryden and Helene "Hello" Budischowsky
n.p., 1925–1930

Damenbluse aus dem Modegeschäft „Hello"
Wien, ca. 1937
Slg. Claus Jahnke
Foto: Roz McNulty
Women's blouse from Hello fashion store
Vienna, c. 1937

Annonce für griechische und amerikanische Schwämme der Drogerie Siegfried Oppenheim
Wien, um 1900
Slg. Robert Owens
Advertisment for Greek and American sponges of Drogerie Siegfried Oppenheim
Vienna, c. 1900

Schaufenster der Drogerie Siegfried Oppenheim
Wien, 1920er-Jahre
Slg. Robert Owens
Shop window of Drogerie Siegfried Oppenheim
Vienna, 1920s

Drogerie Siegfried Oppenheim
Wien, um 1900
Slg. Robert Owens
Drogerie Siegfried Oppenheim
Vienna, c. 1900

Victor Gruen
Geschäft Singer, Rotenturmstraße
Wien, 1940
Library of Congress
Victor Gruen
Singer store, Rotenturmstraße

Victor Gruen zeigt Elizabeth Arden einen seiner Entwürfe für ein Shopping Center
o. A., ca. 1955
Library of Congress,
Victor Gruen showing a model of a shopping center to Elizabeth Arden
n.p., c. 1955

Leonhard Weidinger

Geschneidert. Gesammelt. Arisiert. Restituiert
Die Geschichte der Brüder Rothberger

Tailored. Collected. Aryanized. Restituted
The story of the Rothberger brothers

Aus dem Kleidermagazin, das er in den 1860er-Jahren in Wien gegründet hatte, baute der aus Ungarn stammende Jacob Rothberger ein Textilunternehmen auf. Dessen Zentrale war das Warenhaus am Wiener Stephansplatz, das 1886 eröffnet und 1895 erweitert wurde.[1] Nach dem Tod Jacob Rothbergers 1899 übernahmen drei seiner vier Söhne, Moritz, Heinrich und Alfred, die Leitung des Unternehmens. Sie waren alle drei als Schneider und Kaufmänner ausgebildet und führten das Haus durch die Krisenzeiten des Ersten Weltkriegs, die Inflation in den frühen Jahren der Ersten Republik und die Wirtschaftskrise ab 1929.[2]

Moritz Rothberger, geboren 1865, lebte vor allem im 4. Wiener Gemeindebezirk in der Margarethenstraße 30, aber auch in einer Villa in Baden, die er von seiner 1921 verstorbenen Frau Karoline geerbt hatte. Moritz, der keine Kinder hatte, war als Bildhauer tätig und seit 1929 außerordentliches Mitglied des Wiener Künstlerhauses. Zudem sammelte er unter anderem prähistorische Objekte.[3]

Heinrich Rothberger, geboren 1868, wohnte mit seiner Frau, geboren 1878 als Ella Burchardt, in der Jasomirgottstraße 1, also im Gebäude des Warenhauses am Stephansplatz. In dieser Wohnung befand sich auch die bedeutende Porzellansammlung, die Heinrich Rothberger seit dem Ende des 19. Jahrhunderts aufgebaut hatte.[4] Ella und Heinrich Rothberger hatten zwei Söhne: Der 1899 geborene Johann Jacob, genannt Hans, trat ins Familienunternehmen ein und sollte Ende der 1930er-Jahre die Leitung des Warenhauses übernehmen. Friedrich, kurz Fritz, geboren 1902, war Mathematiker und forschte seit 1937 an der Warschauer Universität.

Alfred Rothberger, geboren 1873, heiratete die 1892 geborene Hilda Landsberger. Das Ehepaar wohnte in der Wohllebengasse im 4. Wiener Gemeindebezirk und hatte drei Kinder, Karl, geboren 1915, Albert, geboren 1917, der die Schnederlaufbahn einschlug, und Agathe, geboren 1921. Alfred Rothberger, der sich neben der Leitung des Warenhauses als Medailleur betätigte, starb bereits 1932.

Carl Julius Rothberger, geboren 1871, hatte sich als einziger der vier Brüder für einen anderen Berufsweg entschieden: Er war 1897 zum Doktor der gesamten Heilkunde promoviert worden, ab 1899 am Institut für allgemeine und experimentelle Pathologie tätig und forschte vor allem zur Elektrokardiografie. 1912 wurde Carl Julius Rothberger zum außerordentlichen Professor ernannt. Er lebte mit seiner Frau Leopoldine und der gemeinsamen 1929 geborenen Tochter Bertha im Philipphof nahe der Albertina.[5]

Verfolgung und Vermögensentziehung in der NS-Zeit[6]

Nach dem „Anschluss" Österreichs an das nationalsozialistische Deutsche Reich am 13. März 1938 galten die Kinder von Rosa und Jacob Rothberger als Jüdinnen und Juden und waren den zunehmenden Restriktionen durch das NS-Regime ausgesetzt. Einige Familienmitglieder entschlossen sich rasch, Wien zu verlassen. Als Erste flohen Albert und Karl, die Söhne von Alfred und Hilda Rothberger. Beide starben bald darauf im Exil, Albert bereits am 30. August 1938 mit nur 21 Jahren in Port-au-Prince in Haiti und Karl 24-jährig am 31. Dezember 1939 in New York. Fritz Rothberger, der jüngere Sohn von Heinrich und Ella Rothberger, kehrte von seinem Forschungsaufenthalt in War-

From the clothing warehouse founded in the 1860s in Vienna, the Hungarian Jacob Rothberger built a textile empire. Its headquarters was the department store on Stephansplatz, Vienna, which opened in 1886 and was enlarged in 1895.[1] After his death in 1899, the business was taken over by three of his four sons, Moritz, Heinrich, and Alfred. They were all trained tailors and businessmen and guided the business through the crisis of World War I, the inflation of the early years of the First Republic, and the economic crisis starting in 1929.[2]

Moritz Rothberger, born in 1865, lived mainly in the 4th district at Margarethenstraße 30, but also in his villa in Baden, which he had inherited from his wife Karoline on her death in 1921. Moritz, who had no children, was a sculptor and from 1929 extraordinary member of the Wiener Künstlerhaus. He was also a collector of prehistoric objects, amongst other things.[3]

Heinrich Rothberger, born in 1868, lived with his wife, born Ella Burchardt in 1878, in an apartment at Jasomirgottstraße 1, the building housing the department store on Stephansplatz. It was here that he kept the important porcelain collection, which he had been compiling since the end of

Der Kaufhausgründer Jacob Rothberger
Wien, 1890er-Jahre
Slg. der Nachkommen der Familie Rothberger /
collection of the descendants of family Rothberger
Founder Jacob Rothberger
Vienna, 1890s

des Warenhauses befanden, und im Lauf des Jahres 1941 alle Anteile am Haus Stephansplatz 10. Im Oktober 1939 wurden die Villa Moritz Rothbergers in Baden vom Berndorfer Fabriksbesitzer Franz Zimmermann und im 1. Juli 1941 das Haus in der Artariastraße in Neuwaldegg vom Ehepaar Anton und Hildegard Kaiser „arisiert". Nur ein geringer Teil der Liegenschaften konnte in der Familie gehalten werden, indem Moritz und Carl Julius Rothberger ihre Anteile an den Häusern Stephansplatz 11 und Margaretenstraße 30 durch Schenkung an ihre Nichte bzw. Tochter Bertha übertrugen. Als „Halbjüdin" waren ihr Eigentumsrechte an Grundstücken und Häusern erlaubt.

Am 2. November 1941 verließen Heinrich und Ella Rothberger Wien und das Deutsche Reich. Über Barcelona gelangten sie nach Kuba.

ownership to their properties. In June 1939 Wilhelm Bührer took over the building at Stephansplatz 9, in which most of the department store premises were housed, and then during 1941 all shares in Stephansplatz 10. In October 1939 Moritz Rothberger's villa in Baden was Aryanized by the Berndorf factory owner Franz Zimmermann and on July 1, 1941, the house in Artariastraße in Neuwaldegg by Anton und Hildegard Kaiser. The family was only permitted to retain a small part of its property, through the bestowal by Moritz and Carl Julius Rothberger of their shares in Stephansplatz 11 and Margarethenstraße 30 on their niece/daughter Bertha. As a "half-Jew," she was allowed to own real estate and buildings.

ruar 2015 restituiert. Für die vier Aquarelle von Carl Schütz, die die Albertina 1948 im Tausch gegen vier Kupferstiche von Israhel van Meckenem behalten hatte, ist eine erneute Vorlage beim Beirat noch ausständig.

Vor kurzem erfolgte die Restitution von zwei Porzellanfiguren aus dem Museum Huelsmann Bielefeld, die aus jenem Teil der Sammlung Heinrich Rothberger stammen, der im November 1938 bei Hans W. Lange in Berlin versteigert wurde.

Doch nicht, wie lange angenommen, zum Ende des Zweiten Weltkrieges verloren gegangen ist eines der Rudolf-von-Alt-Aquarelle Heinrich Rothbergers, und zwar die Ansicht des Stephansplatzes mit dem Rothberger-Haus von 1879. Offenbar hatte Baldur von Schirach das Bild seinem Schwiegervater Heinrich Hoffmann weitergegeben, bei dem es 1945 von den Alliierten beschlagnahmt, in den Münchener Central Collecting Point gebracht und dort unter der Nummer „Mü 1784/6" inventarisiert wurde. Da nicht ermittelt werden konnte, in wessen Eigentum das Bild gestanden hatte, und es scheinbar keine Hinweise darauf gab, dass es sich um ein entzogenes Werk handelte, wurde das Aquarell an die Familie Hoffmann zurückgegeben, die es verkauft haben dürfte. 1953 wurde das Aquarell in einem Kalender abgedruckt.[22] Zwar wurde das Bild nach 1945 von der staatlichen Verwaltung freigegeben, das heutige Eigentum daran ist also rechtmäßig. Und doch handelt es sich um ein in der NS-Zeit entzogenes Kunstwerk, das niemals an den früheren Eigentümer bzw. dessen Erbinnen und Erben restituiert wurde.

Auch wenn mittlerweile fast über 100 Objekte der Brüder Rothberger restituiert wurden: Immer noch unbekannt ist der Verbleib von über 270 Stücken aus den Sammlungen von Heinrich und Moritz Rothberger, die im November 1938 bzw. im Februar 1939 bei Hans W. Lange in Berlin versteigert wurden. Die Provenienzforschung hat seit 1998 nicht nur die Grundlagen für Restitutionen geschaffen, sondern auch aufgezeigt, wie viele entzogene Stücke noch immer nicht zurückgegeben wurden – und sie hat zur Aufarbeitung der Geschichte der Familie Rothberger und anderer teils vergessener NS-Opfer beigetragen.

1 Vgl. Leonhard WEIDINGER: Die ersten Jahre der Familie Rothberger in Wien, in: Christina GSCHIEL, Ulrike NIMETH, Leonhard WEIDINGER (Hrsg.): schneidern und sammeln. Die Wiener Familie Rothberger, Wien u.a. 2010, S. 17–30.

2 Vgl. Ulrike NIMETH, Leonhard WEIDINGER: Die Familie Rothberger vom Ende des 19. Jahrhunderts bis 1938, in: GSCHIEL, NIMETH, WEIDINGER, Wien u.a. 2010, S. 49–60.

3 Vgl. Ulrike NIMETH: Moritz Rothberger, in: GSCHIEL, NIMETH, WEIDINGER, Wien u.a. 2010, S. 61–83.

4 Vgl. Leonhard WEIDINGER: Heinrich Rothberger – der Porzellansammler, in: GSCHIEL, NIMETH, WEIDINGER, Wien u.a. 2010, S. 83–94.

5 Vgl. Monika LÖSCHER: Carl Julius Rothberger, in: GSCHIEL, NIMETH, WEIDINGER, Wien u.a. 2010, S. 157–166.

6 Zu diesem Abschnitt vgl. Christina GSCHIEL, Ulrike NIMETH, Leonhard WEIDINGER: Die Familie Rothberger in der NS-Zeit – eine Chronologie, in: GSCHIEL, NIMETH, WEIDINGER, Wien u.a. 2010, S. 167–182, und Christina GSCHIEL, Ulrike NIMETH, Leonhard WEIDINGER: Die Entziehung und Aufteilung der Sammlung Heinrich Rothberger in der NS-Zeit, in: GSCHIEL, NIMETH, WEIDINGER, Wien u.a. 2010, S. 205–224.

7 Reichsgesetzblatt (RGBl.) I 1938, S. 414 bzw. Gesetzblatt für das Land Österreich (GBlfdLÖ) 1938/102.

8 Vgl. LÖSCHER, Wien u.a. 2010, S. 163.

9 RGBl. I 1939, S. 282 bzw. GBlfdLÖ 1939/254.

10 Vgl. Stefan August LÜTGENAU, Alexander SCHRÖCK, Sonja NIEDERACHER: Zwischen Staat und Wirtschaft. Das Dorotheum im Nationalsozialismus, Wien 2006, S. 186.

"seau crénelé" from the French porcelain factory Sèvres in Fitzwilliam Museum, Cambridge. Both objects had been auctioned by Hans W. Lange in November 1938. The Panel agreed that the two items came from Heinrich Rothberger's collection and recognized the successors' claims. That same year the Fitzwilliam Museum returned the "seau crénelé," and the British Museum, whose statutes do not permit restitution, made an appropriate compensatory payment.[19]

In September 2010 the Medical University of Vienna returned thirty-nine books to the daughter of Carl Julius Rothberger, which he had been forced to leave behind in his institute after being stripped of his professorship in 1938.[20]

An amendment to the Austrian Art Restitution Act in 2009[21] made it possible to return objects exchanged or confiscated in exchange for payment as part of export approval processes after 1945, provided that the exchanged object or payment was returned. Under this amendment, the two bowls with black enamel paint were resubmitted to the Art Restitution Advisory Board, which recommended on October 8, 2013, that they be returned on condition that the six Chinese porcelain bowls given to Heinrich Rothberger in exchange were returned or paid for. After this condition had been fulfilled, the items were returned to their rightful owners on February 17, 2015. No claim has yet been submitted for the four watercolors by Carl Schütz, which the Albertina retained in 1948 in exchange for four copper engravings by Israhel van Meckenem.

Recently there was a restitution of two porcelain figures from Museum Huelsmann Bielefeld, which come from the part of Heinrich Rothberger's collection auctioned in November 1938 by Hans W. Lange in Berlin.

It was discovered that one of the watercolors by Rudolf von Alt owned by Heinrich Rothberger, showing a view of Stephansplatz in 1879 with the Rothberger House, had not been lost at the end of World War II after all, as had long been thought. Apparently, Baldur von Schirach had given the picture to his father-in-law Heinrich Hoffmann, from whom it was confiscated in 1945 by the Allies, stored in the Munich Central Collecting Point and inventoried under the number Mü 1784/6. As it could not be determined whom it belonged to and there were no indications that it was looted art, it was returned to the Hoffmann family, who sold it. It was printed in a 1953 calendar.[22] As the picture was released from state administration after 1945, the current ownership status is legal. This does not prevent it being a work of art that was commandeered by the Nazis and never returned to its earlier owners or their successors.

Whilst over 100 objects belonging to the Rothberger brothers have been returned, the whereabouts of over 270 items from their collections, which were auctioned in November 1938 and February 1939 by Hans W. Lange in Berlin, are still unknown. Since 1998, provenance research has not only

11 RGBl. I 1941, S. 722.

12 Vgl. Manfried RAUCHENSTEINER: Der Krieg in Österreich '45, Wien 1995, S. 182.

13 Zu diesem Abschnitt vgl. Christina GSCHIEL, Ulrike NIMETH, Leonhard WEIDINGER: Rückstellungen nach 1945, in: GSCHIEL, NIMETH, WEIDINGER, Wien u.a. 2010, S. 225–240.

14 Bundesgesetzblatt (BGBl.) Nr. 54/1947.

15 Zu Provenienzforschung und Restitutionen 1998–2010 vgl. Christina GSCHIEL, Ulrike NIMETH, Leonhard WEIDINGER: Rückgaben von Objekten aus den Sammlungen Heinrich und Moritz Rothberger seit 1998, in: GSCHIEL, NIMETH, WEIDINGER, Wien u.a. 2010, S. 273–284.

16 BGBl. I Nr. 181/1998.

17 Sämtliche Beschlüsse des Kunstrückgabebeirats finden sich auf der Website der Kommission für Provenienzforschung (http://www.provenienzforschung.gv.at/empfehlungen-des-beirats/, aufgerufen 05.09.2016).

18 Vgl. Historisches Museum der Stadt Wien (Museen der Stadt Wien), Wiener Stadt- und Landesbibliothek (Hrsg.): Die Restitution von Kunst- und Kulturgegenständen im Bereich der Stadt Wien 1998–2001, Wien 2002, S. 56 ff.

19 Report of the Spoliation Advisory Panel in respect of pieces of porcelain now in the possession of the British Museum, London and the Fitzwilliam Museum, Cambridge, House of Commons, 11.06.2008.

20 Vgl. Walter MENTZEL: Bücher von Carl Julius Rothberger. Restitutionsdossier [Wien 2010].

21 BGBl. I Nr. 117/2009.

22 Für die Hinweise auf die CCP-Karteikarte zum Alt-Aquarell und den Kalender danke ich Meike Hopp.

provided a basis for restitution but also shown how many looted items have, to this day, still not been returned. At the same time, it has made an important contribution to the study of the history of the Rothberger family and the many other, often forgotten, victims of the Nazi regime.

1 Leonhard Weidinger, "Die ersten Jahre der Familie Rothberger in Wien," in: Christina Gschiel, Ulrike Nimeth, Leonhard Weidinger, eds., *schneidern und sammeln: Die Wiener Familie Rothberger* (= Commission for Provenance Research series, vol. 2) (Vienna/Cologne/Weimar, 2010) pp. 17–30.

2 Ulrike Nimeth, Leonhard Weidinger, "Die Familie Rothberger vom Ende des 19. Jahrhunderts bis 1938," in: ibid., pp. 49–60.

3 Ulrike Nimeth, "Moritz Rothberger," in: ibid., pp. 61–83.

4 Leonhard Weidinger, "Heinrich Rothberger—der Porzellansammler," in: ibid., pp. 83–94.

5 Monika Löscher, "Carl Julius Rothberger," in: ibid., pp. 157–66.

6 For this section see Christina Gschiel, Ulrike Nimeth, Leonhard Weidinger, "Die Familie Rothberger in der NS-Zeit—eine Chronologie," in: ibid., pp. 167–82, and Christina Gschiel, Ulrike Nimeth, Leonhard Weidinger, "Die Entziehung und Aufteilung der Sammlung Heinrich Rothberger in der NS-Zeit," in: ibid., pp. 205–24.

7 Reichsgesetzblatt (RGBl.) I 1938, p. 414;Gesetzblatt für das Land Österreich (GBlfdLÖ) 1938/102.

8 Monika Löscher (Vienna/Cologne/Weimar, 2010), p. 163.

9 RGBl. I 1939, p. 282 and GBlfdLÖ 1939/254.

10 Stefan August Lütgenau, Alexander Schröck, Sonja Niederacher, *Zwischen Staat und Wirtschaft: Das Dorotheum im Nationalsozialismus* (Vienna, 2006), p. 186.

11 RGBl. I 1941, p. 722.

12 Manfried Rauchensteiner, *Der Krieg in Österreich '45* (Vienna, 1995), p. 182.

13 On this section see Christina Gschiel, Ulrike Nimeth, Leonhard Weidinger, "Rückstellungen nach 1945," in: Gschiel, et al. (Vienna/Cologne/Weimar, 2010), pp. 225–40.

14 Bundesgesetzblatt (BGBl.) no. 54/1947.

15 For provenance research and restitution 1998–2010 see Christina Gschiel, Ulrike Nimeth, Leonhard Weidinger, "Rückgaben von Objekten aus den Sammlungen Heinrich und Moritz Rothberger seit 1998," in: Gschiel et al. (Vienna/Cologne/Weimar, 2010), pp. 273–84.

16 BGBl. I no. 181/1998.

17 All decisions of the Art Restitution Advisory Board can be found on the Commission for Provenance Research website (http://www.provenienzforschung.gv.at/empfehlungen-des-beirats/ (September 5, 2016).

18 See Historisches Museum der Stadt Wien (Museen der Stadt Wien), Wiener Stadt- und Landesbibliothek, ed., *Die Restitution von Kunst- und Kulturgegenständen im Bereich der Stadt Wien 1998–2001* (Vienna, 2002), pp. 56ff.

19 Report of the Spoliation Advisory Panel in respect of pieces of porcelain now in the possession of the British Museum, London and the Fitzwilliam Museum, Cambridge, House of Commons, June 11, 2008.

20 See Walter Mentzel, *Bücher von Carl Julius Rothberger, Restitutionsdossier* [Vienna, 2010].

21 BGBl. I Nr. 117/2009.

22 I thank Meike Hopp for information about the CCP file card for the Alt watercolor and calendar.

Astrid Peterle

Wird Wien wieder chic?
Wiederaufbau einer zerstörten Geschäftskultur
Will Vienna Become Fashionable Again?
Reconstruction of a destroyed store culture

Nach dem Ende des nationalsozialistischen Regimes und des Zweiten Weltkrieges lag Wien in Trümmern, nicht nur baulich, sondern auch wirtschaftlich. Der Glanz der mondänen Kaufhäuser in der Inneren Stadt war durch Enteignung, „Arisierung", Vertreibung und Ermordung der jüdischen Besitzerinnen und Besitzer während der Zeit des Nationalsozialismus vollkommen ausgelöscht worden. Schwere Bombenschäden trugen dazu bei, dass auch architektonisch kaum mehr etwas an die ehemals so prächtigen Geschäfte erinnerte. Von politischer Seite wurde das Vergessen des herausragenden Anteils von Jüdinnen und Juden am Wiener bzw. österreichischen kulturellen und wirtschaftlichen Leben vor 1938 öffentlich befördert; Rückkehr sowie Entschädigung durch Restitution wurden in keiner Weise forciert.[1] Der Großteil der Angehörigen der Unternehmerfamilien wie Rothberger, Zwieback, Delfiner oder Gerngross entschloss sich wohl auch deshalb dazu, nicht in das Land zurückzukehren, aus dem sie 1938 vertrieben worden waren. Tatsächlich wurden Jüdinnen und Juden nach dem Ende des Nationalsozialismus in Österreich, das sich rasch zum ersten Opfer Hitlers stilisierte, alles andere als mit offenen Armen empfangen. Die Restitutionsverfahren bzw. Rückstellungen durch die Republik waren komplizierte und langwierige Prozesse und in praktisch allen Fällen mit großen finanziellen Einbußen und Wertminderungen für die einst Beraubten verbunden.[2]

Das kurze Aufflackern der „Großen" nach der Katastrophe: Rückstellung von Herzmansky, Gerngross und Zwieback

Drei der großen Wiener Kaufhäuser wurden noch Ende der 1940er-Jahre an die Besitzerfamilien rückgestellt, in allen drei Fällen verkauften diese aber bereits innerhalb einer Dekade an Konzerne bzw. externe Interessenten. Herzmansky wurde 1948 rückgestellt und von Max Delfiners Sohn Henry (geborener Heinrich) übernommen.[3] Die Familie Delfiner war über Frankreich in die USA emigriert – Sohn Henry kämpfte aufseiten der US-Army in Italien und war 1946 in Österreich stationiert. Nach der Rückstellung des Betriebs kehrte Henry Delfiner nach Wien zurück und führte das Kaufhaus Herzmansky, bis er es 1957 an den Hertie-Konzern verkaufte und in die USA zurückkehrte.

Eine ähnliche Rückstellungs- und Verkaufsgeschichte findet sich bei Gerngross, einst der größte Konkurrent Herzmanskys auf der Mariahilfer Straße. 1949 erhielt die Familie Gerngross die Betriebsanteile im Verhältnis zum vormaligen Aktienbesitz rückerstattet, der Wert des Unternehmens hatte sich jedoch seit der Entziehung um zwei Drittel verringert.[4] 1957 verkaufte die Familie das Unternehmen, wie Herzmansky an den Hertie-Konzern.[5]

Ein Löffel aus dem ehemaligen Kaffeehaus der Maison Zwieback steht sinnbildlich für die Enteignung und die bis heute nicht zur Gänze rechtmäßig erfolgte Entschädigung der Familie Zirner-Zwieback. Ella Zirner-Zwieback, die mit ihrem Sohn Ludwig 1938 in die USA flüchten konnte, erhielt das Kaufhaus als Immobilie 1951 rückgestellt. 1957 verkaufte sie die Immobilie und was von ihrem einstigen Besitz noch übrig geblieben war.[6] Niemals restituiert wurde der Familie hingegen das Restaurant „Zu den drei Husaren": Ella Zirner-Zwieback hatte die Räume des ehemaligen Kaffeehauses der Firma Zwieback 1933 an Graf Paul Pálffy verpachtet, der es zum Restaurantbe-

At the end of the Nazi era and World War II, Vienna's buildings and economy lay in ruins. The splendor of the sophisticated inner city department stores had completely disappeared through expropriation and Aryanization and the expulsion and murder of Jewish owners by the Nazis. As a result of the heavy bombardment, little remained of their former magnificent architecture. Abetted by politicians, the populace expunged from memory the outstanding contribution made by Jewesses and Jews to the cultural and economic life of Vienna and Austria before 1938, and the return of Jews or their compensation and restitution was not sought in any way.[1] Most of the members of the store-owning families—Rothberger, Zwieback, Delfiner, and Gerngross, for example—decided probably on this account too not to return to the country from which they had been expelled in 1938. In fact, Jews and Jewesses were not at all welcomed back to post-Nazi Austria, which was quick to style itself as the first victim of Hitler. Restitution and restoration by the new republic were complicated and drawn-out affairs, almost always involving great financial losses and concessions on behalf of the victims.[2]

The brief resurgence of the major stores: restitution of Herzmansky, Gerngross, and Zwieback

Three of the large Viennese department stores were returned to their former owners in the late 1940s. Within a decade, however, all of them had been sold to other companies or outside interests. Herzmansky was restituted in 1948 and taken over by Max Delfiner's son Henry (né Heinrich).[3] The Delfiner family had emigrated via France to the USA. Henry served in the US Army in Italy and was stationed in Austria in 1946. After the restitution of the family business, he returned to Vienna and managed the Herzmansky department store before selling it in 1957 to the Hertie Group and returning to the USA.

The story of Gerngross, once Herzmansky's greatest rival on Mariahilfer Strasse, is similar. In 1949 the Gerngross family received shares in the business in proportion to the family's former holding, but the company's value was only one third of what it had been at the time of confiscation.[4] Like Herzmansky, the family sold the business in 1957 to the Hertie Group.[5]

A spoon from the former coffee shop at Maison Zwieback stands as a symbol for the expropriation of property belonging to the Zirner-Zwieback family, who to this day have still not received full legal compensation. Ella Zirner-Zwieback, who escaped with her son Ludwig to the USA in 1938, was given back the department store as real estate in 1951. She sold it and her remaining holding in 1957.[6] However, the family's restaurant Zu den drei Husaren was never restituted. Ella Zirner-Zwieback had leased the former Zwieback coffeehouse in 1933 to Count Paul Pálffy, who turned it into a

Plakat des Kaufhauses Gerngross
Wien, 1948
Wienbibliothek im Rathaus,
Plakatsammlung, Sign. P-232213
Gerngross department store poster
Vienna, 1948

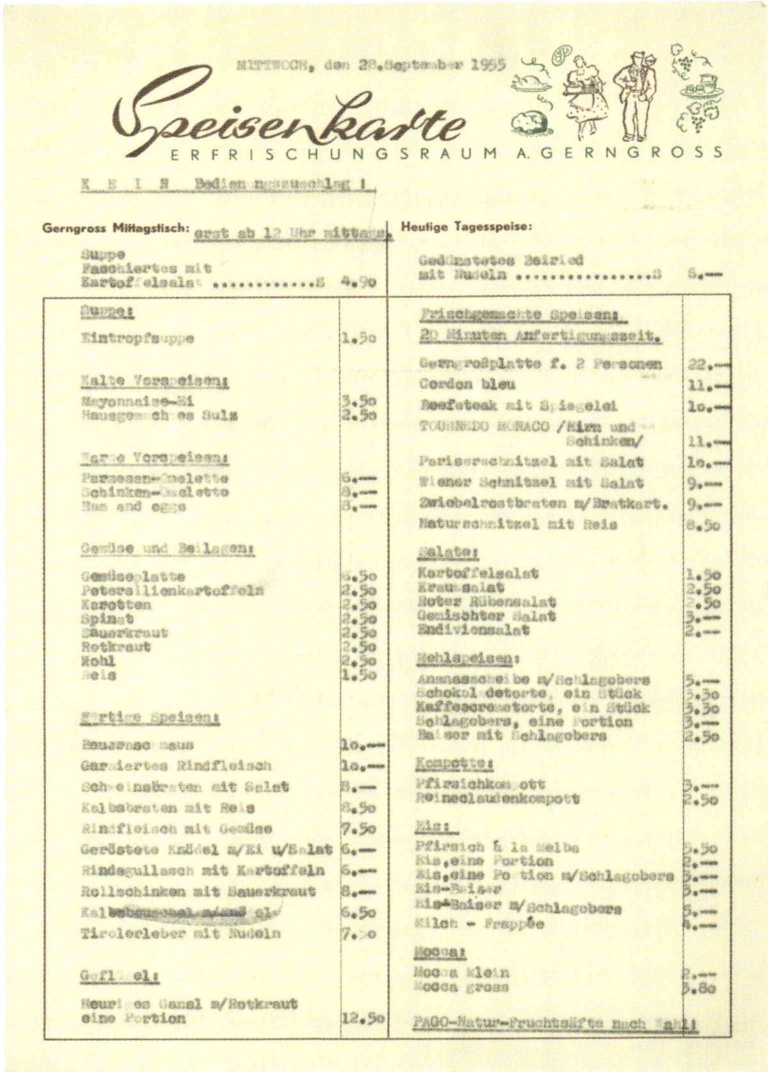

MITTWOCH, den 28.September 1955

Speisenkarte

ERFRISCHUNGSRAUM A. GERNGROSS

K E I N Bedienungszuschlag !

Gerngross Mittagstisch: erst ab 12 Uhr mittags.

Suppe
Faschiertes mit
Kartoffelsalat ....S 4.90

Heutige Tagesspeise:

Gedünstetes Beiried
mit Nudeln ....S 6.—

Suppe:	
Eintropfsuppe	1.50
Kalte Vorspeisen:	
Mayonnaise-Ei	3.50
Hausgemachtes Sulz	2.50
Warme Vorspeisen:	
Parmesan-Omelette	6.—
Schinken-Omelette	8.—
Ham and eggs	8.—
Gemüse und Beilagen:	
Gemüseplatte	6.50
Petersilienkartoffeln	2.50
Karotten	2.50
Spinat	2.50
Sauerkraut	2.50
Rotkraut	2.50
Kohl	2.50
Reis	1.50
Fertige Speisen:	
Bauernschmaus	10.—
Garniertes Rindfleisch	10.—
Schweinsbraten mit Salat	8.—
Kalbsbraten mit Reis	8.50
Rindfleisch mit Gemüse	7.50
Geröstete Knödel m/Ei u/Salat	6.—
Rindsgullasch mit Kartoffeln	6.—
Rollschinken mit Sauerkraut	8.—
Kalbsbeuschel m/Knödel	6.50
Tirolerleber mit Nudeln	7.50
Geflügel:	
Heuriges Gansl m/Rotkraut eine Portion	12.50

Frischgemachte Speisen:	
20 Minuten Anfertigungszeit.	
Gerngroßplatte f. 2 Personen	22.—
Cordon bleu	11.—
Beefsteak mit Spiegelei	10.—
TOURNEDO MONACO /Hirn und Schinken/	11.—
Pariserschnitzel mit Salat	10.—
Wiener Schnitzel mit Salat	9.—
Zwiebelrostbraten m/Bratkart.	9.—
Naturschnitzel mit Reis	8.50
Salate:	
Kartoffelsalat	1.50
Krautsalat	2.50
Roter Rübensalat	2.50
Gemischter Salat	3.—
Endiviensalat	2.—
Mehlspeisen:	
Ananasscheibe m/Schlagobers	5.—
Schokoladetorte, ein Stück	3.30
Kaffeecremetorte, ein Stück	3.30
Schlagobers, eine Portion	3.—
Baiser mit Schlagobers	2.50
Kompotte:	
Pfirsichkompott	3.—
Reineclaudenkompott	2.50
Eis:	
Pfirsich à la Melba	5.50
Eis, eine Portion	2.—
Eis, eine Portion m/Schlagobers	3.—
Eis-Baiser	3.—
Eis-Baiser m/Schlagobers	5.—
Milch - Frappée	4.—
Mocca:	
Mocca klein	2.—
Mocca gross	3.80
PAGO-Natur-Fruchtsäfte nach Wahl!	

Speisekarte aus dem Erfrischungs-
raum des Kaufhauses Gerngross
Wien, 1955
Archiv Kaufhaus Gerngross
Menu from Gerngross department
store cafeteria
Vienna, 1955

Verkaufskarton aus dem Kaufhaus
Gerngross. Wien, 1949, Slg. Viktor
Kabelka. Foto: Sebastian Gansrigler
Sales packaging from Gerngross
department store , Vienna, 1949

Plastiktierfiguren aus der Kinder-
abteilung des Kaufhauses Gerngross
Wien, 1950–1957
Slg. Viktor Kabelka
Foto: Sebastian Gansrigler
Plastic animals from Gerngross
department store children's section
Vienna, 1950–1957

trieb ausbaute und ihm den bis heute bekannten Namen gab. Die Konzession blieb jedoch bei Ella Zirner-Zwieback – 1938 wurde sie zum Verkauf derselben gezwungen.[7] Ein Protokoll der Vermögenverkehrsstelle schildert diesen Vorgang wie folgt:

„Laut Gedenkprotokoll vom 26. III. 1938 kaufte Herr Otto Horcher, Berlin W, Lutherstraße 26, den Restaurationsbetrieb und pachtete laut Gedenkprotokoll vom 6. IV. 1938 die Konzession der Frau Ella Zirner, welche Jüdin ist. Dieses Gedenkprotokoll über die Pachtung der jüdischen Konzession wurde der hiesigen Dienststelle zur Genehmigung vorgelegt, jedoch nicht genehmigt und wurde Frau Zirner *im Sinne der Verordnung zur Ausschaltung der Juden aus dem deutschen Wirtschaftsleben* veranlasst, ihre Konzession zu Gunsten des Herrn Otto Horcher, bzw. der zu gründenden Kommanditgesellschaft Wilhelm Ackermann & Co., *ohne Entschädigung* zurückzulegen."[8]

Aus dem Nachkriegsgedächtnis verschwand die ehemalige Besitzerin des äußerst bekannten und erfolgreichen Restaurants völlig, deren Enteignung oder gar eine Entschädigung wurde nie thematisiert.[9] In der „offiziellen" Geschichte des Restaurants, das 2010 Konkurs anmelden musste, werden die Jahre ab 1938 folgendermaßen beschrieben: „Als Graf Pálffy schwere geschäftliche Fehlschläge hinnehmen musste, war die finanzielle Basis so sehr erschüttert, dass die ‚Drei Husaren' 1938 an den Berliner Gastronomen Otto Horcher verkauft werden musste [sic]. Während des Krieges florierten die Geschäfte und die ‚Drei Husaren' waren ein beliebter Treffpunkt der damaligen Gesellschaft."[10]

Die Waldgrundstücke, die von Alexander Zirner und Ella Zirner-Zwieback zum Bau von Ferienanlagen für ihre Mitarbeiterinnen und Mitarbeiter in Kroatien gekauft worden waren, wurden dem rechtmäßigen Erben August Zirner bis heute nicht restituiert – zunächst wurde der Besitz von den Nationalsozialisten beschlagnahmt, dann von der Ustascha und anschließend vom kommunistischen Regime. Der kroatische Staat hat bisher nichts gegen diese Enteignung unternommen.[11]

Im Wiener Stadtraum erinnert heute nichts mehr an die einst ersten Adressen am Platz, sei es in der Kärntner Straße, in der Mariahilfer Straße oder am Stephansplatz. Umso wichtiger ist die Erinnerungsarbeit, die ein künstlerisches Projekt pionierhaft Mitte der 2000er-Jahre in Ottakring initiierte: Die „Sammlung Dichter" und die „Säulen der Erinnerung" unter der künstlerischen Leitung von Eva Brunner-

restaurant and gave it the name by which it is still known today. The concession remained with Ella Zirner-Zwieback, however – she was forced to sell in 1938.[7] A record from the Property Transfer Office describes the transaction as follows:

"According to the memo of March 26, 1938, Herr Otto Horcher, Berlin W, Lutherstrasse 26, purchased the restaurant business and according to the memo of April 6, 1938, leased the concession of Ella Zirner, who is a Jewess. This memo on the lease of the Jewish concession was presented to this Office for approval, which was denied. *In compliance with the Regulation on the Exclusion of Jews from German Economic Life*, Frau Zirner was ordered to renounce the concession in favor of Herr Otto Horcher and the limited partnership Wilhelm Ackermann & Co. *without compensation*."[8]

The former owner of this extremely well-known and popular restaurant was expunged completely from post-war memory, and its confiscation, not to mention any compensation, was never discussed.[9] In the "official" history of the restaurant, which went bankrupt in 2010, the year 1938 is described as follows: "Count Pálffy suffered severe economic setbacks, and the financial basis was so weakened as a result that the Drei Husaren had to be sold in 1938 to the Berlin restaurant owner Otto Horcher. Business flourished during the war and the Drei Husaren became a popular meeting place for the society of the time."[10]

The forest sites purchased by Alexander Zirner and Ella Zirner-Zwieback to construct vacation homes for their staff in Croatia have never been returned to the legal heir August Zirner. The property was originally confiscated by the Nazis,

Außenansicht des Restaurants „Zu den drei Husaren"
Wien, 1940er-Jahre
Wien Museum, Inv. Nr. HMW 79000 15570
Zu den drei Husaren restaurant
Vienna, 1940s

Löffel aus dem Kaffeehaus der Maison Zwieback
o.O., o.J.
Slg. August Zirner
Spoon from Maison Zwieback coffeehouse
n.p., n.d.

Szabo, Richard Schütz und Roland Schütz/Masc Foundation nutzten einerseits das Gebäude des ehemaligen Warenhauses Dichter vor seinem Abriss als Ausstellungsort für eine Gruppenausstellung, die dezidiert auf die Geschichte der Familie Dichter Bezug nahm, andererseits werden seit 2008 drei Litfaßsäulen am Yppenplatz regelmäßig von Künstlerinnen und Künstlern gestaltet.[12] Mit diesen beiden Projekten leisten die Initiatorinnen und Initiatoren einen bedeutenden Beitrag zur Auseinandersetzung mit vergessener Geschichte im öffentlichen Raum – es ist zu hoffen, dass sich zukünftig auch an anderen Orten der Stadt ähnliche Räume der Reflexion und Erinnerung öffnen.

Zusammenfassend lässt sich festhalten, dass keines der großen Kauf- und Warenhäuser nach 1945 wieder an seine Erfolge vor 1938 anschließen konnte. Mit der Beraubung der jüdischen Besitzerinnen und Besitzer sowie durch die fehlende öffentliche Unterstützung und die aufs äußerste verminderten finanziellen Rücklagen der Familien nach der Rückstellung ging Wien die Kultur der mondänen, weltstädtischen Kaufhäuser für immer verloren.

Die Hoflieferanten halten die Stellung

Einige wenige der ehemaligen k.u.k. Hoflieferanten – heute häufig als Traditionsbetriebe bezeichnet – konnten ab den 1950er-Jahren an ihre Erfolge vor 1938 wieder anknüpfen. Wie bereits im Kapitel ab Seite 164 dieses Katalogs geschildert, führten im Fall von Knize & Comp. und Braun & Co. langjährige Mitarbeiterinnen und Mitarbeiter der Gründerfamilien die Geschäfte auch unter den „Ariseuren" im Sinne der einstigen Besitzer fort.

Die Landesinnung Wien der Kleidermacher
hat beschlossen,
Fa. E. Braun u. Co. Ges.m.b.H.
aus Anlass des
75 jährigen
Bestandsjubiläums,
sowie in Würdigung der Leistungen um den Berufsstand als besonderes Zeichen des Dankes und der Anerkennung, diese
Ehren-Urkunde
zu verleihen.
Für die Landesinnung
Landesinnungsmeister Landesinnungssekretär
1892–1967

Ehrenurkunde zum 75-jährigen Bestandsjubiläum der Firma Braun & Co., verliehen durch die Landesinnung Wien der Kleidermacher, Wien, 1967
Palmers Werbearchiv
Certificate marking the 75th anniversary of Braun & Co., awarded by the Landesinnung Wien der Kleidermacher, Vienna, 1967

then by the Ustaše, and finally by the Communist regime. To this day, the Croatian state has done nothing about this expropriation.[11]

There are no commemorations of these once prominent addresses, be it on Kärntner Strasse, Mariahilfer Strasse, or Stephansplatz. The pioneering Dichter Collection and Pillars of Memory commemorative artistic projects in Ottakring established in the mid-2000s are all the more important for that reason. Under the artistic direction of Eva Brunner-Szabo, Richard Schütz and Roland Schütz/Masc Foundation used the site of the former Dichter department store before its demolition as a venue for a group exhibition devoted to the history of the Dichter family. And since 2008 three advertising columns on Yppenplatz have been used regularly by different artists.[12] The initiators of these two projects have thus made a significant contribution to the public discussion of forgotten history. Hopefully, similar sites for reflection and commemoration will be set up in future elsewhere in the city.

In summary, none of the large department and retail stores were able in the 1950s to resume their successful pre-1938 activity. The plundering of Jewish businesses, the lack of public support and the minimal financial resources of the families themselves following restitution brought to an end Vienna's culture of sophisticated, cosmopolitan department stores.

Court suppliers keep the flag flying

A few of the former court-appointed suppliers—today frequently styled as traditional businesses—were able to resume their successful pre-1938 business activities. As described in the chapter starting on page 164 of this catalogue, long-standing employees of Knize & Comp. and Braun & Co. continued under the Aryanizers to run the businesses along lines similar to those established by the firms' former proprietors.

Knize & Comp. was sold in 1976 by the family to Rudolf Niedersüss, who had completed his Master's training at Knize and had taken over the exclusive C. M. Frank tailoring business. He continues to run the business successfully today, and the 150th anniversary of the company was celebrated in 2008.[13]

The post-war history of Braun & Co., by contrast, came to an end over ten years ago. After the return of the Myer family from the USA in the 1940s, Franziska Färber continued the men's and women's outfitters for Henry Myer until he was

Verpackungskarton der Firma Braun & Co. Wien, 2. Hälfte 20. Jhdt.
Palmers Werbearchiv
Foto: Sebastian Gansrigler
Braun & Co. packaging, Vienna, 2nd half 20th cent.

Rolle mit Etikette nnähern und Aufklebern der Firma Braun & Co. Wien, 2. Hälfte 20. Jhdt.
Palmers Werbearchiv
Foto: Sebastian Gansrigler
Roll with Braun & Co. sewn labels and stickers
Vienna, 2nd half 20th cent.

Kaufhaus Neumann
Wien, 1949
WStLA, Sign.
3.3.2.FC1.12367M
Neumann
department store
Vienna, 1949

Knize & Comp. wurde 1976 von der Familie an Rudolf Niedersüß verkauft, der seine Lehr- und Meisterprüfung bei Knize absolviert und in der Zwischenzeit den exklusiven Herrenschneiderbetrieb C.M. Frank übernommen hatte. Auch heute wird das Geschäft noch von Herrn Niedersüß erfolgreich geführt – 2008 wurde das 150-jährige Bestehen des Unternehmens gefeiert.[13]

Die Nachkriegserfolgsgeschichte von Braun & Co. fand hingegen vor mehr als zehn Jahren ein Ende. Nach der Rückkehr der Familie Myer aus der Emigration in den USA in den 1940er-Jahren führte Franziska Färber unter Aufsicht von Henry Myer das Geschäft als Herren- und Damenausstatter weiter, bis schließlich Henry Myer das Geschäft selbst übernahm.[14] 1975 wurde das Gebäude unter Denkmalschutz gestellt. Myer verkaufte zunächst die Immobilie an die Generali Versicherung und 1986 das gesamte Unternehmen an den Schweizer Bally-Konzern. 2001 übernahm der Palmers-Konzern das Geschäft, löste es aber bereits 2004 aus betriebswirtschaftlichen Gründen auf. Heute erinnert nur mehr die Architektur an das einst so luxuriöse und prächtig ausgestattete Geschäft – es mutet wie ein absurdes Bonmot der Geschichte an, dass ausgerechnet der globale Textilriese H&M heute mit einer Filiale im Braun & Co. residiert.

able to take over the business himself.[14] The building was listed as a monument in 1975. Myer first sold the real estate to Generali Versicherung and then in 1986 the company itself to the Swiss Bally Group. In 2001 the Palmers Group took over the business but dissolved it in 2004 for economic reasons. Today only the architecture recalls the once luxurious, magnificently appointed store. As an ironic postscript to the company's history, it now houses a branch of the global textile giant H&M.

The garment district as a symbol of the renaissance of the Vienna Jewish community

Whereas the Shoah put an end to the era of large retail and department stores, the garment district flourished again from the 1950s and has become a symbol of the renaissance of the Vienna Jewish community. Jewesses and Jews from Poland, Hungary, Romania, and Czechoslovakia who ended up in Vienna in the immediate post-war period after their persecution and internment in concentration camps and the demise of the Nazi regime, found work in the garment district

Das Textilviertel als Symbol des Wiederaufbaus der Wiener jüdischen Gemeinde

Während die Zeit der großen Kaufhäuser und Warenhäuser durch die Zäsur der Schoa zu Ende gegangen war, fand das Textilviertel ab den 1950er-Jahren zu einer neuen Blüte, die gleichzeitig Ausdruck des Wiederaufbaus der jüdischen Gemeinde Wien ist. Jüdinnen und Juden aus Polen, Ungarn, Rumänien und der Tschechoslowakei, die nach dem Ende des nationalsozialistischen Regimes und nach ihrer Vertreibung und Internierung in Konzentrationslagern in der unmittelbaren Nachkriegszeit in Wien landeten, fanden im Textilviertel durch gegenseitige Unterstützung und erfinderischen Geschäftssinn Arbeit und ein neues Leben. Wie Ben Segenreich in seinem Beitrag zu diesem Katalog beschreibt, war das Textilviertel ein Mikrokosmos: Hier wurde nicht nur erfolgreich wirtschaftlich agiert, sondern im Viertel auch eine gemeinsame Lebenswelt gestaltetet. Das Textilviertel fungierte in den Nachkriegsjahren als soziale, wirtschaftliche, gesellschaftliche und kulturelle Heimat für die wachsende Wiener jüdische Gemeinde. Für die Wienerinnen und Wiener wurde das Textilviertel zur ersten Anlaufstelle für vielerlei Textilwaren (wie Hemden, Wäsche, Mäntel, Arbeitskleidung etc.), Schuhe und Accessoires. Was in einem Geschäft nicht erhältlich war, konnte in einem benachbarten Betrieb sicherlich gefunden werden. Von Glanz und Glorie wie bei Zwieback, Neumann und Co. kann hier zwar nicht gesprochen werden – die Geschäfte

and, with creative business acumen and mutual support, were able to build a new life there. As Ben Segenreich describes in his essay in this catalogue, the garment district was a microcosm where business was conducted and a communal life created. After the war it functioned as a social, economic, and cultural home for the growing Viennese Jewish community. It was the place to go for all kinds of textiles—shirts, underclothing, coats, work clothes, etc.—as well as shoes and accessories. If one store was out of stock, a neighbor was sure to have the desired article. The businesses had none of the glamor and prestige of Zwieback, Neumann, and others. They were small, cramped and packed with goods, and the shop windows were designed not to look attractive but to show everything the stores had to offer. But customers also appreciated chatting with the shopkeepers, and children enjoyed the candies they got from Herr Doft in his store in Marc-Aurel-Strasse.

There is little today to recall the flourishing life in the garment district. The last traces of the past and the final bastions of the garment district are described below.

Fleischmarkt/Rabensteig, today the site of an Israeli restaurant, was the home until the end of 2015 of Zalcotex textile retailers. It was particularly renowned among the

Edith Schmidt und Osias Zahler vor dem Geschäftslokal der Firma Zalcotex
Wien, 1989
Slg. Edith Schmidt
Edith Schmidt and Osias Zahler in front of Zalcotex store

Geschäftsschild der Firma Zalcotex
Wien, 2015
Slg. JMW, Inv. Nr. 24211
Foto: Sebastian Gansrigler
Commercial sign by Zalcotex
Vienna, 2015

Ralf Schmidt (l.), Michael Samueli (M.) und Osias Zahler (r.) vor dem Geschäftslokal der Firma Zalcotex
Wien, 1968, Slg. Edith Schmidt
Ralf Schmidt (l.), Michael Samueli (m.) and Osias Zahler (r.) in front of Zalcotex store, Vienna, 1968

waren klein, eng, vollgeräumt, wie auch die Schaufenster, die nicht nach ästhetischen Kriterien gestaltet waren, sondern eher nach dem Prinzip „alles, was wir anbieten". Doch die Kundinnen und Kunden schätzten auch den Plausch mit den Besitzerinnen und Besitzern – und die Kinder freuten sich über Zuckerln, die sie sich bei Herrn Doft in seinem Textilgeschäft in der Marc-Aurel-Straße abholen konnten.

Nur wenig erinnert heute noch an diese blühende Phase des Textilviertels. Anhand einiger Standorte soll im Folgenden nach Spuren des Vergangenen gesucht und die letzten verbleibenden Bastionen des Textilviertels vorgestellt werden.

Am Fleischmarkt/Ecke Rabensteig, wo sich heute ein Lokal mit israelischer Küche befindet, war bis Ende 2015 das Textilgeschäft Zalcotex beheimatet. Bekanntheit erlangte es bei Wienerinnen und Wienern vor allem für seine Hemden. In den 1950er-Jahren traf Ralf Schmidt in Wien seinen Jugendfreund Osias Zahler – beide aus Stanislaw stammend – wieder, und die beiden beschlossen, gemeinsam ein Geschäft zu eröffnen.[15] Wie auch bei anderen Unternehmen im Textilviertel beliebt, wurde der Name durch eine Kombination aus der Abkürzung des Besitzer-Namens und dem Wort Textilien geschaffen – Zahler & Co. Textilien ergibt so Zalcotex. Eine weitere Ähnlichkeit mit vielen der einst unzähligen Geschäfte im Textilviertel ist die Geschäftsentwicklung von Zalcotex über die Jahrzehnte: Das Geschäft wurde mehrmals um umliegende Räume erweitert und der Großhandel mit Hemden aus Nylon in den drei Farben Weiß, Beige und Blau, Morgenröcken sowie Pyjamas in den 1980er-Jahren auch für Detailhandel geöffnet.

Am anderen Ende des Textilviertels, beim Rudolfsplatz in der Werdertorgasse 16, wurde ein weiteres Groß- und Detailhandelsgeschäft

Viennese for its shirts. In the 1950s, Ralf Schmidt met up again with his childhood friend Osias Zahler—they were both from Stanislav—and they decided together to found a store.[15] Like many stores in the garment district, the name was created by combining short forms of the owners' names and the word "textile." Thus Zahler & Co. Textilien became Zalcotex. The development of the store over the decades also mirrored that of other garment district businesses. The business premises were enlarged several times and the wholesale business in white, beige, and blue nylon shirts, dressing gowns, and pajamas was extended in the 1980s to include retail sales.

At the other end of the garment district, at Werdertorgasse 16 near Rudolfsplatz, is another wholesale and retail business that gradually expanded over the decades. Wachtel & Co. is one of the last of the old-established stores and is managed today by the founder's son Michael Wachtel. Ignaz Wachtel was born in Lemberg [Lviv] and survived several concentration camps including Mauthausen. After liberation he went first to Linz and then to Vienna. Like many of the Jews and Jewesses arriving in Vienna, he sought work in the garment district, but the Austrian authorities were anything but welcoming to new Jewish businesses. To that extent, it showed parallels with the time before the 1867 Constitution. Non-Jewish owners of business licenses "transferred" them to Jews, as Hermine Z. did to Ignaz Wachtel in 1948. Ms. Z. also leased the tiny store on Herr Wachtel's behalf. It was the

Michael Wachtel, der Besitzer des Textilgroßhandels Wachtel & Co., in seinem Geschäftslokal.
Wien, 2017
Foto: Sebastian Gansrigler
Michael Wachtel, owner of Wachtel & Co. textile wholesalers, in his store. Vienna, 2017

über die Jahrzehnte sukzessive räumlich erweitert: Wachtel & Co. ist heute eines der letzten alteingesessenen Geschäfte und wird von Michael Wachtel, dem Sohn des Gründers, geführt.[16] Ignaz Wachtel wurde in Lemberg geboren und überlebt mehrere Konzentrationslager, unter anderem das KZ Mauthausen. Nach der Befreiung ging er zunächst nach Linz und schließlich nach Wien. Wie viele der in Wien neuangekommenen Jüdinnen und Juden suchte Ignaz Wachtel Beschäftigung im Textilviertel, doch die österreichischen Behörden empfingen die jüdischen Geschäftsgründer alles andere als mit offenen Armen. So lassen sich in der unmittelbaren Nachkriegszeit Parallelen zu der Zeit vor dem Staatsgrundgesetz 1867 ziehen: Nicht jüdische Inhaber von Gewerbescheinen „verliehen" diese an Jüdinnen und Juden, wie etwa Hermine Z. 1948 an Ignaz Wachtel. Frau Z. mietete für Herrn Wachtel zunächst auch das winzige Geschäftslokal an. Dieses war genau einen Gewölbebogen groß, die benachbarten Gewölbe wurden von der Grazer Firma Kastner & Öhler als Wiener Vertretung genutzt. Über die Jahre konnte Wachtel & Co die benachbarten Gewölbe ebenfalls mieten. Der größte Umbau wurde vom heutigen Inhaber Michael Wachtel, der ursprünglich Maschinenbau studierte, 1978/79 geleitet. Während Ignaz Wachtel sich vor allem auf Arbeitsbekleidung spezialisierte, erweiterte Michael Wachtel, der das Geschäft seit 1989 führt, das Sortiment um Hemden, Kindermode, Unterwäsche, Pyjamas, Socken und Handtücher österreichischer und deutscher Qualitätsmarken. Heute spielt der Großhandel keine so große Rolle mehr wie zu Beginn, da viele Geschäfte mittlerweile ihre Ware direkt vom Erzeuger beziehen. Herr Wachtel beliefert aber nach wie vor Geschäfte in kleineren Orten im Burgenland. Sowohl im Großhandel als auch im

size of an archway, the neighboring archways being used by the Graz company Kastner & Öhler for its Vienna agency. During the course of the years, Wachtel & Co was able to lease the neighboring archways as well. The most extensive renovation was carried out in 1978/79 by the present owner Michael Wachtel, who originally studied mechanical engineering. While Ignaz Wachtel specialized above all in work clothing, Michael Wachtel, who took over management in 1989, expanded the range to include quality German and Austrian shirts, children's fashions, underwear, pyjamas, socks, and towels. Wholesale business is not as important today as

Innenansicht des Textilgroßhandels Wachtel & Co. Wien, 2017
Foto: Sebastian Gansrigler
Wachtel & Co. textile wholesalers Vienna, 2017

Innenansicht der Firma Haritex Wien, 2015 Foto: Enid Wolf
Interior of Haritex store Vienna, 2015

Außenansicht der Firma Haritex Wien, 2015, Foto: Enid Wolf
Haritex store, Vienna, 2015

Familie Edelman vor ihrem Geschäftslokal. Wien, 1988 Slg. Edelman
Edelman family in front of their store Vienna, 1988

Detailhandel ist ihm der gute Kontakt zu den Kundinnen und Kunden besonders wichtig. Über 60 Prozent der Kundschaft sind Stammkundinnen und -kunden, die hier das Gespräch und die kompetente Beratung im Gegensatz zum anonymen Konsum bei global agierenden Textilketten schätzen. Herr Wachtel erinnert sich aber auch noch an jene Zeit, in der die Kundinnen und Kunden, vor allem vor Weihnachten bis vor die Tür auf der Gasse anstanden und die Polizei dem Geschäft eine Anzeige wegen „Ansammlung von Menschen vor dem Lokal" übermittelte. Diese Zeiten sind Vergangenheit, Herrn Wachtels Geschäft aber ist ein Hafen für jene Konsumentinnen und Konsumenten, denen Qualität und Beratung wichtiger ist als Fast Fashion – und deren nostalgische Sehnsucht beim Betreten des Geschäftsraumes mit seinen deckenhohen Wandregalen ein Stück weit befriedigt wird.

Das zweite Geschäft im Textilviertel, das allen Entwicklungen der letzten Jahre trotzt, ist Haritex auf der Vorlaufstraße 5/Ecke Salzgries. Lucian und Irina Edelman stammen aus Rumänien.[17] Adolf, der Vater von Lucian Edelman, hatte ab 1975 ein bereits bestehendes Geschäft in der Gonzagagasse übernommen. 1978 übersiedelte er in die Räumlichkeiten Vorlaufstraße 5, die zuvor Ludwig Böhm mit seinem Unternehmen Schöps gehörten. Als Adolf Edelman seine Firma 1983 altersbedingt auflöste, gelang es, die Firma seines Sohnes, Haritex, in dieselben Räumlichkeiten zu übersiedeln. Spezialisiert ist Haritex auf Schals, die aus Italien und Japan importiert werden, aus Padua bezog man früher gebleichte Jeans. Beliefert wurden Märkte in ganz Österreich, auch heute noch ist der Großhandel ein wichtiges Standbein.

Das Tuchhaus Silesia, wiedergeboren aus Ruinen

In unmittelbarer Nähe von Haritex auf der Vorlaufstraße befand sich bis 2000 das Tuchhaus Silesia. Der ehemalige k.u.k. Hoflieferant konnte als einziger Betrieb im Textilviertel an seine Erfolgsgeschichte der Vorkriegszeit anschließen. Die Schoa traf dennoch auch diese Familie mit voller Wucht: Fritz Geiringer, einer der beiden Inhaber, wurde im Konzentrationslager Dachau ermordet, Leo Geiringer, sein Bruder, musste mit seiner Familie nach England emigrieren.[18] Bei ihrer ersten Rückkehr nach Kriegsende fand die Familie, die sich in der Emigration in Granger umbenannte, das „arisierte" Geschäft als wirt-

it once was, since many businesses now obtain their goods directly from the manufacturers. Wachtel continues to supply stores in small towns and villages in Burgenland. He cultivates good relations with both wholesale and retail customers, over 60 percent of whom are regulars who appreciate the personal contact in contrast to the anonymity of global textile chains. He also recalls the time when customers stood in line on the street, especially during the Christmas season, and the police prosecuted him for "illegal assembly in a public place." These times are now gone, but Wachtel's store remains a haven for consumers for whom quality and service are more important than fast fashion and who wish to bask in the nostalgia of the ceiling-high shelves stocked with goods.

schaftliche und bauliche Ruine vor – in den Trümmern fanden sich noch Zwirnspulen. Ein Wiener Cousin der Familie, Karl Geiringer, übernahm die Wiedergründung des Unternehmens bis zum endgültigen Umzug Leo Grangers nach Wien; 1952 stieg auch sein Sohn Robert Granger in das Unternehmen ein. Der Wiederaufbau war unter den wirtschaftlichen Bedingungen im besetzten Nachkriegs-Wien äußerst schwierig. Wie auch bereits vor dem Krieg, waren die meisten Kundinnen und Kunden Schneidermeisterinnen und Schneidermeister, die Stoffe und Nähzubehör vom Tuchhaus Silesia bezogen. Die ersten Kundinnen und Kunden wurden mit Wolltausch akquiriert, das heißt, die Schneiderinnen und Schneider brachten für die Stoffe Wolle von Bauern mit. Über die Jahrzehnte entwickelte sich das Tuchhaus Silesia zum führenden Tuchhändler in Wien und ganz Österreich. Auch internationale Kundinnen und Kunden schätzten das Angebot, wie heute etwa noch ein Geschäftsbrief aus Japan bezeugt. Robert Granger übernahm im Jahr 1969 das Tuchhaus als Geschäftsführer und erweiterte schließlich auf Detailhandel. Im Laufe der Jahrzehnte wurde die Maßschneiderei durch den Erfolg der Konfektion immer mehr zurückgedrängt. Daher wurden neben professionellen Schneiderinnen und Schneidern zunehmend auch um Privatkundschaft und „Hobbyschneiderinnen" geworben.

Im Unternehmen stand Robert Grangers Cousin Georg Schwarz diesem bis zu seiner Pensionierung zur Seite. Die Schneiderinnen und Schneider wurden zwei Mal jährlich mit „Kollektionen" und „Bündeln" beliefert, aus denen sich Kundinnen und Kunden ihre gewünschten Stoffe in der Schneiderei wählen konnten. Jede Saison wurden 6.000 bis 7.000 Musterbücher und „Bündel" auf einer der oberen Etagen des Geschäftsgebäudes mit Stoffproben beklebt – eine Arbeit, die ausschließlich von Frauen übernommen wurde. Ab Anfang der 1970er-Jahre begann die Zuwanderung von Jüdinnen und Juden aus der damaligen Sowjetunion, vorwiegend aus Usbekistan und Georgien, nach Wien. Die meisten von ihnen konnten weder Deutsch, noch hatten sie eine in Österreich anerkannte Qualifikation. Zufällig lernte Georg Schwarz einige dieser Zuwanderinnen und Zuwanderer, die zumeist über Israel nach Österreich gelangten, kennen und erkannte deren

The second store in the garment district to defy all of the developments of the last few years is Haritex, which is located on the corner of Vorlaufstrasse 5 and Salzgries. Lucian and Irina Edelman are from Romania.[16] Adolf, who was Lucian Edelman's father, had taken over an already existing shop in Gonzagagasse as of 1975. He moved into the premises in Vorlaufstrasse 5, which had previously belonged to Ludwig Böhm with his clothing enterprise Schöps, in 1978. When Adolf Edelman dissolved his firm in 1983 due to old age, his son's firm, Haritex, succeeded in relocating to the same spaces. Haritex specializes in scarves imported from Italy and Japan and used to obtain bleached jeans from Padua. It supplies markets throughout Austria and still relies today on wholesale business.

Tuchhaus Silesia, reborn from ruins

Tuchhaus Silesia existed until 2000 on Vorlaufstrasse close to Haritex. The former court-appointed supplier was the only business in the garment district to continue its successful pre-war activities. The Shoah nevertheless hit this family with all its force. Fritz Geiringer, one of the two owners, was murdered in Dachau. His brother Leo was forced to emigrate to England.[17] When they returned after the war, the family, which had changed its name to Granger, found their Aryanized premises and business in ruins. They unearthed just two reels of thread from the rubble. A Viennese cousin Karl Geiringer undertook to re-establish the company until Leo Granger moved permanently back to Vienna. In 1952 his son Robert Granger also joined the company. Reconstruction was extremely difficult in the economic conditions of post-war occupied Vienna. As before the war, most customers were tailors and dressmakers who obtained their fabrics and accessories from Tuchhaus Silesia. The first clients were acquired through barter trade: tailors and dressmakers brought wool from farmers in exchange for fabrics. Over the years, Tuchhaus Sile-

Außenansicht des Tuchhauses Silesia auf der Vorlaufstraße, Wien, 2. Hälfte 20. Jhdt. Slg. Robert Granger
Tuchhaus Silesia, Vorlaufstrasse, Vienna, 2nd half 20th cent.

Innenansicht des Tuchhauses Silesia auf der Vorlaufstraße Wien, 2. Hälfte 20. Jhdt. Slg. Robert Granger
Interior of Tuchhaus Silesia, Vorlaufstrasse Vienna, 2nd half 20th cent.

Wanduhr, Geschenk des Tuchhauses Silesia an seine Kundinnen und Kunden
Wien, 2. Hälfte 20. Jhdt.
Slg. Robert Granger
Foto: Sebastian Gansrigler
Wall clock, present from Tuchhaus Silesia to its customers
Vienna, 2nd half 20th cent.

Plastiktüte des Tuchhauses Silesia
Wien, 2. Hälfte 20. Jhdt.
Slg. Robert Granger
Plastic bag from Tuchhaus Silesia
Vienna, 2nd half 20th cent.

schwierige Situation. Er bemühte sich, den damals sogenannten „russischen Jüdinnen und Juden“ einen Start zu ermöglichen. Es kamen nur Tätigkeiten infrage, zu deren Ausübung keine Deutschkenntnisse benötigt wurden. Georg Schwarz nützte seine Möglichkeiten und konnte jahrelang viele der „Kleberinnen“-Stellen bei der Produktion der Kollektionen mit Zuwanderinnen der damals noch kleinen jüdischen bucharischen bzw. georgischen Gemeinde Wiens besetzen. Er leistete mit der Beschäftigung dieser Frauen auch einen bedeutenden Beitrag zur Integration der später als die „sephardische Gemeinde“ bezeichneten Jüdinnen und Juden und damit für den Wiederaufbau bzw. Erhalt der Wiener jüdischen Gemeinde.[19] 1989 feierte das Unternehmen sein 100-jähriges Jubiläum – es beschäftigte zu diesem Zeitpunkt 60 Mitarbeiterinnen und Mitarbeiter. Im Jahr 2000 entschied sich Robert Granger, das Unternehmen aufzulösen. Auch am Tuchhaus Silesia waren demnach die massiven Veränderungen in der globalen Textilindustrie und im lokalen Textilviertel nicht spurlos vorübergezogen.

Kuvert eines Kunden aus Japan an das Tuchhaus Silesia
Wien, 2. Hälfte 20. Jhdt.
Slg. Peter Schwarz
Envelope from a Tuchhaus Silesia customer from Japan
Vienna, 2nd half 20th cent.

sia developed into the leading fabric supplier in Vienna and Austria. International customers also appreciated the range, as a letter from Japan demonstrates today. In 1969 Robert Granger became manager of the company and expanded it to include retail business. Made-to-measure clothing gave way increasingly to off-the-peg business and for that reason it sought business not only from professional tailors but also from private customers and amateur dressmakers.

Robert Granger was assisted by his cousin Georg Schwarz until his retirement. The dressmakers and tailors were supplied twice a year with "collections" and "bundles," from which customers could choose the desired fabrics. Every season 6,000 to 7,000 sample books and "bundles" were filled with fabric samples on the upper floors of the store. This work was carried out exclusively by women. From the early 1970s Jewesses and Jews from the former Soviet Union, especially Uzbekistan and Georgia, began to arrive in Vienna. Most of them spoke no German and had no qualifications recognized in Austria. Georg Schwarz happened to meet some of these immigrants, most of whom had arrived in Austria via Israel, and recognized their difficult circumstances. He endeavored to give these so-called Russian Jews and Jewesses a new start. They could only do jobs that required no understanding of German. For many years, Schwarz employed women from the still small Bukharan and Georgian Jewish community to help make the collections. In doing so he contributed significantly to the integration of the Sephardic community and hence to the survival and enlargement of the

Plakat für Herrenmode des Tuchhauses Silesia
Wien, 2. Hälfte 20. Jhdt.
Slg. Peter Schwarz
Poster for Tuchhaus Silesia men's fashion
Vienna, 2nd half 20th cent.

Sammelkarten „100 goldene Nähtips"
aus dem *Kurier* mit Werbung des
Tuchhauses Silesia
Wien, 1980er-Jahre
Slg. Peter Schwarz
Foto: Sebastian Gansrigler
Collectible cards "100 golden sewing
tips" from the newspaper *Kurier* with
advertisement for Tuchhaus Silesia

Telefon aus dem
„Kleberaum" des Tuch-
hauses Silesia
Wien, 2. Hälfte 20. Jhdt.
Slg. Peter Schwarz
Foto: Sebastian Gansrigler
Telephone from the
"Kleberaum" of
Tuchhaus Silesia
Vienna, 2nd half 20th cent.

Rechenmaschine des Tuchhauses Silesia
Wien, 2. Hälfte 20. Jhdt.
Slg. Peter Schwarz
Foto: Sebastian Gansrigler
Tuchhaus Silesia calculating machine
Vienna, 2nd half 20th cent.

Jubiläumsbroschüre zum
100-jährigen Bestehen des
Tuchhauses Silesia
Wien, 1989
Slg. Robert Granger
Brochure marking the 100th
anniversary of Tuchhaus
Silesia
Vienna, 1989

Stoffmusterbuch des Tuchhauses
Silesia
Wien, 2. Hälfte 20. Jhdt.
Slg. Robert Granger
Foto: Sebastian Gansrigler
Pattern book from Tuchhaus Silesia
Vienna, 2nd half 20th cent.

Büro des Tuchhauses Silesia auf der Vorlaufstraße, Wien, 2. Hälfte 20. Jhdt.
Slg. Robert Granger
Tuchhaus Silesia office, Vorlaufstrasse, Vienna, 2nd half 20th cent.

Der Anfang vom Ende des Textilviertels

Wachtel & Co. und Haritex sind die letzten Unternehmen, die noch von der einst so lebendigen und erfolgreichen Geschäftskultur im Textilviertel zeugen. In den 1980er- und vor allem in den 1990er-Jahren begann sich die Anzahl der Geschäfte sukzessive und zunehmend drastisch zu verringern. Die globalen Veränderungen am Textilmarkt mit vermehrter Auslagerung der Textilindustrie in sogenannte Billiglohnländer wie China, Indien und Bangladesch sowie die vermehrte Etablierung internationaler Kaufhausketten auf dem österreichischen Markt spielten dabei eine entscheidende Rolle. Wenn man heute mit Zeitzeuginnen und -zeugen aus dem Textilviertel spricht, so kommt man rasch von der globalen Ebene auf eine persönliche. Dann wird von der Generation der Kinder der Geschäftsgründerinnen und -gründer berichtet, die zwar im Textilviertel aufgewachsen ist, jedoch häufig aufgrund von Studien und anderen Berufsinteressen die Unternehmen nicht übernehmen wollten. So sperrte manches der Geschäfte nach der Pensionierung der Inhaberinnen und Inhaber zu.

Der Niedergang des Textilviertels ist auch mit der Gründung des Modecenters in St. Marx im elften Wiener Gemeindebezirk verbunden. Das Modecenter wurde 1977/78 von Leopold Böhm, dem damaligen Inhaber von Schöps, in der Molitorgasse (heute Modecenterstraße) gegründet. Böhm wurde 1922 in Wien geboren.[20] 1938 gelang ihm rechtzeitig die Flucht aus Österreich; im Zweiten Weltkrieg kämpfte er für die britische Armee. Nach seiner Rückkehr nach Österreich baute er ab Mitte der 1950er-Jahre das Geschäft seines Onkels Richard Schöps mit mehreren Dutzend Filialen zu einer der erfolgreichsten Modeketten Österreichs aus. 1989 verkaufte Böhm das Unternehmen. Das von ihm initiierte Modecenter vereinte zahlreiche der Großhandelsgeschäfte, die zuvor im Textilviertel in der Inneren Stadt angesiedelt waren. Ein Anreiz, aus der Innenstadt ins Modecenter zu übersiedeln, war sicherlich das größere Raumangebot und die Parkmöglichkeiten

Jewish community of Vienna.[18] The company celebrated its 100th anniversary in 1989, at which time it had sixty employees. In 2000 Robert Granger decided to wind up the business, which by then, like the rest of the garment district, was feeling the effects of the globalization of the textile industry.

The beginning of the end of the garment district

Wachtel & Co. and Haritex are the last companies to continue to recall the once lively and successful store culture in the garment district. In the 1980s and particularly the 1990s the number of stores began to dwindle drastically. Global changes in the textile market and the increased outsourcing of the textile industry to so-called low-wage countries like China, India, and Bangladesh, and the emergence of international retail store chains on the Austrian market played a decisive role in this regard. Conversations with eyewitnesses from the garment district today quickly move to a personal note with talk of the children of the founders, who had grown up in the district but had subsequently attended university and wished to pursue other professions. As a result, many of the businesses folded when their original owners went into retirement.

The decline of the garment district is also connected with the founding of the Fashion Park in Molitorgasse (today known as Modecenterstrasse) in St. Marx in the 11th district in 1977/78 by Leopold Böhm, owner of Schöps. Böhm was born in Vienna in 1922.[19] He managed to escape from Austria in 1938 and served during World War II in the British army. After returning to Austria, he managed the store of his uncle Richard Schöps, opening several dozen branches and making it one of the most successful fashion chains in Austria. He

Filialenbaum mit den Standorten der Firma Schöps
Wien, 2. Hälfte 20. Jhdt.
Privatsammlung / private collection
Locations of Schöps stores
Vienna, 2nd half 20th cent.

für Kundinnen und Kunden, die aus dem ganzen Bundesgebiet anreisten. Viele der Geschäfte „überlebten" die Übersiedlung jedoch nicht allzulange. Der Wegfall des Detailhandels und die dezentrale Lage des Modecenters werden retrospektiv als Gründe genannt.

Eine Wiener-italienische Liaison

Ein Unternehmen, das seinen Erfolg durch die Übersiedlung ins Modecenter sogar noch steigern konnte, war der ADA STEIN Textilimport. Dieser wurde von Erich Stein, einem gebürtigen Wiener, in den 1960er-Jahren in der Marc-Aurel-Straße 6 gegründet.[21] Erich Stein war vor den Nationalsozialisten gemeinsam mit seiner Familie nach Italien geflüchtet und hat versteckt in Neapel überlebt – aus dieser Zeit rührte seine enge Verbindung zu Italien, die durch die Heirat mit Ada Stein, geborene Bardi, einer Italienerin, die er während eines kurzen Aufenthaltes am Wörthersee kennenlernte, noch verstärkt wurde. In den 1960er-Jahren importierte Erich Stein noch in kleinem Umfang Waren mit seinem Privatauto aus Italien, bis er schließlich nach der Schließung der Austro Mercantile, einem Geschäft an der Adresse des heutigen Unternehmens Haritex, das Angebot der Waren erweiterte und in ein größeres Geschäft in der Marc-Aurel-Straße 4 übersiedelte. Von dieser Adresse leitet sich auch die „Pseudomarke" Marc Aurel 4 ab, unter der die Ware angeboten wurde. Die Wiener Firma kaufte die Stoffe bei einem Unternehmen am Comer See und ließ sie anschließend in einer Fabrik in der Toskana, in der Nähe von Florenz, verarbeiten. So ergab sich auch der Untertitel „Vienna – Firenze – Paris": Wien als Zentrale, Florenz als Produktionsort und Paris als Ort der Inspiration, oder, wie Robert Stein, der Sohn des Gründers, es ausdrückt, „wo die Modellentwürfe ‚geklaut' wurden". Benannt nach dem Mädchennamen von Ada Stein produzierte Marc Aurel 4 auch eine erfolgreiche Kindermodenmarke namens Bardi. Jeweils an Montagen wurde mit einem eigenen LKW die neue Ware aus der Toskana abgeholt und nach Wien ins Geschäft gebracht, wo bereits Kundinnen und Kunden aus ganz Österreich warteten und sich schließlich durch die Kartons kämpften,

Familie Stein auf der Marc-Aurel-Straße
Wien, 1970er-Jahre
JMW, Fotoarchiv Dobronyi
Stein family on Marc-Aurel-Straße
Vienna, 1970s

sold the company in 1989. The Fashion Park initiated by him brought together many of the wholesale businesses that had previously been located in the garment district in the city center. One reason for moving was no doubt the larger amount of space and the parking available for customers, who traveled there from all over Austria. Many of the businesses failed to survive for long, however, possibly because of the decline in retail business and the decentralized location of the Fashion Park.

A Viennese-Italian liaison

One company that successfully survived the move to the Fashion Park and prospered there was Ada Stein Textilimport. It was founded by Vienna-born Erich Stein in the 1960s at Marc-Aurel-Strasse 6 in the garment district.[20] Stein had fled from the Nazis to Italy with his family and survived in hiding in Naples. He had close contacts with Italy from this time, consolidated through his marriage to Ada Stein, née Bardi, an Italian whom he had met during a brief visit to Wörthersee. In the 1960s he started out by importing small quantities of goods from Italy in his own private vehicle. Following the closure of Austro Mercantile, a business at the address of present-day Haritex, he took over the import of Italian goods and moved to larger premises at Marc-Aurel-Strasse 4, hence the "pseudo brand" of the same name. Marc Aurel 4 purchased fabrics from a company on Lake Como and had them processed in a factory near Florence in Tuscany—origin of the slogan "Vienna–Florence–Paris," Vienna as the head office, Florence the manufacturing site, and Paris as the inspiration or, as Robert Stein, son of the founder puts it, "where the designs were 'pinched'." Marc Aurel 4 also made a successful children's fashion line called Bardi, after Ada Stein's maiden name.

Every Monday a company truck collected new goods from Tuscany and transported them to Vienna, where customers from all over Austria were waiting to fight over the boxes and dig out the latest fashions for their stores. In the late 1970s, Erich Stein let himself be persuaded by his childhood friend Leopold Böhm to transfer his wholesale business to the new Fashion Park, but only on the condition that it would be located right at the entrance. The opening took place in February 1978 with a large fashion show. Erich and Ada Stein were known for providing free food and drink for their cus-

Anerkennungsmedaille FISAC Como für Erich Stein
Como/Italien, 1986
Slg. Robert Stein
Foto: Sebastian Gansrigler
Honorary medal FISAC Como awarded to Erich Stein
Como/Italy, 1986

Zwei Plakate der Firma Marc Aurel 4 mit Kindermode der Firma Bardi Wien, 2. Hälfte 20. Jhdt.
Slg. Robert Stein
Two Marc Aurel 4 posters with children's fashions by Bardi, Vienna, 2nd half 20th cent.

um sich die neueste Mode für ihre Geschäfte zu sichern. Erich Stein ließ sich Ende der 1970er-Jahre von seinem Jugendfreund Leopold Böhm dazu überreden, seinen Großhandel in das neuerrichtete Modecenter zu verlegen – jedoch nur unter der Bedingung, dass er das erste Geschäft direkt am Eingang erhält. Die Eröffnung fand im Februar 1978 mit einer großen Modeschau statt. Erich und Ada Stein waren dafür bekannt, ihre Kundinnen und Kunden stets kostenlos mit Speis und Trank zu bewirten – so wurde ihr Geschäft zu einem beliebten Treffpunkt. Nach Aussage von Robert Stein erlitt es nicht dasselbe Schicksal wie so manches andere Unternehmen nach der Übersiedlung in das Modecenter – die Ada Stein Textilimport, wie sie sich als Großhandel von diesem Zeitpunkt an nannte, konnte ihren Umsatz vervielfachen. Mit dem Beitritt Österreichs in die Europäischen Union änderten sich aber auch für dieses Unternehmen die Zeiten, und die Familie beschloss, das Geschäft 1996 aufzulösen, da unter der veränderten Zoll-Situation ein Import von Textilien aus Italien nicht mehr lukrativ war.

Kaufhäuser, Einzelhandel, Textilviertel – die Zäsur der Schoa führte zum Ende der einen Unternehmungen, die drastisch veränderten Bedingungen am globalen Textilmarkt zum Niedergang der anderen. Unter die Geschichte dieser Wiener Geschäftskultur soll hier dennoch kein Schlussstrich gezogen werden, vielmehr gilt es, sie durch ein Sichtbarmachen bzw. Wiederbewusstmachen in das Gedächtnis der Stadt zurückzuholen. So wird den bedeutenden Leistungen von Jüdinnen und Juden für Wien, derer sich diese Stadt erst in den letzten zwei Jahrzehnten Schritt für Schritt wieder erinnert, ein weiteres Kapitel

Werbegeschenk „Ewiger Kalender" der Firma Marc Aurel 4
Wien, 1980er-Jahre
Slg. Robert Stein
Foto: Sebastian Gansrigler
Present for customers "Eternal calendar" from Marc Aurel 4 store
Vienna, 1980s

Straßenbahn mit
Werbung der Firma
Marc Aurel 4
Wien, 1980er-Jahre
Slg. Robert Stein
Tram car with advertisement by Marc Aurel 4
Vienna, 1980s

LKW der Firma
Marc Aurel 4
Italien, 1980er-Jahre
Slg. Robert Stein
Truck of Marc Aurel 4 store
Italy, 1980s

Schachteln mit Ware
im Modecenter
Wien, 1980er-Jahre
Slg. Robert Stein
Boxes with garments
in Modecenter
Vienna, 1980s

hinzugefügt. Vielleicht blicken die Flaneurinnen und Flaneure künftig anders auf die Mariahilfer Straße, die Kärntner Straße, den Stephansplatz und den Salzgries, wenn ihnen bewusst wird, was diese Stadt unwiederbringlich verloren hat.

1 Siehe dazu das Kapitel „Österreich und die Verantwortung. Wien 1948, 1955, 1991" in der permanenten Ausstellung „Unsere Stadt! Jüdisches Wien bis heute" im Jüdischen Museum Wien.
2 Siehe dazu Tina WALZER: „Restitution" – eine Worthülse, in: Tina WALZER, Stephan TEMPL: Unser Wien. „Arisierung" auf österreichisch, Berlin 2011, S. 74–95.
3 Hier und im Folgenden Nachruf auf Henry Delfiner, Homepage des Amherst College https://www.amherst.edu/amherst-story/magazine/in_memory/1943/henrydelfiner (Aufruf am 04.01.2017) sowie Eintrag auf der Homepage des Bundesgymnasiums Wien 19 Döbling http://www.g19.at/index.php/ueber-uns/schulgeschichte/ns-zeit-ausgeschlossene-schueler#heinrichdelfiner (Aufruf am 04.01.2017).
4 Eva BLIMLINGER: Kein Stolpern auf der Mariahilfer Straße, in: Verena PAWLOWSKY, Harald WENDELIN (Hrsg.): Arisierte Wirtschaft. Raub und Rückgabe – Österreich von 1938 bis heute, Wien 2005, S. 20.
5 http://www.gerngross.at/de/geschichte (Aufruf am 04.01.2017).
6 Stefan GRISSEMANN: Interview mit Schauspieler August Zirner, in: Profil vom 05.06.2010, http://www.profil.at/home/interview-schauspieler-august-zirner-270204 (Aufruf am 13.07.2016).
7 Tina WALZER: Unser Wien – Methoden des Raubes, in: Tina WALZER, Stephan TEMPL: Unser Wien. „Arisierung" auf österreichisch, Berlin 2011, S. 42 f.
8 Zitiert nach ebenda, S. 42 (Hervorhebungen durch Tina Walzer).
9 Stefan GRISSEMANN, Profil, 2010.
10 Die Presse vom 17.06.2010, http://diepresse.com/home/leben/ausgehen/574522/Restaurant-Drei-Husaren-in-Konkurs (Aufruf am 04.01.2017).
11 Gespräch mit August Zirner am 13.07.2016.
12 http://www.sammlungdichter.com/ (Aufruf am 14.07.2016).
13 Die Presse vom 19.10.2008, http://diepresse.com/home/panorama/oesterreich/423691/Knize_Wechseljahre-eines-Herrenschneiders (Aufruf am 04.01.2017).
14 Hier und im Folgenden Rathauskorrespondenz der Stadt Wien vom 18.11.2004, https://www.wien.gv.at/rk/msg/2004/1118/009.html (Aufruf am 14.11.2016).
15 Hier und im Folgenden Gespräch mit Edith Schmidt und Debora Kravtschenko am 25.10.2016.
16 Hier und im Folgenden Gespräch mit Michael Wachtel am 16.11.2016.
17 Hier und im Folgenden Gespräch mit Irina Edelman am 25.10.2016.
18 Hier und im Folgenden: Broschüre zum 100-jährigen Jubiläum der Firma Silesia, Sammlung Robert Granger, Wien 1989; Gespräch mit Robert Granger am 23.08.2016.
19 Gespräch mit Peter Schwarz am 30.08.2016.
20 Der Standard vom 26.07.2007; https://www.wien.gv.at/wiki/index.php?title=Leopold_B%C3%B6hm (Aufruf am 02.01.2017)
21 Hier und im Folgenden: Gespräche mit Robert Stein am 25.10. und am 14.12.2016.

tomers, and their store was thus a popular meeting place. According to Robert Stein it did not suffer the same fate as some other companies that transferred to the Fashion Park. In fact Ada Stein Textilimport, as the wholesale business was called, was able to vastly increase its sales revenue. When Austria joined the European Union, times began to change and the family decided in 1996 to dissolve the company, as the new customs regulations meant that the importation of textiles from Italy was no longer profitable.

Department stores, retailers, garment district—the rupture caused by the Shoah put an end to some businesses, and the changed conditions on the global textile market led to the demise of others. Yet the story does not end here. It is brought into focus again by this exhibition, which attempts to restore it to its rightful place in the collective memory of the city. By recalling the pivotal role played by Jewesses and Jews in a former Viennese store culture, impetus is provided to a process of remembering that has only begun to take place in the last two decades. And popular stomping grounds such as Mariahilfer Strasse, Kärntner Strasse, Stephansplatz and Salzgries take on a different perspective in the face of the irredeemable losses which these streets silently recall.

1 See "Austria and responsibility: Vienna 1948, 1955, 1991" in the permanent exhibition *Our City! Jewish Vienna Then to Now* in the Jewish Museum Vienna.
2 See Tina Walzer, "'Restitution'—eine Worthülse," in Tina Walzer, Stephan Templ, *Unser Wien: "Arisierung" auf österreichisch* (Berlin, 2011), pp. 74–95.
3 See obituary of Henry Delfiner, Amherst College website, https://www.amherst.edu/amherst-story/magazine/in_memory/1943/henrydelfiner (accessed on January 4, 2017) and entry on the website of Bundesgymnasium Wien 19 Döbling http://www.g19.at/index.php/ueber-uns/schulgeschichte/ns-zeit-ausgeschlossene-schueler#heinrichdelfiner (accessed on January 4, 2017).
4 Eva Blimlinger, "Kein Stolpern auf der Mariahilfer Strasse," in Verena Pawlowsky, Harald Wendelin, eds., *Arisierte Wirtschaft: Raub und Rückgabe—Österreich von 1938 bis heute* (Vienna, 2005), p. 20.
5 http://www.gerngross.at/de/geschichte (accessed on January 4, 2017).
6 Stefan Grissemann, interview with the actor August Zirner in *Profil*, June 5, 2010, http://www.profil.at/home/interview-schauspieler-august-zirner-270204 (accessed on July 13, 2016).
7 Tina Walzer, "Unser Wien—Methoden des Raubes," in ibid., *Unser Wien*, pp. 42–43.
8 Ibid., p. 42 (emphasis by Tina Walzer).
9 Stefan Grissemann, *Profil*, 2010.
1 *Die Presse*, June 17, 2010, http://diepresse.com/home/leben/ausgehen/574522/Restaurant-Drei-Husaren-in-Konkurs (accessed on January 4, 2017).
11 Interview with August Zirner on July 13, 2016.
12 http://www.sammlungdichter.com/ (accessed on July 14, 2016).
13 *Die Presse*, October 19, 2008, http://diepresse.com/home/panorama/oesterreich/423691/Knize_Wechseljahre-eines-Herrenschneiders (accessed on January 4, 2017).
14 Rathauskorrespondenz der Stadt Wien of October 18, 2004, https://www.wien.gv.at/rk/msg/2004/1118/009.html (accessed on November 14, 2016).
15 Interview with Edith Schmidt and Debora Kravtschenko on October 25, 2016.
16 Interview with Michael Wachtel on November 16, 2016.
17 Interview with Irina Edelman on October 25, 2016.
18 Brochure to mark the 100th anniversary of Silesia (Vienna, 1989), Robert Granger Collection; interview with Robert Granger on August 23, 2016.
19 Interview with Peter Schwarz on August 30, 2016.
20 *Der Standard*, July 26, 2007; https://www.wien.gv.at/wiki/index.php?title=Leopold_B%C3%B6hm (accessed on January 2, 2017)
21 Interviews with Robert Stein on October 25 and December 14, 2016.

Ben Segenreich

„Der Salzgries" – ein Milieu meiner Jugend
Erinnerungen an das jüdische Textilviertel
Salzgries—Youthful Memories
Recollections of the Jewish garment district

Meine Eltern sind spät zu Textilhändlern geworden. Nachdem Leon Segenreich 1947 mit seiner Frau Sylvia vor den Kommunisten aus Rumänien nach Wien geflüchtet war, führte er, zunächst mit seinem Schwiegervater, dann allein, eine kleine Fabrik in der Flachgasse im 15. Bezirk. Die Firma Seguwa („Segenreich Gummiwaren") belieferte österreichische Schuhproduzenten mit Gummisohlen. Das lief recht gut, bis Ende der 60er-Jahre ein Abnehmer nach dem anderen zusperrte, weil nur noch italienische Schuhe gefragt waren. Meine Eltern waren damals nicht mehr jung, aber nicht alt und nicht wohlhabend genug, um sich zur Ruhe zu setzen. Sie brauchten eine neue Existenzgrundlage und entschieden sich 1971 dafür, gegen eine hohe Ablöse einen kleinen Textilgroßhandel (die Wortkombination klingt paradox, ist aber treffend) am Rudolfsplatz 1 zu übernehmen.

Zufällig war also gerade dieses Geschäft zu haben gewesen, als meine Eltern zufällig gerade eines suchten, aber es war doch kein Zufall, dass sie im jüdischen Textilviertel landeten. Das Textilviertel war ein Milieu, das zu meiner Wiener Kindheit und Jugend gehörte, und die Erinnerung daran löst bei mir bis heute ein Gefühl der Vertrautheit und Zugehörigkeit aus. Natürlich gebrauchte niemand den sterilen Ausdruck „Textilviertel". Man sagte gewöhnlich „Der Salzgries", nach dem Namen der Gasse, die die Achse des damals dicht mit jüdischen Geschäften bepflasterten Gevierts Wipplingerstraße – Schottenring – Franz-Josefs-Kai – Rotenturmstraße bildet. Man sagte manchmal „Fetzenviertel". Oder man sagte „Schmattesviertel", nach dem (vom polnischen „szmata" herstammenden) jiddischen Wort „Schmatte", das Fetzen oder Lumpen bedeutet und im erweiterten Sinn auch ein unfeines, billiges Kleidungsstück bezeichnet. Wenn man damals ein jüdisches Kind in Wien nach der Beschäftigung seines Vaters fragte (von den Müttern nahm man an, dass sie „nur" Hausfrauen waren), bekam man oft die knappe, herablassende Antwort: „Schmattes". Und seit ich denken kann, waren fast alle Freunde und Bekannten meiner Eltern Textilhändler „am Salzgries" – die Schächters und die Eghers, die Schärfs und die Schnarchs, die Segalls und die Wachtels und die Beckermanns und die Heitners und die Javors und die Horskys und wie sie alle hießen. Man begegnete einander am Samstag in der Synagoge und am Sonntag auf dem Cobenzl, beim Kartenspielen im Kaffeehaus, auf den Bar-Mizwa-Feiern und den jüdischen Bällen, auf dem Strand in Jesolo, im Kurpark in Reichenau oder auf der Schiwiese auf dem Semmering – und eben „am Salzgries".

Findig und tüchtig

Meine Eltern konnten sich also, als sie ohne Vorkenntnisse plötzlich Textilien verkaufen sollten, Rat bei ihren erfahrenen Freunden holen. Auch die hatten aber, als es sie 20, 25 Jahre zuvor nach dem Ende der Nazizeit aus Polen, Rumänien, Ungarn oder der Tschechoslowakei nach Wien verschlagen hatte, wohl zum Großteil kein Branchenwissen mitgebracht. Sie gehörten einer Generation an, deren Schul- und Berufsausbildung durch den Krieg und die Verfolgung verhindert oder unterbrochen worden war. Es hat in den Aufbaujahren eine große Nachfrage nach einfachen, aber ordentlichen Anziehsachen und Heimtextilien gegeben, und diese Marktlücke erspähten und füllten Juden, die wenig gelernt hatten, aber sich in Wien ein neues Leben aufbauen

My parents came late to the garment business. After Leon Segenreich had fled to Vienna in 1947 with his wife Sylvia from the Communists in Romania, he managed a small workshop, initially with his father-in-law, in Flachgasse in the 15th district. Seguwa (Segenreich Gummiwaren) made rubber soles for Austrian shoemakers. Business flourished until one customer after another began to disappear in the late 1960s when Italian shoes began to dominate the market. My parents were no longer young, but not old or wealthy enough to retire. They needed a new source of income and so decided in 1971 to pay the considerable transfer fee to take over a small textile wholesale business at Rudolfplatz 1.

This business happened to become available by coincidence at the same time as my parents were looking for something, but it was no coincidence they ended up in the Jewish garment district. This was the district in which I grew up, and my recollection of it today is suffused with a sense of familiarity and belonging. Of course, nobody gave it the sterile name "garment district." It was generally referred to as "Salzgries," the name of the main axis of the district bounded by Wipplingerstrasse, Schottenring, Franz-Josefs-Kai, and Rotenturmstrasse, which was densely populated with Jewish stores. It was sometimes called the "Fetzenviertel" or "Schmattesviertel," from the Yiddish word "shmatte" (Polish "szmata") meaning rag or old cloth and by extension a shabby cheap garment. If you asked a Jewish child in Vienna what his father did (mothers were assumed to be "just" housewives) he would often reply contemptuously "shmattes." As far back as I can remember, practically all of my parents' friends and acquaintances had clothes shops in Salzgries—

Sylvia Segenreich vor ihrem Textilgroßhandel am Rudolsplatz
Wien, 1990er-Jahre
Slg. Ben Segenreich
Sylvia Segenreich in front of her store on Rudolfsplatz
Vienna, 1990s

mussten, mit Findigkeit und Tüchtigkeit. Guido Sternberg – er stammte wie meine Mutter aus Czernowitz – pflegte zu erzählen, dass er der Erste gewesen ist. Weil er kein Geld hatte, hat er in der Gegend der Judengasse einfach zwei Ziegel auf den Gehsteig gelegt und ein Brett quer drüber. Dieser improvisierte Freiluftverkaufstisch wäre dann gewissermaßen die Keimzelle des sich wieder regenden jüdischen Textilhandels gewesen. In den 60er-Jahren, als seine Tochter eine gute Freundin meiner Schwester war, hatte Herr Sternberg natürlich schon ein regelrechtes Lokal, und zwar auf der Gonzagagasse 12. Käufer gab es genug, das Problem bestand darin, sich mit Ware zu versorgen. Paul Schächter, der mit seinem Bruder Adi am Salzgries 17 ein imposantes Geschäft führte, brauchte etwa von der Firma Ergee dringend große Posten an Herrensocken, aber dem niederösterreichischen Strumpferzeuger fehlte es an Gummi für die Bündchen. Der Überlieferung nach hat Herr Schächter in seiner Not selbst das Material für Ergee in Tschechien aufgetrieben, durch einen kreativen trilateralen Barter-Deal, bei dem Schuhbänder, ungarische Bauern und Gänsefett eine Rolle spielten. Herr Schächter importierte auch als einer der Ersten aus Hongkong und Südkorea. Herr Horsky, zunächst Rudolfsplatz 5, später Marc-Aurel-Straße 2B, beschaffte Zottelmäntel aus Afghanistan. Die Teichners hatten am Rudolfsplatz 4 sogar eine eigene Produktion mit mehr als 30 Arbeitskräften, der Verkauf war zweimal um die Ecke in der Gonzagagasse.

In bestimmten Perioden gab es „Renner", die jeder haben wollte und die man „am Salzgries" günstig bekommen konnte, wie eben die Zottelmäntel oder „Nato-Jacken" oder „Orkan-Mäntel". Meine Eltern führten bloß das typische Salzgries-Sortiment aus Socken, Unterho-

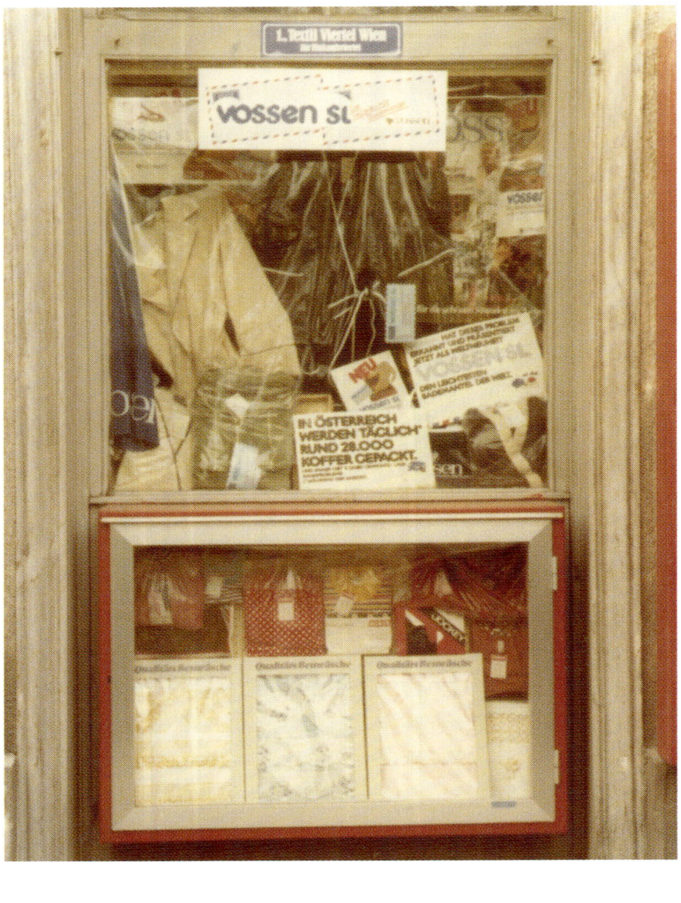

Schaufenster des Textilgroßhandels der Familie Segenreich am Rudolfsplatz
Wien, 1990er-Jahre
Slg. Ben Segenreich
Shop window of Segenreich family textile wholesalers on Rudolfsplatz
Vienna, 1990s

the Schächters and Eghers, the Schärfs and Schnarchs, the Segalls and Wachtels, the Beckermanns and Heitners, the Javors and Horskys, and the rest. They would meet on Saturdays in the synagogue and on Sundays on the Cobenzl, for a card game in the coffeehouse, at bar mitzvahs and Jewish balls, on the beach in Jesolo, in the spa gardens in Reichenau, on the ski slopes in Semmering—or just in Salzgries.

Inventive and hardworking

Although they were suddenly faced with the task of selling textiles without any prior experience, my parents were thus able to get advice from friends already in the business. They too had had no idea of the business when they set out for Vienna twenty or twenty-five years earlier from Poland, Romania, Hungary, or Czechoslovakia after the end of the Nazi era. They were part of a generation whose schooling and vocational training had been interrupted or prevented by war and persecution. In the immediate post-war years there was a great demand for simple but usable clothing and home textiles, and this niche was identified and exploited inventively and assiduously by Jews who had little learning but had to start a new life in Vienna. Guido Sternberg—like my mother originally from Czernowitz (Chernivsti)—used to claim that he was the first. Without any money he had simply placed a wooden plank on two bricks near Judengasse, to improvise an open-air counter, the nucleus of the renascent Jewish textile business. By the 1960s, when his daughter was friends with my sister, he had a proper store at Gonzagagasse 12. There were plenty of customers but obtaining the materials was another matter. For example, Paul Schächter, who managed a large store with his brother Adi at Salzgries 17, urgently required a large batch of men's socks from the Ergee company in Lower Austria, which in turn was short of the rubber needed for bands. It is said that Herr Schächter obtained the material himself for Ergee in Czechoslovakia by way of a creative three-way barter trade involving shoelaces, and Hungarian farmers and goose fat. Herr Schächter was also one of the first to import goods from Hong Kong and South Korea. Herr Horsky, initially at Rudolfsplatz 5, later Marc-Aurel-Strasse 2B, obtained shaggy coats from Afghanistan. The Teichners even had their own textile workshop on Rudolfsplatz 4 with over thirty workers. The retail outlet was around the block in Gonzagagasse.

Sometimes there were fast-selling items that could be obtained cheaply in Salzgries like shaggy coats, NATO jackets, or "Orkan coats". My parents just sold the typical Salzgries assortment of socks, underpants and undershirts, pajamas, bedding, blankets, hand and bath towels, and handkerchiefs. The fluffy toweling bathrobe was considered a luxury item. When I helped out in the shop, I was able to advise customers on tracksuits, because I was young and sporty myself. The bestselling core items were anything but young and

sen und Unterleiberln, Pyjamas, Bettzeug, Decken, Hand- und Badetüchern, Taschentüchern. Ein Hauch von Luxus umwehte die flauschigen Frottee-Bademäntel. Wenn ich einmal im Geschäft aushalf, konnte ich die Kunden am besten bei den Trainingsanzügen beraten, weil ich doch jung und sportlich war. Ganz und gar nicht jung und sportlich waren die Kernumsatzgaranten. Dazu gehörten die unsäglichen langen Unterhosen aus dickem grauem Flanell, die man „Pelzhosen" nannte. Und die „Arbeitskleidung", bestehend aus Latzhose und Jacke von festem blauem Tuch. Und die kräftig gemusterten „Flanellleintücher", die in schweren Bündeln geliefert wurden und den Eingang verstellten, aber auch rasch wieder verkauft waren. Die Übersicht darüber, welche Ware wo lag, hatte nur meine Mutter. Sie gab sich auch Mühe mit der Auslage, die aber keine Chance auf eine Auszeichnung für ästhetisches Schaufensterdesign hatte, was man wohl von allen Auslagen ringsum sagen konnte. Mein Vater konnte am kunstvollsten die Pakete schnüren. Ich war allenfalls noch zum Überprüfen der Rechnungen zu gebrauchen, weil ich als Physikstudent gut mit Zahlen umgehen konnte. Man verkaufte „en gros und en détail", und die Preise wurden spontan und nach Gefühl dem jeweiligen Kunden angepasst. Es gibt ja diesen alten Schtetl-Witz: „Guten Tag, Herr Levi, was kosten die Salzheringe?" „Das Kilo zehn Zloty." „Nein, so eine Frechheit, beim Kohn nebenan kosten sie nur sieben Zloty!" „Dann kaufen Sie beim Kohn!" „Beim Kohn sind die Salzheringe aber aus." „Wenn sie bei mir aus sein werden, werden sie bei mir auch nur sieben Zloty kosten." Ein bisschen so ging es auch „am Salzgries" zu, aber ich habe den Verdacht, dass Preise immer und in allen Sparten, etwa von den Fluggesellschaften, auf diese Weise gestaltet werden, und teuer war es „am Salzgries" bestimmt nicht. Was die Geschäftstransparenz betrifft, stand die Gegend jedenfalls nicht im besten Ruf. Harte Fakten sind mir nicht bekannt, aber es wird erzählt, dass bei einem der Händler am Rudolfsplatz – den Namen verrate ich nicht – einmal die Steuerprüfer auftauchten. Nach einigem Hin und Her begriffen sie, dass es überhaupt keine Geschäftsbücher gab. „Wieso führen Sie keine Geschäftsbücher?", fragten die fassungslosen Beamten. Die zugleich gelassene und abgründige Rechtfertigung des Chefs wäre der Tante Jolesch würdig gewesen: „Geschäftsbücher haben sich nicht bewährt."

„Die Karoli" und „der Morgenkunde"

Auch die „en gros"-Kunden waren ja eigentlich Kleinkunden: Boutiquen, Läden, Landkaufhäuser, Marktfahrer. Vor allem mit den Marktfahrern, die tagtäglich an einem anderen nahen oder nicht so nahen Provinzort mühselig ihre Stände aufbauen und mit verlockender, billiger Ware bestücken mussten, hatte „der Salzgries" ein symbiotisches Verhältnis. Man war aufeinander angewiesen. Als eine Art Adelsprädikat galt es etwa, wenn man „Huber-Ware" anbieten konnte – also Produkte des Vorarlberger Wäscheherstellers Huber (unvergesslicher Werbejingle: „Huber-Tricot macht froh!"), der übrigens am Salzgries 14 eine Niederlassung hatte. Die Marktfahrer konnten die „Huber-Ware" bei jenen „Salzgries"-Händlern, die in Hubers Gunst standen, billiger erstehen als beim Huber selbst. Eine Marktfahrerin, die regelmäßig bei meinen Eltern einkaufte, war „die Karoli" – eine ältere Roma- oder Sinti-Frau mit schwerem Körper und ledriger brauner

sporty, however. Prominent among them were the unspeakable long grey flannel long johns; or work clothing in the form of blue overalls and jacket; or the loudly patterned flannel sheets delivered in heavy bundles that blocked the entrance but were also quickly sold. Only my mother knew exactly where everything was stored. She also did her best with the window display, but she would never have won any prizes. Mind you, the same could be said of the other stores in the neighborhood. My father was an expert at tying parcels. At best I was good for checking the bills, because as a physics student I was good with figures. We sold wholesale and retail, and prices were adapted spontaneously according to the customer. There is this old shtetl joke: "Good day, Herr Levi. How much are your salt herrings?" "Ten zloty for a kilo." "What a nerve! Kohn only charges seven!" "Then buy them from him." "He's sold out." "When I'm sold out, I'll only charge you seven zloty too." It was a bit like that in Salzgries, but I have the suspicion that it's the same in all sectors, including airline companies. At all events, Salzgries was certainly not pricey. As far as transparency was concerned, the district didn't have the best reputation either. I don't know anything for certain, but there is the story of the tax inspector who turned up one day at one of the stores on Rudolfsplatz, I won't say which. After some discussion, it turned out that there were no accounts ledgers at all. "Why don't you keep any accounts?" asked the bewildered inspectors. The calm and cryptic reply was worthy of Tante Jolesch: "Accounts aren't good for business."

Leon und Sylvia Segenreich (Mitte und rechts) vor ihrem Textilgroßhandel am Rudolsplatz
Wien, 1985
Slg. Ben Segenreich
Leon and Sylvia Segenreich (center and right) in front of their store on Rudolfsplatz
Vienna, 1985

Sylvia Segenreich vor ihrem Textilgroßhandel am Rudolsplatz
Wien, 1990er-Jahre
Slg. Ben Segenreich
Sylvia Segenreich in front of her store on Rudolfsplatz
Vienna, 1990s

Haut. Meine Mutter behandelte sie mit besonderem Respekt, vielleicht aus weiblicher Solidarität, vielleicht auch einfach deswegen, weil sie eine gute, treue Kundin war. Für „die Karoli" wurde immer rasch ein Sessel herbeigeschafft, und sie bekam etwas zu trinken. Eine andere Gestalt, die durch meine Erinnerung geistert, ist „der Morgenkunde". „War der Morgenkunde heute da?", fragten meine Eltern einander fast täglich. (Eigentlich sagten sie „die Morgenkunde", weil man im Wiener Geschäftsjargon aus einem unerfindlichen Grund „die Kunde" zu sagen pflegte, was eine Mischung aus „der Kunde" und „die Kundschaft" darstellte.) „Der Morgenkunde" war ein leiser, schmächtiger Herr, der immer schon in aller Früh beim Aufsperren dastand und meistens Flanellleintücher wollte. Er war eher nicht der Typ eines Marktfahrers und wird für ewig ein Mysterium bleiben, denn obwohl er jahrelang bei meinen Eltern einkaufte, haben sie nie seinen Namen erfahren, weswegen sie sich eben mit dem Kryptonym „Morgenkunde" behelfen mussten.

Symbiose und Mikrokosmos

Es war nicht nur eine kommerzielle Symbiose, sondern gewissermaßen auch eine religiöse. In der Vorweihnachtszeit brachen die jüdischen Geschäftsleute und ihre Angestellten unter der Arbeitslast beinahe zusammen, weil es für viele Wiener und Wienerinnen praktisch und günstig war, auf einem „Salzgries"-Streifzug gleich serienweise Geschenke einzukaufen, die natürlich auch entsprechend eingepackt werden mussten. Zu den hohen jüdischen Feiertagen wiederum war „der Salzgries" wie ausgestorben, weil fast alle Geschäfte geschlossen waren. Die Marktfahrer und anderen nicht jüdischen Kunden wussten, wann jüdische Feiertage bevorstanden, und deckten sich vorsorglich mit Ware ein. Über das Geschäftliche hinaus war „der Salzgries" auch einfach ein jüdischer Mikrokosmos. Die Geschäftsleute waren Konkurrenten, aber zugleich Kollegen und Freunde. Man half einander rasch mit Geld oder Ware aus, oft nur auf Handschlag oder gegen Bons, die wie Bargeld weitergegeben wurden. Es gab Originale,

Karoli and the "early bird"

Even the wholesale customers were really small beer: boutiques, small shops, rural department stores, market stall holders. Salzgries had a symbiotic relationship above all with these stall holders, who had to set up their stands every day in different provincial towns and try to attract customers with their cheap goods. The Huber brand—an underwear manufacturer from Vorarlberg—was particularly sought after. Huber itself had an outlet at Salzgries 14, but the stall holders could purchase their Huber goods even more cheaply from the official Huber dealers on Salzgries. One woman who bought goods regularly from my parents was Karoli, a corpulent elderly Roma or Sinti woman with a leathery brown skin. My mother treated her with particular respect, perhaps out of female solidarity, or perhaps just because she was a long-standing and loyal customer. When Karoli came into the shop, she would be offered a seat and something to drink. Another figure I recall was the "early bird." "Has the 'early bird' been in yet?" my parents would ask almost every day. The customer in question was a quiet, slender man who was usually there when the store opened and usually bought flannel sheets. He didn't look like a market stall holder and will remain a mystery because although he was a regular customer for years they never discovered his name, hence the cryptic nickname "early bird."

Symbiosis and microcosm

It was not only a commercial symbiosis but also a religious one. In the pre-Christmas season Jewish storekeepers and their staff were overwhelmed because for many Viennese it was practical and economical to take a stroll through Salzgries and buy lots of presents at once, which naturally all had to be gift-wrapped. On the Jewish High Holidays, by contrast, Salzgries was deserted, because most of the stores were closed. The market stall holders and other non-Jewish customers knew when the Jewish holidays were coming up and stocked up on goods in advance. Apart from the commerce, Salzgries was simply a microcosm of Jewish life. The storekeepers were competitors but also colleagues and friends. They would help one another financially or with goods, often on the basis of a handshake or IOU, which was passed around like cash. There were some legendary characters among them, like jolly, little Herr Doft with his hat tilted back and his funny Yiddish-German adages, or the tall Herr Schnarch, who would stand at the door of his store when he was bored and engage passers-by in conversation. Towards the end of the day, at five or five-thirty, a group would gather at Schächter's to talk about family matters, the slack business, or world politics. Salzgries was also the place to go for a handout, be it the needy Jew who would regularly seek "assistance" from more prosperous co-religionists, or a young member of the community who would come to Salzgries

die zur Legende geworden sind, wie den lustigen kleinen Herrn Doft mit seinem in den Nacken geschobenen Hut und seinen jiddisch-deutschen Sprüchen oder den großgewachsenen Herrn Schnarch, der auf der Marc-Aurel-Straße wie eine Landmarke vor der Tür stand, wenn es ihm im Geschäft gerade langweilig geworden war, und vorbeigehende Bekannte in Gespräche verwickelte. Wenn gegen fünf, halb sechs der Großhandelsarbeitstag sich seinem Ende zuneigte, versammelte sich beim Schächter auf der Ladenbudel ein kleines Parlament, das über Familienangelegenheiten, den flauen Geschäftsgang oder die Weltpolitik debattierte. Man ging auch „am Salzgries" – wohin sonst? –, wenn man schnorren wollte. Das konnte ein einzelner bedürftiger Jude sein, der sich regelmäßig bei den begüterteren Glaubensgenossen eine „Unterstützung" abholte. Oder das konnten junge Gemeindemitglieder sein, die einmal im Jahr den „Salzgries" abklapperten, um für die Broschüre des „Bal paré" der „Vereinigung Jüdischer Hochschüler" Inserate zu keilen oder um einen Zuschuss für die Platzmiete des Fußballclubs Maccabi zu erbetteln. Manche Firmenchefs zogen gleich resigniert einen Geldschein aus der Kasse, wenn sie die Schnorrer erblickten, andere taten sehr betriebsam und zischelten: „Jetzt geht es nicht, Sie sehen doch, ich hab das Geschäft voller Leute!"

Der Niedergang

Das Textilviertel, wie ich es kannte, hat nicht sehr lange bestanden. Schon in den 60er-Jahren setzte ein langsamer Niedergang ein. Ein Grund dafür war ein jüdisch-soziologischer: es gab keine Nachfolgegeneration. Die „Salzgries"-Gründerväter und -mütter ließen ihre Kinder natürlich studieren, und die jungen Ärzte, Rechtsanwälte und Wirtschaftsakademiker beiderlei Geschlechts hatten dann anderes im Sinn, als „Schmattes" zu verkaufen. Der Hauptgrund aber war der Trend der Zeit. Die Konsumenten konnten sich mehr leisten, der Modegeschmack wurde raffinierter, die biederen „Textil-Greisler" und Marktfahrer waren überholt. Ketten wie C&A, Metro, H&M, Mango, Zara tauchten nach und nach in Österreich auf, Boutiquen übergingen den Großhandel und importierten auf eigene Faust schickes Zeug aus Italien, Portugal oder Fernost. Ein schwerer Schlag kam 1978, als Leopold Böhm das „Mode- und Textilgroßhandelscenter St. Marx" errichtete, das mit niedrigen Mieten lockte und Betriebe und Kaufkraft abzog. Das alte Textilviertel zerbröckelte. Mein Vater ist 1988 gestorben, und meine Mutter hat dann noch heldenhaft bis 1996 das Geschäft alleine weitergeführt. Das Areal, das man früher „Der Salzgries" nannte, ist heute ein an das „Bermudadreieck" angedocktes Lokal- und Szene-Grätzel. Auf dem Gehsteig vor dem Rudolfsplatz 1, wo das Geschäft meiner Eltern war, tummeln sich jetzt die jungen, beschwingten Gäste der Café-Bar „Il Toro". Der Wachtel auf der Werdertorgasse und die Edelmans auf der Vorlaufstraße gehören zum versprengten allerletzten Aufgebot, das die Fahne des glorreichen „Fetzenviertels" noch hochhält.

Danksagung: Für Reminiszenzen, die in diesen Text eingeflossen sind, danke ich Norbert Schächter, Senta Segall, Daniela Segenreich-Horsky, Elfriede Sternberg, Peter Teichner.

once a year to get the store owners to buy ads in the brochure of the Jewish students' dancing ball or to get donations for the Maccabi soccer club. Some store owners would take a bill resignedly from the cash register as soon as they saw the schnorrer coming, while others would look busy and shoo them away saying: "Not now, can't you see I've got a store full of customers?!"

Decline

The garment district as I knew it didn't last long. The decline was already setting in gradually in the 1960s. One reason was a typical Jewish sociological one: the Salzgries generation encouraged their children to study, and the young doctors, attorneys, and academics of both sexes had other plans than to sell shmattes. The main reason, however, was the changing times. Customers had more money and fashions became more sophisticated. The traditional clothes store and market stall were outdated. Chains like C&A, Metro, H&M, Mango, and Zara gradually appeared in Austria, and boutiques bypassed the wholesalers and imported fashion items themselves directly from Italy, Portugal, and the Far East. A major setback occurred in 1978 when Leopold Böhm established the St. Marx fashion and textile wholesale center, whose low rents drew customers and businesses away. The old garment district crumbled. After my father died in 1988, my mother continued the business heroically on her own until 1996. The area formerly known as Salzgries has now become part of the Bermuda Triangle, a district full of trendy bars and restaurants. The sidewalk in front of Rudolfsplatz 1, where my parents had their store, is now filled with the young and buoyant clientele of Café-Bar Il Toro. Wachtel on Werdertorgasse and the Edelmans on Vorlaufstrasse are among the last reminders of the glory days of the "shmatte district."

Acknowledgements: I should like to thank the following for their reminiscences recounted in this essay: Norbert Schächter, Senta Segall, Daniela Segenreich-Horsky, Elfriede Sternberg, Peter Teichner.

Astrid Peterle

Epilog – eine künstlerische Intervention von Kathi Hofer
Epilogue—An Artistic Intervention by Kathi Hofer

Am Ende der Ausstellung: eine Frage an die Vergangenheit, Gegenwart und Zukunft

Der Epilog schließt mit einer Frage wieder an den Prolog an: „Was bleibt?" Diese Frage ist in jedem Museum essenziell, das mittels materieller Artefakte Geschichten der Vergangenheit erzählt und an Dagewesenes erinnert. Die Tätigkeit des Erinnerns ist immer auch untrennbar mit der Gegenwart verbunden, die den Blick auf das Vergangene formt. Aus heutiger Sicht scheint jene Wiener Geschäftskultur, die von Jüdinnen und Juden so maßgeblich geprägt wurde, für immer verloren. Dies hat einerseits, in Hinblick auf die Unternehmen vor 1938, mit der Zäsur der Schoa zu tun, andererseits, in Bezug auf das Textilviertel, aber auch mit den allgemeinen, globalen, lokalen sowie wirtschaftlichen und urbanen Veränderungen. Aus der spezifischen Perspektive Wiener jüdischer Geschichte stellt sich gegenwärtig die Frage, wie dieses vergessene Kapitel der Stadtgeschichte im öffentlichen und diskursiven Raum wieder ins Bewusstsein gerufen und sichtbar gemacht werden kann. Aus dem Museum hinaus, gesellschaftspolitisch und in die Zukunft weitergedacht werden Phänomene wie hochfrequentiges Kaufverhalten, Massenkonsum, Wegwerfgesellschaft, „Markenfetischismus", Fast Fashion und Ausbeutung in der Textilindustrie oder, umgekehrt, Nachhaltigkeit, Zero Waste, Fairtrade und Recycling zunehmend thematisiert werden müssen.

To conclude the exhibition: a question for the past, present, and future

The epilogue takes up a question posed in the prologue: "What remains?" This question is a crucial question for every museum that uses material artefacts to recoun stories of the past and recall the way things were.

The act of remembering is always inseparably connected with the present, which shapes our view of the past. From today's point of view, the Viennese store culture, which Jewesses and Jews were so instrumental in creating, appears to have been lost forever.

For businesses before 1938, this was the result of the Shoah; for the garment district it was also due to general, global, local, as well as economic and urban changes. From the specific perspective of Vienna's Jewish history, the question that arises now is how to heighten public awareness and reanimate discussion of this forgotten chapter in the city's history and enhance its visibility.

Future debate on a wider socio-political scale will increasingly focus on phenomena such as high-frequency purchasing behavior, mass consumption, the throwaway society, brand fetishism, fast fashion, and exploitation in the textile industry, and conversely, sustainability, zero waste, fair trade, and recycling.

Die Künstlerin als Autorin

Für den Epilog dieser Ausstellung hat das Museum die junge Wiener Künstlerin Kathi Hofer eingeladen, Motive und Themen der Ausstellung aufzugreifen und so mittels einer künstlerischen Intervention einen anderen Blick auf das Ausgestellte und Erzählte zu ermöglichen.

Kathi Hofer hat sich in den letzten Jahren intensiv der Frage gewidmet, was künstlerische Produktion und Kreativität bedeuten. Dabei reflektiert sie immer wieder die Rolle der Autorin/des Autors in Bezug auf das „eigene" Werk und experimentiert mit Appropriation. Durch ihre künstlerische Praxis zieht sich konsequent ein Interesse an der Erzählung bzw. Konstruktion von Geschichte sowie an den identitätsstiftenden Eigenschaften von Gegenständen. Im Jahr 2016 entstand für eine Ausstellung im Museum Moderner Kunst Wien ein Projekt, in dem sich Kathi Hofer mit der eigenen Familiengeschichte auseinandersetzt: Ihre Großeltern betrieben 1947–2003 in Salzburg ein Unternehmen, das Walkjanker herstellte, die auch bei internationalen Modelabeln und Prominenten großen Anklang fanden. In ihrer Aneignung originaler Reklamen und Verkaufsdisplays schuf sie eine Inszenierung, die durch den Blick von außen auf die folkloristischen bis hin zu exotistischen (Fremd-)Zuschreibungen an das als „Austrian Style" etikettierte Produkt Stil und Identitätspolitik zusammenführte.

Für „Kauft bei Juden! Geschichte einer Wiener Geschäftskultur" gestaltet Kathi Hofer einen zweiteiligen Epilog: Jener, der diesen Katalog abschließt, führt die Leserinnen und Leser in einer Stilkritik ganz nah an eines der ausgestellten Objekte (siehe Seite 83). Der Epilog reflektiert so zum Abschluss, dass wir das Vergangene meist nur imaginieren und mit gegenwärtiger Sprache umschreiben können, dieser Umstand uns aber nicht daran hindern soll, dem Vergessen beharrlich entgegenzuwirken.

The artist as author

For the epilogue to this exhibition, the Museum has invited the young Viennese artist Kathi Hofer to take up motifs and themes and create from them an alternative artistic view of the objects and narratives.

In the last few years, Kathi Hofer has concentrated intensively on the meaning of artistic production and creativity. She looks at the role of authors in relation to their "own" work and experiments with appropriation. Her work shows a consistent interest in the narration and construction of history and the identity-forming characteristics of objects. In 2016 she was involved in a project for an exhibition at the Vienna Museum of Modern Art in which she looked at the history of her own family. From 1947 to 2003 her grandparents had a company in Salzburg making Walkjanker, a type of boiled wool jacket, which were also worn by prominent personalities and marketed by international fashion labels. In her appropriation of original advertisements and window displays, and through an outside view of the (foreign) attributions of folklorism and even exoticism to products labelled as 'Austrian style', she created an installation which conflated style and identity politics.

For the exhibition *Buy From Jews! Story of a Viennese store culture,* Kathi Hofer has designed a two-part epilogue. The part that concludes this catalogue offers readers a detailed style critique of one of the exhibited objects (see p. 83).

It reflects that ultimately the past is approached through the imagination and the reframing inherent in contemporary language, but that this should not deter us in our dogged quest to forestall the act of forgetting.

STILKRITIK:

Die Damenspende

von Kathi Hofer

Was macht ein Give-away als Exponat in einer Ausstellung über das Wiener jüdische Geschäftsleben? Welches Leben zierte, welches Geschäft besiegelte dieses altmodische Accessoire, das die weiblichen Angestellten des Kaufhauses Gerngross auf einem Ball im Jänner 1910 als Geschenk erhielten?

Ich muss gestehen, dieses flamboyante, auf den ersten Blick so aus dem Rahmen fallende „Etwas" war auf Anhieb mein Lieblingsobjekt dieser Ausstellung. Es ist immens chic in seiner sanft gerundeten Form, die der eines (Wappen-)Schildes ähnelt. Sein Königsblau, seine samtene Stofflichkeit verleihen ihm eine majestätische Würde; die silberweiße Kordel mit Quaste den Nimbus von Festlichkeit. An seiner Vorderseite ist eine Plakette aus Metall mit den girlanden- und blumengesäumten Insignien der Doppelmonarchie eingearbeitet. Seiner Größe nach gleicht das Ding einer Clutch, also einer kleinen Abendtasche, die in der Hand gehalten wird – würde nicht ein an der Kordel befestigter Metallhaken auf eine spezifischere Art der Anbringung hinweisen. Insgesamt wirkt es wie ein Hybrid aus Schmuckstück und Werkzeugtasche – was für ein raffiniertes Accessoire! Sein Zweck ist dabei offenbar die Aufbewahrung zweier Utensilien: eines rückseitig eingenähten Spiegels und eines Bleistiftes, der daneben durch eine Doppellasche gefädelt ist. In diesem Ensemble steckt in meinen Augen etwas Unerhörtes.

Accessoires stiften Identität und Zugehörigkeit. Als Damenspende auf dem Gerngross-Ball verteilt, erfüllte dieses hier zunächst eine Doppelfunktion aus Galanterie und Mitarbeiterinnengeschenk. Zum Ende der Donaumonarchie war es noch üblich, dass die junge Dame in Begleitung ihrer Eltern oder einer Anstandsdame zu Tanzbällen erschien. Die Ballspende, die sie am Eingang erhielt, war meist ein elegant gestaltetes Behältnis für ihre Tanzkarte, den „Carnet de bal": einem Büchlein, in das sie männliche Verehrer in der Reihenfolge der Tänze als Tanzpartner eintrug. Somit war die Damenspende, mehr noch als ein Geschenk, eine Währung am minutiös getakteten, patriarchal organisierten Heiratsmarkt. Dazu konträr stand die Idee eines ungeordneten, verschwenderischen „Jahrmarkts der Eitelkeiten", als welcher das moderne Warenhaus damals gesehen wurde. Der urbane Mythos vom Kaufhaus als Ort der Ausschweifung und sexuellen Verführung war ein weit verbreitetes Vorurteil vor allem einer misogynen und an-

tisemitischen Propaganda der Zeit. Er gründete im antisemitischen Stereotyp des geldgierigen jüdischen Kaufhausbesitzers, der unter seinem Dach zum zügellosen Konsum von Waren anstifte, einschließlich der warenförmig inszenierten Körper seiner weiblichen Verkaufsangestellten.

Während in der Gerngross-Spende wohl vor allem eine Geste der quasiväterlichen Zuwendung (oder firmeninternen Teambildung) steckte, hielt sie für die Beschenkte weitaus mehr bereit. Accessoires stiften Identität nicht nur über symbolische Zugehörigkeit zu einer Firma, einem Vater oder Ehepartner, zu einer bestimmten Kultur, Religion oder Einkommensschicht. In ihnen schlummert ein imaginatives Potenzial, das es dem Träger oder der Trägerin ermöglicht, sich im Konsum ihres Stils – und durch Zurschaustellung eines *Styles* – selbst (neu) zu erfinden. Dies ist die explosive Signifikanz des Ballspenden-Instrumentariums: Spiegel und Bleistift sind emblematische Werkzeuge des künstlerischen oder philosophischen Selbstentwurfs.

Die Ära der Damenspenden und Department Stores brachte nicht zuletzt auch progressive Großstadtmythen hervor, etwa jenen des *It-Girls*. Seine Erfinderin, die britische Schriftstellerin Elinor Glyn, formulierte 1927 in der Zeitschrift *Cosmopolitan* die unerhörte wie nebulöse Idee, wer „Es" (sprich „It" – das „gewisse Etwas") besitze, verfüge über eine unerklärliche erotische Anziehungskraft auf beide Geschlechter. „It" war ursprünglich eine geschlechterneutrale Zuschreibung, die sich allerdings im modernen Sprachgebrauch nachhaltig in der Garderobe der jungen Frau verhakte (später wurden *It-Bags* von Modefirmen nach ihren vorgestellten Trägerinnen benannt, wie etwa die „Kelly"- oder „Birkin"-Handtaschen nach dem Vorbild von Grace und Jane). Dennoch ist es kein Accessoire, das einer väterlichen Spende bedarf. Das erste *It-Girl* war bezeichnenderweise ein *Shopgirl*: Clara Bow spielte in dem Film „It" (1927) eine Kaufhausangestellte, die besagten Faktor gegen die patriarchale Etikette und gegen Klassenhierarchien zum Einsatz bringt, um (erfolgreich) das Herz ihres Vorgesetzten zu gewinnen. Geschichten wie diese besetzen die Verkaufsangestellte (und Konsumentin) als Schlüsselfigur in der vertrackten Verbindung von Kaufhaus und Damenspenden am Übergang von der Monarchie zur Moderne: An den Projektionsflächen der Waren vermag sich das *Material Girl* potenziell als *It-Girl* zu imaginieren, das hedonistischen Ungehorsam leistet und die eigene Selbstbestimmung behauptet (gewappnet durch Spiegel und Bleistift). Ich warte auf ein Comeback dieses Accessoires in Form einer zeitgemäßen Damen- oder Herrenspende, die man sich als modisches Signet eines antibigotten, antipatriarchalen Widerstands an den Rock heften würde.

Zeichnung von Enver Hadzijaj

STYLE CRITIQUE:

Ladies' Ball

by Kathi Hofer

What is a giveaway doing in an exhibition about Viennese Jewish business life? Whose life did it embellish, what business did it clinch, this passé accessory presented as a gift to female staff of Gerngross department store at a ball in January 1910?

I have to admit that this flamboyant, at first glance rather exotic "something" immediately became my favorite item in the exhibition. It is immensely chic, with its gently rounded form reminiscent of a coat-of-arms. Its royal blue, velvet-like materiality gives it a majestic dignity; the silver-white cord with tassel a nimbus of festiveness. On the front is a metal plaque with the garland- and flower-edged insignia of the Dual Monarchy. Its size is that of a clutch bag, which is indeed what it appears to be, were it not for the metal hook on the cord which hints at something else. Altogether it seems like a cross between a piece of jewelry and a toolkit –what a sophisticated accessory! It appears to be designed to hold two items: a mirror sewn on the back and a pencil next to it threaded through and held in place by two straps, creating what I see as a unique object.

Accessories create a sense of identity and belonging. As a giveaway at the Gerngross ball, it served a double function as a gallantry and token of appreciation for female employees. Towards the end of the Danube Monarchy, it was traditional for young women to be accompanied to balls by their parents or a chaperone. The ball gift offered at the entrance was usually an elegantly designed holder for the "carnet de bal," a booklet in which male admirers would book dances. It was thus not only a gift but an aide in a minutely timed and patriarchally orchestrated marriage market. This was in direct contrast to the riotous, profligate "fairground of vanities," as the modern department store was seen at the time. The urban myth of the department store as a place of dissipation and sexual seduction was a widely held prejudice, cultivated especially by the misogynistic and anti-Semitic propaganda of the time. It created the anti-Semitic stereotype of the greedy Jewish department store owner who encouraged unbridled consumption, including that of his objectified female sales staff.

While the Gerngross giveaway was no doubt above all a gesture of quasi-paternal appreciation (or team building), it represented much more for the recipient. Accessories create a sense of identity not just through symbolic attachment to a company, a father or a spouse, a

culture, religion, or income bracket, but also through the latent imaginary potential that enables the wearer to (re)invent him or herself through the consumption and flaunting of a particular style which they have made their own. This is the explosive significance of the ball giveaway: mirror and pencil are emblematic tools of an artistic or philosophical conception of the self.

Last but not least, the era of ball gifts and department stores spawned progressive urban myths like that of the "It Girl." In a 1927 issue of the magazine *Cosmopolitan*, the British writer Elinor Glyn formulated the unprecedented and nebulous idea of who had "It," that "je ne sais quoi," an inexplicable erotic attraction for both sexes. "It" was originally gender-neutral, but has become associated exclusively with young women. (Later on, fashion companies called It bags after famous female icons, such as the 'Kelly' or 'Birkin' bags which were named after Grace Kelly and Jane Birkin). However, this is a very different kind of accessory, one which strives to be independent of the constraints of paternalism. Significantly, the first It girl, Clara Bow, played a *shop girl* in the film *It* (1927), who uses her position to fight the patriarchal etiquette and class hierarchies and to win the heart of her superior. In the period of transition from the Monarchy to the Modernist era, stories like these made the female shop assistant (and consumer) into key figures in the complicated relationship between department store and giveaway. The goods serve as a projection screen that enables the Material Girl to imagine herself as a potential It girl, who engages in defiant hedonism and asserts her own autonomy (armed with mirror and pencil). I look forward to the comeback of this accessory in the form of a modern gift for women or men to be attached to clothing as a fashionable symbol of anti-bigoted and anti-patriarchal resistance.

Drawing by Enver Hadzijaj

Karte der Kaufhäuser, Warenhäuser und Einzelhandelsbetriebe
Map of the departments stores and retail shops

1. W. Beck & Söhne, Stock im Eisen Platz 3, 1010 Wien
2. Ignaz Bittmann, Kärntner Straße 20, 1010 Wien
3. Maison Bosser, Kohlmarkt 5, 1010 Wien
4. Braun & Co, Graben 8, 1010 Wien
5. Kaufhaus Diamant, Brunnengasse 45, 1160 Wien
6. Warenhaus Dichter, Brunnengasse 40, 1160 Wien
7. G. & E. Spitzer, Kärntner Ring 12, 1010 Wien
8. Warenhaus A. Gerngross, Mariahilfer Straße 38-48, 1070 Wien
9. Goldman & Salatsch, Michaelerplatz 3, 1010 Wien
10. Haritex, Vorlaufstraße 5, 1010 Wien
11. Warenhaus A. Herzmansky, Stiftgasse 1, 1070 Wien
12. Modesalon Hello, Graben 14, 1010 Wien
13. Wilhelm Jungmann & Neffe, Albertinaplatz 3, 1010 Wien
14. Knize & Comp., Graben 13, 1010 Wien
15. Maison de Blanc, Graben 17, 1010 Wien
16. Herrenmodesalon Erich Mandl, Rotenturmstraße 2-4, 1010 Wien
17. Kaufhaus M. Neumann, Kärntner Straße 19, 1010 Wien
18. Jacob Rothberger, Stephansplatz 9-11, 1010 Wien
19. Schoeps, Ecke Salzgries/Vorlaufstraße, 1010 Wien
20. Segenreich Textilgroßhandel, Rudolfsplatz 1, 1010 Wien
21. Stiassny & Breslauer, Sterngasse 450, 1010 Wien
22. Tuchhaus Silesia, Vorlaufstraße 3, 1010 Wien
23. Wachtel & Co, Werdertorgasse 16, 1010 Wien
24. Kaufhaus Wodicka, Am Spitz, 1210 Wien
25. Zalcotex, Rabensteig 1, 1010 Wien
26. Ludwig Zwieback & Bruder „Maison Zwieback", Kärntner Straße 11, 1010 Wien
27. Ludwig Zwieback & Bruder „Maison Zwieback", Mariahilfer Straße 111, 1070 Wien

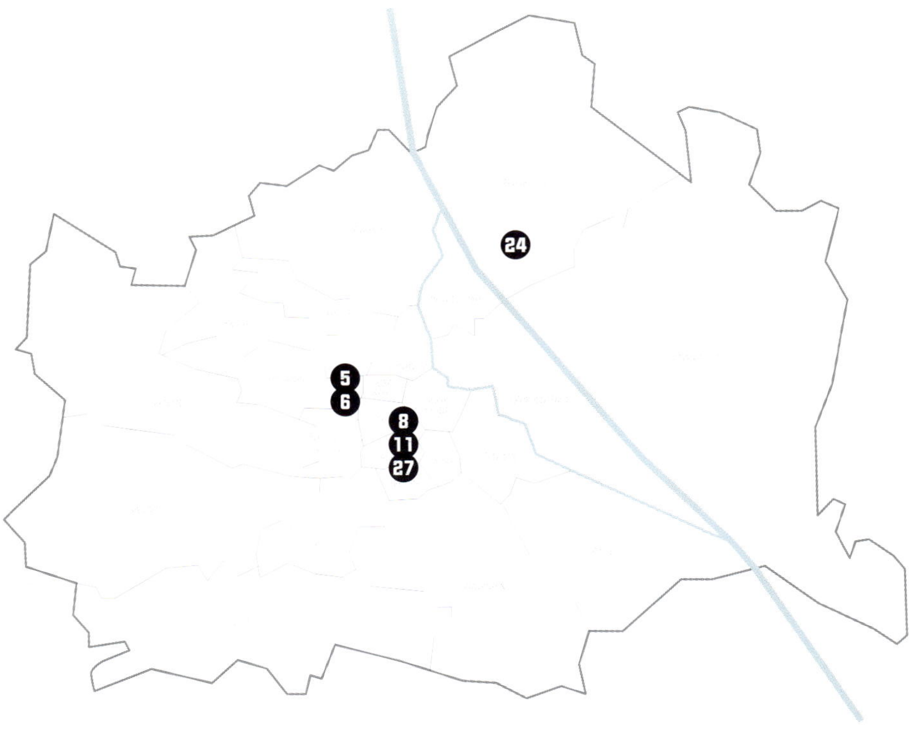

Berggasse
Schlickgasse
Türkenstraße
Carl-Szokoll-Platz
Herminengasse
Große Pfarrgasse
Haidgasse
Wasagasse
Hörlgasse
Kolingasse
Schlickplatz
Deutschmeisterpl.
Maria-Theresien-Straße
Schottenring
Zelinkagasse
Gonzagagasse
Eßlinggasse
Neutorgasse
Werdertorgasse
Floßgasse
Große Schiffgasse
Im Werd
Krummbaumgasse
Große Sperlgasse
Tandelmarktgasse
Karmelitergasse
Taborstraße
Kleine Sperlgasse
Hollandstraße
Karmeliterpl.
Lilienbrunngasse
Negerlegasse
Dianabad
Gredlerstraße
Salztorbrücke
Franz-Josefs-Kai
Börseplatz
Rudolfsplatz
Concordiaplatz
Börsegasse
Wipplingerstr.
Hohenstaufengasse
Heßgasse
Schottenbastei
Helferstorferstraße
Rockhgasse
Renngasse
Tiefer Graben
Passauer Platz
Salzgries
Morzinplatz
Salvatorgasse
Marc-Aurel-Straße
Ruprechtsplatz
Wipplingerstraße
Färbergasse
Judenplatz
Mölker Bastei
Mölker Steig
Schottengasse
Schreyvogelgasse
Teinfaltstraße
Universitätsring
Freyung
Am Hof
Schulhof
Kurrentgasse
Hoher Markt
Judengasse
Rotgasse
Fleischmarkt
Schwedenplatz
Franz-Jo
Hafnersteig
Strauchgasse
Naglergasse
Bognergasse
Tuchlauben
Bauernmarkt
Brandstätte
Kramergasse
Rotenturmstraße
Kölnerhofg.
Sonnenfelsgasse
Schönlaterngasse
Dominikanerbastei
Rosenbursen
Wiesinger
Bankgasse
Landhausgasse
Leopold-Figl-Gasse
Herrengasse
Wallnerstraße
Petersplatz
Jasomirgottstraße
Goldschmiedg.
Josef-Meinrad-Platz
Löwelstraße
Minoritenplatz
Kohlmarkt
Habsburgergasse
Graben
Stephansplatz
Bäckerstraße
Postgasse
Falkestraße
Wollzeile
Schulerstraße
Domgasse
Volksgarten
Ballhausplatz
Schauflergasse
Michaelerplatz
Stock-im-Eisen-Platz
Blutgasse
Grünangergasse
Riemergasse
Bräunerstraße
Dorotheergasse
Spiegelgasse
Seilergasse
Kumpfgasse
Zedlitzgasse
Biberstraße
In der Burg
Reitschulgasse
Stallburggasse
Singerstraße
Stubenbastei
Hofburg
Josefsplatz
Plankengasse
Franziskanerplatz
Ballgasse
Neuer Markt
Coburgbastei
Theodor-Herzl-Platz
Parkring
Lobkowitzplatz
Kärntner Straße
Seilerstätte
Weihburggasse
Himmelpfortgasse
Augustinerstraße
Burgring
Maria-Theresien-Platz
Führichgasse
Stadtparkteich
Burggarten
Hanuschgasse
Maysedergasse
Annagasse
Johannesgasse
Stadt
Goethegasse
Albertina
Krugerstraße
Operngasse
Staatsoper
Walfischgasse
Schellinggasse
Hegelgasse
Schwarzenbergstraße
Babenbergerstr.
Robert-Stolz-Platz
Opernring
Herbert-von-Karajan-Pl.
Schubertring
Elisabethstraße
Mahlerstraße
Max-Weiler-Platz
Schillerplatz
Kärntner Ring
Beethovenplatz
Getreidemarkt
Rahlgasse
Pestalozzigasse
Akademiestraße
Lothringerstraße
Theobaldgasse
Friedrichstraße
Bösendorferstraße
Schwarzenbergplatz
U1
U2
U4
1
2
3
4
7
9
10
12
13
14
15
16
17
18
19
20
21
22
23
25
26

Bibliografie und Quellen (Auswahl) / Selected Bibliography

Ludwig ABELS: Ein Wiener Herrenmodesalon, in: Das Interieur, Vol. II 1901, 145–151.

Birgit ADAM: Alles, was das Herz begehrt! Von Wunderkammern und Konsumtempeln, Hildesheim 2012.

Anne-Sophie BEAU, Heinrich HARTMANN: Am falschen Platz? Weibliche Warenhausangestellte im Spannungsverhältnis zwischen Diskurs und Arbeitssituation, in: Julia REUTER, Katja WOLF (Hrsg.): Geschlechterleben im Wandel. Zum Verhältnis von Arbeit, Familie und Privatsphäre, Tübingen 2006, 99–116.

Walter BENJAMIN: Das Passagen-Werk, Frankfurt am Main 1983.

Hugo BETTAUER: Die Stadt ohne Juden. Ein Roman von übermorgen, Wien 2012.

Ernest BLASCHEK (Hrsg.): Mariahilf einst und jetzt, Wien und Leipzig 1926.

Hans BOBEK, Elisabeth LICHTENBERGER: Wien. Bauliche Gestalt und Entwicklung seit der Mitte des 19. Jahrhunderts, Graz/Köln 1966.

Margarete BÖHME: W.A.G.M.U.S., Berlin 1911.

Eva BLIMLINGER: Kein Stolpern auf der Mariahilfer Straße, in: Verena PAWLOWSKY, Harald WENDELIN (Hrsg.): Arisierte Wirtschaft. Raub und Rückgabe – Österreich von 1938 bis heute, Wien 2005, 13–22.

Susanne BREUSS: Window Shopping. Eine Fotogeschichte des Schaufensters, Wien 2010.

Christopher BREWARD: The Culture of Fashion. A New History of Fashionable Dress, Manchester, New York 1999.

Detlef BRIESEN: Warenhaus, Massenkonsum und Sozialmoral, Frankfurt am Main 2000.

Nils BUSCH-PETERSEN: Oscar Tietz. Von Birnbaum/Provinz Posen zum Warenhauskönig von Berlin, Berlin 2004.

Günther CHALOUPEK, Johannes JETSCHGO, Dionys LEHNER, Michael PAMMER, Andreas RESCH, Roman SANDGRUBER, Peter SCHNEDLITZ (Hrsg.): Österreichische Handelsgeschichte. Von den Anfängen bis zur Gegenwart, Wien 2012.

Catharina CHRIST: Jüdische k. und k. Hoflieferanten in der Textilbranche mit Niederlassung in Wien in der Zeit von 1870 bis 1938, Diplomarbeit, Universität Wien 2000.

Leo COLZE: Berliner Warenhäuser, Berlin 1908.

Botho CORETH: Vom Aufwachsen im Spätherbst. Eine Jugend im alten Österreich, Wien 1994.

Geoffrey CROSSICK, Serge JAUMAIN (Hrsg.): Cathedrals of Consumption. The European Department Store. 1850–1939, Aldershot 1999.

Hermann CZECH, Wolfgang MISTELBAUER: Das Looshaus, Wien 1976.

Paul DEHN: Die Großbazare und Massenzweiggeschäfte, Berlin 1899.

Peter EIGNER, Herbert MATIS, Andreas RESCH (Hrsg.): Entrepreneurship in schwierigen Zeiten. Unternehmertum, Karrieren und Umbrüche während der ersten Hälfte des 20. Jahrhunderts, Wien 2013.

Helmut FREI: Tempel der Kauflust. Eine Geschichte der Warenhauskultur, Leipzig 1997.

Theodor FRITSCH: Handbuch der Judenfrage. Die wichtigsten Tatsachen zur Beurteilung des jüdischen Volkes, Leipzig 1944.

Georg GAUGUSCH: Wer einmal war A–K. Das jüdische Großbürgertum Wiens 1800–1938, Wien 2011.

Georg GAUGUSCH: Der jüdische Hausbesitz in der Wiener Innenstadt und der Ringstraßenzone, in: Gabriele KOHLBAUER-FRITZ (Hrsg.): Ringstraße – Ein jüdischer Boulevard, Wien 2015, 89–134.

Georg GAUGUSCH: Wer einmal war L–R. Das jüdische Großbürgertum Wiens 1800–1938, Wien 2016.

Siegfried GERLACH: Das Warenhaus in Deutschland. Seine Entwicklung bis zum Ersten Weltkrieg in historisch geographischer Sicht, Stuttgart 1988.

Elfriede GERSTL: Kleiderflug. Texte – Textilien – Wohnen, Wien 1995.

Hans GROSS: Kriminalpsychologie, Leipzig 1905.

Karlheinz GRUBER, Sabine HÖLLER-ALBER, Markus KRISTAN: Ernst Epstein 1881–1938. Der Bauleiter des Looshauses als Architekt, Wien 2002.

Christina GSCHIEL, Ulrike NIMETH, Leonhard WEIDINGER (Hrsg.): schneidern und sammeln. Die Wiener Familie Rothberger, Wien 2010.

Christina GSCHIEL, Ulrike NIMETH, Leonhard WEIDINGER: Die Familie Rothberger in der NS-Zeit – eine Chronologie, in: Christina GSCHIEL, Ulrike NIMETH, Leonhard WEIDINGER (Hrsg.): schneidern und sammeln. Die Wiener Familie Rothberger, Wien 2010, 167–182.

Christina GSCHIEL, Ulrike NIMETH, Leonhard WEIDINGER: Rückstellungen nach 1945, in: Christina GSCHIEL, Ulrike NIMETH, Leonhard WEIDINGER (Hrsg.): schneidern und sammeln. Die Wiener Familie Rothberger, Wien 2010, 225–240.

Christina GSCHIEL, Ulrike NIMETH, Leonhard WEIDINGER: Rückgaben von Objekten aus den Sammlungen Heinrich und Moritz Rothberger seit 1998, in: Christina GSCHIEL, Ulrike NIMETH, Leonhard WEIDINGER (Hrsg.): schneidern und sammeln. Die Wiener Familie Rothberger, Wien 2010, 273–284.

Christina GSCHIEL, Leonhard WEIDINGER: Die Entziehung und Aufteilung der Sammlung Heinrich Rothberger in der NS-Zeit, in: Christina GSCHIEL, Ulrike NIMETH, Leonhard WEIDINGER (Hrsg.): schneidern und sammeln. Die Wiener Familie Rothberger, Wien 2010, 205–224.

Bettina HABSBURG-LOTHRINGEN: Warenhaus im Museum – Museum im Warenhaus, Graz 2013.

Peter HAIKO: Otto Wagner, Adolf Loos und der Wiener Historismus. „Die Potemkinsche Stadt" und die „Moderne Architektur", in: Maria AUBÖCK, Maria MARCHETTI (Hrsg.): Wien um 1900, Kunst und Kultur, Wien, München 1985, 297–304.

Peter HAIKO, Hannes STEKL: Architektur in der industriellen Gesellschaft, in: Hannes STEKL (Hrsg.): Architektur und Gesellschaft von der Antike bis zur Gegenwart (Geschichte und Sozialkunde, Band 6), Darmstadt 1980, 251–340.

Rudolf HANEL (Hrsg.): Jahrbuch der österreichischen Textil-Industrie, Wien 1906.

Edith HANN: Herrenkleider - Magazin Jacob Rothberger. Eine Fallstudie zur Entwicklung der Wiener Herrenkonfektion, in: Andreas LEHNE (Hrsg.): Wiener Warenhäuser. 1865–1914, Wien 1990, 85–122.

Leon HARRIS: Merchant Princes. An Intimate History of Jewish Families Who Built Great Department Stores, New York 1979.

Ingrid HASLINGER: Kunde: Kaiser. Die Geschichte der ehemaligen k.u.k. Hoflieferanten, Wien 1996.

Gerhard HATZ, Emilie KLEINSZIG, Joshua GRIGSBY: Vergangenheit und Zukunft des Textilviertels. Eine Ausstellung, Wien 2013.

Christof HAVERKAMP: Von Haren über Brüssel nach Wien – Die Geschichte des Textilkaufmanns Stefan Esders, in: Jahrbuch des Emsländischen Heimatbundes, Band 53, o.O. 2007, 9–44.

Bernhard HEILIG: Die Vorläufer der mährischen Konfektionsindustrie in ihrem Kampf mit den Zünften, in: Jahrbuch der Gesellschaft für Geschichte der Juden in der Cechoslowakischen Republik, 3, o.O. 1931.

Johannes HENNINGSEN: Beiträge zur Warenhausfrage!, Hamburg 1906.

Ludwig HIRSCHFELD: Das Buch von Wien, München 1927.

Historisches Museum der Stadt Wien (Museen der Stadt Wien), Wiener Stadt- und Landesbibliothek (Hrsg.): Die Restitution von Kunst- und Kulturgegenständen im Bereich der Stadt Wien 1998–2001, Wien 2002.

Louisa IAROCCI: The Urban Department Store in America. 1850–1930, Farnham 2014.

Verena KASSAR: Das Warenhaus Kastner & Öhler in Graz – die Kunstgeschichte, Diplomarbeit, Universität Graz 2013.

Bärbel KLEINDORFER-MARX, Klara LÖFFLER (Hrsg.): Museum und Kaufhaus. Warenwelten im Vergleich, Regensburg 2000.

Gabriele KOHLBAUER-FRITZ (Hrsg.): Ringstraße. Ein jüdischer Boulevard, Wien 2015.

Friedrich KÖHLER: Zur Geschichte der Warenhäuser. Seenot und Untergang des Hertie-Konzerns, Frankfurt am Main 1997.

Gudrun KÖNIG: Konsumkultur. Inszenierte Warenwelt um 1900, Wien 2009.

Siegfried KRACAUER: Die Warenhaus-Prinzessin, in: Inka MÜLDER-BACH (Hrsg.): Kleine Schriften zum Film 1921–1927, Frankfurt am Main 2004, 393.

Karl KRAUS: Erotik der Kleidung, in: Die Fackel, VII. Jahr, Nr. 198, 12. 3. 1906, 11–17.

Bill LANCASTER: The Department Store. A Social History, London 2000.

Roberta S. KREMER (Hrsg.): Zerrissene Fäden. Die Zerstörung der jüdischen Modeindustrie in Deutschland und Österreich, Göttingen 2013.

Andreas LEHNE (Hrsg.): Wiener Warenhäuser. 1865–1914, Wien 1990.

Gertrud LEHNERT: Paradies der Sinne. Das Warenhaus als sinnliches Ereignis, in: Burcu DOGRAMACI (Hrsg.): Großstadt. Motor der Künste in der Moderne, Berlin 2010.

Thomas LENZ: Konsum und Modernisierung. Die Debatte um das Warenhaus als Diskurs um die Moderne, Bielefeld 2011.

Andres LEPIK, Vera Simone BADER: World of Malls. Architekturen des Konsums, Ausstellungskatalog des Architekturmuseums München, München 2016.

Paul LERNER: The Consuming Temple. Jews, Department Stores, and the Consumer Revolution in Germany, 1880–1940, Ithaca/London 2015.

Mathias LICHTENWAGNER: Fehlende Jahre. Die Orte und das Netzwerk der NS-Militärjustiz in Wien, Diplomarbeit, Universität Wien 2011.

Sophie LILLIE: Was einmal war. Handbuch der enteigneten Kunstsammlungen Wiens, Wien 2003.

Uwe LINDEMANN: Schaufenster, Warenhäuser und die Ordnung der „Dinge" um 1900. Überlegungen zum Zusammenhang von Ausstellungsprinzip, Konsumkritik und Geschlechterpolitik in der Moderne, in: Gertrud LEHNERT (Hrsg.): Raum und Gefühl. Der Spatial Turn und die neue Emotionsforschung. Bielefeld 2011, 189–215.

Uwe LINDEMANN: Das Warenhaus. Schauplatz der Moderne, Köln/Wien 2015.

Anthony LIPMANN: Der Dandy als Designer, Ernst Dryden, Plakatkünstler und Modeschöpfer, München/Luzern 1989.

Cesare LOMBROSO, Guglielmo FERRERO: Das Weib als Verbrecherin und Prostituierte. Anthropologische Studien, gegründet auf eine Darstellung der Biologie und Psychologie des normalen Weibes, Hamburg 1894.

Monika LÖSCHER: Carl Julius Rothberger, in: Christina GSCHIEL, Ulrike NIMETH, Leonhard WEIDINGER (Hrsg.): schneidern und sammeln. Die Wiener Familie Rothberger, Wien 2010, 157–166.

Stefan August LÜTGENAU, Alexander SCHRÖCK, Sonja NIEDERACHER: Zwischen Staat und Wirtschaft. Das Dorotheum im Nationalsozialismus, Wien 2006.

Mariahilfer Heimatmuseum (Hrsg.): Die Mariahilfer Strasse. Geschichte einer Strasse, Führer durch die Sonderausstellung des Mariahilfer Heimatmuseums, Wien 1966.

Bernard MARREY: Les Grands Magasins des Origines à 1939, Paris 1979.

Freya MARTIN: Was Wien ausmacht. Die großen Wiener Traditionsunternehmen und ihre prominenten Kunden, Wien 2015.

Adelheid MAYER, Elmar SAMSINGER: Fast wie Geschichten aus 1001 Nacht. Die jüdischen Textilkaufleute Mayer zwischen Europa und dem Orient, Wien 2015.

Sigmund MAYER: Ein jüdischer Kaufmann 1831–1911. Lebenserinnerungen, Leipzig 1911.

Sigmund MAYER: Die Wiener Juden. Kommerz, Kultur, Politik 1700–1900, Wien 1918.

Gerhard MEISSL: Altväterisches oder modernes Wien? Zur Diskussion um die Warenhäuser und die Warenhaussteuer in Wien zwischen 1890 und 1914, in: Andreas LEHNE: Wiener Warenhäuser 1865–1914. For-

schungen und Beiträge zur Wiener Stadtgeschichte, Band 20, Wien 1990, 61–84.
Walter MENTZEL: Bücher von Carl Julius Rothberger. Restitutionsdossier, Wien 2010.
Paul MÖBIUS: Über den physiologischen Schwachsinn des Weibes, Halle 1905.
Heinz MÜLLER: Die Geschichte des Österreichischen Automobil-Clubs von der Gründung im Jahr 1898 bis zum Anschluß in Jahr 1938, Masterarbeit, Universität Wien 1991.
Ludwig MÜNZ, Gustav KÜNSTLER: Der Architekt Adolf Loos, Wien, München 1964.
Ulrike NIMETH: Moritz Rothberger, in: Christina GSCHIEL, Ulrike NIMETH, Leonhard WEIDINGER (Hrsg.): schneidern und sammeln. Die Wiener Familie Rothberger, Wien 2010, 61–83.
Ulrike NIMETH, Leonhard WEIDINGER: Die Familie Rothberger vom Ende des 19. Jahrhunderts bis 1938, in: GSCHIEL, NIMETH, WEIDINGER, Wien u.a. 2010, 49–60.
Hrant PASDERMADJIAN: The Department Store. Its Origins, Evolution and Economics, London 1954.
Franz PLANER: Handbuch der Wiener Gesellschaft, Wien 1926.
Ursula PROKOP: Wien – Aufbruch zur Metropole. Geschäfts- und Wohnhäuser der Innenstadt 1910–1914, Wien u.a. 1994.
Manfried RAUCHENSTEINER: Der Krieg in Österreich 1945, Wien 1995.
Reinhold REITH, Thorsten MEYER (Hrsg.): Luxus und Konsum. Eine historische Annäherung, Münster u.a. 2003.
Alarich ROOCH: Zwischen Museum und Warenhaus. Ästhetisierungsprozesse und sozial-kommunikative Raumaneignungen des Bürgertums (1823–1920), Oberhausen 2001.
Joseph ROTH: Juden auf Wanderschaft, München 2010.
Burkhart RUKSCHCIO, Roland SCHACHEL: Adolf Loos. Leben und Werk, Salzburg 1982.
Roman SANDGRUBER: Traumzeit für Millionäre. Die 929 reichsten Wienerinnen und Wiener im Jahr 1910, Wien 2013.
Roman SANDGRUBER: Ökonomie und Politik. Österreichische Wirtschaftsgeschichte vom Mittelalter bis zur Gegenwart, Wien 1995 (Österreichische Geschichte, hrsg. v. Herwig Wolfram, Band 10).
Birgit SCHOLLER: Geschäfts- und Warenhäuser von Fellner und Helmer, Diplomarbeit, Universität Graz 2011.
Katrin SCHMERSAHL: Medizin und Geschlecht. Zur Konstruktion der Kategorie Geschlecht im medizinischen Diskurs des 19. Jahrhunderts, Opladen 1998.
Franziska SCHÖSSLER: Die Konsumentin im Kaufhaus. Weiblichkeit und Tausch in Émile Zolas Roman Au Bonheur des Dames, in: Georg MEIN, Franziska SCHÖSSLER (Hrsg.): Tauschprozesse. Kulturwissenschaftliche Verhandlungen des Ökonomischen, Bielefeld 2005, 245–273.
Oscar T. SCHWERINER: Arbeit. Ein Warenhaus-Roman, Berlin 1912.
August SILBERSTEIN: Die Kaiserstadt am Donaustrand, Wien 1873.
Lisa SILVERMAN: Becoming Austrian. Jews and Culture between the World Wars, New York 2012.
Lisa SILVERMAN: Ein eigenes Zimmer: Der Salon der Fotografin, in: Andrea Winklbauer, Vienna´s Shooting Girls. Jüdische Fotografinnen aus Wien, Wien 2013, 30–35.
Georg SIMMEL: Soziologie. Untersuchungen über die Formen der Vergesellschaftung, Berlin 1908.
Sigfrid SIWERTZ: Das große Warenhaus, Berlin u.a. 1928.
Werner SOMBART: Das Warenhaus, ein Gebilde des hochkapitalistischen Zeitalters, in: Verband deutscher Waren und Kaufhäuser (Hrsg.): Probleme des Warenhauses – Beiträge zur Geschichte und Erkenntnis der Entwicklung des Warenhauses in Deutschland, Berlin 1928.
Uwe SPIEKERMANN: Das Warenhaus, in: Alexa GEISTHÖVEL (Hrsg.): Orte der Moderne: Erfahrungswelten des 19. und 20. Jahrhunderts, Frankfurt am Main u.a. 2005.
Petra STEIN: Geschichtespaziergang. Auf den Spuren jüdischen Lebens im Brunnenviertel in Wien-Ottakring, Linz 2009.
J. TAGLICHT, Grab = und Gedenkreden, Frankfurt am Main 1907.
Satoko TANAKA: Wilhelm Stiassny (1842–1910). Synagogenbau, Orientalismus und jüdische Identität, Dissertation, Universität Wien 2009.
Friedrich TANNENBAUM: Das Warenhaus in Österreich, Dissertation Wien 1932.
Georg TIETZ: Hermann Tietz. Geschichte einer Familie und ihrer Warenhäuser, Stuttgart 1965.
Heinrich TREICHL: Fast ein Jahrhundert. Erinnerungen, Wien 2003.
Universität für angewandte Kunst (Hrsg.): Für Garderobe wird nicht gehaftet. Widerständiges in Mode und Produktion (begleitendes Programmheft zur Ausstellung), Wien 2015.
Peter WALDBAUER: Lexikon der antisemitischen Klischees. Antijüdische Vorurteile und ihre historische Entstehung, Murnau 2007.
Harald WALSER: Bombengeschäfte. Vorarlbergs Wirtschaft in der NS-Zeit, Bregenz 1989.
Tina WALZER: Methoden des Raubes, in: Tina WALZER, Stephan TEMPL: Unser Wien. „Arisierung“ auf österreichisch, Berlin 2011, 38–50.
Tina WALZER: „Restitution“ – eine Worthülse, in: Tina WALZER, Stephan TEMPL: Unser Wien. „Arisierung“ auf österreichisch, Berlin 2011, 74–95.
Leonhard WEIDINGER: Die ersten Jahre der Familie Rothberger in Wien, in: Christina GSCHIEL, Ulrike NIMETH, Leonhard WEIDINGER (Hrsg.): schneidern und sammeln. Die Wiener Familie Rothberger, Wien u.a. 2010, 17–30.
Leonhard WEIDINGER: Heinrich Rothberger – der Porzellansammler, in: Christina GSCHIEL, Ulrike NIMETH, Leonhard WEIDINGER (Hrsg.): schneidern und sammeln. Die Wiener Familie Rothberger, Wien u.a. 2010, 83–94.
Godela WEISS-SUSSEX, Ulrike ZITZLSPERGER (Hrsg.): Das Berliner Warenhaus. Geschichte und Diskurs / The Berlin Department Store, History and Discourse, Frankfurt 2013.

Major Alphons Freiherrn von WREDE, Geschichte k.u.k. Wehrmacht, Vol. I, o.O. 1898.
Émile ZOLA: Das Paradies der Damen, Berlin 2002.
Sharon ZUKIN: The Culture of Cities, Oxford 1995.
Statuten der A. Gerngroß Aktiengesellschaft, Wien 1927.

Internetquellen:

Karl KRAUS: Die Fackel, F28/11, 1903, URL: http://corpus1.aac.ac.at/fackel/, 24.10.2016.
Stefan GRISSEMANN: Interview mit Schauspieler August Zirner, in: Profil vom 05.06.2010, URL: http://www.profil.at/home/interview-schauspieler-august-zirner-270204, 13.07.2016.
Anna-Maria WALLNER: Knize. Wechseljahre eines Herrenschneiders, in: Die Presse vom 19.10.2008, URL: http://diepresse.com/home/panorama/oesterreich/423691/Knize_Wechseljahre-eines-Herrenschneiders, 04.01.2017.
Adolph Lehmann's allgemeiner Wohnungs-Anzeiger : nebst Handels- u. Gewerbe-Adressbuch für d. k.k. Reichshaupt- u. Residenzstadt Wien u. Umgebung, URL: http://www.digital.wienbibliothek.at/wbrobv/periodical/titleinfo/5311, 13.11.2016.

Archive:

Adolf-Loos-Archiv, Grafische Sammlung Albertina
Handelsgericht Wien
Israelitische Kultusgemeinde Wien
Leo Baeck Institute
MAK Wien
Österreichisches Staatsarchiv
Wiener Stadt- und Landesarchiv (WStLA)

Autorinnen und Autoren / Authors

Dan Fischman
Studium der Judaistik an der Universität Wien; von 2005 bis 2016 als Kulturvermittler und von 2010 bis 2016 als stellvertretender Leiter der Abteilung Kommunikation & Vermittlung des Jüdischen Museums Wien tätig; von 2012 bis 2016 kuratorische Tätigkeit für das Jüdische Museum Wien; zahlreiche Ausstellungen, Vorträge und Publikationen zu jüdisch-kulturhistorischen Themen.
Degree in Jewish Studies at the University of Vienna; 2005–2016 educator and curator at the Jewish Museum Vienna; research focuses: anti-Semitism, Zionism, ritual objects/Judaica.

Georg Gaugusch
Studierte von 1995 bis 2003 Technische Biochemie an der TU Wien, seit 1994 Prokurist und seit 2005 geschäftsführender Gesellschafter der Firma Wilhelm Jungmann & Neffe in Wien. Seit Mitte der Neunziger Jahre intensive Beschäftigung mit dem jüdischen Großbürgertum Mitteleuropas im 19. und frühen 20. Jahrhundert. Im Jahr 2011 Publikation des ersten Teils und 2016 des zweiten Teils von *Wer einmal war*, eines Handbuchs der bedeutenden jüdischen Familien Wiens 1800–1938 im Amalthea-Verlag.
1995–2003 studied Technical Biochemistry at Vienna University of Technology; since 1994 authorized signatory and since 2005 managing partner of Wilhelm Jungmann & Neffe in Vienna; since the mid-1990s intensive study of Jewish bourgeoisie in Central Europe in the nineteenth and early twentieth centuries; publication in 2011 of first part and in 2016 of second part of "Wer einmal war", a directory of leading Jewish families in Vienna from 1800 to 1938, by Amalthea-Verlag.

Kathi Hofer
Geboren 1981 in Hallein, Österreich, lebt als Künstlerin in Wien und Berlin. Sie studierte Philosophie an der Universität Wien und Kunst & Fotografie an der Akademie der bildenden Künste Wien. Ausstellungen, zuletzt: 2016: *HAWSER / HOFER*, mumok, Wien, Österreich; *Alicja Bielawska & Kathi Hofer*, Austrian Cultural Forum Warschau, Polen; 2015: *Everything Must Go: Art and the Market*, Lewis Glucksman Gallery, Cork, Irland.
Born 1981, is an artist based in Vienna and Berlin. She holds an MA in Philosophy from the University of Vienna and an MFA in Art & Photography from the Academy of Fine Arts Vienna. Recent exhibitions include: 2016: *HAWSER / HOFER*, mumok, Vienna, Austria; *Alicja Bielawska & Kathi Hofer*, Austrian Cultural Forum Warsaw, Poland; 2015: *Everything Must Go: Art and the Market*, Lewis Glucksman Gallery, Cork, Ireland.

Andreas Lehne
1951 in Innsbruck geboren, Studium der Kunstgeschichte und Archäologie an der Universität Wien, von 1977 bis 2016 im Bundesdenkmalamt beschäftigt, zuletzt Leiter der Abteilung für Inventarisation und Denkmalforschung. Lehrbeauftragter an der TU Wien und der Universität für angewandte Kunst Wien. Zahlreiche Publikationen zur Kunst und Architektur des 19. und 20. Jahrhunderts, darunter: *Wiener Warenhäuser 1865–1914* (mit Beiträgen von Gerhard Meißl und Edith Hann), Wien 1990.
Born in Innsbruck in 1951, degree in Art History and Archeology at the University of Vienna; worked 1977–2016 at the Federal Monuments Department, most recently head of the Inventory and Monument Research Department; lecturer at the Vienna University of Technology and University of Applied Arts; numerous publications on nineteenth- and twentieth-century art and architecture, including "Wiener Warenhäuser 1865–1914", with contributions by Gerhard Meissl and Edith Hann (Vienna, 1900).

Thomas Lenz
„Research Scientist" an der Universität Luxemburg am „Institute of Education and Society". Er lehrt und forscht vor allem zu Themen der Bildungssoziologie und ist der Koordinator des nationalen Bildungsberichtes für Luxemburg. In seiner Dissertation beschäftigte er sich aus der Perspektive einer historischen Kultursoziologie mit dem Diskurs um Warenhäuser und die entstehende Konsumgesellschaft um 1900.
Research scientist at the University of Luxembourg Institute of Education and Society; lecturer and researcher in Education Sociology and coordinator of the Luxembourg national education report; dissertation on department stores and the emerging consumer society around 1900 from the perspective of historical cultural sociology.

Astrid Peterle
Von 2010–2017 als Assistenzkuratorin und Assistentin der Geschäftsführung, seit März 2017 als Kuratorin am Jüdischen Museum der Stadt Wien tätig. Studium der Geschichte und Kunstgeschichte in Wien, Berlin und New York. 2009 Promotion. Lektorin an den Universitäten Wien, Graz und Salzburg. Autorin zahlreicher Artikel zu zeitgenössischer Kunst, insbesondere Performance Kunst, Fotografie, Choreografie, feministischer und queerer Kunstpraxis.
2010–2017 assistant curator and executive personal assistant to the CEO, since March 2017 curator at the Jewish Museum Vienna; studies of History and Art History in Vienna, Berlin, and New York; 2009 PhD; external lecturer at the universities of Vienna, Graz and Salzburg; author of numerous articles on contemporary art, in particular performance art, photography, choreography, feminist, and queer art.

Roman Sandgruber
1988 bis 2015 o. Univ.-Prof. für Wirtschafts- und Sozialgeschichte an der Universität Linz, wirkliches Mitglied der Österreichischen Akademie der Wissenschaften; Präsident des Verbunds oberösterreichischer Museen; Wissenschaftlicher Leiter mehrerer kulturhistorischer Landesausstellungen in Nieder- und Oberösterreich. Jüngste Buchveröffentlichung: *Traumzeit für Millionäre. Die 929 reichsten Wienerinnen und Wiener im Jahr 1910.*
1988–2015 ordinary professor of economic and social history at the University of Linz; full member of the Austrian Academy of Sciences; president of the Association of Upper Austrian Museums; research director of several provincial cultural history exhibitions in Lower and Upper Austria; most recent publication "Traumzeit für Millionäre: Die 929 reichsten Wienerinnen und Wiener in 1910."

Ben Segenreich
Geboren 1952 in Wien. Studium in Paris und Wien. 1980 Promotion zum Dr. phil. (Physik) an der Universität Wien. Von 1980 bis 1983 Informatiker in Wien, gleichzeitig Österreich-Korrespondent der israelischen Tageszeitung Maariv. 1983 Auswanderung nach Israel. Seit 1988 Israel-Korrespondent der Wiener Tageszeitung Der Standard. Seit 1989 Israel-Korrespondent des ORF. Beiträge für zahlreiche Print- und elektronische Medien in Österreich, Deutschland und der Schweiz.
Born in Vienna in 1952; studied in Paris and Vienna; 1980 Dr. phil. (physics) at the University of Vienna; 1980–1983 computer scientist in Vienna and Austria correspondent for the newspaper Ma'ariv; 1983 emigration to Israel; since 1988 Israel correspondent of ORF; contributions to numerous print and electronic media in Austria, Germany, and Switzerland.

Elana Shapira
Lektorin am Institut „Theorie und Geschichte des Designs" an der Universität für angewandte Kunst in Wien. Ihr Buch Style and Seduction: Jewish Patrons, Architecture, and Design in Fin-de-siècle wurde 2016 veröffentlicht. Weiters ist sie Co-Autorin von Émigré Cultures in Design and Architecture, welches 2017 herausgegeben wird. Sie organisierte das Symposium *Design Dialog: Der jüdische Beitrag zur Wiener Moderne* (Oktober 2016) im MAK, der dazugehörige Band erscheint 2018.
Lecturer in the Design History and Theory Department of the University of Applied Arts, Vienna; book Style and Seduction: Jewish Patrons, Architecture, and Design in Fin-de-siècle Vienna published in 2016; co-editor of Émigré Cultures in Design and Architecture, forthcoming 2017; publication based on the international symposium "Design Dialogue: Jewish Contributions to Viennese Modernism" at the MAK forthcoming in 2018.

Danielle Spera
Studium der Publizistik und Politikwissenschaft, 1978 bis 2010 Journalistin, Reporterin, Moderatorin und Redakteursrätin im ORF, 1987/88 ORF-Korrespondentin in Washington. Seit 2010 Direktorin des Jüdischen Museums Wien. Seit 2013 Universitätsrätin an der MUI , Präsidentin von ICOM-Österreich, 1991 und 2007 Romy-Preisträgerin, 1990–2002 Lektorin am Institut für Publizistik der Universität Wien, Autorin zahlreicher Bücher und Beiträge zu zeitgenössischer Kunst, jüdischen Themen und bei der Zeitschrift NU.
Degree in Journalism and Political Science; 1978–2010 journalist, reporter, presenter, and editorial adviser at ORF; 1987/88 ORF correspondent in Washington; since 2010 director of the Jewish Museum Vienna; since 2013 university counsellor at MUI, president of ICOM Austria; 1991 and 2007 Romy prize winner; 1990–2002 lecturer in the Department of Communication, University of Vienna; author of numerous books and articles on contemporary art, Jewish topics, and for the magazine NU.

Harald Stühlinger
Geboren 1970. Dozent für Geschichte des Städtebaus an der ETH-Zürich und an der Universität Zürich. Er studierte Architektur und Kunstgeschichte in Wien und Venedig und veröffentlicht im Bereich der Architektur-, Stadtbau- und Fotografiegeschichte, besonders des 19. und 20. Jahrhunderts. Er arbeitet als freier Ausstellungskurator in der Schirnhalle Frankfurt, dem Wiener Ringturm, der ETH Zürich und im Wiener Rathaus.
Born in 1970; lecturer in History of Urban Development at the ETH Zurich and University of Zurich; studied Architecture and Art History in Vienna and Venice; publications on the history of architecture, urban development and photography, particularly in the nineteenth and twentieth centuries; freelance exhibition curator at Schirnhalle Frankfurt, Ringturm, Vienna, ETH Zurich, and Vienna City Hall.

Leonhard Weidinger
Selbstständiger Historiker in Wien; seit 2005 Provenienzforscher am MAK; seit 2011 Mitarbeit am Projekt „German Sales"; Mitherausgeber der Bände 1 (2009) und 2 (2010) der Schriftenreihe der Kommission für Provenienzforschung; diverse Publikationen; Lehraufträge an der Universität Wien; seit 2014 im Vorstand des Arbeitskreises Provenienzforschung e.V.; Forschungsschwerpunkte: österreichische Kulturgeschichte im 20. Jahrhundert, digitale Medien in der Geschichtswissenschaft.
Freelance historian in Vienna; since 2005 provenance researcher at the MAK; since 2011 collaboration in German Sales project; co-editor of vol. 1 (2009) and vol. 2 (2010) Schriftenreihe der Kommission für Povenienzforschung; numerous publications; lecturer at the University of Vienna; since 2014 chairman of Arbeitskreis Provenienzforschung e.V.; research focuses twentieth-century Austrian cultural history, digital media in historical studies.

Leihgeber / Lenders

Albertina Wien
Bezirksmuseum Neubau, Wien
Familie Edelman, Wien
Beatrice Eipeldauer, Wien
Robert Granger, Wien
Kaufhaus Gerngross
Künstlerhaus Wien
Kunsthistorisches Museum Wien, Antikensammlung
IMAGNO, Wien
Leo Baeck Institut, New York
Museum für angewandte Kunst Wien
Museum of Arts and Crafts, Zagreb
Naturhistorisches Museum Wien, Zoologische Abteilung- Herpetologische Sammlung
Österreichisches Filmmuseum, Wien
Österreichisches Staatsarchiv, Abteilung Haus-, Hof- und Staatsarchiv
Robert Owens, New York
Palmers Werbearchiv Wien
Martin Perl, New York
Elsbeth Peterle, Klagenfurt
Sammlung Claus Jahnke, Vancouver
Sammlung Viktor Kabelka, Wien
Sammlung Firma Knize, Wien
Sammlung Ariel Muzicant, Wien
Edith Schmidt, Wien
Peter Schwarz, Wien
Ben Segenreich, Herzlia
Robert Stein, Wien
Michael Wachtel, Wien
Wienbibliothek im Rathaus
Wiener Stadtgärten
Wien Museum
Wiener Stadt- und Landesarchiv
Wilhelm Jungmann & Neffe Archiv
August Zirner, Prien am Chiemsee

Sowie private Leihgeber, die ungenannt bleiben wollen.
And private lenders who wish to remain anonymous.

Trotz aller Bemühungen ist es nicht gelungen, alle Rechteinhaber ausfindig zu machen. Wir bitten daher, sich mit dem Jüdischen Museum Wien in Verbindung zu setzen, damit die üblichen Vergütungen vorgenommen werden können.
Despite all our efforts, we were not able to identify all of the copyright holders. Should you hold a copyright that has not been acknowledged, we request that you contact the Jewish Museum Vienna so that the customary royalties can be paid.

Dank / Acknowledgements

Walter Arlen, Los Angeles;
Mag. Roman Berka, Arbeiterkammer Wien;
Sandra Berkson, Wien;
Mag. Ursula Berner, Bezirksmuseum Neubau, Wien;
Mag. Mathias Böhm, Österreichische Nationalbibliothek, Wien;
Mag. Susanne Breuss, Wien Museum;
Direktor Dr. Matti Bunzl, Wien Museum;
Andrew Demmer, Wien;
Dr. Hannes Etzlstorfer, Wien;
Ulla Fleischer, Palmers Werbearchiv, Wien;
DI Georg Gaugusch, Wien;
Georg Gaßner, Naturhistorisches Museum Wien, Zoologische Abteilung- Herpetologische Sammlung;
Mag. Andrea Glatz, Wien Museum;
Cajetan Gril, Kunsthandel Gril & Plantys, Wien;
Eyal Guy, Hungry Guy, Wien;
Dr. Susanne Hehenberger, Kunsthistorisches Museum Wien;
Dr. Catharina Heller, Wien;
Mag. Andrea Jungmann, Sotheby's Austria;
Direktor Mag. Thomas Just, Haus-, Hof- und Staatsarchiv, Wien;
Felix Justin, Wiener Stadtgärten;
Mag. Daniele Karasz, Wien;
Dr. Regina Karner, Wien Museum;
Andrea Klobučar, Museum of Arts and Crafts, Zagreb;
Wolfgang Köchert, Wien;
Mag. Julia König MSc, Wienbibliothek im Rathaus;
Dr. Verena Koja-Perlhefter, Palmers Immobilien, Wien;
Debora Kravtschenko, Wien;
DI Andrea Kreppenhofer, MA 19, Wien;
Dr. Markus Kristan, Albertina, Wien;
Mag. Herbert Krutina, STRABAG AG, Wien;
Dr. Michaela Laichmann, Wiener Stadt- und Landesarchiv;
Denise Landau, Wien;
Mag. Hannah Lessing, Nationalfonds der Republik Österreich;
Dr. Robert Liska, Wien;
Prof. Dr. Bernd Lötsch, Wien;
DI Christoph Mai, Verein der Freunde des Jüdischen Museums Wien;
Mag. Thomas Matyk, Museum für angewandte Kunst Wien;
Mag. Roswitha Mayer, Botschaft von Kanada, Wien;
Dr. Iris Meder, Wien;
Günther Meier, Gerngross, Wien;
Mag. Evelina Merhaut, Nationalfonds der Republik Österreich;
Mag. Gerhard Milchram, Wien Museum;
Rudolf Niedersüß, Knize, Wien;
Mag. Irmgard Pangerl, Haus-, Hof- und Staatsarchiv, Wien;
Direktor Dr. Hans Petschar, Österreichische Nationalsbibliothek, Wien;
Mag. Gerald Piffl, IMAGNO, Wien;
Direktor Dr. Georg Plattner, Kunsthistorisches Museum / Ephesos Museum Wien;
Dr. Reinhard Pühringer, Raiffeisenlandesbank Niederösterreich-Wien;
Generaldirektorin Dr. Johanna Rachinger, Österreichische Nationalbibliothek, Wien;
Mag. Meinhard Rauchensteiner, Österreichische Präsidentschafts-kanzlei, Wien;
Petra Reichl, UNIQA Österreich Versicherungen AG / Kunstversicherung;
Dr. Burkhardt Rukschcio, Sainte Maxime;
Botschaftsrat Jonathan Sauvé, Botschaft von Kanada, Wien;
Dr. Daniela Schmid, Wien;
Mag. Susanne Schneeweiss, Museum für angewandte Kunst Wien;
Michael Schöndorf, Burgtheater, Wien;
Richard Schütz, Wien;
Roland Schütz, Wien;
Michael Simonson, LBI New York;
Dr. Carmen Sippl, Amalthea Signum Verlag, Wien;
Franz Skala, Institut für ökologische Stadtentwicklung, Wien;
Dr. Dwora Stein, Arbeiterkammer Wien / GPA-djp;
Christina Stocker, Gerngross, Wien;
Mag. Stephanie Stoss, BA, Kunsthistorisches Museum Wien / Antikensammlung;
Dr. Thomas Szanto, Universität Kopenhagen;
Dr. Hermann Teifer, LBI New York;
Mag. Manfred Trummer, Museum für angewandte Kunst Wien;
Mag. Susanne Uslu-Pauer, Archiv der Israelitischen Kultusgemeinde Wien;
Vancouver Holocaust Education Centre;
Franziska Wachter, IMAGNO, Wien;
Mag. Kyra Waldner, Wienbibliothek im Rathaus;
Georg Wasner, Österreichisches Filmmuseum, Wien;
Mag. Elke Wikidal, Wien Museum;
Mag. Nadine Wille, Künstlerhaus Wien

AKKUNSTPROJEKTE

Timo Nasseri, FLORENZ – BAGDAD

Installation im Beratungszentrum AK Wien

kultur.arbeiterkammer.at

AK WIEN

Pioniergeist.
Unabhängigkeit.
Tradition.
AUF DIESE WERTE SOLLTEN SIE SETZEN.
MEINL BANK
AKTIENGESELLSCHAFT
MEINL BANK AKTIENGESELLSCHAFT
BAUERNMARKT 2, 1010 WIEN

EINE BÜHNE OHNE STÜCK,
DIE AUFFÜHRUNG ERWARTEND.

Maya Zack

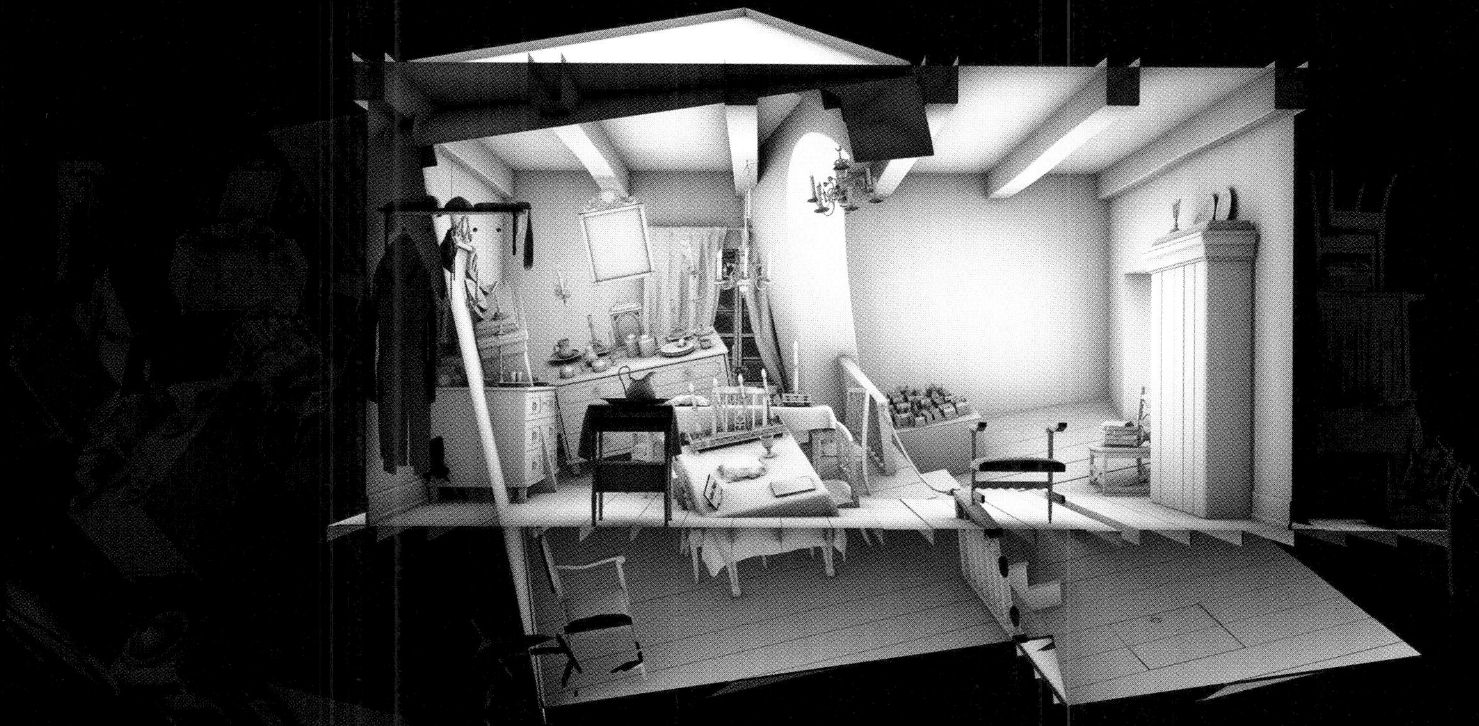

www.con-tempus.eu

Plattform zur Förderung zeitgenössischer Kunst

The Shabbat Room 2: Praterstraße 23, 1902–1908; Internationale Hygiene-Ausstellung, Dresden 1911. Weitere Adressen: Rathausstraße 13, 1895–1902; Krugerstraße 8, 1902–1903
aus: Maya Zack: *The Shabbat Room*, 2013, Permanente Installation im Jüdischen Museum Wien

legero united
the shoemakers

Kauft bei Juden!
Geschichte einer Wiener Geschäftskultur

Buy From Jews!
Story of a Viennese store culture

Herausgegeben von Astrid Peterle im Auftrag des Jüdischen Museums Wien
Edited by Astrid Peterle on behalf of the Jewish Museum Vienna

Diese Publikation erscheint anlässlich der gleichnamigen Ausstellung im Jüdischen Museum Wien, 17. Mai 2017 bis 19. November 2017.
This catalogue is published to accompany the exhibition of the same name at Jewish Museum Vienna, Mai 17, 2017, to November 19, 2017.

Jüdisches Museum Wien / Jewish Museum Vienna
Dorotheergasse 11, 1010 Wien / Vienna
www.jmw.at

Gesamtleitung / Director: Danielle Spera
Kuratorin / Curator: Astrid Peterle
Konzept / Concept: Astrid Peterle, Dan Fischman
Kuratorische Assistenz / Curatorial Assistant: Janine Zettl
Praktikantin / Intern: Denise Landau
Grafische Gestaltung / Graphic design: Fuhrer, Wien
Ausstellungsgestaltung / Exhibition design: Viola Stifter
Ausstellungsgrafik / Exhibition graphic design: Markus Mickl
Übersetzung Deutsch – Englisch / Translation German to English: Nick Somers, Brian Dorsey
Übersetzung Englisch – Deutsch / Translation English to German: Vera Ribarich
Lektorat / Proof-reading: Heinz Javorsky, Claire Speringer (Englisch)
Kaufmännische Leitung / Commercial manager: Markus Roboch
Presse und Marketing / Press and marketing: Petra Fuchs
Ausstellungssekretariat / Exhibition secretariat: Dominik Cobanoglu, Naomi Kalwil
Konservatorische Betreuung / Conservation management: Bettina Dräxler
Kommunikation und Vermittlung / Communication and Education: Hannah Landsmann, Julia Windegger
Veranstaltungsmanagement / Event management: Verena Schrom, Ida Salamon

Cover:
Schaulustige in den Auslagefenstern des Kaufhauses Jacob Rothberger bei der Fronleichnamsprozession am Stephansplatz
Window shoppers in front of Rothberger department store during Corpus Christi procession on Stephansplatz
Wien/Vienna, 1898
© Bildarchiv der Österreichischen Nationalbibliothek
Foto Rückseite oben / Photo back cover above:
Postkarte mit Ansicht des Stephansplatzes, links im Bild das Kaufhaus Rothberger
Postcard of Stephansplatz with Rothberger department store on the left of the picture
Wien / Vienna 1929; © Slg. / Collection Eduard Konrad
Foto Rückseite unten / Photo back cover below:
Stephansplatz; Wien / Vienna 2017; Foto / Photo: Astrid Peterle

Zitat Rückseite / Quote back cover: Ludwig HIRSCHFELD: Das Buch von Wien, München 1927, S. 191.

Für die Buchhandelsausgabe / for publishing industry:

Gedruckt in der EU / Printed in the EU
ISBN 978-3-99050-070-5
amalthea.at

Dank an / We thank:
Liane Seitz

the fashion squad

Für freundliche Unterstützung danken wir / We thank the following for their generous support:

mehr wien zum leben. wienholding
BUNDESKANZLERAMT ÖSTERREICH
WIEN KULTUR
AK WIEN
NATIONALFONDS DER REPUBLIK ÖSTERREICH FÜR OPFER DES NATIONALSOZIALISMUS

In Partnerschaft mit / In cooperation with:

Raiffeisen Meine Bank
UNIQA
Raiffeisen Capital Management